Tony Perrottet · In Troja ist kein Zimmer frei

Tony Perrottet

In Troja ist kein Zimmer frei

Bildungs- und Vergnügungsreisen
in der Antike

Aus dem Englischen von
Karin Schuler und Enrico Heinemann

Karl Blessing Verlag

Titel der Originalausgabe: Route 66 A.D. – On the Trail of Ancient Roman Tourists
Originalverlag: Random House, New York

Umwelthinweis:
Dieses Buch und sein Schutzumschlag
wurden auf chlorfrei gebleichtem Papier gedruckt.
Die Einschrumpffolie (zum Schutz vor Verschmutzung)
ist aus umweltschonender recyclingfähiger PE-Folie.

Der Karl Blessing Verlag ist ein
Unternehmen der Verlagsgruppe Random House GmbH.

1. Auflage
Umschlaggestaltung: Design Team München
Satz: Uhl + Massopust, Aalen
Druck und Bindung: Clausen & Bosse, Leck
Printed in Germany
ISBN 3-89667-146-4
www.blessing-verlag.de

Vergeht man nicht den ganzen Tag schier vor Hitze? Ist man nicht zwischen den Menschenmassen eingekeilt? Ist es nicht schwierig, an ein Bad heranzukommen? Wird man nicht nass bis auf die Knochen, wann immer es regnet? Und wird man nicht völlig verrückt durch das Getöse und Geschrei und die anderen kleinen Ärgernisse?

Aber natürlich nimmt man das alles gern in Kauf, weil es ein unvergessliches Spektakel ist.

Epiktet, stoischer Philosoph (um 55–135 n. Chr.),
über die Freuden einer Reise zu den Spielen in Olympia.

Für meine beiden Göttinnen
Lesley und Juno

Inhalt

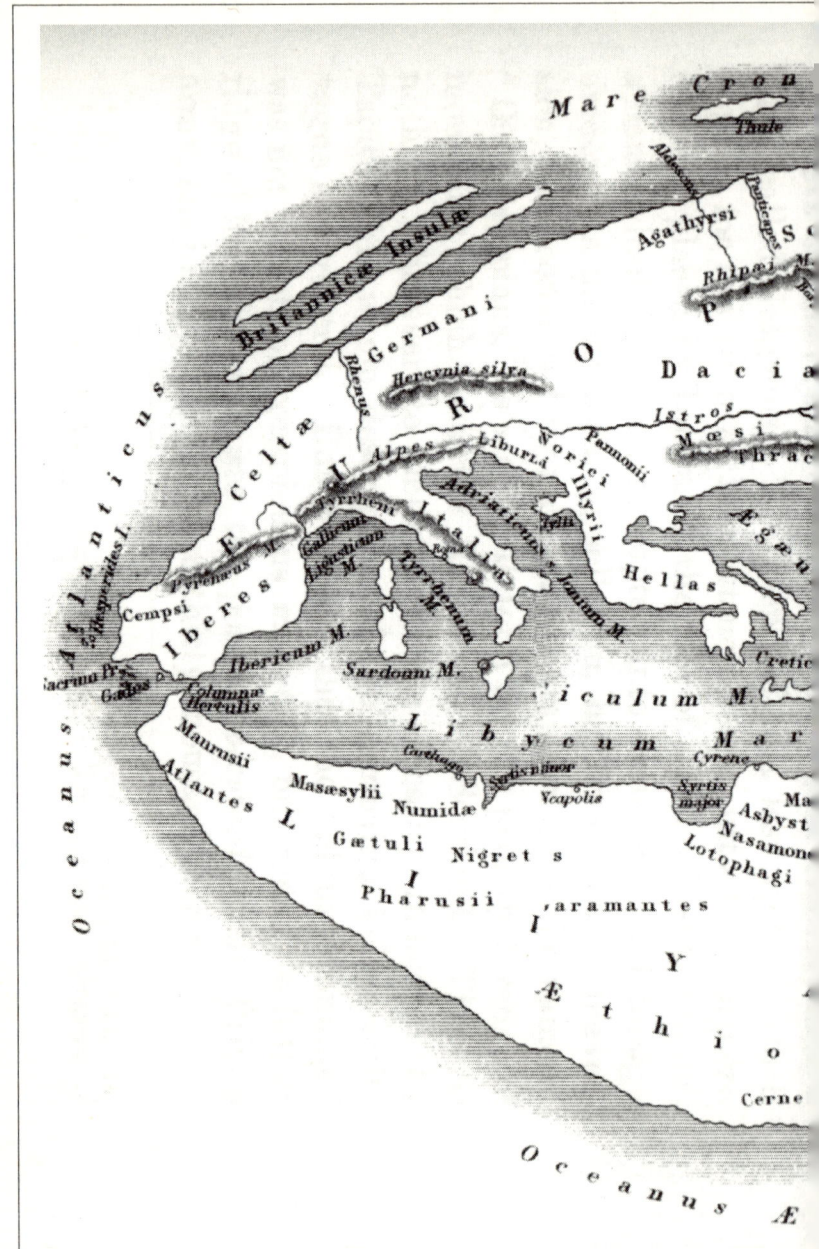

Eine im 19. Jahrhundert entstandene Rekonstruktion einer antiken
römischen Karte (ausgehend von der Erdbeschreibung, einem
geografischen Gedicht des Dionysios Periegetes aus dem 2. Jahrhundert n. Chr.).

Teil eins

Heidnische Ferien

Jupiters Panorama

Es muss wie bei einer Filmpremiere in Cannes gewesen sein. Scharen aufgeregter Zuschauer bewegten sich auf das Herz Roms zu, begafften schamlos die letzten Modetrends und zeigten auf die Berühmtheiten, die sich unter sie gemischt hatten. Bald schon wogte eine ungeduldige Menge vor dem Schauplatz – einer eleganten Säulenhalle, der Porticus Vipsania, die als eine Art Openairgalerie gebaut worden war. Dort sollte das neue Kunstwerk enthüllt werden. Weiß gewandete Priester schlachteten Opfertiere, um die Gunst der Götter auch weiterhin sicherzustellen. Jugendchöre sangen patriotische Hymnen. Silberne Springbrunnen plätscherten in nahen Gärten, während Imbissverkäufer und Bettler die Menge mit lautem Geschrei bedrängten. Und endlich drängte dieses bunte Publikum aus allen Schichten des alten Rom – von parfümierten Adligen in Seide und glänzenden Togen bis zu den verarmten Slumbewohnern in ihren schmutzigen Tuniken – nach vorn. In die allgemeine Kakophonie hinein versuchte jeder, seine Beobachtungen zur allgemeinen Kenntnis zu bringen.

Über ihnen wurde ein verblüffendes Spektakel sichtbar – eine riesige Weltkarte, so groß wie die Leinwand eines Autokinos, mit den drei bekannten Erdteilen Europa, Afrika und Asien.

Zweitausend Jahre später kann man sich leicht diese berauschende Szene vorstellen – besonders wenn man sich das Bild in den berühmten Hallen der New York Public Library in Midtown Manhattan vor Augen führt, einem modernen römischen Tempel, dessen Inneres vor poliertem Marmor funkelt und dessen Decken-gemälde nur so strotzen vor einer Überfülle heidnischer Götter. Ich hatte mich dorthin geflüchtet, um der ersten Hitzewelle des Som-mers zu entgehen – die Bürgersteige dampften, als wollten sie den Nebeln des Hades Konkurrenz machen –, und außerdem begann mir die New Yorker Realität in mehr als einer Hinsicht auf die Ner-ven zu gehen. In jenem stillen Refugium dagegen, umgeben von Stapeln verstaubter, in Leder gebundener Bände, konnte ich mich ganz leicht zurückversetzen ins augusteische Rom, etwa in das Jahr 5 v. Chr., als die Horizonte der Welt plötzlich aufrissen.

Nur wenige Menschen der Antike hatten vor jenem Tag auch nur eine *Straßenkarte* gesehen, geschweige denn eine Tafel mit so ehrgeizigem Anspruch. Die Darstellung muss damals so futuristisch gewirkt haben wie später die ersten Satellitenfotos der NASA.

Die umfassenden Vorarbeiten für diese Karte hatte ein Mann namens Marcus Agrippa organisiert, ein römischer Kriegsheld, der als einer der großen Bewahrer der Geschichte gelten muss. Um die Dimensionen der Welt zu ermessen, hatte Agrippa die führenden Gelehrten in Rom zusammengerufen und ihnen die vom kaiser-lichen Heer gesammelten und archivierten Feldkoordinaten zur Verfügung gestellt. Ein Elitekorps von Landvermessern war ausge-schwärmt, um jede noch nicht kartierte Ecke des römischen Herr-schaftsbereichs aufzunehmen; zusätzlich waren die Kapitäne aller Schiffe aufgefordert, Karten der Küsten anzulegen, an denen sie entlangsegelten. Diese neuen geographischen Daten wurden dann umgesetzt auf das gängige mythologische Bild der Erde. (Antike Geographen wussten, dass die Erde rund war, aber sie glaubten, dass die *terra firma* nur die nördliche Halbkugel einnahm und von einem unüberwindlichen Ozean umgeben war.) Das Ergebnis war eine Karte von noch nie da gewesener Genauigkeit.

Eine Miniaturversion bekam der Kaiser Augustus für seinen Pa-last überreicht; sie war in massives Gold eingraviert, die Provinz-hauptstädte waren mit wertvollen Edelsteinen markiert. Der wahre Triumph römischen Genies jedoch war der gewaltige Stein, der in dem öffentlichen Säulengang stand. Leider hat nicht ein einziger

Brocken von ihm die Zeiten überdauert, obwohl die faszinierenden Bemerkungen lateinischer Autoren vermuten lassen, dass sich die Tafel 20 Meter in den Kolonnaden hinzog und etwa zehn Meter hoch war. Die Einzelheiten waren vielleicht mit Farben eingetragen, aber es ist auch durchaus möglich, dass es sich bei diesem Werk um eines der berühmten »Steingemälde« handelte, die damals in Rom Mode waren – eine Einlegearbeit mit poliertem Marmor, Amethyst und Alabaster, von einer Gruppe griechischer Handwerker jeweils dem topographischen Relief nachmodelliert.

Für die an jenem Tag in der Säulenhalle versammelte Menge war es ein unglaublich neuer und spannender Anblick.

Zunächst einmal entdeckten die Römer, dass die Landmassen der Erde zusammen ein Oval bildeten. Die drei Kontinente Europa, Afrika und Asien drängten sich um das Mittelmeer, das damals ein lateinisches Meer, schlicht und einfach *mare nostrum*, »unser Meer«, war. Die Herzen der Römer müssen vor Stolz höher geschlagen haben, als sie sich die schiere Größe des Cäsarenreiches vor Augen führten: Die kaiserlichen Adler flogen überall von den Säulen des Herkules (Gibraltar) bis zu den sieben Mündungen des Nils.

Rom war von den Göttern auserkoren worden, über die gesamte Schöpfung zu herrschen. Ein Blick auf die Weltkarte des Agrippa, wie sie genannt wurde, zeigte, dass diese Aufgabe beinahe vollbracht war.

Trotz ihrer Verzerrungen – entfernte Länder wie Indien waren weitgehend nach dem Hörensagen gezeichnet, während an den Reichsgrenzen die sagenhaften Amazonen, Troglodyten und Lotosesser umherstreiften – stand diese Karte für eine Revolution in der westlichen Wahrnehmung der Welt. Auf jene ausladende Steinwand waren jeder bekannte Fluss, jeder Höhenzug, jeder Hafen und jede Stadt eingemeißelt (ein Römer, der es genau wissen wollte und sie im Jahr 70 n. Chr. zu Rate zog, konnte sogar einen obskuren Außenposten in der Provinz namens Charax finden, der knapp zwei Kilometer vom Persischen Golf entfernt lag). Was diese Darstellung aber so verblüffend *modern* machte – und geradezu unwiderstehlich für jenes römische Publikum –, war ihr praktischer Nutzen. Das be-

17

rühmte Straßensystem des Reichs – Roms Stolz und Freude – war dort eingraviert, die Straßen breiteten sich wie Arterien bis zu den entferntesten Winkeln der Zivilisation aus. Man konnte die wichtigen Schiffsrouten finden, die das Blau des Mittelmeers durchpflügten. Und obendrein hatte der stolze General Agrippa noch einen geographischen Kommentar zu seinem Meisterwerk verfasst, dessen gesamter Text auf Marmortafeln an den nahen Wänden des Säulengangs eingraviert war. Eine ganze Bücherei voller Daten und Fakten stand den Bürgern damit zur Verfügung – nützliche Zahlen wie die Länge wichtiger Flüsse (Donau: 560 Meilen), die Größe von Provinzen (Illyrien: 325 x 530 Meilen), der Umfang bekannter Inseln (Sizilien: 618 Meilen), die Entfernungen zwischen großen Städten.

Es war ein echter Baedeker des Römischen Reichs.

Zum ersten Mal in der Geschichte bekam ein Volk die Welt quasi auf dem Silbertablett serviert. Ein Betrachter konnte eine berühmte Stätte – sagen wir den Koloss von Rhodos oder die Ruinen Trojas – nicht nur auf der Karte finden, sondern er konnte auch die genaue Entfernung von Rom sowie die beste Reiseroute ermitteln.

Und da jeder Schritt auf dieser Route unter dem Schutz des Kaisers stand, war die Botschaft der Karte jedem klar: Die Welt gehört Rom. Planen Sie jetzt Ihren Urlaub!

Das erste Zeitalter des Tourismus hatte begonnen.

Römer unterwegs

In der gemütlichen New York Library hinter Bergen selten gelesener Texte verborgen, vertiefte ich mich noch weiter in die antike Reiselandschaft. Offenbar fühlten sich in den Jahrhunderten nach der Enthüllung der Weltkarte des Agrippa Legionen von Römern gedrängt, ihren exotischen Verlockungen zu folgen. Besonders überraschte mich, dass ihre Reisen mir so vertraut vorkamen: Wie ihre Memoiren, Theaterstücke und Briefe an die Lieben zu Hause

zeigen, besuchten diese ersten antiken Touristen oft dieselben Sehenswürdigkeiten, genossen vielfach die gleichen Annehmlichkeiten und hatten viele ähnliche Erniedrigungen zu ertragen wie die
Reisenden heute.

Überall in der Welt des Mittelmeers entstand eine gut durch-
dachte touristische Infrastruktur, die unsere moderne vorwegnahm,
um die besonderen Bedürfnisse der Römer zu befriedigen. Sie
übernachteten in Raststätten am Rande der Straße, beschwerten
sich über harte Matratzen und schlechten Service, aßen in zweifelhaften Restaurants, betranken sich in verrauchten Schenken und
schrieben Gedichte über ihren Kater am Tag danach. Die antiken
Touristen besuchten verschwenderisch ausgestattete Tempel – das
Äquivalent unserer modernen Museen voller wunderbarer Kunstwerke – und verschafften sich mit stattlichen Schenkungen an geld-
gierige Priester einen Blick auf ein Haar der Gorgo, den Schädel
eines Zyklopen oder das Schwert des Odysseus. Wie wir besuchten sie berühmte historische Sehenswürdigkeiten wie den Parthenon und die Pyramiden. Sehr viel mehr Begeisterung konnten bei
diesen antiken Reisenden jedoch die Stätten der Mythologie wecken – die Stelle, an der Jupiter die Erde betreten, an der Venus
einen Sterblichen bezaubert, an der Achill nach Aussage der *Ilias*
den Hektor getötet hatte.

Noch augenfälliger wurden die Parallelen in den Touristenen-
klaven. Um diese aufstrebenden Sehenswürdigkeiten herum scharten sich Horden von professionellen Reiseführern – darunter auch
mystagogi, »Menschen, die Fremden heilige Plätze zeigen« –, und
offenbar waren die Römer ebenso genervt von deren endlosem
Geplapper wie wir heute. (»Jupiter, beschütze mich vor deinen
Führern in Olympia!«, betete ein reisender Akademiker namens
Varro, »und du, Athena, vor den deinen in Athen!«) Die ersten Touristen kauften geschmacklose Souvenirs, wo sie auch hinkamen,
zum Beispiel bemalte Glasfläschchen mit einem Bild des Leuchtturms von Alexandria oder Apollon-Statuetten, und sie gaben Porträts mit der jeweiligen Sehenswürdigkeit im Hintergrund bei einheimischen Künstlern in Auftrag. Sie brüteten über Reiseführern

auf Papyrusrollen und kratzten sogar Graffiti in ihre Lieblings-
monumente. Man findet sie immer noch dort, neben neueren Werken wie etwa *Brig-General Maugham 1820* oder *Harry Potter Rules
2001*. (Die gebildeten Menschen der Antike zogen oft homerische
Verse vor, das beliebteste Gekritzel war jedoch das überschwäng-
liche »Ich war begeistert«.)

Und die Römer waren durchaus bereit, für eine gute Show auch
gut zu zahlen. Zur Freude der Touristen hielten ägyptische Priester
Krokodile in einem See und fütterten sie zu festgesetzten Zeiten
mit Fleischstücken, schütteten ihnen Wein in den Rachen und polierten ihre spitzen Zähne dann von Hand. Spartaner führten ihr
soldatisches Können vor, Zauberer beschworen die Geister, Orakel
gaben Prophezeiungen ab. Im ägyptischen Assuan veranstalteten
aufgeweckte Fischer schon damals Niltouren für Touristen – vorausgesetzt, die Bezahlung stimmte.

Und auch die negativen Erfahrungen vieler antiker Reisender
klingen in den folgenden Jahrhunderten immer wieder an – besonders der Kommentar eines römischen Touristen über die Bewohner von Alexandria: *Unus illis deus nummus est.* »Sie beten dort nur
einen Gott an – das Geld!«

Und genau wie heute waren die Anstrengungen der Reise in
dem Moment vergessen, in dem die glücklichen Reisenden wieder
zu Hause anlangten. Sie prahlten dann auf Banketten mit ihren
Trips, zeigten ihre Kunstwerke und Souvenirs und regten so noch
mehr neugierige Touristen an, eine Welt voller Magie und Mythen
zu erkunden.

Auch ich hatte meine eigenen dunklen Gründe, mich von diesem
antiken Reisefieber anstecken zu lassen. Als ich an jenem Abend
mit der U-Bahn wieder in die Stadt fuhr, trug ich eine moderne
Fassung der Weltkarte des Agrippa bei mir, mit einer dünnen roten
Linie von Rom bis zur ägyptischen Grenze.

Es war an der Zeit, einer großen Tradition neues Leben einzu-
hauchen.

Ausblick:
Das McDonald's-Pompeji

Scusi –«, fragte meine Freundin Lesley jeden, der zuhören wollte, »wo sind die Penisse?« In vielen Situationen eine berechtigte Frage, ganz ohne Zweifel, und hier in den Seitenstraßen von Pompeji klang in jeder Sprache ein dringlicher Unterton mit:

»*Los penes?*«

»*Die Pimmel?*«

»*Les baionettes?*«

Bald suchten dutzende von uns die Wände nach antiken Einritzungen männlicher Genitalien ab, die einst betrunkenen Seeleuten den Weg in die Bordelle des Ortes gewiesen hatten. Das ist heute ein typisches Ritual für die Besucher dieser sagenhaften römischen Hafenstadt, die 79 n. Chr. unter Vulkanasche begraben wurde, und auch ich konnte mich ihm nicht entziehen. Ganz benommen von der Sommerhitze hatten Les und ich schon die berühmten Gipsausgüsse von Pompejianern betrachtet, deren ungläubige Überraschung und Todeskämpfe man noch heute erkennen kann. Wir waren die von Wagenrädern zerfurchten breiten Straßen entlanggewandert und hatten die mit Fresken geschmückten Villen von unersättlichen Millionären bewundert. Jetzt folgten wir der phallischen Spur in ein dunkles, schmales »Haus der Wölfinnen«, wo über jedem schmalen Separée noch immer ein grobes Gemälde zu erkennen ist, das für das Repertoire der Prostituierten wirbt.

»*Sessanta-nove*«, erklärte der alte italienische Wächter fröhlich. »Verstehen Sie? Neunundsechzig!«

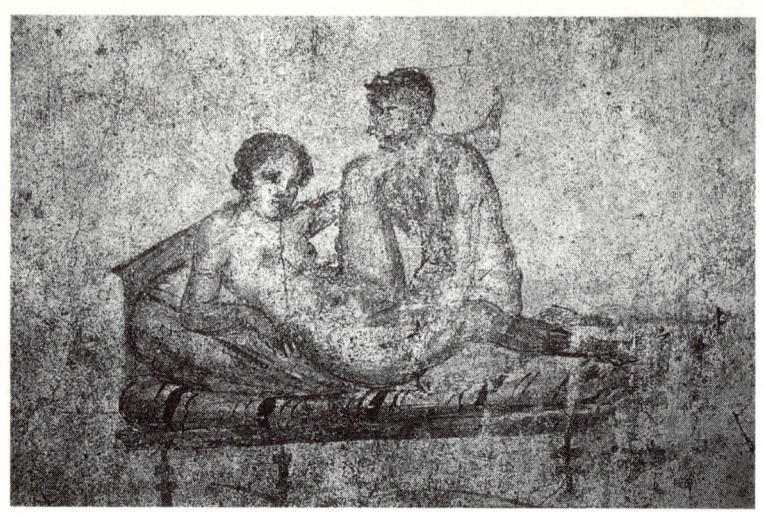

Fresko aus einem Bordell in Pompeji: Eine Prostituierte wirbt für ihre Leistungen.

Die heidnischen Geister lieferten wirklich eine gute Show, aber irgendwie konnte ich den antiken Zauber, so anschaulich das alles auch wirkte, nur schwer fassen.

Pompeji, das muss kaum noch gesagt werden, ist heute das erste Ziel für jeden, der auch nur oberflächlich daran interessiert ist, mit den Menschen der Antike in Kontakt zu treten – weshalb ich für einen Tagesausflug dorthin kam, sobald wir in Italien waren. Im Jahr 1748 hatte die Entdeckung des Ortes unser ganzes Verhältnis zur antiken Welt im Handstreich geändert. Vor Beginn der Ausgrabungen waren die Wissenschaftler nur an Roms Helden in der weißen Toga interessiert gewesen – an all jenen Generälen, Senatoren und Dichtern, deren Büsten in den Museen verstaubten. Doch als Pompeji freigelegt wurde, kamen die alltäglichen menschlichen Einzelheiten in den Blick: ihre Küche, ihre Wohnungsausstattung, Frisuren, Parfüm, Winzerei, Zahnbehandlung, Sexleben (auch und besonders das Letztere – ein nie versiegender Quell menschlicher Empathie). Die Maler des 19. Jahrhunderts beschworen Szenen römischen Lebens herauf, die auf pompejischen Kunstwerken basierten und alle vor dekadenter Sinnlichkeit trieften; später übernahm

Hollywood den Stab mit unsterblichen Epen wie *Ben Hur, Quo Vadis?* und *Gladiator.*

Durch die echten Römer, die in so qualvoll wieder erkennbaren Situationen eingefroren sind, wurde Pompeji als der sensationelle Ort gefeiert, an dem Zeit sich auflöst – eine offene Tür in die Vergangenheit, von wo aus man auf die antike Welt blicken kann, unvermittelt und direkt.

Es gibt nur ein Problem – und das war in meinen Augen ein typisch modernes: *die Menschenmassen.*

Reisegruppen aus aller Herren Länder stürmten die Kopfsteinstraßen entlang, ihre Führer schwenkten gelbe Flaggen wie Militärstandarten und bellten in einem babylonischen Sprachgewirr Zahlen und Fakten. Sobald wir an irgendeiner interessanten Stelle Halt machten, stürmte irgendeine Gruppe auf uns zu, zeigte hektisch mit Fingern hierhin und dorthin, die Kameras surrten. Pompeji ist Italiens überlaufenste einzelne Sehenswürdigkeit, wichtiger als der Canal Grande Venedigs, der schiefe Turm von Pisa oder Michelangelos David. Drei *Millionen* Menschen besuchen die Ausgrabungen jährlich, sodass man eher das Gefühl hat, im Vergnügungspark Pompeji-World zu sein als an einer archäologischen Stätte.

Selbst der lüsterne alte Bordellwächter musste die Menschenflut in Bewegung halten. »*Signori* – raus!«, befahl er knapp. »Koreaner – rein!«

Der Tourismus selbst hat seit der Enthüllung der Weltkarte des Agrippa eine enorme Entwicklung durchgemacht. Heute ist er offiziell der größte Industriezweig der Welt – und die Welt rund um das Mittelmeer liegt immer noch an vorderster Front. In Pompeji wünschte ich mir beinahe, der Vesuv würde noch einmal ausbrechen, nur um die verrückten Bilder für alle Zeiten festzuhalten – von den 28 vollklimatisierten Reisebussen, die vor dem Drahtzaun aufgereiht standen (»Wir werden vor den Massen da sein«, hatte ich vorhergesagt), bis hin zum Tumult vor den Kassen (ein Dutzend verschiedene Währungen wurden akzeptiert, sodass Streitereien über den Wechselkurs die Schlangen immer weiter anwachsen ließen). Wenn sie einmal drin war, gab jede Nation ihren jeweiligen Launen nach. Man sah betrunkene Australier, die in der römischen Arena Rugby spielten. Die französischen Matronen im Amphitheater testeten die Akustik mit einem im Kanon gesungenen *Frère Jacques*. Die Japaner posierten aus irgendeinem mysteriösen Grund vor streunenden Hunden für Fotos. Die Furcht erregenden deutschen Reiseführer brüllten *Achtung! Raus!* Ganz zu schweigen von einem italienischen Führer, der einem Film von Pasolini hätte entsprungen sein können: Er hatte irgendwie seine Gruppe verloren, schlenderte, das Seidenjackett lässig über die Schultern gehängt, ganz gelassen durch die Menschenmassen und sang: »Wo sind meine Kinder? Ich habe meine Engel, meine Kinder verloren.«

Les leistete Hervorragendes bei dem Versuch, sich über die allgemeine Hysterie hinwegzusetzen. Sie stürzte sich kühn in die Schlacht und begab sich mit gebeugtem Kopf und herausgestellten Ellenbogen energisch auf die Suche nach den Bordellen.

Übrigens war Les im dritten Monat schwanger. Ich konnte dieses uncharakteristische Zen-Temperament – diese ganz unbekannte Fähigkeit, Menschenmassen zu ignorieren – nur ihrem neuen Zustand zuschreiben.

In meinen Augen stahl das Chaos meinem heiß ersehnten Pompeji all seine hochgerühmte, Phantasie anregende Kraft. Ich fühlte mich hier den Menschen der Antike nicht näher, als wenn ich ihre Statuen in Museen betrachtete, kalte Marmorbüsten mit leeren Augenhöhlen und ohne jeden Funken Persönlichkeit.

Natürlich hatte ich erwartet, dass das Mittelmeer eine beliebte Urlaubsgegend war, besonders im Sommer – aber die Wirklichkeit war trotzdem ein Schock. Die antiken Menschen waren einfach Teil eines Fließbandtourismus, der sich mit ohrenbetäubendem Krach vorwärts wälzte.

Stunde um Stunde lief das Pompeji-o-rama knirschend vor uns ab. Und dann, mitten am Nachmittag – gerade als ich dachte, dass es nicht mehr schlimmer werden könnte –, hatte Les eine Hungerattacke.

»Ich will *Fleisch*!«, verkündete sie – eines ihrer Millionen Filmzitate.

Das war der Tropfen, der das Fass zum Überlaufen brachte. Wir waren am äußersten Ende der riesigen Ausgrabungsstätte, kilometerweit von jedem Museumscafé entfernt. War das eine Art Verschwörung gegen mich?, fragte ich mich fieberhaft. War dieser ganze Ausflug ein furchtbarer Fehler? Natürlich hatte ich schon so viel über Schwangerschaft gelernt, dass ich wusste, ich musste jetzt etwas Essbares heranschaffen – und zwar schnell.

»Nein, *nein*«, warnte der Wächter finster, als wir unsicher vor dem Hinterausgang standen und auf etwas blickten, das wie eine moderne Straße aussah, wenn auch wie eine ungewöhnlich verlassene moderne Straße. »Wenn Sie da hinausgehen –«, er machte eine weit ausholende Armbewegung wie ein Hüter der Unterwelt, »können Sie *nicht* mehr zurück.«

Und trotzdem gingen wir – vorwärts, in die schattenhafte Unterwelt von »Neu-Pompeji« hinein.

Neu-Pompeji ist die deprimierende Stadt, die an den Rändern ihrer antiken Namensvetterin lauert – man spricht nur hinter vorgehaltener Hand von ihr, wie von einer verrückten und unangenehmen Verwandten, die man im Glockenturm eingeschlossen hat. Ihre Einwohnerschaft hat die römischen Ruinen mit Wächtern und Arbeitern versorgt, seit die Stätte vor 250 Jahren entdeckt wurde, aber die Begeisterung für das antike Pompeji hat nicht abgefärbt. Korrupt und von Kriminalität geplagt, wird Neu-Pompeji in den meisten Reiseführern nicht einmal einer Erwähnung für wert befunden.

Kurz darauf verschlang ich – noch ganz gefangen vom Geist von Neu-Pompeji – ein delikates *fileto di pesce* und wartete darauf, dass Les von dem zurückkam, was sie dann triumphierend als »die sauberste Toilette Italiens« beschrieb. Auf einer riesigen Videowand lief ein Musikclip, der meine Augen unwiderstehlich anzog. Man sah italienische Rocker, als römische Gladiatoren verkleidet. In einem Moment stapften sie über das Deck einer Galeere; im nächsten ritten sie auf dem geflügelten Pferd Pegasus durch den Himmel.

Wenn man im McDonald's-Pompeji keine historische Perspektive gewinnen konnte, dachte ich, wo denn dann? Erst ganz allmählich dämmerte es mir, dass die antike Welt in seltsamen und versteckten Formen überlebt hatte – und dass meine Reaktion auf den Wahnsinn dieses Tages total fehlgeleitet war.

Wenn Welten aufeinander prallen

Niemand gibt heutzutage gern zu, dass er ein Tourist ist; es ist ein demütigender, ja sogar beschämender Zustand. (Wie Evelyn Waugh es ausdrückte: »Der Tourist ist immer der andere.«) Und zugegeben, aus der Nähe betrachtet können die mechanischen Abläufe einer Pauschalreise wirklich ziemlich ernüchternd wirken.

Doch aus einer größeren Perspektive heraus ist der Massentourismus unter seiner lärmenden Oberfläche der reinste Ausdruck der Tradition, die damals, als Agrippas Karte in Rom stand, ihren Anfang nahm.

Für jene ersten Touristen lag der ganze *Sinn* des Reisens darin, dorthin zu gehen, wo alle anderen auch hingingen – das zu sehen, was alle anderen sahen, das zu fühlen, was alle anderen fühlten. Es gab eine virtuelle Liste von Touristenattraktionen, die man abhaken musste, und auch gleich eine angemessene Reaktion auf diese Sehenswürdigkeiten. Sightseeing war eine Form der Pilgerschaft. Zu Hause hatten die antiken Touristen dann ein gemeinsames Vokabular für die Dinge, die sie gesehen und getan hatten.

Es ist eine moderne Vorstellung, dass man reist, um einzigartige und individuelle Ansichten der Welt zu gewinnen – als Erster das Matterhorn zu ersteigen oder der einzige Ausländer in Timbuktu zu sein. Tolle Abenteuer zu erleben, Bekanntschaften zu machen, die das eigene Leben radikal verändern. Bei seiner Heimkehr prahlt der heldenhafte moderne Reisende gern wie ein Pornostar damit, dass er weiter, härter, tiefer gegangen sei. Die ursprüngliche Erfahrung wird wie eine Auszeichnung vorgezeigt.

Aber jener erste, antike Impuls, der Drang, die anerkannten Weltwunder gemeinsam zu erleben, ist nie wirklich verloren gegangen, selbst bei denen nicht, die lieber unter brennender Asche verschüttet liegen würden, als an einer Bustour rund ums Mittelmeer teilzunehmen. Es ist eine unterschwellige Verbindung zwischen den alten Römern und jedem Reisenden, der heute die Region durchstreift. Der Unterschied liegt nur darin, dass jene ersten Touristen die Logik ihrer Situation akzeptierten. Sie fühlten sich nie abgestoßen von der Vorstellung, Teil einer Menge zu sein. Ja, ein gewisses Durcheinander gehörte bei touristischen Unternehmungen einfach dazu.

Wie der Philosoph Epiktet schon sagte, als er die Olympischen Spiele schilderte: Es war unglaublich voll, heiß, lärmig und nicht gerade komfortabel – aber das war ein kleiner Preis für ein »unvergessliches Spektakel«.

Und hier lag mein Denkfehler! Dort unter 50 000 anderen Touristen traf mich diese erfreuliche Erkenntnis mit aller Wucht. Seit wir in Italien angekommen waren, hatten wir die Menschenmengen immer als eine Behinderung meiner ernsthaften Auseinandersetzung mit den Menschen der Antike gesehen. Aber diese Heerscharen, die einander hin und her durch die Ruinen folgten, waren im Grunde näher an der Mentalität der Römer dran als ich! Wenn ich die Vergangenheit wirklich verstehen wollte, musste ich sie durch die Gegenwart betreten – indem ich lebte, wie sie gelebt hatten, umgeben von meinen lärmenden Mitreisenden. Warum also sollte ich mich von diesen Menschenmassen gestört fühlen? Ganz im Gegenteil! Ich begrüßte sie. Ich dachte mir die fluoreszierenden Nike-Schuhe und die T-Shirts aus dem Hardrock-Café weg und stellte sie mir in Toga, Sandalen, Tunika und Mantel vor ...

Um es mit Mark Twain in *Die Arglosen im Ausland* zu sagen: »Ich schwelgte in dem Glück, einmal in meinem Leben mit dem Strom einer großen Volksbewegung zu treiben.

Jeder fuhr nach Europa – auch ich fuhr nach Europa! Jeder fuhr über das östliche Mittelmeer! Auch ich fuhr über das östliche Mittelmeer!«

Als Les wiederkam, hatte ich meine eigene Version buddhistischer Ruhe gefunden.

Ich musste einfach nur ein antiker Tourist *sein*.

Ich, spectator

Als wir an jenem Abend wieder im Zug nach Rom ratterten, blätterte ich mit ganz neuer Energie in meinen Büchern zum kaiserzeitlichen Rom und versuchte unsere moderne Reiseindustrie auf ihre heidnischen Wurzeln zurückzuführen.

Der Tourismus ist eine empfindliche Blüte, die eine gewisse politische und wirtschaftliche Stabilität braucht, um sich zu entfalten, und die glücklichen Tage der *Pax Romana* – grob gesagt zwischen 30 v. Chr. und 200 n. Chr. – sind die längste Friedenszeit, die Europa je zu Stande gebracht hat. Die beiden ersten Jahrhunderte nach Christi Geburt bilden ein in der westlichen Kultur sehr seltenes Fenster der Ruhe – im Rückblick das Zwischenspiel eines fast unwirklichen Friedens. Sicheres Reisen rund um das Mittelmeer war eine großartige Nebenwirkung dieses Friedens, und die Römer betrachteten dieses Privileg allmählich als angeborenes Recht. So verkündete um 140 n. Chr. ein gefeierter Redner namens Aelius Aristides mit ruhmrednerischer Sicherheit, dass die Menschheit »die besten und vollkommensten Zeiten, die es je gab«, genieße, und betonte dabei die Leichtigkeit des Reisens als einen der größten Triumphe Roms:

Kann nicht jeder überall dorthin gehen, wohin er will? Sind nicht alle unsere Häfen gut besucht? Sind die Berge nicht genauso sicher wie die Städte? Es gibt keine Flüsse, die nicht überbrückt worden sind, keine Meeresbuchten, die nicht per Schiff überquert werden können. Selbst die sandige Straße nach Ägypten bietet keine Hindernisse; kein Angst ein-

flößender Bergpass, keine Sturzbäche oder Barbaren blockieren den Weg.
Homer hat einst gebetet: »Die Welt sollte allen Menschen offen stehen.«
Dieser Wunsch ist nun Wirklichkeit geworden. Der Untertan des Kai-
sers – ein Römer – zu sein, ist der einzige Pass, den man braucht.

Aristides stellte befriedigt fest, dass die Piraterie ausgerottet sei. Stra-
ßenraub war selten; barbarische Eindringlinge unvorstellbar; Bürgerkriege so gut wie nicht existent. Weniger überzeugend fährt er
fort, dass das Leben unter römischer Herrschaft so gut sei, dass die
Untertanen sogar ohne Widerwillen ihre Steuern zahlten.

In mancher Hinsicht ist das Reisen seitdem nie wieder so einfach gewesen. Das ganze Mittelmeer war politisch zum ersten – und
in der Geschichte bisher zum einzigen – Mal politisch geeint, die
Bürger brauchten keine Ausweise und Visa. Die Währung des Reiches (goldene *aurei* sowie silberne *sestertii* und *denarii*) war Standard
in Ländern, die der Euro erst noch erreichen muss, von den Wüsten
Marokkos bis zu den Grenzdörfern im Irak. Angenehmerweise hatte
das Reich auch zwei gängige Sprachen: Latein herrschte im Westen vor, Griechisch im Osten. Gebildete Bürger waren zweisprachig
und konnten ihr Abendessen in Spanien ebenso problemlos wie in
Syrien bestellen.

Auch die schiere Menge der römischen *viatores* oder *peregrinato-*
res – der Reiselustigen – wurde erst wieder in modernen Zeiten erreicht. Die großen Straßen des Reiches, die einen Ring aus Granit
rund um die gesamte Mittelmeerküste bildeten, waren in ständiger
Benutzung, ihre Steine abgefahren und zerfurcht vom ununterbro-
chenen Strom der eisernen Räder. Ebenso viel befahren waren die
Wellen: »Schaut das Meer, mit Schiffen bedeckt!«, staunte ein Autor. »Heutzutage sind mehr Menschen auf dem Wasser als an Land!«
Studenten reisten zu berühmten Akademien; Patienten besuchten
Heilbäder; Künstler waren ständig in Bewegung auf der Suche nach
Engagements und Aufträgen. Berühmte Redner wie Aristides gin-
gen auf lange Vortragsreisen, Athleten kamen zu Wettkämpfen zusammen, Schauspieler zu Theaterfestivals, Dichter zu Lesungen.

Aber das auffallendste Wachstum bescherte der Reiseindustrie einfach das Reisen, »um zu sehen« – der Tourismus. Zum ersten Mal in der Geschichte wurden Neugier und Vergnügen ein akzeptables Motiv dafür, seine Heimat zu verlassen.

Der gebildete Reisende

Um prächtige Tempel voller Schätze und Altertümer zu besuchen, trotzen wir den Gefahren zu Wasser und zu Lande. Auf der gierigen Suche nach den Geschichten der frühen Sage durchstreifen wir alle Länder … und lassen dabei glücklich die alten Zeiten wieder aufleben, betrachten Steine, die große Künstler zu Liedern und Saitenspiel bewegt haben.
Aetna, anonyme römische Dichtung, 1. Jahrhundert n. Chr.

Sobald die Römer die Gelegenheit dazu hatten, begaben sie sich auf die Suche nach dem Wunderbaren, und wir können ihre Bemühungen noch heute nachvollziehen.

Römische Gesichter: die so genannten »Faijum-Porträts«,
die sich über zweitausend Jahre lang in der Wüste Ägyptens erhalten haben.

»Viele von uns ertragen alle möglichen Entbehrungen«, erklärte der Philosoph Seneca Mitte des 1. Jahrhunderts n. Chr., »um eine weit entfernte Sehenswürdigkeit anzuschauen. Denn die Natur hat uns zu echten Bewunderern gemacht; ihre Juwelen wären verloren ohne ein Publikum.« Die Römer seien sowohl »wanderlustig wie neugierig« geworden, bemerkte der Gelehrte Plinius der Jüngere, und machten sich *en masse* auf, ihr gewaltiges Reich zu erkunden. Und wenn der Schriftsteller Plutarch mit einer gewissen Verwunderung von »Globetrottern« spricht, »die den besten Teil ihres Lebens in Gaststätten und auf Booten verbringen«, von Herumtreibern, die ständig »unbekannte Städte durchstreifen, neue Meere besegeln, aber überall zu Hause sind«, dann fühlte ich mehr als nur eine entfernte Vertrautheit.

Natürlich ist das Reisen heute zumindest in der Ersten Welt eine zutiefst demokratische Angelegenheit, viele Reisende sind Rucksacktouristen ohne eine müde Mark in der Tasche. Ich selbst habe meine ersten Trips in den Collegeferien gemacht und bin wochenlang mit einem 20-Dollar-Zelt von Woolworth durch die Lande getrampt. Die römischen Pioniere unter den Touristen dagegen waren vielleicht ziemlich jung – so etwa zwischen 20 und 40 Jahre alt – und hatten gewöhnlich einen Hang zum Gelehrten, ja zum Pedantischen, aber sie waren immer und notwendigerweise ziemlich *reich*.

Diese ersten glücklichen Reisenden entstammten der »Elite der Kaiserzeit«, wie Historiker sie zusammenfassend nennen. Diese Gruppe an der Spitze der komplizierten Gesellschaftspyramide des Reiches umfasste sowohl die traditionellen römischen Blaublütigen wie auch die Adligen aus den Provinzen – die vornehmen Aristokraten aus Ephesos, Cadiz, Athen und Marseille, die oft schon in Rom studiert hatten und dort einen Großteil ihres Lebens verbrachten. Diese Oberschicht der Kaiserzeit bildete eine untereinander vielfach verflochtene homogene Kaste, die sofort für jeden erkennbar war – durch ihre Kleidung, ihre Beredsamkeit, ihr Benehmen, ihre Arroganz und ihr kultiviertes Wesen.

Nie zuvor verfügte eine so große Schicht über einen im Vergleich zum Rest der Bevölkerung so unglaublichen Reichtum und eine solch umfassende persönliche (wenn auch nicht politische) Freiheit wie diese Sprösslinge aus gutem Hause.

Die *spectatores*, die Bildungsreisenden, kamen aus allen Teilen dieser Elite. Es gab wohlerzogene Jünglinge, die den Tourismus mit Studien im Ausland verbanden. (»Es ist die *Pflicht* eines jungen Mannes, die Welt zu sehen«, erklärt eine heidnische Autorität.) Es gab unternehmungslustige römische Frauen – Kunstliebhaberinnen und reiche Matronen –, die das Reich sehen wollten. Rechtsanwälte, Dichter und Generäle gönnten sich eine Pause vom Alltag. Philosophen mittleren Alters. Ältere Antiquare. Für diese feinen Pinkel aus der herrschenden Klasse des Reiches war es immer ein Vergnügen, auf der Straße einen anderen Touristen zu treffen: Sie kannten die Familie des anderen, hatten schon miteinander über ihre kleinen Sünden geklatscht, vielleicht auch früher in Rom einmal zusammen zu Abend gegessen. Als Gruppe bewegten sie sich mit Selbstvertrauen durch die Provinzstädte und hielten ihre enormen Privilegien für ganz selbstverständlich.

Reiche Römer waren die ersten echten »Weltbürger«; sie waren Eroberer auf Reisen.

Diese Aristokraten mussten eigentlich nicht arbeiten; Muße wurde in der Antike als Zweck an sich kultiviert. Viele ihrer Standesgenossen – die Cliquen der *ardaliones*, der verdorbenen, wohlhabenden Faulenzer – vertrödelten zufrieden ihre Zeit und pflegten ein hektisches Gesellschaftsleben mit weinseligen Banketten. Für die intelligenteren und kultivierteren Römer dagegen, die sich einer bisher unvorstellbaren Menge an freier Zeit gegenübersahen, konnte die Langeweile zum echten Problem werden.

»Faulenzen ist eine Gewohnheit, die Menschen ihr Leben hassen lässt«, seufzte Seneca. Selbst auf den ausschweifendsten Partys, so schrieb der Dichter Lukrez, litten die Römer unter Melancholie-Attacken – »eine Bitterkeit breitete sich aus, ein nagender Schmerz inmitten der Blumen«. *Carpe diem,* rieten die Philosophen. Doch für manche bedeutete »Nutze den Tag« mehr als eine ausschweifende Abendgesellschaft mit Wein, gebratenem Flamingo und Gesang.

Tourismus war ein ideales Mittel, um die Zeit sinnvoll zu nut-

*Römische Connaisseurs betrachten große Kunstwerke in einer Galerie –
eine sehr phantasievolle Szene von einem der großen Maler
historischer Genrebilder der Viktorianischen Zeit, Sir Lawrence Alma-Tadena.*

zen, sich weiterzubilden und den Ruf eines echten Kenners zu erwerben. Viele Intellektuelle recherchierten auf ihren Reisen für wissenschaftliche Werke zu Religion, Kunst, Astronomie oder Geschichte. Manche reisten in Studiengruppen – wie zum Beispiel die fünf Neuplatoniker, die in Ägypten ihre Graffiti hinterließen.

Im Grunde ähnelten die römischen Touristen den jungen europäischen Adligen des 18. Jahrhunderts, die die »Grand Tour« durch Frankreich und Italien machten – und den Kindern amerikanischer Industriemagnaten, die im 19. Jahrhundert diese Tradition mit noch größerer Begeisterung fortsetzten.

Eine Auslandsreise war erbaulich, lag im Trend und hob das Ansehen. Sie war beinahe schon ein gesellschaftliches Muss.

Und welche Ziele befriedigten diese Bedürfnisse am besten? Griechenland, Kleinasien und Ägypten, so sagte Plinius, seien die Länder, »die die Gebildeten lieben«.

Und sie sind es, so muss man sagen, in weiten Teilen immer noch.

Touristenwege einst und jetzt

Ein moderner Anklang an die antiken Reisegewohnheiten fiel mir besonders auf: Die Lieblingsroute der Römer ist bis heute der beliebteste Reiseweg der Welt geblieben. Wenn man jenen ursprünglichen Touristenweg in eine Karte einzeichnet, sieht er auf den ersten Blick genauso aus wie irgendeine Pauschalreise »Wunder der Mittelmeerwelt« heute.

Es ist, als ob die Strukturen des Tourismus mit neuer Kraft wieder aufleben und wie eine Hydra aus dem abgeschnittenen Stumpf der Vergangenheit heraus nachwachsen, wann immer sich ähnliche Bedingungen des Friedens und Wohlstands in der Geschichte finden.

Die Grand Tour der Antike begann natürlich in Italien. Nach einem gefühlvollen Lebewohl an ihr geliebtes Rom – sie waren immerhin zwischen zwei und fünf Jahre lang unterwegs – bestiegen die Reisenden Wagen mit eisenbeschlagenen Rädern, die sie auf der Via Appia nach Süden führten. Sie unterbrachen die Fahrt am Golf von Neapel, dem elegantesten Seebad der Antike, dessen fleischliche Vergnügungen das moderne Ibiza blass aussehen lassen, bevor sie eine Hafenstadt an der Ferse des italienischen Stiefels erreichten. Von dort legten wie auch heute noch die Passagierschiffe in den Osten ab. Und erst an Bord, während der Wind die Segel füllte, begann das echte Abenteuer.

Die ideale römische Rundreise kann man am einfachsten am Beispiel des Prinzen Germanicus nachvollziehen, des überaus beliebten Großneffen des Kaisers Augustus, der zwischen 17 und 19 n. Chr. diese Tour unternahm. Der gut aussehende Sieger vieler blutiger Feldzüge gegen die germanischen Stämme – der von Robert Ranke-Graves in seinem historischen Roman *Ich, Claudius, Kaiser und Gott* als der archetypische »edle Römer« idealisiert wurde – nutzte die Vergünstigungen, die mit seinem offiziellen Amt als Konsul verbunden waren, und nahm seine Gattin Agrippina sowie seinen fünf Jahre alten Sohn Gaius (den späteren Caligula) mit auf eine ausgedehnte »Dienstreise« zu allen wichtigen Sehenswürdigkeiten.

Für Germanicus wie für jeden Römer war Griechenland die erste Station der Reise: Jene heiligen Täler, ihre in Licht gebadeten Olivenhaine, waren die eigentlichen Quellen der Kultur. Hier zeigten die antiken Touristen, dass sie zuerst und vor allem Geschichtsliebhaber waren, dass sie begierig all die griechischen Monumente, Gräber, Tempel und andere Relikte aufsuchten, die die heroische Vergangenheit wieder aufleben ließen. »Wir sind auf geheimnisvolle Weise bewegt von Orten, die die Spuren jener Menschen tragen, die wir bewundern«, schrieb ein Freund Ciceros, der die Akademie Platons in Athen besucht hatte, und er bekannte, dass er »die Lieblingsplätze berühmter Männer« bewegender fand als ihre Schriften. Der jungenhaft begeisterte Germanicus hatte das Gefühl, er könne, in den Worten des Tacitus, »in seiner Phantasie gewaltige Triumphe und gewaltige Tragödien noch einmal neu durchleben«.

Doch »Geschichte« war für die Römer nie auf die Taten der Sterblichen beschränkt. Die griechischen Mythen und Sagen waren in den Augen der Touristen ebenso wirklich – und ihre Zeugnisse sehr viel aufregender. Ob es die Knochen der besiegten Titanen waren, die in Tempeln ausgestellt wurden (wahrscheinlich Oberschenkelknochen von Mammuts), das Ei, aus dem die schöne Helena schlüpfte (wahrscheinlich ein Straußenei aus Afrika), oder eine Schatten spendende Grotte, die angeblich Pan und seine Nymphen besucht hatten – der Kontakt zu den Göttern war unwiderstehlich. Die Römer bewunderten Kunstwerke mit mythischen

Verbindungen und besuchten mit Vorliebe Landschaften, die in ihren Sagen eine Rolle spielten. Sie schreckten vor vielen Gegenden zurück, die wir spektakulär finden − wilde Gebirgszüge etwa wirkten in ihren Augen bedrohlich −, aber sie machten einen Abstecher zum relativ bescheidenen Parnass, dem Berg, auf dem die Musen lebten.

All diese Vorlieben prägen auch die Stationen auf Germanicus' Reise: Er besucht Athen, um den Parthenon zu sehen und die großen Philosophen in mit Wein überwachsenen Tavernen zu treffen. Er geht zum Orakel von Delphi und nach Sparta, der ruhmreichen Militärtradition wegen. Der Prinz absolviert sogar einen Auftritt beim glanzvollsten Sportereignis der Welt, den Olympischen Spielen, wo er einen Wagen in ebendem heiligen Stadion lenkt, in dem Jupiter einst mit dem Titanen Kronos rang und Herkules den Diskus warf.

Nachdem sie Griechenland gesehen hatten, folgten die Römer dem Sirenenruf der Ägäis − Inselhüpfen Richtung Osten, nach Rhodos, wo sie die Reste des Kolosses besichtigten (er war bei einem Erdbeben zwei Jahrhunderte zuvor in sich zusammengestürzt; heute sind keine Reste mehr zu sehen). Germanicus fährt die wunderschöne Küste Kleinasiens (der heutigen Türkei) entlang und wirft schließlich Anker vor der Ruinenstätte Troja − dem heidnischen Jerusalem, dem Schauplatz der *Ilias* Homers und der sinnträchtigsten aller antiken Sehenswürdigkeiten. Er betrachtet die von den trojanischen Helden zurückgelassenen Reliquien, opfert an den Gräbern des Krieges − und wird angeblich durch eine Geistererscheinung Hektors belohnt.

Von Asien aus bestiegen die Touristen ein Schiff mit Kurs auf das prestigeträchtigste Ziel der antiken Welt: Ägypten. Die Römer waren fasziniert von diesem geheimnisvollen Land und seinen stummen Monumenten, diesem Land, in dem kahl geschorene Priester immer noch Krokodile anbeteten, Leichen einbalsamierten und Zaubertricks vorführten. Vom Hafen von Alexandria aus schaukelt Germanicus auf dem Rücken eines Kamels zu den Pyramiden und bucht eine Nilkreuzfahrt nach Theben, dem heutigen Luxor. In der glühenden Hitze klettert er bei Fackellicht in gespenstische Gräber und lauscht verhutzelten Priestern, die Geschichten von den Pharaonen erzählen – sicher mit der gleichen feierlichen Stimme, die man heute auch in den kitschigen Licht-und-Tonshows in Luxor hören kann. Schließlich erreicht er die heiligen Wasserfälle der Isis an der Grenze des Römischen Reiches: Auf der anderen Seite liegt das Königreich der Äthiopier, deren Haut von der untergehenden Sonne schwarz gebrannt ist – ganz zu schweigen von den in Höhlen wohnenden Troglodyten, den Blut trinkenden Massageten und den Blemyern, den Menschen ohne Köpfe.

Unser hochherrschaftlicher Tourist hat keinen Grund, diesen konfusen Berichten zu misstrauen – immerhin wirken jene mythischen afrikanischen Königreiche kaum sagenhafter als die, die er schon gesehen hat. Aber es ist unwahrscheinlich, dass er den Drang verspürt hat, sie zu erforschen.

Die Römer waren mehr als zufrieden mit ihren Standardattraktionen. Sie erfreuten sich noch immer an den sieben Weltwundern, an denen der Zahn der Zeit schon ziemlich genagt hatte – die ursprüngliche Bestenliste eines unbekannten Gelehrten stammte aus dem 3. Jahrhundert v. Chr. (und listete eigentlich die »Sieben Sehenswürdigkeiten« oder »Dinge, die man sehen muss« auf). Die ersten Touristen ließen sich nicht auf Experimente ein. Sie wollten die Säulen ihrer eigenen Kultur betrachten.

Im Grunde schufen sie das erste »Auf den Spuren unserer Ahnen«-Unternehmen, dessen Geist die europäische Kultur so dauerhaft umtreiben sollte wie viele andere Errungenschaften des Römischen Reiches.

Der ewige Touristenmagnet

Seit dem Ende des Zweiten Weltkriegs genießt die westliche Welt die längste Friedensperiode seit der *Pax Romana*. Als der wirtschaftliche Quantensprung der Fünfziger- und Sechzigerjahre des 20. Jahrhunderts zusammen mit billigen Flugreisen dem Massentourismus zum Durchbruch verhalf, war das Ziel eigentlich vorhersagbar. Das Mittelmeer hatte Geschichte. Es hatte Naturschönheiten. Es hatte Glamour. Seine liebliche Küste wurde zu einem Testgebiet für die kommenden internationalen Touristenströme.

Tatsächlich wirken die Kontinuitäten des Tourismus fast wie eine fixe Idee der Menschheit. »Es ist das große Ziel des Reisens«, hatte Samuel Johnson 1791 beobachtet, »die Küsten des Mittelmeers zu sehen.« Damals waren Rom und Neapel die beiden Höhepunkte der Grand Tour, aber die Romantiker brachten bald auch Griechenland als das Heimatland des poetischen Zaubers wieder in Erinnerung. Im 19. Jahrhundert gab die Wiederentdeckung Trojas den Startschuss für tausende von Touristenschiffen. Und als im Jahr 1864 der britische Unternehmer Thomas Cook die erste internationale Pauschalreise der Welt anbot, führte sie in das Land der Wunder, das auch die römischen Touristen so liebten – nach Ägypten. Im Grunde folgte Mr. Cook genau jenem Reiseweg, den auch unser Freund Germanicus 19 n. Chr. eingeschlagen hatte – Alexandria, die Pyramiden, eine gemächliche Nilkreuzfahrt zum Tal der Könige.

Johnson war auch aufgefallen, dass alle, die nicht die berühmten Sehenswürdigkeiten besucht hatten, »sich immer einer gewissen Minderwertigkeit bewusst waren, weil sie noch nicht gesehen hatten, was der Mensch der allgemeinen Erwartung nach gesehen haben sollte«. Das gilt auch heute noch. Ein Aufenthalt am Mittelmeer bleibt ein *rite de passage* – er steht in einer Reihe mit Geburt, Hochzeit, Hochzeitsreise und Begräbnis.

Das Problem dabei ist, dass damals nur ein paar tausend Liebhaber der Altertümer diese weiten antiken Küsten entlangzogen, während das Mittelmeer heute ein einziger riesiger quirliger Basar ist. Die Zahlen sind Schwindel erregend. Nach Auskunft der Welttourismusorganisation der Vereinten Nationen in Madrid unternehmen mehr als 700 Millionen Menschen jedes Jahr eine Auslandsreise; im Jahr 2020 wird diese Zahl bei 1,6 Milliarden liegen.

Und ein gutes Drittel der Touristen aus aller Welt kommt ans Mittelmeer. Bei der letzten Zählung beherbergte Italien etwa 33 Millionen Touristen im Jahr. Griechenland neun Millionen. Die Türkei acht Millionen, Ägypten zehn Millionen. Und all die Lieblingsziele der Römer – Capri, Rhodos, die heidnischen Stätten Griechenlands, die türkische Küste, die Pyramiden – sind noch heute die touristischen Dauerbrenner.

Weshalb viele von uns sie ein Leben lang gemieden haben.

Reiseriten

Heute gibt es eine Menge guter Gründe, sich in den mediterranen Strudel zu stürzen, doch ich präsentiere mich als eine extreme Fallstudie des zeitgenössischen Reisenden.

Ich war einer von jenen – heutzutage eine ganz typische Gattung –, der beinahe an jedem Ort der Welt gewesen war, *außer* am Mittelmeer. Ich hatte Monate auf Sansibar, Island und Pago Pago verbracht, es aber nie nach Italien geschafft. Feuerland hatte ich fünfmal besucht, Rom aber noch nie gesehen.

Einigen Beobachtern erschien dies fast schon pathologisch; andere verstanden es nur zu gut. Es war der einzige Weg, mit jener Explosion des modernen Tourismus umzugehen, die – soweit ich das sah – alle heiligen Stätten der griechisch-römischen Sage in einen chaotischen Zirkus verwandelt hatte.

Als ich mich vor vielen Jahren auf meine erste Weltreise begab, hatte ich natürlich die feste Absicht, irgendwo in den heiligen Stätten der Antike zu landen – *die Steine zu schauen, die Dichter zu Gesang und Saitenspiel bewegten.* Ich hatte sogar lange Jahre alte Geschichte in meiner Heimatstadt Sydney studiert und gehörte zu der letzten Generation junger Menschen, die von verrückten irischen Mönchen lateinische Verben eingebläut bekam. Ich hatte über den Texten griechischer Dichter gebrütet und sogar Hieroglyphen transkribiert. Aber sobald ich einmal unterwegs war, hatten Rom oder Athen keine Chance mehr. Ich kam bis nach Indien und blieb dort monatelang. Ein Blick auf das alte Delhi überzeugte mich davon, dass die Welt ein viel zu aufregender Ort war, um seine Zeit am Mittelmeer zu verschwenden.

Jene geheiligten Küsten wirkten plötzlich so vertraut und schal. So teuer. So überlaufen. So gründlich erforscht. So viel beschrieben. So... *abgeschlossen.*

Wie konnte man dort irgendetwas Neues sehen? Wie konnte man diese Orte als ursprünglich erleben?

Stattdessen landete und lebte ich in Südamerika, durchstreifte die Hinterhöfe Asiens und zog schließlich in die Hauptstadt der Neuen Welt, nach New York. Als ich begann, mit Lesley auf Tour zu gehen, weigerte ich mich zuerst, auch nur in die Nähe von Südeuropa zu kommen. Sie schlug Venedig vor. Wir landeten am Amazonas in Kolumbien. Provence klang doch verlockend... aber wir reisten nach Tansania.

Wie die meisten Menschen hatte ich das Mittelmeer nie völlig abgehakt. Ich ging schon davon aus, dass ich irgendwann noch einmal das Kolosseum, den Parthenon und die Pyramiden sehen würde. Aber das hatte Zeit.

Eigentlich ähnelte es der Vorstellung, ein Kind zu haben. Warum etwas machen, was alle anderen tun? Es gab immer gute Gründe dagegen. Immer nächstes Jahr, oder übernächstes.

Zwei Ereignisse erschütterten diese glückliche Gewissheit, alles auch morgen noch tun zu können. Zuerst stieß ich auf all diese Informationen über die antiken römischen Touristen – und es wurde mir klar, dass ein moderner Reisender jener Route mit einer Art doppelter Perspektive nachspüren könnte. Er könnte dieselben historischen Sehenswürdigkeiten betrachten und mehr oder weniger die gleichen Transportmittel benutzen. Und zweitens zeigte mir Les an einem Sommerabend in unserem kleinen Apartment mit einem gewissen Staunen einen kleinen Plastikstreifen, der zwei blaue Punkte statt nur einen aufwies.

Und plötzlich sah alles anders aus.

Da standen wir nun, mit einer einzigen letzten Chance, im »alten Stil« zu reisen – nur wir beide –, bevor jeder Aufbruch einem Abmarsch napoleonischer Soldaten aus dem Winterlager gleichen würde. Und wenn wir nur noch eine einzige große Reise machen konnten, wo *anders* sollte sie hingehen? Die Entscheidung schien unausweichlich – wie das Ergebnis jenes Schwangerschaftstests. Der ausgetretenste aller Pfade lockte, und eigentlich hatte es ja auch was: schwanger an der Wiege der Zivilisation.

Noch wichtiger war, dass die Mittelmeerländer als leicht zu bereisende Gegenden galten. Nach all den Höllentouren durch die Dritte Welt, die Lesley bisher immer mitgemacht hatte, sollten Italien, Griechenland, die Türkei, ja sogar Ägypten eigentlich die reinste Erholung sein. (War nicht auch Germanicus' Frau Agrippina auf der Reise schwanger gewesen und hatte das Kind sogar irgendwo unterwegs zur Welt gebracht? Hatte Kleopatra auf ihrer berühmten Nilkreuzfahrt mit Julius Caesar nicht dessen Kind unter ihrem Herzen getragen?)

Les – und ihr Frauenarzt – hatten nur ein paar kleine Bedingungen für eine Reise zwischen dem dritten und dem sechsten Monat. »Kein Stress«, erklärte Les ganz sachlich und bestimmt. »Kein Dreck.«

»Sicher«, versprach ich und rechnete im Kopf, wie wenig Geld wir für vier Monate Reise zur Verfügung hatten. »Kein Stress. So wenig Dreck wie möglich.«

Es fiel mir ein, dass selbst für jene reichen römischen Touristen viele ihrer archetypischen Reiseerfahrungen – das Ankommen in einer fremden Stadt, die Hotelsuche, das Abwehren von Führern, das Sichverlaufen – nicht immer so angenehm gewesen waren. Aber das war immer schon ein Teil der Herausforderung.

43

Das Reich für
zehn Sesterzen pro Tag

Im September 66 n. Chr. segelte Nero mit seiner Ehefrau Messalina nach Griechenland, um die Annehmlichkeiten der Grand Tour zu genießen. Das Paar verbrachte mehr als ein Jahr damit, die verschiedenen Festspiele zu besuchen. Von überbordendem Luxus umgeben, zogen sie wie ein Schwarm gefräßiger Heuschrecken mit einer Karawane von Dienern durch das ländliche Griechenland. Bei jedem Halt waren feierliche Bankette vorbereitet, und der Wein des Kaisers wurde mit Schnee von den nahen Bergen gekühlt. Die Olympischen Spiele verschob man sogar um ein Jahr, damit Nero an ihnen teilnehmen konnte; er fügte den sportlichen Wettkämpfen einen Dichterwettbewerb hinzu und trug den Lorbeer, wen wundert es, selbst nach Hause.

Sechzig Jahre später, als der ruhelose Kaiser Hadrian auf einer sechs Jahre langen Reise von Rom aus an den Nil zog – wie seine umherstreifenden Untertanen wollte auch er »mit seinen eigenen Augen alles sehen, über das er irgendwo gelesen hatte« –, kam er in den Genuss beinahe ebenso aufwändiger Empfänge. Selbst nicht ganz so hohe VIPs wie Germanicus bekamen einen königlichen Empfang von den Statthaltern bereitet, die persönlich ihre Ausflüge zu den Sehenswürdigkeiten des Landes arrangierten.

Diese Routine unterschied sich sehr von der des durchschnittlichen römischen Touristen. Für diese Zeit weitaus typischer war der wohlhabende Bürger, der sich allein – vielleicht noch mit einem oder zwei Reisegefährten – auf den Weg machte, begleitet von einer Hand voll Diener und Sklaven. Diese Reisenden hatten keinen besonderen Zugang zu den offiziellen Kreisen der Macht. Sie mussten selbst Essen und Unterkünfte am Weg finden. Sie mussten ihre eigenen lokalen Führer anheuern, ihre Wagen organisieren, ihre Schiffspassagen, ihre Kreuzfahrt auf der Ägäis.

Und das machte die alten Römer zu echten Pionieren, zu Versuchskaninchen des westlichen Reisens – der beginnenden Tourismusindustrie voll und ganz ausgeliefert.

Postkarten aus der Vergangenheit

Wo können wir die Worte dieser nicht besungenen Helden finden? Bevor ich New York verließ, füllte ich eine zusätzliche Reisetasche mit lateinischen Bänden und fotokopierten Texten. Aber wie jeder Historiker zugeben wird, arbeiten wir, wenn es um die Antike geht, mit winzigen Fragmenten einer einst blühenden literarischen Kultur.

Die Zeit hat selbst unter den Hinterlassenschaften der berühmtesten antiken Autoren gewütet. So ist zum Beispiel nur die Hälfte der Werke eines Tacitus und Cicero erhalten geblieben. Dutzende weniger heller literarischer Leuchten sind uns nur vom Namen her bekannt. Noch schlimmer ist die Situation bei den antiken griechischen Autoren, die die römischen Leser so liebten: Wir haben nur noch ein Zehntel der Theaterstücke des Aischylos und nur sieben von circa 130 Werken des Sophokles. Wenn man sich mit dem Erhaltenen beschäftigt, hat man außerdem eine gewaltige kulturelle Kluft zu überwinden. Die antiken *literati* sind für den modernen Geschmack oft unfassbar langsam, ihre Sätze steif von ermüdenden Belegen ihrer Gelehrsamkeit – weshalb sie oft paraphrasiert oder in mundgerechte literarische Bissen zerlegt werden müssen, um verdaubar zu sein. Noch schlimmer ist, dass die Menschen der Antike selten ihre persönlichen Gefühle oder Eindrücke wiedergaben. Darstellungen auch der überschwänglichsten Szenen können seltsam klinisch wirken – kalte Daten, etwa so unterhaltsam wie Einkaufslisten.

Entspannung in den Thermen –
eine moderne Darstellung von Römern, die sich im Urlaub erholen,
aus Fellinis Fassung des berühmten römischen Romans Satyricon.

Glücklicherweise konnten einige Römer auch überaus witzig über ihre Freuden und Missgeschicke unterwegs schreiben; sie liebten obszöne Witze und hatten einen scharfen Blick für ihre seltsame Welt. Die erfrischenden Beobachtungen, saftigen Kommentare und geistreichen Randbemerkungen sind überall in den Bibliotheken der Welt verstreut wie Silbermünzen in den schimmernden Wassern der Fontana di Trevi in Rom.

In meine Auswahl aus diesen Kostbarkeiten hatte ich einen Reisebericht in Versform von dem Meisterliteraten Horaz hineingepackt, in dem er von einer furchtbaren Fahrt über Land in Italien erzählte (»Weil das Wasser dort schlecht, erklärte ich Krieg meinem Magen und muss so, nicht grade entzückt, auf die Reisenden warten, die sich vergnügen beim Mahl...«) Dazu kamen Romane auf Griechisch und Latein, inklusive des düsteren *Satyricon* über einen Reisenden, der sich in einer Halbwelt unter Dieben und Prostitu-

ierten Heilung von seiner Impotenz erhofft. Auf einer erbaulichen
Ebene erinnerte sich der Dichter Ovid seiner jugendlichen Streif-
züge rund um die Ägäis. (»Ob wir die blauen Wellen auf einem
strahlend hell bemalten Schiff durchpflügten oder das Land in
einem rasch dahinrollenden Wagen durchstreiften, unser Gespräch
ließ die Zeit schnell vergehen«, erinnert er sich in einem Brief
an seinen alten Reisegefährten. »Es ist eine wundervolle Sache, die
Gefahren der See gemeinsam bestanden zu haben – gemeinsam unsere Gelübde an die Götter erfüllt zu haben – große Erfahrungen
geteilt zu haben, und darüber später zu scherzen…«) Unter den
eher praktisch ausgerichteten Quellen befand sich eine Kopie des
ältesten Reiseführers der Welt, der *Beschreibung Griechenlands* aus
dem 2. Jahrhundert n. Chr.; die Reproduktion einer alten römischen Straßenkarte auf einer fast sieben Meter langen Papierrolle;
und ein griechisch-lateinischer Sprachführer, der den Reisenden
zeigen sollte, wie man sich in den Bädern zu benehmen hatte.
Es gab Listen von Graffiti aus den Bordellen von Ephesos und Sam-
melbände mit ursprünglich auf Papyrus geschriebenen Briefen, die
jahrtausendelang in den Müllkippen altägyptischer Städte gelegen
hatten. Und nur um die antike Kollektion abzurunden, hatte ich die
bizarre Autobiographie eines gewissen Wanderpropheten namens
Apollonios von Tyana dabei. (»Selbst die Götter verbringen nicht
ihre ganze Zeit im Himmel«, verkündet Apollonios pompös und
klingt dabei wie ein antiker Reiseverkehrskaufmann, der fleißig die
Werbetrommel rührt. »Sie unternehmen Reisen nach Äthiopien,
nach Olympia, zum Berg Athos.«)

Berichte von Touristinnen sind dagegen selten und meist nur
indirekt überliefert – so zum Beispiel gelegentliche Erwähnun-
gen von Germanicus' Ehefrau, die bei offiziellen Essen erschien,
oder die Graffiti eines Zenturio im Tal der Könige, der auch die
Namen seiner Frau und seiner Tochter einritzt. Es gibt Belege dafür, dass einige unternehmungslustige Römerinnen allein reisten:
Marcus Agrippas Frau, die temperamentvolle und unkonventionelle Julia, besuchte Troja – aber wir wissen das nur deshalb, weil
sie bei einem Unfall beinahe ertrunken wäre (sie wurde in einer

geschlossenen Sänfte über einen reißenden Fluss getragen) und das Fehlen einer Brücke Anlass zu einem öffentlichen Aufschrei der Empörung gab. Einige Belege deuten darauf hin, dass Frauen sich sogar die Haare abschnitten und als Männer reisten wie die Heldinnen in den Komödien Shakespeares. Und es gab wahrscheinlich mehr kühne Frauen wie eine gewisse Eppia, die offenbar ihren Ehemann verließ und mit einem reichen Gladiator nach Ägypten durchbrannte. (»Sie isst mit den Matrosen«, spottet der Satiriker Juvenal genüsslich, »treibt sich auf dem ganzen Schiff herum und macht sich einen Spaß daraus, mit an den rauen Takelseilen zu ziehen.«)

Alles in allem gab es genügend literarische Scherben, um jene altrömischen Reisen sehr anschaulich zu rekonstruieren und die touristische Infrastruktur zu erkennen, die das ganze Reich überzog.

Die praktischen Grundlagen des kaiserzeitlichen Reisens

Das wesentlichste Element war die Unterbringung – die Grundvoraussetzung der Freizeitreisen und in römischer Zeit nicht anders als heute ein Thema mit unerschöpflichen und immer wieder interessanten Variationen.

An den größeren Straßen gab es damit keine Probleme: Augustus, der erste Kaiser, hatte ein ausgeklügeltes System von Rasthäusern entwickelt, um die Kommunikation in seinem riesigen Reich zu erleichtern. Diese sauberen und komfortablen Wirtshäuser – immer 37 Kilometer, eine durchschnittliche Tagesreise, voneinander entfernt – sollten vor allem Regierungsbeamte und Kuriere beherbergen, doch wenn Zimmer frei waren, wurden auch gerne römische Reisende »der besseren Sorte« dort aufgenommen. Ebenso gab es bei wichtigen Touristenattraktionen wie etwa Olympia luxuriöse Fünfsternehotels mit geräumigen Zimmern, die um mit Bäumen bestandene Höfe gebaut waren. Ein vor kurzem ausgegrabenes Etablissement in Murecine am Golf von Neapel, das von italienischen

Zeitungen »Grand Hotel Pompeji« getauft wurde, bot Suiten mit farbenfrohen Fresken der Musen, Faunstatuen, Mahlzeiten aus der eigenen Küche und besonderen Quartieren für Diener und Fuhrleute. Das Hotel verfügte über eigene Thermalbäder.

In den großen Städten in den Provinzen stellte ein informelles »Old Boy Network« Unterkünfte bereit. Römische Autoren trafen offenbar ständig Trinkkumpane aus jüngeren Jahren – ausländische Studenten, die nach Hause zurückgekehrt waren, oder Italiener, die in der Fremde lebten – und nahmen ihre Gastfreundschaft in Anspruch. Sie führten entfernte Freunde von Freunden mit weitschweifigen Empfehlungsbriefen ein. (»Mein Herr, ich bitte Sie, sich so um diesen Mann zu kümmern, als wäre er ich selbst…«, beginnt ein Papyrus.) Natürlich konnte es auch danebengehen, wenn man sich auf Zufallsbekanntschaften verließ. Der Romanautor Apuleius besuchte einen solchen Bekannten eines Bekannten – aber der Gastgeber erwies sich als ein »stinkender alter Langweiler«, dessen Mahlzeiten überaus jämmerlich waren. (»Ich bekam nur Gespräche zu beißen«, schmollte er.)

Natürlich konnte sich niemand für jeden Schritt der Reise allein auf seine Freunde verlassen. Es gab Abstecher in kleinere Städte, Ausflüge auf schmaleren Straßen und Nächte, in denen die komfortablen Hotels einfach schon voll waren. Dann mussten auch die sehr reichen Römer auf die typischen Gasthäuser zurückgreifen, auf ungesunde Orte, die oft nach Tieren benannt waren – das Kamel, der Elefant, der Hahn, der Kranich – und mit Bildern auf den Wirtshausschildern sowie gelegentlich auch mit Sprüchen für sich warben:

Hier verspricht Merkur Gewinn, Apollo Gesundheit, der Wirt Septumanus freundliche Aufnahme: Nachtquartier nebst Mahlzeit. Wer einkehrt, wird sich nachher besser fühlen!

Trotz so kühner PR-Versuche war der trostlose Standard der Unterbringung das Lieblingsthema in den Beschwerden unter antiken Touristen – eine Litanei von harten Strohmatratzen, undichten Dä-

chern, verrauchten Küchen, Moskitoplagen und verrückten Gast-
wirten, die nicht angemeldete Bordelle führten. Hotelrestaurants
hatten einen noch schlechteren Ruf als heutzutage. Es kursierten
zuverlässige Gerüchte über Menschenfleisch im Eintopf und unglückliche Schlemmer, die Finger und Gelenke in ihren Mahlzeiten fanden.

Fremder!, warnte das Schild eines anderen Wirtshauses. *Pass auf,
wo du unterkommst!*

Es mag unglaublich erscheinen, dass reiche Römer diese ver-
wanzten Hütten auch nur eine Nacht lang ertrugen, aber die Not
machte auch die Reichen flexibel. Antike Wirtschaften waren wie
die provisorischen elisabethanischen Kutschenstationen, in denen
die Adligen auf Reisen oft Halt machten; selbst im 19. Jahrhundert
noch akzeptierten europäische Aristokraten auf Reisen auch die
einfachsten Unterkünfte.

Und heute – also, wenn man das Mittelmeer mit begrenztem
Budget bereist, sollte man sich wohl besser auf die ganze Palette von
Hotels in allen Kategorien vorbereiten.

Lukian unternimmt eine Sex-Reise

Als ich bei der Vorbereitung auf diese Reise zum ersten Mal die Quellen durchblätterte, versuchte ich ein Gefühl für die Grundfrage zu entwickeln: Wie war es eigentlich, ein antiker Tourist zu sein? Unter vielen verstreuten Fragmenten stieß ich auf einen Text, der glücklicherweise erhalten geblieben ist: eine vollständige Reisegeschichte, einem geistvoll-obszönen Satiriker namens Lukian zugeschrieben, der um 160 n. Chr. die kleinasiatische Küste entlangfuhr und den kulturellen Highlights unterwegs einen Besuch abstattete. Geschrieben in Form eines Dialogs liefert sein Bericht quasi »einen Tag im Leben eines antiken Touristen« – und ist zufällig, als ein weiteres Geschenk an die Nachwelt, auch noch ziemlich lustig.

Er spielt in der Hafenstadt Knidos, heute eine verlassene Ruinenstätte an der türkischen Küste, deren schillernde Wasser von Ferienanlagen im Miami-Stil an den nahen Stränden überschattet werden. In alten Zeiten jedoch war Knidos eine florierende Touristenfalle. Seine Hauptattraktion war ein erlesenes erotisches Kunstwerk – eine Skulptur der Aphrodite, der wunderschönen Liebesgöttin. Die sensationelle »Aphrodite von Knidos« war zurzeit ihrer Entstehung die erste nackte weibliche Statue in der westlichen Kunst gewesen (zuvor hatten die Griechen nur männliche Götter nackt dargestellt), und zu Lukians Zeiten, mehr als fünf Jahrhunderte später, galt sie immer noch als die provokanteste Darstellung einer Frau überhaupt. Schon ein einziger Blick auf die Statue ließ Männern die Knie weich werden: Es kursierten zahllose Geschichten von Jünglingen, die versuchten, ihre Schenkel zu streicheln und ihr Gesicht mit Küssen zu bedecken. (Leider ist die Originalstatue verloren gegangen, aber römische Kopien sind in Neapel, im Louvre und in den vatikanischen Museen zu bewundern. Allerdings gibt es von dort keine Berichte über vergleichbare Reaktionen.)

Lukian, der die Küste entlangsegelte, legte besonderen Wert darauf, Knidos mit seinen beiden Reisegefährten zu besuchen, jungen Griechen mit den Zungenbrechernamen Charikles und Kallikratidas. In seinem Bericht präsentiert Lukian seine Freunde als interessante Fallstudien zum zeitgenössischen Geschmack in sexuellen Dingen. Die meisten Männer der Antike würden wir heute wohl als bisexuell bezeichnen – für erwachsene Männer galt es als durchaus akzeptabel, mit Frauen wie auch mit Jünglingen zu schlafen. Aber der exzentrische Charikles fühlte sich nur zu Frauen hingezogen, Kallikratidas dagegen nur zu Jünglingen (Frauen mied er als »Unglückslöcher«).

Die Debatte des Paares über die romantischen Vorzüge des jeweiligen Geschlechts liefert den Rahmen für Lukians Geschichte mit dem Titel *Liebesdinge*: Für antike Touristen bot jeder Anlaufhafen intellektuelle Anregungen, und Knidos mit seiner Liebesgöttin versprach eine echte Goldgrube zu werden.

Der Besuch stand unter einem günstigen Omen – Aphrodite selbst geleitete das Schiff mit sanften Winden in den Hafen –, und in der Morgendämmerung des nächsten Tages wagte sich das Touristentrio an Land. Die Händler von Knidos waren schon auf den Beinen und versilberten den Ruhm ihrer Stadt durch den Verkauf von erotischen Souvenirs. Lukian und seine Freunde »fanden nicht wenig Gefallen an den unanständigen Produkten der Töpfer« – ähnlich wie die Touristen in der Ägäis heute, wo die Souvenirläden überquellen mit Softporno-Postkarten und Priapus-Skulpturen.

Schließlich gelangte das so stimulierte Trio zum glänzenden Tempel der Aphrodite. Wie alle antiken Tempelbezirke war auch dieser weniger ein Ort der Anbetung als vielmehr ein heidnischer Vergnügungspark, geführt von freundlich dreinschauenden Priestern in scharlachfarbenen Roben und Girlanden aus frischen Blumen. Seine hohen Mauern schützten ein grünes Gartenheiligtum mit gepflasterten Säulengängen und süß duftenden, der Aphrodite heiligen Myrtenhainen. Üppige Weintrauben hingen an den Wänden, eine Hommage an Dionysos, dessen Wein ein bekannter »Förderer der Liebe« war. Und inmitten dieses wuchernden Gartens stand eine hell glänzende Laube aus Marmor, die Heimstatt des Allerheiligsten. Lukian und seine Freunde erklimmen aufgeregt die Stufen, durchschreiten die bronzenen Türen und nehmen eine himmlische Vision in sich auf: die unsterbliche Aphrodite, splitterfasernackt auf einem Podium. Wie alle antiken Statuen war sie von Kopf bis Fuß in lebendigen Farben bemalt: Ihre Haut verlockend glatt, ihr Haar golden, ihre Augen leuchten mit einem »sanften Lächeln« – selbst ihre arrogante Miene wirkt bezaubernd.

Die Kopien der Aphrodite von Knidos erscheinen uns heute prüde und ihr Gesichtsausdruck seltsam träge; die Römer bekamen sicherlich jeden Tag schamlosere Bilder zu sehen. Aber die Statue war ein erotischer Klassiker und überragte alles Nachfolgende wie die ersten Aktfotos von Marilyn Monroe im *Playboy oder* die anschließend in Massen auf den Markt geworfenen *Sports-Illustrated-*Kalender. Der heterosexuelle Charikles wird so aufgeregt, dass er in Pawlowscher Manier aufspringt, um die Göttin auf ihre rosigen Lippen zu küssen.

Die Bewohner von Knidos wussten, wie man aus ihrem marmornen Sexkätzchen den größtmöglichen Gewinn schlug: Um die Statue von hinten zu betrachten, musste eine Tempelwächterin, gegen besondere Gebühr natürlich, einen abgetrennten Raum aufschließen. Bis zu diesem Punkt hat der Zauber der Göttin den Päderasten Kallikratidas nicht erreicht. Doch als sich seine Augen an der Rückenpartie weiden, stößt er einen lustvollen Schrei aus: das göttliche Hinterteil ist eindeutig *jungenhaft.*

»Bei Herkules«, keucht er mit zitternder Stimme, »welch schlanke Hüften! Welch süße Grübchen in den Pobacken. Wie süß sie lächeln!«

An diesem Punkt tritt die Wächterin – eine ältere Frau – wieder ins Blickfeld. Lukian hat einen hässlichen dunklen Fleck auf dem milchweißen inneren Oberschenkel der Aphrodite entdeckt, und die Wärterin, die geduldig auf ihr Trinkgeld hinarbeitet, tischt den Freunden eine berühmte Anekdote zur Entstehung desselben auf. Viele Jahre zuvor hatte sich ein junger Adliger aus der Gegend unsterblich in diese wundervolle Verkörperung der Aphrodite verliebt. Er besuchte den Tempel täglich, starrte die Statue an und führte flüsternd Gespräche mit ihr.

Als schließlich – so berichtet die Wärterin atemlos – *seine Leidenschaft noch mehr gereizt wurde, grub er Inschriften an jeder Mauer und in jede weiche Baumrinde ein. Alles, was er besaß, weihte er der Göttin. Zuletzt brachte das Zunehmen seiner heftigen Liebessehnsucht ihn ganz von Sinnen, und er ersann eine dreiste Tat, um sein Verlangen zu befriedigen.*
Gegen Sonnenuntergang schlich er sich, ohne dass jemand ihn sah, hinter die Tür und blieb unbemerkt drinnen stehen, ganz still, fast ohne Atem zu holen. Als die Tempelwärter wie gewöhnlich von außen die Tür zumachten, war er also in die Kapelle eingeschlossen. Obwohl geschwätzig, brauche ich euch kaum die freche Tat, die während der Schandnacht verübt wurde, ausführlich zu berichten. Diese Spur der leidenschaftlichen Umarmungen fand sich da, als es tagte, und die Göttin trug den Fleck als Beweis für die Misshandlung.
Der Sage nach verschwand der junge Mann spurlos – man weiß nicht, ob er sich von den Felsen hinabgestürzt oder in den Meereswogen ertränkt hat.

In Gedanken noch bei dieser Geschichte von fleischlichem Wahn, ziehen sich Lukian und seine Freunde in den schattigen Garten zurück und strecken sich auf den Liegen aus, die dort für die Gläubigen bereitstehen. Bei einem Krug Wein und Schalen mit frischen Beeren erörtern sie, welche Lehren wohl aus diesem berühmten Kunstwerk zu ziehen sind.

Das Thema lautet: Was ist besser, die Liebe zu Frauen oder die Päderastie?

Offenbar können Frauen unüberwindliche Leidenschaften erregen, selbst wenn sie aus Stein gemeißelt sind! Ganz im Gegenteil, gibt der Frauenhasser zurück – der liebeskranke Mann liebte diese Statue von hinten, »wie einen Jungen«.

Der Streit setzt sich seitenlang fort, angereichert mit versteckten Zitaten aus Homer und Euripides. Schließlich spricht der Richter Lukian, hin- und hergerissen von den rhetorischen Verrenkungen des Paares, dem Päderasten den Sieg zu. Sexuelles Verlangen nach einer Frau stehe in einer fatalen Verbindung mit dem triebhaften Bedürfnis der Menschen, sich fortzupflanzen, stimmt er zu; die Leidenschaft für einen jungen Mann dagegen ist der Freundschaft näher, durchdacht und rein.

»So endet unser Aufenthalt in Knidos«, seufzt unser Reiseführer Lukian zufrieden, »mit seiner Kombination aus fröhlichem Ernst und kultiviertem Spaß.« Als die Hitze des Tages aufsteigt, kommen die Scharen von frommen einheimischen Gläubigen, und so beschließt das Touristentrio, sich wieder auf sein wartendes Schiff zu begeben.

In der heidnischen Welt, so voller Wunder, wartete am Horizont immer eine weitere Attraktion – und eine weitere spannende Diskussion, die den Geist schliff.

Auf der Via del Colisseo

Und da waren wir dann wieder, zurück vom McDonald's-Pompeji, und fuhren in einem Taxi kreuz und quer durch die dunklen Straßen Roms. Meine neue Zen-Ruhe gestattete mir, die Reise noch einmal zu beginnen.

Ich war endlich bereit, mich auf die Welt der antiken Touristen einzulassen – angefangen mit der göttlichen, noch nie da gewesenen, unmöglichen Stadt, die ihre Herzen und ihren Geist formte.

Teil zwei

Alle Wege führen
aus Rom hinaus

Abschied von der Megalopolis

Das kaiserzeitliche Rom war, wie Historiker gern sagen, das New York seiner Zeit – ein gigantischer, schnell gewachsener, aufgeblähter Organismus, der sich immer am Rande des völligen logistischen Zusammenbruchs bewegte, die bei weitem größte Zusammenballung von Menschen, die die Welt je gesehen hatte. Mit mehr als einer Million Einwohnern gegen Ende des 1. Jahrhunderts n. Chr. war es dreimal so groß wie das alte Babylon, die frühere Rekordhalterin unter den Metropolen, zehnmal so groß wie das klassische Athen und viel spektakulärer als beide Städte zusammen. Das Leben in diesem Gewimmel, dieser selbst ernannten Hauptstadt der Welt, machte hoffnungslos süchtig. Die unerschrockenen römischen Touristen vor dem Antritt ihrer Grand Tour, einer Reise, die sie für zwei, drei oder noch mehr Jahre von Rom wegführte, empfanden den Moment des Abschieds oft als bittersüß.

Für ein sentimentales Lebewohl erklommen die Bürger die glatt getretenen Stufen des Kapitols – des heiligsten der sieben Hügel der Stadt, gekrönt vom großen Tempel des Jupiter Optimus Maximus mit seinem goldenen Dach –, um ein letztes Mal die atemberaubende Aussicht zu genießen. Von dieser Höhe aus gesehen dehnte sich Rom in jede Richtung bis zum Horizont; seine Marmorbauten ließen das Land »wie Schnee« glänzen, wie Aelius Aristides es in seiner Rede im Jahr 140 n. Chr. so plastisch beschrieb. Alles funkelte in der italienischen Sonne. Das Verschönerungsprogramm, das unter Augustus begonnen hatte, war schon lange vollendet. (»Als ich kam, war Rom eine Ziegelstadt«, rühmte sich der erste Kaiser auf seinem Grab. »Ich überlasse es euch als eine Marmorstadt.«) Dann glitt das Auge des Betrachters gierig über ein verschlungenes Gewirr von Straßen und fand ein architektonisches Meisterwerk nach dem anderen: den Circus Maximus, wo bei Wagenrennen ein Publikum von 250 000 Menschen brüllte; die mit Bronze verkleidete Kuppel des Pantheon, des Tempels aller Götter; die alles überragende Ellipse des Kolosseums. Das Erstaunlichste aber war die schiere Größe der Stadt: Eine Bestandsaufnahme aus dem 4. Jahrhundert, als Rom gegenüber seiner Blütezeit im 2. Jahrhundert schon etwas geschrumpft war, ergab eine Zahl von 46 602 mehrstöckigen Mietshäusern, 1790 palastartigen Villen, 340 Tempeln, 856 Bädern, sechs ägyptischen Obelisken, zehn Aquädukten, vier Gladiatorenschulen, 28 Bibliotheken, 36 Triumphbögen, 290 Lagerhäusern, 1352 Schwimmbädern – ganz zu schweigen von den zwölf berühmten öffentlichen Latrinen. Der größte dieser Komplexe, zwischen dem Forum Romanum und dem Caesarforum gelegen, war so groß wie die Kathedrale Notre Dame, seine Marmorsitze wurden im Winter geheizt und waren mit Mosaiken, silbernen Springbrunnen und Delfinmotiven geschmückt.

Besucher, die diese Pracht zum ersten Mal sahen, waren starr vor ehrfürchtigem Staunen. Der Himmel konnte nichts Schöneres bieten, schwärmte der Dichter Claudian. Es war die größte Schöpfung der Menschen in der Antike, und man sprach schlicht und einfach von der *urbs* – der Stadt schlechthin.

Wie aber jeder abreisende Römer ebenso gut wusste, war es klug, an einem windigen Tag auf das Kapitol zu steigen, um diese glanzvolle Aussicht auch wirklich zu genießen. Sonst hing höchstwahrscheinlich ein ungesunder brauner Schleier tief über den Straßen der Stadt, der schon damals ihren majestätischen Glanz und Schimmer trüben konnte. Der Holzkohlenrauch aus den Küchen, Backöfen, Schmiedeessen und Scheiterhaufen schuf zusammen mit den von schlurfenden Fußgängern aufgewirbelten Staubwolken eine vorindustrielle Form der Luftverschmutzung. Und selbst bis in diese luftigen Höhen stieg der ständige Lärm aus den Straßen, drang in die geheiligten Bezirke des Jupiter ein, unterbrach gelegentlich die heidnische Liturgie der Priester und drohte jedes zarte poetische Sinnen über Roms göttliches Schicksal im Keim zu ersticken.

Wahrscheinlich verspürte ein Römer auch eine gewisse Beklommenheit, wenn er vom kapitolinischen Hügel herabstieg. Denn abgesehen von all jenen glänzenden Tempeln und goldenen Monumenten war die Ewige Stadt ein absolutes Inferno.

Das Talent der Römer für Stadtplanung fand in ihrer eigenen Stadt nie angemessenen Ausdruck. Das Labyrinth aus Straßen, die im Übrigen nie mehr als drei Meter breit waren, ähnelte eher einem kniffligen Hinderniskurs als einem System öffentlicher Verkehrswege. Per Dekret war der Schwerverkehr auf Rädern während der Tagesstunden aus der Stadt verbannt, sodass selbst reiche Patrizier sich ihren Weg zu Fuß bahnen mussten. Immer wieder rutschten sie mit ihren Sandalen in einer Ekel erregenden Bouillabaisse aus Tiberschlamm, verrottendem Gemüse, zerbrochenen Ziegeln, Kies, Maultierdung und ab und zu einer toten Katze aus. In diesem klaustrophobischen Labyrinth war jeder Durchgang mit Händlern und Handwerkern verstopft – Fischhändlern, Zimmerleuten, Weinhändlern, Buchhändlern, Milchmädchen, Apothekern und Schlachtern, bei denen das Pflaster unter den bis zum Boden hängenden Schafsköpfen vor Blut besonders schlüpfrig war. Barbiere rasierten ihre Kunden mitten auf der Straße; dichte Rauchwolken quollen aus Öfen; Weinkrüge schwankten gefährlich über Wirtshaustüren.

Fußgänger schlurften zusammengedrängt in einer Art Polonaise durch diese sonnenlosen Straßen, der Saum ihrer besten Togen mit Dreck bespritzt, ihre Zehen blau getreten von den Stiefeln der Soldaten, und immer den Remplern und der dickhäutigen Schroffheit ihrer Mitbürger ausgesetzt. »Wo ist dein Kopf – in den Wolken?«, bellte ein wütender Römer den Dichter Horaz an, als er aus Versehen stolperte. »Ein Mann stößt mir seinen Ellbogen in die Seite, ein anderer eine harte Stange«, klagt der Satiriker Juvenal nach einem Spaziergang, der ihm einige blaue Flecken eingebracht hat; »einer haut mir einen Balken, ein anderer ein Weinfass auf den Schädel.« Aber die größten Gefahren in Rom waren von oben zu erwarten.

Die Stadt war eine einzige riesige unorganisierte Baustelle. Holzbalken, lose Fliesen und Ziegelsteine fielen regelmäßig auf belebte Straßen hinab und schlugen unglücklichen Menschen den Schädel ein. Auch die Würde der Passanten war ständigen Bedrohungen ausgesetzt, denn ab und an ergoss sich ein Regen aus Nachttöpfen, die aus den Fenstern der Mietshäuser gekippt wurden. Der große Jurist Ulpian soll oft vor Gericht um Schadensersatz für solch schmutzige städtische Widerwärtigkeiten gestritten haben.

Da wundert es nicht, dass die Römer ihrer Stadt in Hassliebe verbunden waren. Auf ihren anstrengenden, ermüdenden Straßen wurden sie jeden Tag daran erinnert, dass eine Reise über das Mittelmeer vielleicht doch nicht das Schlechteste wäre.

Séance bei Morgengrauen

Um vier Uhr früh, gerade aus Pompeji zurück, entdeckte ich mit einer gewissen Befriedigung, dass das moderne Rom zumindest eine große antike Tradition kultiviert hatte: einen Lärmpegel der Weltklasse.

Die ganze Nacht hindurch hatte es geklungen, als bewegte sich der ständige Strom von Vespas mit aufgebohrten Auspüffen entlang der Via del Colisseo direkt über unser Bett hinweg; jeder Laut von den markerschütternden Sirenen der Krankenwagen bis zum Ausspucken der *vagabondi* unter unserem Fenster wurde von der engen Straßenschlucht verstärkt. Und das war nur die Ouvertüre: Bei Morgengrauen schob sich eine Parade römischer Müllautos, Straßenreiniger und Lieferwagen durch die Straße, ließ die Mauern des Hotels erzittern und regte Autoalarmanlagen und heulende Hunde zu einer Art Opernchor an. Und schließlich ließ dann die Hauptverkehrszeit am Morgen mit ihren zahllosen Fahrern, die die Hand nie von der Hupe nahmen, alles andere unter einer schrillen Symphonie verschwinden. Lesley hatte es irgendwie geschafft, die ganze Komposition zu verschlafen, aber ich stand kurz vor dem Nervenzusammenbruch.

Also konsultierte ich im grauen Morgenlicht meinen Sack voller lateinischer Texte und jubelte über die antiken Klagen über Lärmbelästigungen.

»Schlaflosigkeit ist die häufigste Todesursache in Rom«, jammerte der Satiriker Juvenal 100 n. Chr. »Zeige mir ein Schlafzimmer, in dem man schlafen kann!« Schuld war auch damals schon vor allem der Verkehr. Gerade weil alle Gefährte auf Rädern am Tage aus der Stadt verbannt waren, mussten Roms schwerfällige Lieferwagen ihre Touren nach Anbruch der Nacht fahren. Und da Achsenschmiere im Altertum nur sehr selten Benutzung fand – Olivenöl oder Tierfett waren unerschwinglich –, quietschten die Räder bei jeder Umdrehung so entsetzlich, dass der Lärm bis in die entlegenste Wohnung drang.

»Das Gedonner von Wagen in jenen engen, gewundenen Straßen«, stöhnte Juvenal, »die Flüche der Kutscher, die im Gedränge feststecken, erschüttern auch den Schlaf eines tauben Mannes – oder den eines trägen Walrosses.«

Einen Kater konnte man im kaiserzeitlichen Rom offensichtlich kaum auskurieren. Die Fahrzeuge wurden zwar eine Stunde vor Sonnenaufgang von den Straßen verbannt, aber sie wurden sofort ersetzt durch ein anschwellendes Crescendo von Bäckern, die ihr Brot anpriesen, Schmieden, die auf ihren Ambossen herumhämmerten, Priestern, die ihre Morgenriten herauskreischten, Hirten, die Milch vom Lande in die Stadt brachten, Kindern, die im Chor ihr Alphabet aufsagten.

»Ganz Rom steht direkt am Kopfende meines Bettes«, jammerte der Dichter Martial, als er sich an einem Morgen nach einer weinseligen Nacht in der Stadt auf der Matratze wälzte.

Im heutigen Rom hat die Technik den Geräuschpegel einfach nur um ein paar hundert Dezibel steigen lassen. Für Les war es der bisher einzige positive Nebeneffekt der Schwangerschaft, dass sie bei jedem Lärm schlafen konnte. Irgendwann drehte sie sich plötzlich um und schaute in meine tief eingesunkenen, blutunterlaufenen Augen.

»Das ist eine gute Vorbereitung auf deine Vaterpflichten«, säuselte sie und sprang aus dem Bett.

*Zenturionen posieren vor dem Kollosseum
für Touristenfotos.*

Ein paar Cappuccini später spazierten wir kreuz und quer durch
Rom, glücklich eingetaucht in die Königin der Städte, und versuchten in unserer Phantasie die Welt wieder auferstehen zu lassen,
die die ersten Touristen zurückließen. Das antike Rom war überall
um uns herum, wenn man so wollte. Vor dem Kolosseum standen
italienische Schauspieler in den Uniformen römischer Zenturionen – alten Requisiten aus den Sechzigerjahren, als Sandalenfilme
wie *Spartacus, Cleopatra, Quo Vadis?* und *Caligula* alle *in situ* in den
Filmstudios der Cinecittà gedreht wurden. Die modernen Zenturionen posierten für Touristenfotos, forderten dafür ein kleines Vermögen und tatschten ganz nebenbei die Damen an, wann immer
sich ihnen die Gelegenheit dazu bot. Auf dem Forum Romanum
brannte die Sommersonne gnadenlos auf die Säulenstümpfe, und

ich fragte mich, wie die Menschen der Antike das ohne Sonnen-brillen ertragen hatten. Noch immer lief das Wasser aus den Trink-brunnen des 1. Jahrhunderts; kleine Jungen rannten zwischen den Statuen herum und schwenkten Plastikschwerter statt der sonst üblichen Pistolen. Wir stolperten mit weit aufgerissenen Augen durch die Ruinen wie die Provinzialen der Antike: Um die Ecke lag das Trajansforum; den Hügel hinauf die Kaiserpaläste auf dem Palatin. Dort ist das Pantheon! Der Zirkus! Der Vestatempel!

»Rom in seiner ganzen Größe«, verkündete der Dichter Properz. »Fremder, sieh dich satt!«

Mit dem *modernen* Rom gab es, soweit ich sah, nur ein kleines Problem: Es war einfach zu schön. Ich ertappte mich dabei, dass ich einfach *alles* fotografierte: Steine, Plätze, Türen, Dachfirste. All diese verwitterten rosa-, ocker- und orangefarbenen Fassaden. Eisstände. Obstläden. Ladenfenster. Selbst die Gossen wirkten im richtigen Licht malerisch. Die Epochen der Kunstgeschichte, Klassik, Gotik, Barock, Rokoko, Klassizismus und alles Spätere, alle buhlten um Aufmerksamkeit. Italienische Künstler klagen darüber, dass das Gewicht so vieler Stile sie belastet, und man kann dieses Gefühl nachvollziehen. Es ist unmöglich, sich auf eine Epoche oder Ära zu konzentrieren. Das moderne Rom ist einfach ein großartiger Misch-masch, in dem sich alle Unterschiede verwischen.

Umgeben von all dieser fragmentarischen Schönheit suchen die Einwohner Zuflucht in einer bezaubernden Uniformität. Sie sind stolz auf ihre anarchische Ader, ihr unregierbares Chaos, aber im Alltäglichen sind sie die vielleicht liebenswertesten Konformisten der Welt. Die Boutiquen sind voll von den ausgefallensten Kreationen, aber niemand trägt sie: Die modernen Römer sehen aus, als ob sie sich alle beim selben Benetton-Laden eingekleidet hätten. Sie flitzen auf ihren Vespas hin und her, alle so exquisit angezogen, als ob sie zu einer Papstaudienz geladen wären; ganze Großfamilien in farblich aufeinander abgestimmtem Outfit arrangieren sich in Straßencafés wie mittelalterliche *tableaux vivants*. Es gibt keine Ge-schmacklosigkeiten in Rom, keine fehlgeschlagenen Experimente, keine extravaganten Gesten, keine schwankenden Betrunkenen in der Öffentlichkeit, kaum ausländische Restaurants – die italienische Küche ist angenehm monolithisch, beinahe jede Speisekarte bietet leichte Variationen der durch die Zeit geheiligten Themen. Ausgehen bedeutet für römische Jugendliche, an einem Softdrink am Campo de' Fiori zu nippen oder auf der Spanischen Treppe herumzusitzen und Songs von den Eagles auf der Gitarre zu spielen. Die Römer verwenden ihre gesamte Kreativität auf die Kunst des guten Lebens.

Deshalb kann es eigentlich keinen verführerischeren Ort auf der Welt geben, um Sommertage zu vertrödeln, in Straßencafés Wein zu trinken und Pasta zu essen. Wenn man allerdings versucht, sich die explosive Welt des alten Rom vorzustellen, wirkt das alles zu … *kontrolliert.*

Was das antike Rom so einzigartig machte, was es in den Augen seiner Einwohner und der Welt auszeichnete, waren seine erfrischenden Extreme, seine Schwindel erregende Kombination aus Grandeur und Dreck. Die Stadt war überschwänglich, energiegeladen, Anstoß erregend, kosmopolitisch, ein unbeständiger Cocktail aus Reichtum und Elend, Gier und Degeneration. Das moderne Rom war im Vergleich dazu ein beruhigendes Aquarell, wie man es im Warteraum eines Zahnarztes erwartet.

An einem gewissen Punkt musste ich gestehen, dass das antike Rom – wenn man sich das Leben in dieser Stadt vorstellte – tatsächlich weniger mit dem modernen Rom gemein hatte als mit der überwältigenderen, härteren und unfeineren Metropole, die wir gerade verlassen hatten: New York.

Ein Moloch von Stadt

Das Vergnügen, das Historiker – meist Europäer – daran finden, das antike Rom mit New York zu vergleichen, hatte ich immer ein bisschen anstößig gefunden. (Wie der französische Gelehrte Jérôme Carcopino es in seinem maßgeblichen Werk *Rom. Leben und Kultur in der Kaiserzeit* von 1939 ausdrückte: »Wenn sich Rom so gewaltig entwickelte, in jeder Hinsicht dem heutigen New York vergleichbar, wenn es als Königin der antiken Welt in trajanischer Zeit die riesige Stadt wurde, vor deren Größe Fremde und Einheimische staunend standen, wie das heutige Europa staunend vor der amerikanischen Metropole steht, so hat es doch, da seine Herrscherrolle es am Ende zu Boden zwang, diese Riesengröße teuer bezahlen müssen.«) Aber als ich auch nur ein paar Tage aus Manhattan heraus war, erschien mir die Vorstellung doch gar nicht mehr so weit hergeholt.

Immerhin teilten die 1 250 000 Einwohner des antiken Rom die nicht erschütterbare Überzeugung, dass sie in der endgültigen Stadt lebten, einer Hauptstadt der Welt, auf deren Aktivitäten »sich die Augen der Götter und der Sterblichen richteten«. Ihre schockierenden Extreme fanden sich ganz dicht beieinander: Bettler scharten sich um goldene Denkmäler; sagenhafte Villenkomplexe, »den verrückten Einfällen von Königen vergleichbar«, standen neben schrecklichen Slums. Die meisten Einwohner Roms drängten sich übereinander in den hoch aufragenden Mietshäusern, den so genannten *insulae*, Inseln – eine Bevölkerungsdichte, die erst an der Lower East Side

New Yorks im 19. Jahrhundert wieder erreicht wurde. Rom war die erste große Immigrantenstadt, ein Schmelztiegel des Mittelmeerraums, in dem 90 Prozent aller Einwohner ihren Stammbaum bis zu ihrem Zuzug innerhalb der letzten drei Generationen zurückverfolgen konnten. All dies ließ eine raue Demokratie der Straße entstehen: Patrizier und Plebejer, Millionäre und Händler hatten jeden Tag miteinander zu tun.

Der Vergleich ist nicht so seltsam – oder anachronistisch –, wie es auf den ersten Blick aussieht. Das kaiserzeitliche Rom war in vieler Hinsicht die erste moderne Stadt: Sir Peter Hall schrieb zum Beispiel in seiner umfassenden Geschichte der Stadt, das antike Rom »diente als eine Art Probelauf für all die Städte, die viel später erst entstehen sollten«. Als die erste echte Megalopolis der Welt musste Rom mit Problemen fertig werden, die heute zum Alltag gehören – Wohnungsnot, Massenarbeitslosigkeit, Abfallbeseitigung. Die Römer erfanden die ersten Verkehrsregeln, Bauvorschriften, Feuerwehren und Polizeikräfte. Sie organisierten groß angelegte Nahrungsmittelimporte (135 000 Tonnen Getreide pro Jahr, von speziell zu diesem Zweck gebauten Flotten aus Ägypten herangeschafft); sie errichteten gewaltige Aquädukte, um das Wasser über hunderte von Kilometern nach Rom zu bringen; sie schufen öffentliche Latrinen und ein großartiges System von Abwasserkanälen, die, wie Plinius der Ältere betonte, als Glanzleistungen der Ingenieurskunst mit den Pyramiden gleichzusetzen waren.

Doch trotz allem blieb das alte Rom ein logistischer Albtraum, ein schwerfälliger Moloch, der von Fiasko zu Fiasko taumelte, eine Stadt, die objektiv gesehen gar nicht funktionieren konnte – genau wie mein Zuhause.

Im Grunde bilden das kaiserzeitliche Rom und New York zusammen einen Rahmen für die letzten 2000 Jahre westlicher Stadtentwicklung – zwei Kolosse, die unsere Vorstellung von dem, was eine Stadt sein kann, geprägt haben. Auf einer metaphorischen Ebene werden beide Städte von Zeitgenossen wie auch Historikern mit den gleichen übertreibenden Begriffen beschrieben. All die vertrauten Bilder des »Heroic New York« – der mythischen Metropole, deren Anspruch, die »Weltkapitale« zu sein, auf der Höhe ihrer Macht vom Anfang bis zur Mitte des 20. Jahrhunderts wirklich Gewicht hatte – hatte man zuerst 2000 Jahre zuvor benutzt, um Rom zu beschreiben. Auch Zitate über dieses Paar kann man nach Belieben austauschen. H. G. Wells redete 1906, als er zum ersten Mal in New York war, von »der bisher nie da gewesenen Vielfalt, der übermenschlichen Kraft des Ganzen«. Klassische Beobachter verspürten dieselbe Mischung aus Staunen und Horror, wenn sie Rom betrachteten. Für Juvenal, den zynischen Satiriker, den Céline und George Orwell bewunderten, war es einfach eine »monströse Stadt«.

In meinen Lesestunden vor der Morgendämmerung begann ich ein Notizbuch mit den auffälligsten Parallelen zu führen: »Die stetig steigenden Mieten sind ein Anlass ständiger Klagen in der antiken Literatur«, fasst der Historiker Carcopino zusammen. Nach Juvenal konnte man von der Jahresmiete einer »schäbigen, schlecht beleuchteten Dachstube« in Rom eine erstklassige Villa auf dem Lande kaufen. Auf diesem heiß umkämpften Immobilienmarkt waren Untervermietungen an der Tagesordnung, ebenso wie Unteruntervermietungen. »Alle Bürger mit niedrigem Einkommen hätten schon vor Jahren im geschlossenen Marsch aus Rom ausziehen sollen…«, jammert Juvenal. Diese überteuerten römischen Mietshäuser, fügt Carcopino hinzu, waren »viel zu leicht gebaut, kaum mit Möbeln, nur mangelhaft hygienisch ausgestattet und ungenügend beleuchtet und geheizt«. *(Meine Güte! Das ist unser Apartment in der 10th Street!)* Viele hatten sechs Stockwerke und erreichten eine Höhe von 20 Metern über dem Straßenniveau. Bei Martial muss ein armer Schlucker 200 Stufen erklimmen, um seine trostlose Mansarde zu erreichen. Das Mietshaus der Felicula in der Nähe des Pantheon setzte sich über alle Regeln der kaiserlichen Bauverordnungen hinweg, ragte wie ein Miniwolkenkratzer in den Himmel und wurde damit zu einer Touristenattraktion von Rom. Da überrascht es nicht, dass Rom auch die ersten skrupellosen Vermieter hervorbrachte. Der deutsche Historiker Ludwig Friedländer schrieb 1904: »…die notwendigsten Ausbesserungen wurden vernachlässigt und ungenügend ausgeführt; wenn der Hausverwalter die wankende Mauer gestützt und einen alten klaffenden Riss durch Überstreichen verdeckt hatte, versicherte er den Mietern, sie könnten ruhig schlafen, während der Einsturz bereits über ihnen schwebte.« Regelmäßig brachen ganze Gebäude in sich zusammen. (Ein fester Bestandteil der Abendnachrichten in New York – obwohl die Mieter heutzutage im Allgemeinen gerettet werden.) Das Geräusch von rieselndem Putz löste bei den Römern Panik aus und trieb Partygäste hinaus auf die Straße wie bei einem Erdbeben.

Die Parallelen werden noch zwingender, wenn die antiken Moralisten zu Wort kommen: Rom wurde ständig wegen seiner Dekadenz, seines Luxus, seiner Verschwendungssucht und sexuellen Freizügigkeit angeklagt. Wenn der Historiker Tacitus die Stadt als »einen Treffpunkt alles Schrecklichen und Schändlichen« beschreibt, klingt er wie ein fundamentalistischer Politiker aus Georgia, der New Yorks S&M-Bars attackiert – wobei er allerdings in einer klaren historischen Umkehrung seinen Abscheu aus der Perspektive des Christentums heraus artikuliert, eines neuen Kultes, den die römischen Heiden als dekadente Perversion betrachteten.

Und die Liste ist hier noch lange nicht zu Ende. Das kaiserzeitliche Rom hatte einen unerschütterlichen Ruf als Hauptstadt des Verbrechens. Zwischen den Lieferwagen schwärmten nach der Abenddämmerung ganze Scharen von Dieben, Desperados und Prostituierten aus. Die Subura, ein Gebiet südlich des Aventin am Tiber, galt als besonders heruntergekommen, und die Gefahr lauerte überall. Die Römer erschreckten Auswärtige gern mit übertriebenen Geschichten: »Nur ein Narr nimmt eine Einladung zum Abendessen an, ohne vorher sein Testament gemacht zu haben«, jammert Juvenal.

Blutige Sportarten? Jeder New Yorker Autor wäre fasziniert zu erfahren, dass unser Wort *editor* sich auf das Kolosseum zurückführen lässt. Der lateinische *editor* war der Leiter einer Gladiatorenschule, der unter anderem darüber entscheiden durfte, ob ein verwundeter Kämpfer sterben musste oder nicht. Er lauerte am Rand der Arena und streckte seinen Daumen, ausschließlich finanziellen Erwägungen folgend, nach oben oder unten – entscheidend war,

Wagenrennen im Circus Maximus
(noch aus dem Stummfilm Ben Hur *aus dem Jahr 1925).*

ob es sich noch lohnte, den Mann im Gladiatorenkrankenhaus gesund zu pflegen, oder ob man ihn lieber wie einen Hund verrecken ließ. *(Genau wie in der Verlagsszene von Manhattan!)* Aber die Aufgabe war zu ehrenvoll, um sie einer untergeordneten Charge anzuvertrauen. Die Macht über Leben und Tod wurde dem Kaiser übertragen – der sie, um sich einzuschmeicheln, an die Massen weitergab.

Lifestyle? Die alten Römer waren besessen von Geld und Mode; Habgier und aufwändige Lebenshaltung aus Prestigegründen beherrschten alle Ebenen der Gesellschaft. »Wann hat Habgier je weiter die Taschen geöffnet?«, fragt Juvenal und überlegt, wann wohl die Römer ihrem wirklichem Gott, dem Geld, einen Tempel errichten werden. Er fährt fort: »In Rom laufen wir sklavisch der letzten Modetorheit hinterher und geben mehr aus, als wir uns leisten können – und das oft auf Pump.« Lukian verspottete ein junges Opfer dieser Modemanie: »Dein einziges Interesse gilt prächtiger Kleidung, die dir luxuriös bis auf die Füße fällt, und der Sorge, dass dein Haar hübsch geschnitten ist.«

71

Der Historiker Carcopino fasst die Meinung der anständigen antiken Menschen über Rom zusammen, wenn »die Geldsucht, der luxuriöse Prunk, der das Elend überdeckt, das Ausmaß der Spiele … die Nichtigkeit blutarmer Geistigkeit und die Raserei vertierter Sinneslust« sein Missfallen erregen.

Diese Zeilen ließen beinahe Heimweh in mir aufsteigen.

Die Gelegenheitstouristen

Und hier gab es vielleicht eine weitere Parallele: Nach Plinius dem Jüngeren waren die Römer Vorläufer jener sprichwörtlichen New Yorker, die noch nie die Freiheitsstatue gesehen haben. Plinius erklärte, seine Mitbürger würden sich mit Freuden auf die Grand Tour begeben, weite Strecken zurücklegen, um die Wunder Griechenlands, Kleinasiens und Ägyptens zu sehen, seien aber gleichgültig den Sehenswürdigkeiten ihrer eigenen Stadt gegenüber. »Wir laufen dem hinterher, was fern ist, und bleiben dem Nahen gegenüber gleichgültig«, beklagt er sich in einem Brief und schließt darauf, dass dies die Verdrehtheit der menschlichen Natur widerspiegele. (Liegt es daran, dass »jedes Bedürfnis seine Dringlichkeit verliert, wenn es leicht befriedigt werden kann«, grübelt er, »oder daran, dass wir die Besichtigung dessen, was wir sehen können, wann immer wir wollen, hinausschieben, in der festen Überzeugung, dass wir schon eines Tages dazu kommen werden?«)

Aber Plinius übertrieb, um rhetorische Wirkung zu erzielen – ebenso wie der Einwohner von Manhattan, der nicht von seiner Insel herunterkommt, nicht mehr als eine Gestalt der modernen Sage ist, eine provokante Halbwahrheit.

Es war genau anders herum. Die Römer waren unermüdliche Touristen in ihrer eigenen Stadt, sie genossen ihre Reize mit ebenso viel Begeisterung wie jeder Dorftrottel aus den Sabiner Bergen.

Es hätte auch kaum anders sein können: Ohne die modernen Ablenkungen des Fernsehens, Radios und Kinos fanden die Römer ihre Anregungen auf den Straßen. Sie lebten vom ersten Hahnenschrei bis zum Sonnenuntergang draußen, verstopften die groß angelegten Foren, die Vorgänger der modernen italienischen Piazze. Jedes neue Monument faszinierte sie; renovierte Paläste wurden besichtigt, Tempel bewundert. Auf Nachmittagsspaziergängen erkundeten die Bürger die Sackgassen der Geschichte: Sie erklommen den Palatin, um die einfache Strohhütte des Stadtgründers Romulus zu besichtigen – die Tatsache, dass das Gebäude niedergebrannt und im Laufe der Jahrhunderte mehrfach in disneyhaftem Glanz wieder aufgebaut worden war, störte niemanden –, sie besuchten das Lupercal, die Grotte, in der die Babys Romulus und Remus angeblich von einer Wölfin mit Muttergefühlen gesäugt worden waren. Die Römer konnten sogar die hölzerne Wiege bewundern, in der die beiden nach ihrer Rettung durch den aufmerksamen Hirten Faustulus geschlummert hatten. Und schließlich waren da noch die ständigen Spiele: Wagenrennen und Gladiatorenspiele waren die *Cats* und *Les Misérables* von damals. Die Menschen stellten sich am Abend zuvor schon an, um einen Platz im Stadion zu ergattern; als der aufgeregte Mob einmal Caligulas Schlaf störte, befahl er, ihn niederzuknüppeln, bis Ruhe herrschte. Spontan angesetzte Spektakel trugen zusätzlich zur Unterhaltung bei. Nach dem großen Feuer von 64 n. Chr. wurden die nächtlichen Rennen in den Gärten Neros von menschlichen Fackeln erleuchtet: Schreiende christliche Märtyrer wurden in Harz gewälzt, auf Stangen gebunden und dann in Brand gesetzt. (Nero spöttelte, dass das Christentum zum ersten Mal Licht auf etwas geworfen habe.)

Doch so aufregend all dies auch gewesen sein mag – das kaiserzeitliche Rom war auch aus anderen Gründen ein so stimulierender Ort. Seine Einwohner boten das eigentliche Spektakel. Das Straßenleben war in jeder antiken Stadt sehr viel intensiver, als es sich die modernen Städte träumen lassen. Das alte Rom trieb dieses Prinzip auf die Spitze: Es war eine einzige gigantische Bühne, seine Einwohner waren zugleich Schauspieler und Zuschauer des Stückes, das dort ständig gegeben wurde.

Nirgendwo auf Erden tobte ein ähnliches lärmendes Durcheinander. Die Straßen waren voller Fremder, ein unerschöpflicher

Nachschub an Neuankömmlingen von überall auf der Welt, der das »Menschenbeobachten« zu einer ganz normalen Beschäftigung der Römer machte. Ehrgeizige junge Männer und Frauen – die scharfsinnigsten Juristen, die schönsten Schauspieler, die talentiertesten Musiker – zog es in diese Stadt, in der die Konkurrenz besonders hart, der Lohn besonders hoch und ein Fehlschlag einfach vernichtend war. Um es anders zu sagen: Wenn man es im Rom der Kaiserzeit schaffte, schaffte man es überall. Die berühmtesten römischen Autoren stammten, wie ab dem 2. Jahrhundert n. Chr. auch die meisten Kaiser, aus den Provinzen. Am unteren Ende der gesellschaftlichen Hierarchie fanden sich schließlich die ausländischen Sklaven, die von ihren Herren freigelassen wurden. Viele von ihnen gelangten zu sagenhaftem Reichtum. Rom quoll über vor Geschichten von Tellerwäschern, die zu Millionären aufstiegen.

Diese offene, kosmopolitische Gesellschaft verlieh den Straßen Roms ihre so oft gelobte Lebendigkeit. Während eines einzigen Nachmittags auf dem Forum konnte man Höflinge aus Parthien treffen, dakische Sklaven, die einem griechischen Professor die Bücher trugen, die germanische Garde des Kaisers, die in der Nähe des Palasts exerzierte, äthiopische Boxer und Elefantendompteure oder bärtige Sarmaten aus dem heutigen Georgien, die Pferdeblut tranken. Fremdartige Gewänder waren zu bestaunen: Es gab orientalische Botschafter in strahlenden Seidenkleidern, tätowierte Barbaren aus Britannien, sogar Männer in Hosen. Priester der ägyptischen Göttin Isis paradierten mit rasierten Köpfen, in weiße Leinenroben gehüllt, klapperten dazu mit ihren hölzernen Rasseln und sangen. Zum täglich zu bewundernden Auftrieb gehörten Handleserinnen, Astrologen und Künstler aus der ganzen bekannten Welt – andalusische Tanzmädchen, Flötenspieler aus Marokko, junge Akrobaten aus Rhodos. Juvenal berichtet, er habe einen dressierten Affen gesehen, der auf einer Ziege ritt und eine Lanze schwenkte, dazu noch »Schlangenesser« aus den Marsischen Bergen Italiens. Auf den überfüllten Marktplätzen deklamierten griechische Schauspieler ihre Zeilen, und professionelle Geschichtenerzähler warben um ein Publikum. (»Gib mir eine Kupfermünze«, lautete der Standardspruch, »und ich erzähle dir eine goldene Geschichte.«)

Natürlich fanden auch die schönsten Menschen der Welt ihren Weg nach Rom. Viele Dichter betonten, dass ROMA nur ein Akronym für AMOR sei. Ovid behauptet in seiner *Liebeskunst*, dass zwar viele Römer auf der Suche nach fleischlichen Abenteuern das Mittelmeer überquerten, dass aber die »Jagdgründe« zu Hause, besonders bei Festen, genauso gut seien. »Die Welt der Mächtigen ist in unserer Stadt zu Hause. Wer könnte in jener Menge kein Objekt seiner Leidenschaft finden?« In Rom, so bemerkt Ovid, gebe es mehr großartige Frauen als Fische im Meer oder Sterne am Himmel. Als beste Orte, um Beziehungen zu knüpfen, empfiehlt Ovid das Pompeius-Theater mit seinem Venus-Heiligtum und das Kolosseum, wo sich die eleganten Frauen sammeln »wie Bienen auf Blüten«.

Die zum Sehen gekommen, sie kommen, gesehen zu werden, ja, diese Stätte verdirbt häufig die züchtige Scham.

Noch besser geeignet war offensichtlich der Circus Maximus, wo Männer und Frauen zusammensitzen durften (im Kolosseum waren die Damen auf die höheren Ränge verbannt) und damit geheime Zeichen, Augenzwinkern oder Handsignale mit möglichen Partnerinnen gar nicht nötig waren. Juvenal hebt noch auf ein geschlechtsüberschreitendes sexuelles Element ab und erzählt, dass viele Frauen in Männerkleidern in den Circus gingen. In diesen Dingen weniger zurückhaltend als Ovid, empfiehlt er, sich nachts bei Roms Tempeln herumzutreiben.

»An käuflichen Weibern mangelt es nicht in den Tempeln«, erinnert er einen Freund in einer Satire. »Du hast es dort mit dutzenden von ihnen getrieben ... und hast dir meist auch noch ihre Ehemänner vorgenommen.«

Jeder Augenblick lieferte in dieser chaotischen Stadt eine neue gesellschaftliche Vignette – jede Stunde auf dem Forum neue Gerüchte oder neuen Klatsch. Die Begeisterung, im politischen Zentrum der Welt zu leben, war ansteckend, trotz der offiziellen Zensur und einem Netz kaiserlicher Spione. Selbst die liberalsten Kaiser sorgten dafür, dass die Tavernen der Armen und die Bankette der Reichen unter Beobachtung standen. Einige Herrscher gingen so weit, *agents provocateurs* anzuheuern: Sie redeten in den Kneipen schlecht über den Kaiser, zogen Betrunkenen unkluge Bemerkungen aus der Nase und ließen sie dann verhaften.

Kein Wunder, dass die Römer ständig unter Hochspannung in ihrer Stadt umhergingen. In der Hauptstadt des Kaiserreichs war alles größer, heller, aufdringlicher.

Sie waren im Grunde geborene Touristen, die ihre Fähigkeiten jeden Tag schulten.

Eine Kopie der Götter

Wir näherten uns – so schien es mir wenigstens – dem modernen Rom etwa so, wie die antiken Reisenden der Stadt Lebewohl gesagt hatten.

Diese Überzeugung, dass wir einem verschütteten historischen Archetyp folgten, vertiefte sich noch, als ich entdeckte, dass unser bescheidenes kleines Hotel in der Nähe eines Gasthauses aus dem 1. Jahrhundert n. Chr. stand, das die Archäologen zu Mussolinis Zeiten freigelegt hatten. Ich hatte es ausgewählt, weil es die billigsten Zimmer in ganz Rom anbot – wenn nicht in ganz Italien. Trotzdem hatte unser lautes Dachstübchen unerklärlicherweise einen Balkon. Ein paar Terracottadächer weiter stand das Kolosseum wie ein großartig in sich zusammengefallener Kuchen.

»Oh, Rom!«, schwärmte Martial. »Göttin der Menschen und Kontinente, der nichts gleich oder auch nur nahe kommt!«

Zugegeben, auf dem Kapitol – *der* Anlaufstation schlechthin für antike Touristen in Rom – ist heute vom Tempel des Jupiter nichts mehr zu sehen, ebenso wenig wie von der berühmten Aussicht; zehn Meter Schutt liegen über den alten Straßen und verändern die Topographie der Stadt so sehr, dass man noch nicht einmal die ursprünglichen sieben Hügel erkennen kann. Deshalb blicken wir auf die großen Sehenswürdigkeiten Roms hinab statt zu ihnen hinauf. Das Pantheon zum Beispiel stand auf einem Hügel, seine glänzende Kuppel war über die ganze Stadt hin sichtbar. Heute ist es ganz unten in einem Tal der Stadt verborgen und von Cafétischen umgeben.

Um das großartige Panorama des antiken Rom noch einmal zu genießen, muss man mit der U-Bahn hinaus zu einem baufälligen *Museum der römischen Zivilisation* in EUR fahren – eine Vorstadt, die für faschistische Bürokraten geplant wurde und deren schreckliche Szenerie mit guter Wirkung in Bertoluccis *Der große Irrtum* zum Einsatz kam. Zwischen den verstaubten Vitrinen des Museums findet sich ein außerordentlich interessantes Ausstellungsstück: ein dreidimensionales Modell des alten Rom, 20 Meter lang und 20 Meter breit, in den Dreißigerjahren von enthusiastischen Kuratoren gebaut. Diese Schöpfung, die sich an den Überresten einer unter Kaiser Trajan in Marmor gehauenen römischen Straßenkarte orientiert, erstreckt sich wie ein riesiger, im Labor gezeugter Kris-

Großes Modell des antiken Rom (im Museum der römischen Zivilisation).

tall unter einem Zwischengeschoss, auf dem die Betrachter stehen. Man kann im Gedanken an den römischen Palästen vorbeilaufen, die sieben Hügel hinauf und hinab, über die Brücken – und durch Steinschluchten rasen wie Luke Skywalker über den Todesstern.

Mit einem Bild dieses Modells vor meinem geistigen Auge – ich hatte es zwei Stunden lang studiert und es wie einen großen 3-D-Plan benutzt – nahm das moderne Rom neue Formen an. Als wir jetzt durch die lärmende, nur bruchstückhaft erhaltene Stadt liefen, konnte ich die alten Straßen fühlen, die tief unter meinen Füßen begraben waren. Sie schimmerten und wirkten leicht verzerrt wie der Meeresboden durch den Glasboden eines Touristenbootes.

Das Mausoleum des Augustus sieht heute aus wie ein gigantischer, zerfressener Bienenkorb, umgeben von heruntergekommenen Bürogebäuden, aber ich konnte es mir in seinem antiken Glanz vorstellen, aufragend über einem minimalistischen Platz, der als riesige Sonnenuhr mit einem ägyptischen Obelisken als Zeiger angelegt war. (Am Geburtstag des Augustus zeigte der Schatten mittags direkt auf die Tür des Grabes, ein Beweis dafür, dass der Himmel selbst sein kaiserliches Erbe segnete.) Das Marsfeld beherbergte einst eine Art Sammlung römischer Propagandamonumente, darunter die Säulenhalle der Nationen mit dutzenden von Statuen, die alle von Rom eroberten Völker repräsentierten. Wie Agrippas riesige Weltkarte waren auch sie Elemente dessen, was Stadtplaner die »architektonische Darstellung« des kaiserzeitlichen Roms nennen. Die Stadt war eine einzige riesige Werbung, die ihre Bürger jeden Tag daran erinnerte, dass sie die Herren der Welt waren.

Auf dem Forum Romanum besuchte ich schließlich einen abgebrochenen Stumpf – den kläglichen Überrest des goldenen Meilensteins. Dieser schlanke, glänzende Pfeiler, wohl eher mit Bronze als mit Gold verkleidet, markierte den Ausgangspunkt des groß angelegten Fernstraßensystems. Entfernungen zu wichtigen Städten waren dort eingraviert. Und in der Nähe des Meilensteins, im wirtschaftlichen Herzen der Stadt, hatten sich auch die »Touristenbüros« des Reiches niedergelassen. Wichtige Städte in den Provinzen unterhielten Repräsentanzen auf dem Forum – sie wurden *stationes municipiorum* genannt –, die wie die Honorarkonsulate der Viktorianischen Zeit arbeiteten. Ihre Hauptaufgabe war es, ihren Landsleuten bei Handels- oder Rechtsproblemen zur Seite zu stehen. Aber sie gaben ganz informell auch Auskunft über ihre Heimatländer.

Ruhelose Römer konnten ganze Nachmittage damit verbringen, über das Wetter in Athen zu plaudern, über die Schiffspassage nach Korinth, die Küche von Ephesos, den Wein auf Samos oder die Quelle des Nils…

Und so nahmen Pläne konkrete Formen an.

Eine Pause für die Schwangere

Irgendwann nach der zwölften Sehenswürdigkeit wurde mir klar, dass ich meinen Zugang zu dieser Stadt ein bisschen ändern musste. Wir waren wie besessen in der Stadt herumgerannt und hatten überall Ruinen besichtigt, Inschriften gelesen und Statuen betrachtet. Les hatte zuerst ziemlich gut mitgehalten, sich schließlich aber doch mehr Zeit gelassen.

Mit einem sehnsüchtigen Blick auf all die Römer, die sich in der Sonne rekelten, sagte sie: »Warum verbringen wir nicht einfach mal einen Nachmittag in einem Café? Schau mal hier. Wie wär's mit einem *gelato*?« Aber ich war zu zappelig.

Einmal setzte sie sich nach der vierten Sehenswürdigkeit des Tages einfach ans Tiberufer und weigerte sich, auch nur einen Schritt weiterzugehen. Ich warf einen Blick auf den wachsenden Bauch – vierter Monat –, und mir wurde klar, dass sie sich mit ihrem eigenen Vesuv beschäftigen musste. Jeden Tag sprach sie über neue Gefühle und Empfindungen. Ich dagegen hatte zwar schon gefühlt, wie sich der kleine Besucher bewegte, und sogar seinen Herzschlag gehört, aber im Grunde konnte ich nicht glauben, dass sich irgendetwas geändert hatte. Les lief ein bisschen langsamer, trank keinen Alkohol und hatte etwas zugenommen.

Damals, am Beginn unserer Odyssee, hatten wir noch nicht genau herausgefunden, wie viel sie leisten konnte. Plötzliche Wellen der Erschöpfung rollten ganz unerwartet über sie hinweg; Spaziergänge kamen zu einem unvorhergesehenen Ende. Da waren diese Hungerattacken, die uns auf eine hektische Jagd nach frischen Nahrungsmitteln schickten. Und bei jedem Schritt hatten wir den Stadtplan mit den nächsten Toiletten im Kopf…

Es bereitete mir Schwierigkeiten, mich an all das zu gewöhnen, weil ich mich noch in einem Stadium der Verleugnung befand. Mit Les hatte man bei unseren früheren so genannten »Urlauben« Pferde stehlen können. Sie hatte sich kaum beklagt, als sie auf Sumatra eine Fischvergiftung bekam oder bei einem Yachtausflug im Korallenmeer beinahe ertrunken wäre. Auch als wir in einem Camp von Diamantensuchern in Venezuela verloren gingen oder in den argentinischen Militäraufstand gerieten oder von Dieben in Belize verfolgt wurden, war sie die Ruhe selbst gewesen…

Hier in Rom hatte ich fröhlich so weitergemacht, ohne größere Veränderungen nach außen hin. Unsere Rucksäcke hatten wir gegen Koffer mit kleinen Rollen ausgetauscht – das war die größte Konzession.

Aber jetzt, auf einem Bürgersteig am Tiber, wurde mir allmählich klar, dass diese Reise durch den Zustand von Les vielleicht doch ein wenig anders werden würde.

»Tone, nicht nur ich bin schwanger! Du bist es auch!« Ich nickte weise, nicht ganz sicher, was sie damit meinte.

Wir kamen überein, unsere Tage ein bisschen gelassener anzugehen. Keine endlosen Fußwege mehr. Weniger ehrgeizige Zeitpläne. Ab und zu auch mal ein Taxi. Vielleicht sogar ein bisschen Herumhängen in den Cafés, ganz wie die echten Italiener, und ein bisschen Geplauder mit ein paar Menschen…

Es lief auf eine Art Reisen in Zeitlupe hinaus. Keine schlechte Sache, dachte ich. Das würde mich zwingen, ab und zu eine Pause zu machen, zu verarbeiten, was ich bisher vom alten Rom gesehen hatte – und zu verstehen, wie fast alles in jenem Wirbelwind von Stadt dazu beitrug, das Fernweh zu steigern.

Die Fülle des Reiches

Die Hauptstadt des Kaiserreichs war ein einziger gewaltiger Schwamm, der Exotika aller Art in sich aufsaugte. Wie der Autor Apuleius gestand: »Ich habe ein fast morbides Interesse an allem, was seltsam oder abseitig ist.«

Jeder neue religiöse Kult fand begeisterte Anhänger, jede neue Spezialität einen bereitwilligen Käufer, jede ausländische Neuheit ein interessiertes Publikum. Reiche Römer bezahlten sogar ein kleines Vermögen für importierte *miracula* oder »menschliche Kuriositäten«. Hermaphroditen, Kretins und Zwerge wurden als Gesprächsstoff eingekauft; wenn sie starben, wurden sie manchmal in Myrrhe und Honig konserviert und dann wie Jagdtrophäen in den Villen ausgestellt. Besonders wählerische Kunden schauten sich auf dem Markt der Missgeburten um, einem herzlosen Sotheby's des Grotesken. Dort konnte man Pygmäen vom Nil ersteigern, Riesen aus Skythien, »androgyne Wesen«, einen Inder ohne Arme, einen »wilden Mann« aus Afrika, einen noch nicht einmal 70 Zentimeter großen Jüngling mit Stentorstimme. Nero bekam einmal ein Kind mit vier Köpfen überreicht, das er zusammen mit dem »Vielfraß aus Alexandria« ausstellte – der wiederum zur Freude der Zuschauer bei einer Mahlzeit ein ganzes Schwein, eine lebende Henne, 100 Eier, dutzende von Nägeln, Glasscherben, das Reisig eines Besens und einen Ballen Heu verspeiste.

Sagenhafte Tiere erregten ein ebenso großes Aufsehen. Den ersten Tiger, der jemals in Europa zu sehen war, bekam Augustus von Gesandten aus Indien geschenkt. Er stellte ihn in einem vergoldeten Käfig öffentlich aus; tausende Römer standen jeden Tag Schlange, um dieses prächtig gestreifte Ungeheuer zu sehen, das hinter den Stäben auf und ab lief und seine Bewunderer anknurrte. Improvisierte Zoos wurden für Riesenschildkröten, Krokodile und Nashörner eingerichtet, ebenso für magische Wesen – »Tiere mit menschlichen Gliedern«, einen Riesenvogel, den man für einen Phönix hielt, einen in Salz konservierten Satyr. Unter Claudius kam ein einbalsamierter Zentaur – halb Mann, halb Pferd – aus Afrika, während »Skelette von Ungeheuern« regelmäßig in den Arenen der Stadt gezeigt wurden. Manchmal waren es fossile Überreste von Dinosauriern, die bei Erdbeben ans Tageslicht kamen, manchmal Walknochen, die ins Mittelmeer gespült wurden. Das römische Publikum bestaunte die Haut einer fast 40 Meter langen Schlange und tote Gorgonen – »schafähnliche Tiere«, deren Blick für Menschen tödlich war.

Ein ganzes neues literarisches Genre – die Paradoxographie oder die »Wunderbücher« – befriedigte diese römische Leidenschaft für das Außergewöhnliche und listete Kuriositäten in Botanik, Geographie, Zoologie und Anthropologie auf. Ergänzt wurde es durch eine Flut von abenteuerlichen Reiseerzählungen – »Augenzeugenberichten« von skythischen Kannibalen, einäugigen Afrikanern und Inselbewohnern, deren Füße nach hinten zeigen. (Sie sind vielleicht ein Grund dafür, dass der Satiriker Lukian den inneren Kreis der Hölle den lügenden Reiseschriftstellern vorbehielt.) In den unglaublich beliebten griechischen Liebesromanen, Vorläufern der modernen Schundheftchen, waren exotische Schauplätze obligatorisch; genaue geographische Details waren sogar ein Kennzeichen des Genres und sollten den Geschichten den Anschein von Authentizität geben.

In Rom nahm man all dies begierig auf. In Gelehrtenzirkeln prägten angelesene Trivialitäten die Kunst der Konversation: Junge Menschen studierten Bücher darüber, wie man faszinierende Fakten in Partyplaudereien einbrachte, während Gastgeberinnen wie die Grandes Dames der russischen Salons ihre Gäste kunstvoll auf bestimmte Themen hin lenkten. Zu den empfohlenen Gesprächsthemen gehörte etwa: Woher kommen neue Krankheiten? Warum sind ältere Menschen weitsichtig? Liefert das Land oder das Meer die besseren Nahrungsmittel? Warum ist A der erste Buchstabe des Alphabets? An welcher Hand wurde Venus durch Diomedes verwundet? Warum nannte Homer das Salz göttlich, nicht aber das Öl? Warum verbietet Pythagoras das Verspeisen von Fisch? Wie kann man den bösen Blick bannen?

Diese Debatten sanken auf das Niveau nächtelanger pedantischer Phrasendreschereien ab; es gibt Berichte von gelangweilten Essensgästen, die sich völlig betrunken unter ihren Sofas versteckten oder sich selbst etwas vorsangen, um das Geschwätz zu übertönen. Insgesamt jedoch nahmen die Römer diese Themen ernst, und die Weitgereisten waren dabei im Vorteil. Der Gast, der persönlich mit ägyptischen Priestern gesprochen oder berühmte Kunstwerke Griechenlands gesehen hatte, besaß eine kaum zu untergrabende Autorität. Wie Dionysios Periegetes – Dionysios der Fremdenführer – in seinem geographischen Gedicht sagt: »Wenn du dies (liest), wirst du in Ehren gehalten und hoch angesehen, da du den Unwissenden Einzelheiten mitteilst.« Um wie viel besser war es da, wenn man selbst die heiligen Stätten in Augenschein genommen hatte.

Rom war, kurz gesagt, eine große Drehtür: Die Stadt bot kurze Blicke auf die ganze Welt und steigerte so die Reiselust. Die Römer fanden es wichtig, die Sehenswürdigkeiten *in situ* zu erleben und den *genius loci* zu genießen, den Geist des Originalschauplatzes. Wer konnte einen Abend damit verbringen, über die trojanischen Helden zu reden oder über die Riten von Memphis, wer konnte dasitzen, wenn geschmeidige asiatische Akrobaten auftraten, oder wer konnte auch nur importierte Datteln, griechische Oliven oder teure ägäische Weine probieren, ohne Lust auf die warmen Brisen des Mittelmeers zu bekommen?

Und so aufregend Rom auch war, jeder brauchte mal eine Pause. Das Leben in der Hauptstadt der Welt war ganz einfach aufreibend. Sobald man das Haus verließ, war man mit der Wirklichkeit in ihrer ganzen überwältigenden Vielfalt konfrontiert, von Straßenhändlern mit ihrem Singsang bis zu verzweifelten Bettlern und kinderlosen Frauen, die die rattenverseuchten Müllhalden nach weggeworfenen Neugeborenen (im Allgemeinen ungewollten Mädchen, die nur eine finanzielle Belastung darstellten) durchwühlten. Die Stadt wurde von tödlichen Grippewellen heimgesucht, und jeder Sommer brachte die Malaria. Die Römer waren bekannt für ihren blassen Teint, da die Sonne kaum den Grund der schmalen Straßen erreichte. Bleiche Freunde, die in Rom hatten bleiben müssen, erkannten Martial kaum wieder, als er von einem Aufenthalt außerhalb zurückkam; doch seine Sonnenbräune verschwand schnell. Die schrecklichen Schattenseiten des Hauptstadtlebens inspirierten auch Varros zeitlosen Ausspruch, dass Gott das Land und der Mensch die Stadt gemacht habe. Die Römer waren die Ersten, die an städtischer Platzangst litten.

Und auch das gesellschaftliche Leben konnte ermüdend sein. Die Römer waren in einem Netz von Verpflichtungen gefangen, man erwartete ihre Anwesenheit bei Hochzeitsfeiern, Verlobungen oder der Zeremonie, bei der ein Neffe seine *toga virilis* angelegt bekam. Man musste Geburtstagsglückwünsche überbringen, Krankenbesuche abstatten, Kondolenzbesuche, Inaugurationen, Gedichtrezitationen überstehen – ganz zu schweigen von jenen endlosen Abendessen mit bis zu 300 Gästen. Abgesehen von den beliebtesten Diskussionsthemen drehte sich das Gespräch bei solchen Anlässen vor allem um den Circus, das Wetter und die lokale Gerüchteküche: Liebe, Ehebruch, Scheidungen, Schulden, Erbschaften. Menschen mit einer künstlerischen Neigung fanden Roms gesellschaftliches Leben oberflächlich. Es gab wenig Zeit zum Nachdenken. Echte Freunde waren selten, angenehme Bekanntschaften, witzig und charmant, machte man dagegen an jeder Ecke. Die besessene Geldgier und der derbe Materialismus waren zutiefst unbefriedigend. Plinius der Jüngere war entsetzt, wenn er seine gesellschaftlichen Verpflichtungen betrachtete, die Tag für Tag gnadenlos seine Arbeitszeit auffraßen, und wie schal das alles wirkte, wenn er von zu Hause weg war.

Die tiefsinnigeren Römer sehnten sich nach etwas anderem, nach einem Tapetenwechsel, neuen Eindrücken, neuen Erfahrungen. Kein Wunder, dass sich so viele entschlossen, ihre Sachen zu packen. Oder zumindest die Auspizien zu prüfen.

101 Vorzeichen:
Wie man eine Reise beginnt

An dem Morgen, an dem wir nach Neapel aufbrechen wollten, erwachte ich vor Sonnenaufgang mit einem plötzlichen Gefühl der Sorge.

In der Nacht zuvor hatte in einer schmalen Seitenstraße ein viel zu schneller Vespafahrer eine Taube überfahren; der kopflose Körper war mit wild flatternden Flügeln auf meinen Fuß gesprungen. Angeekelt hatte ich das Blut abgewaschen, aber ich konnte das grässliche Bild nicht aus dem Kopf bekommen. Jetzt machte ich, während Lesley noch schlief, einen letzten Spaziergang durch das Zentrum von Rom. Das Forum lag verlassen da, seine Säulenstümpfe tropfnass in tiefen Nebel gehüllt. Das Brummen des Verkehrs klang seltsam weit entfernt; die Sommerhitze sammelte Kraft und würde bald zuschlagen. Ich erklomm noch einmal die Stufen hinauf zum Kapitol, dem symbolischen Ausgangspunkt so vieler antiker Reisen, und blickte hinab auf die gespenstischen Ruinen.

Ich fragte mich, ob diese Reise in unserem prekären Zustand wirklich so klug war. Forderten wir das Schicksal heraus? Die alten Römer jedenfalls hätten diese Frage verstanden.

Beginne keine Reise an einem Dienstag; Dienstage bringen Unglück, ebenso wie der 5. Oktober oder der 24. August – bleibe an diesen Tagen besser zu Hause. Am Ende eines Monats gehe nirgends hin; es sind ungünstige Tage zum Reisen. Hast du von Eulen, Bären oder Stieren geträumt? Sage alle Reisepläne ab, eine Katastrophe steht sicher bevor.

*Niese nie, wenn du ein Segelschiff besteigst. Keine Tanzerei unterwegs!
Und ganz wichtig, überaus wichtig ist, dass du dir die Fingernägel nicht
auf dem offenen Meer schneidest. Es sei denn, du gerätst in ein Unwet-
ter. Dann schneide auf jeden Fall Haare und Nägel; stecke alle abgeschnittenen Teile in einen Sack und werfe sie über Bord als ein Opfer für
Neptun.
Es könnte helfen – und schaden tut es sicher nicht.*

Die Römer waren ihr Leben lang in einem engmaschigen Netz
des Aberglaubens gefangen, der Gnade ihrer launenhaften Götter
ausgeliefert, und die Aussicht auf eine lange Reise steigerte diese
Besessenheit noch. Der julianische Kalender war ein Schrecken er-
regendes Minenfeld voller unglücklicher Tage; die Eingeweide der
Opfertiere mussten regelmäßig untersucht, die Träume gedeutet und
die natürliche Welt ständig nach Vorzeichen durchforscht werden.

Manche Signale der Götter waren ziemlich deutlich: Ein Hagel-
schauer am Abfahrtstag – das war eine klare Botschaft, die Reise
doch besser sein zu lassen. Nachrichten über Fische, die man auf
frisch gepflügten Feldern gefunden hatte; Bienen, die um ein Tem-
peldach schwärmten; die Geburt eines Jungen mit zwei Penissen;
eine vom Blitz getroffene Statue; ein blutrot gefärbter Fluss – all dies
waren schlechte Vorzeichen. Nero sagte einmal eine wichtige Reise
ab, weil seine Beine in einem Tempel unerklärlicherweise zu zittern
begannen. Andere Omina waren nicht ganz so deutlich: Augustus
sagte eine Ägypten-Reise ab, nachdem er zufällig gestolpert war
und seine Toga zerrissen hatte. (Allerdings war der erste Kaiser auch
besonders anfällig für göttliche Botschaften; einen Tag verbrachte
er jedes Jahr bettelnd in den Straßen Roms, weil es ihm in einem
Traum so befohlen worden war.)

Das Problem mit den Vorzeichen war, dass die verschiedenartigs-
ten Ereignisse, auch scheinbar ganz nebensächliche, Warnungen der
Götter sein konnten – und dass der göttliche Wille oft nicht deutlich wurde. Was sollte man zum Beispiel mit einem Vogelschwarm
anfangen, der über einen hinwegflog, während man gerade aus der
Tür trat? Was bedeutete es, wenn man seinen Lieblingsmantel am

Morgen der Abreise verlegte? Oder eine Fliege ins Frühstücksbrot eingebacken fand? Die Deutung solcher Ereignisse war eine schwierige Kunst, für die man einen Wahrsager, einen Zahlendeuter, einen Priester oder einen Astrologen heranziehen musste – oder alle vier. Und verrückterweise konnten auch gute Vorzeichen sich als Tricks der Götter erweisen, die ahnungslose Sterbliche durch die Vorspiegelung einer falschen Sicherheit ins Verderben locken wollten.

Deshalb lebten die Menschen der Antike Tag für Tag in Erwartung irgendwelcher Voraussagen und versuchten jedes nebensächliche Vorkommnis zu ergründen. Eine bevorstehende Reise erhöhte nur den Einsatz bei diesem Spiel.

Das Reisen mochte ja sicherer sein als je zuvor, aber man musste sich doch immer noch Sorgen machen über mögliche Krankheiten, Schiffbrüche und die Fügungen des Schicksals. Auch die Reichen und Berühmten waren dagegen nicht immun. Vergil, Roms größter Dichter, zog sich auf einer Griechenland-Reise ein Fieber zu und starb bei seiner Rückkehr nach Italien; Hadrian, der Tourist auf dem Thron, verlor seinen jungen Geliebten bei einem Bad im Nil, was ihm das Herz brach. Und 19 n. Chr. erkrankte der so beliebte Prinz Germanicus auf der Rückreise aus Ägypten; er sollte Rom nie wieder sehen. Sicher spürten alle antiken Reisenden eine Mischung aus Aufregung und neurotischer Bedrohung, aber bei den Römern, die zu ihrer Grand Tour aufbrachen, waren diese Gefühle besonders intensiv. Die Via Appia sorgte auf jeden Fall dafür.

Man kann sich die Szene, bei der ihnen sicher ein bisschen flau im Magen wurde, gut vorstellen. Bei Morgengrauen rumpelten die Wagen mit ihren eisenbeschlagenen Rädern durch die Porta Capena, wurden von einem leckenden Aquädukt mit Wasser besprengt und fuhren schlingernd auf der Königin der Straßen weiter. Roms älteste Verkehrsader, die Via Appia, war zugleich auch die spektakulärste – nach Meinung des Dichters Properz »eine der Sehenswürdigkeiten der Welt«. Breit und glatt im Schatten von Pinien und Zypressen, hielten ihre tausende Basaltblöcke auch ohne Zement zusammen. Es war immer viel los, und der Verkehr war angenehm unterhaltsam – Frauen, die Wagen lenkten, Bauern zu Fuß,

*Der Meilenstein bezeichnet den Beginn der Via Appia,
Roms Fernstraße in den Osten.*

mit Edelsteinen geschmückte Reiter. (Juvenal beschreibt, er habe
einen hohen Beamten, den Prätor Tullius, gesehen, der von fünf
mit Weinkisten und einem Nachtstuhl beladenen Sklaven zu Fuß
begleitet wurde.) Aber es gab nur wenige Reisende, die nicht unbehaglich in die langen Schatten spähten, die aus dem Nebel am
Rande der Straße emporragten. Mausoleen, Gräber, Sarkophage
säumten beide Seiten der Straße.

Seltsamerweise war die wichtigste Ausfallstraße gleichzeitig auch
der Wohnsitz der Toten.

Innerhalb der antiken Stadtgrenzen waren Bestattungen nicht
erlaubt, und deshalb hatten die Römer die Via Appia mit kunstvoll
geschmückten Familiengrüften gesäumt. Alle Arten von Grabstät-
ten waren zu sehen: Es gab hoch aufragende Altäre, pseudoägypti-
sche Pyramiden, große kreisrunde Gewölbe, die die Überreste gan-

zer Dynastien in sich bargen, ebenso wie Schreine, die gleichzeitig als Ruhe- und Schutzräume für die Reisenden dienten. Insgesamt sind etwa 3000 Gräber am Rande der ersten 13 Kilometer der Via Appia gefunden worden, die die Straße außerhalb der Tore Roms zu einer Nekropole machten. Und darüber hinaus trugen die meisten Gräber hochphilosophische Inschriften, die den Reisenden sicher mehr zu denken gaben als die Werbeplakate an den Straßenrändern heutzutage.

Einige klangen ziemlich positiv: *Lese, vorüberziehender Freund, welche Rolle ich einst in dieser Welt spielte ... und jetzt, da du gelesen hast, habe eine angenehme Reise.*

Andere waren offene Warnungen: *Ich rate dir, das Leben mehr zu genießen als ich!*

Ein Sarkophag trägt ein Basrelief des dort begrabenen Mannes, wie er an einem reich gedeckten Tisch mit seiner Familie und seinen Freunden speist. *Was nützt es den Toten, wenn sie feiernd dargestellt werden?*, lautet die rhetorische Inschrift. *Sie hätten besser so gelebt!*

Hüte dich vor den Ärzten!, rät eine andere. *Sie haben mich umgebracht.*

Diese doch sehr offenen Darstellungen erinnerten die Reisenden daran, dass auch sie sterblich waren – als ob die Römer diese Mahnung noch gebraucht hätten. Das Reisen mochte sicherer sein denn je, aber da waren immer noch die Krankheiten, Erdbeben, Reitunfälle, Stürme und Schiffbrüche ...

Die Via Appia stand für die gemischten Gefühle, die die Reisenden beim Aufbruch zu einer Reise immer begleiteten – Hoffnung, Bedauern, Angst, Neugier. Der Wunsch, ein erfülltes Leben zu leben – gepaart mit der Furcht, dass irgendetwas furchtbar schief gehen könnte. Es ist das gleiche wahnsinnige Gebräu menschlicher Möglichkeiten, das das Reisen an sich zu einer so sinnigen Metapher für das Leben gemacht hat. Immerhin ist Homers *Odyssee*, eines der ersten erhaltenen literarischen Werke der westlichen Kultur, im Grunde eine Reisegeschichte. Zwar war ich mir ganz und gar nicht sicher, ob unsere Grand Tour die Höhen einer epischen Erzählung erreichen würde, aber als ich da so auf den Stufen des Kapitols saß, wurde ich doch nachdenklich.

Eine Fahrt von Rom nach Ägypten bereitet einem modernen Reisenden normalerweise nur wenig Kopfzerbrechen. Lesleys Zustand jedoch eröffnete eine weitere Dimension des Unberechenbaren. Die Liste möglicher Unannehmlichkeiten für Schwangere war selbst im besten Fall überwältigend lang, wie mir Freunde mit einiger Schadenfreude erklärt hatten. Aber wir planten, durch die Türkei zu reisen, ein von Erdbeben und Unruhen erschüttertes Land – und dann durch Ägypten, das nicht gerade für seine hohen Hygienestandards bekannt und zudem sporadischen Terrorakten ausgeliefert ist. (Und wie fragte man auf Arabisch: *Ist dieser Käse pasteurisiert?*)

In diesem Zusammenhang war das Omen einer enthaupteten Taube nicht gerade ermutigend. Allerdings – wenn sich gute Vorzeichen auch als schlecht erweisen konnten, dann, so hatte ich die leise Hoffnung…

Ein Kuhhandel mit den Göttern

Man muss den antiken römischen Touristen zugute halten, dass sie durchaus versuchten, die Sache selbst in die Hand zu nehmen. »Bei jenen, die über Land oder über das Meer reisen, ist es Brauch, Vorsätze zu fassen«, wie Aristides bemerkte. Die Römer hatten den Launen der Götter gegenüber eine rein legalistische Haltung.

Im Grunde lief alles auf einen Handel mit den Göttern hinaus. Jeder Reisende besuchte vor der Abfahrt einen Tempel – den des Merkur, des beliebten schwingenfüßigen Gottes der Reisenden; oder den des Rediculus, der für die gute Heimkehr zuständig war; oder im Osten den des Herkules, des Kraftspenders – und handelte dort eine ganz private Reiseversicherung aus. Der beste Platz dafür war jedoch das Kapitol, genauer gesagt der Tempel des Jupiter Optimus Maximus. Und eigentlich schritten die römischen Touristen auch vor allem deshalb diese Marmorstufen empor. Jupiter war nicht nur der König der Götter, er war auch der göttliche Beschützer der Fremden. Und ganz nebenbei wurde er in diesem Tempel von seiner Gattin Juno und der Göttin Minerva flankiert, die beide Schutzgöttinnen Roms waren.

Es war ein Moment höchster Spannung, wenn man das prächtige Tempelinnere betrat, dessen Decke und Wände mit Blattgold überzogen waren, und dann zu der Jupiterstatue hinaufblickte, die dort auf einem gigantischen Thron residierte, mit ganz Rom zu ihren Füßen. Ein Reisender musste sich durch die Scharen der Bittsteller drängeln, die ihre Fälle laut der Statue vortrugen, und den geschäftigen Tempelwächtern aus dem Weg gehen. Wie alle heidnischen Bilder wurde auch diese riesige Figur behandelt, als sei sie lebendig: Jupiter hatte seine eigenen priesterlichen Diener – einige, die ihm sagten, wie spät es war, andere, die sein Haar mit Öl salbten, andere, die ihn vor Feierlichkeiten, bei denen er offizielle Pflichten zu erfüllen hatte, in noble Gewänder kleideten.

Trotz des Pomps lief die Prozedur des Aushandelns eigentlich überraschend bürokratisch ab. Auf ein Stück Papyrus schrieben die Tempelpriester ein *votum*, ein Gelübde, in dem in groben Zügen Folgendes stand: *Als Gegenleistung für eine sichere Reise werde ich eine bestimmte Handlung durchführen, wenn ich mein Ziel erreiche.* Reiche Menschen schworen, teure Opfer darzubringen oder dem Tempel Geld zu stiften; die Armen boten Terrakottastatuen an. Die »Handlung« konnte auch symbolischer Art sein: Der berühmte Redner Aelius Aristides versprach den Göttern einmal, ihnen im Austausch gegen eine störungsfreie Reise über das Mittelmeer eine Rede zu widmen. Der handgeschriebene Vertrag wurde dann besiegelt und mit Wachs an der Statue selbst befestigt; allen Überlieferungen zufolge waren Jupiters muskulöse Oberschenkel übersät mit diesen winzigen Schnipseln, sodass er aussah, als litte er an einer Hautkrankheit.

Eines Tages, so hoffte der Reisende, würde er in den Tempel zurückkehren und den vollzogenen Handel mit einem weiteren Zettelchen feiern, auf dem stand: *Julius VSLM* – abgekürzt für *Julius Votum Solvit Libens Merito* – »Julius hat sein Gelübde gern und wie es der Gott verdient erfüllt.« Die Priester würden den Zettel dann im riesigen Tempelarchiv für die Nachwelt aufbewahren. Jeder

Quadratzentimeter des Tempelbodens war bedeckt mit den Gaben jener, die diese heiligen Versprechen eingelöst hatten – alles von Getreideähren bis zu silbernen Dreifüßen und goldenen Füllhörnern fand sich dort hundertfach aufgestapelt.

Wenn aber irgendetwas bei einer dieser göttlichen Abmachungen schief lief – immer vorausgesetzt, dass die Reisenden überhaupt wieder nach Hause kamen –, dann hatten die verärgerten Gläubigen das Recht, den Gott zu beschimpfen, die Statue zu treten oder noch Schlimmeres zu tun.

Als die Sonne den Nebel auf dem Kapitol durchdrang, beschloss ich, selbst einen kleinen Handel mit Juno, der Königin des Olymp und Göttin der Geburt, zu machen.

Wenn wir es schafften, heil durch Griechenland und die Türkei zu kommen – wenn wir sicher an unserem eigentlichen Ziel an der Grenze zur Wüste in Ägypten ankamen –, wenn Lesley nicht islamischen Geiselnehmern, Fährkatastrophen in der Ägäis, der Malaria oder der Hepatitis zum Opfer fiel –, dann wollte ich wie Aristides eine *bestimmte Handlung* durchführen.

Welche das sein sollte, musste wie in den antiken Verträgen bis zu unserer Rückkehr ein Geheimnis bleiben.

Und so reisten wir nach Süden, wie Reisende in Italien das immer getan haben – in das Land, in dem bei antiken Touristen allmählich richtige Urlaubsstimmung aufkam.

Teil drei

Die hedonistische Küste

Dolce Vita
in der Bucht von Neapel

Sieht man Rom als die Welthauptstadt der Antike an, so war die Bucht von Neapel die wichtigste Bade- und Vergnügungsmeile der damals bekannten Welt. Alljährlich trieb die mediterrane Sommerhitze (mit ihren tödlichen Attacken von Typhus und Malaria) die *bella gente* aus der Kaiserstadt aufs Land hinaus: Alle, die etwas auf sich hielten, eilten zur Sommerfrische an die 100 Meilen südlich liegenden sonnigen Felsufer Kampaniens. In Sichtweite des rauchenden Vesuv und von einer traumhaft blauen See umgeben, hatten sich die Kaiser Luxuspaläste und die Millionäre prachtvolle Villen errichtet. Nach dem griechischen Geographen Strabon, der die Gegend um 10 n. Chr. besuchte, stellte die gesamte Uferfront südlich des *Promuntorium Sirenum* (heute Sorrent) eine ununterbrochen prunkvolle Front aus Villen mit Marmorsäulen dar – alle verschwenderisch ausgeschmückt mit Fresken des Neptun, springender Delfine und Tintenfische. Die Römer liebten Bäder an diesen warmen geschützten Ufern, abseits der Seeungeheuer und bösen Geister, die draußen in den Tiefen lauerten. Sie verlustierten sich in Atrien ihrer Sommerresidenzen, deren Mosaikböden die Wogen abbildeten und die direkten Zugang hinab zu sandigen Badebuchten boten. Noch märchenhaftere Paläste hatten die schroffen Felsen erklommen und wetteiferten um die herrlichsten Ausblicke aufs Meer. Manche waren auf fünf Ebenen und mit Gärten angelegt, die sich über mehrere Hektar Land erstreckten. Besonders protzig war die Villa, die sich Lucullus, ein standesbewusster Feldherr im Ruhestand, errichtet hatte. Für seinen Fischteich ließ er einen privaten Zufluss graben, eine geschmacklose Großtat, die ihm den Spottnamen »Xerxes in einer Toga« eintrug.

In dieser glitzernden Enklave erkundeten Römer erstmals alle Nuancen des Wortes »Muße«. Die Beliebtheit der Bucht ging auf das 1. Jahrhundert v. Chr. zurück, als diese noch einen relativ würdigen Hintergrund für das römische *otium* bildete, eine Art kultiviertes Nichtstun, das aus Bildung und Entspannung bestand. Prominente Römer wie Julius Caesar, Pompeius und Marc Anton, die führenden Politiker der Republik, zogen sich von den hektischen Tagesgeschäften hierher zurück, um in der Sonne Gedichte zu lesen, philosophische Gedanken niederzulegen, mit gleich gesinnten Ästheten zu diskutieren und sich am Strand körperlich zu ertüchtigen. Bei einem solchen »Aktivurlaub« setzten sie die philosophische Formel vom »gesunden Geist im gesunden Körper« in die Praxis um. Allerdings gewannen die körperlichen Freuden zur Kaiserzeit im 1. Jahrhundert n. Chr. über die geistigen die Oberhand. Bald hallten in heißen Sommernächten die Berge über der Bucht vom Geschrei wüster Trinkgelagen wider. Nachtschwärmer fielen in die Strände ein und schlürften bei Nacktpartys Austern.

Die Stadt Baiae wurde zum ersten großen Badeort der Welt und stand bald im Ruf einer Stätte für wahrhaft herkulische Ausschweifungen. Die freizügige Atmosphäre dort erinnert an das heutige Ibiza. An diesen Ufern gingen erstmals Eros und Lust auf Wasser jene Verbindung ein, mit der heute im Tourismusgeschäft massenhaft geworben wird. Der Gelehrte Varro beklagte, dass in Baiae »ledige Frauen Gemeingut« seien. »Alte Männer benehmen sich wie junge Burschen und viele junge Burschen wie junge Mädchen.« »Der Ort selbst provozierte das Laster heraus«, klagte der auf Moral bedachte Seneca mit Blick auf die achtbaren Bürger, die mit Huren aufs Meer fuhren, Rosenblüten auf die Wogen streuten und betrunkene Sängerkriege austrugen.

Angestachelt von den Exzessen des Tiberius, Caligula und Nero, folgte die übrige Bucht von Neapel Baiaes Beispiel und wurde zu einem ultimativen Szenentheater der Sinne, einem »Krater der

Wollust«, an dem die Römer ganz aus sich herausgehen konnten. Zwischen den schroffen Felsen versteckt, von der kühlen Seebrise liebkost, gaben sie sich lüsternen Fress- und Sauforgien hin. Auf geschmückten Jachten segelten manche wochenlang vor der Küste unter der Sonne im Kreis herum. In den einst exklusiven Gesellschaftskreis brachen jetzt auch die Neureichen ein, die mit schamlosen Extravaganzen die Grenzen des guten Geschmacks immer weiter hinausschoben. Auch antike Underdogs strömten herbei. Der Hafen Puteoli wurde zur Hochburg des horizontalen Gewerbes: Aristokratische Nachtschwärmer bummelten zwischen Seeleuten, Wegelagerern, Schauspielern, Kupplern, Schlägern und Gaunern an der Promenade entlang. Patrizische Frauen trieben sich inkognito als Dirnen herum. Und selbst Nero suchte verkleidet heruntergekommene Spelunken auf.

Das berüchtigte rund um die Uhr laufende Bacchanal lockte in Scharen Touristen an. Die Reisenden konnten sich in zahlreichen Herbergen entlang der Küste einmieten, in Restaurants und *popinae*, Bars, essen und sich nach dem Faulenzen von Führern in mehreren

Partytime am Golf von Neapel – eine moderne Interpretation (aus dem Film Caligula*).*

Sprachen die Sehenswürdigkeiten zeigen lassen. Denn wie in vielen heutigen Touristenorten von der Copacabana bis zu Sydneys Bondi Beach erwarteten den Touristen inmitten der dekadenten Genusssucht auch achtbarere Aktivitäten. Denn diese Region Süditaliens war bereits seit dem 8. Jahrhundert v. Chr. von Griechen besiedelt gewesen: So waren jetzt zu Fuß, in einer Sänfte oder einer Prachtbarke eine Vielzahl kultureller Attraktionen zu besichtigen. Galeeren mit seidenen Baldachinen wurden von Sklaven zu den Inseln Capri und Procida hinübergerudert, deren magisch steile Ufer am Horizont wie ungeheure Haifischflossen aufragten. Tagesausflüge führten zu verwitterten dorischen Tempeln, überwucherten Schreinen und bacchantischen Weingärten, in denen angeblich jede Nacht Nymphen dem Meer entstiegen und an Trauben naschten. Und in einem Winkel der Bucht wurden schließlich Dichtung und Geist kultiviert: Die idyllische kleine Stadt Neapolis, das heutige Neapel, war der Welt erste Dichterkolonie. Hier lernten manche Römer weltberühmte Schriftsteller kennen oder wohnten literarischen Lesungen bei.

Gleichwohl konnte inmitten dieses Schwindel erregenden Reigens eitler Mode, repräsentativen Lebensstils und des Sichverwöhnenlassens niemand vergessen, dass hier auch der Vesuv herrschte. Regelmäßig erzitterte die Erde, auf dem Berg schossen Gaswolken aus Erdspalten empor, und der Schwefelgeruch einer möglichen Katastrophe hing über den heißen Bädern, in denen sich eingeölte Liebespaare zum heimlichen Stelldichein trafen. Die Besucher der Gastmähler hat dies alles anscheinend nie so richtig beunruhigt. In der Tat war die ominöse Nähe zur Unterwelt für die Römer wie für viele andere Kulturen etwas Gewohntes. Tod und Vergnügen lagen stets dicht beieinander. Der große Ausbruch des Vulkans von 79 n. Chr. bedeutete nur eine kurze Unterbrechung in der genussfreudigen Alltagsroutine. Nachdem ein Abschnitt der sinnenfreudigen Küste – mit 15 000 unglücklichen Pompejanern – für die Nachwelt konserviert worden war, wurde schon in der nächsten Saison noch entschlossener weitergefeiert. Wie ein fröhliches Lied im *Satyrikon*, dem antiken Roman, der vor dem Hintergrund der Bucht von Neapel spielt, verkündet:

Wehe ihr Armen, o weh! Denn wie ist so ein Menschlein doch gar
nichts!
Totengebein werden alle wir sein, wenn der Orkus uns raffte: Lebet
drum froh und genießt, da es das Glück uns noch gönnt.

Wer konnte da abseits stehen? Jeder lebenslustige römische Reisende, der in die Welt hinauszog, machte unterwegs Halt, um eine
Dosis hausgemachte Dekadenz zu kosten.

»Ein Paradies, bewohnt von Teufeln«

Zweitausend Jahre später ist die Bucht von Neapel noch immer
einer der sonnigsten Lustgärten Italiens. Glitzernde Urlaubsparadiese
wie Sorrent oder die betörend schönen Inseln Capri und Procida
gelten als Perlen des Mittelmeeres, als Rückzugsorte für Prominente,
wo man in vollen Zügen den Sommer genießen kann.

Weniger gut gehalten hat sich die Stadt Neapel, die sich in geo-
graphischer Hinsicht als Stützpunkt für einen Besuch am besten
eignet. Das römische Neapolis hat sich in eine der größten und unruhigsten Winkel des italienischen Mezzogiorno verwandelt, während einst blühende Städte wie Puteoli und Baiae einen Niedergang erlebten oder völlig verschwanden. Es ist, als habe sich die
Geschichte für die antiken Sünden an Neapel gerächt: Jahrhundertelang zog es eine Bestenliste an raubgierigen Welteroberern an, die
es als eine der ärmsten Städte im westlichen Europa zurückließen.
Heute zeichnet es eine Rückständigkeit aus, die nur noch das Verbrechen blühen lässt. Noch in den Siebzigerjahren erlebte Neapel
eine Choleraepidemie. Und doch ist die Stadt noch immer von
berauschender Schönheit. Vom Meer aus betrachtet, schimmert
seine barocke Fassade wie eine bunte Fata Morgana mit mittelalterlichen Festungsmauern, die einen überbordenden architektonischen Reichtum umschließen. Von allen Großstädten dieser Welt
zeigt sich nur Rio de Janeiro aus der Ferne so verführerisch und

zugleich so ramponiert, ein verblüffender Widerspruch, der schon im 18. Jahrhundert sprichwörtlich war: Neapel galt damals als »Paradies, bewohnt von Teufeln«, vor allem bei Norditalienern. Das Klischee des Neapolitaners, so klagte ein lokaler Adliger, sei das von »Ignoranten, Mördern, Verrätern, Päderasten… Scharlatanen und Narren« mit angeborenen kriminellen Neigungen. Dieser Ruf hat sich bis heute kaum gebessert: Neapels Männer seien faul und unverbesserliche Machos (nach einem alten italienischen Witz soll Christus Neapolitaner gewesen sein: Er wohnte bis zu seinem dreißigsten Lebensjahr bei den Eltern, hielt seine Mutter für eine Jungfrau und glaubte, er selbst sei Gott). Neapels Frauen sollen tief abergläubisch, spielsüchtig und vom Gedanken an den Tod besessen sein. Und die ganze Stadt wurde von der brutalen Camorra regiert. Drogen, Erpressungen und die *miseria* bieten den Stoff, aus dem die Berichte über die Stadt gewoben sind.

Goethes berühmten Sinnspruch »Neapel sehen und sterben« münzten Norditaliener um in: »*Vedi Napoli e scappa.*« – »Neapel sehen und flüchten.«

Und jeder, für den der Hauptbahnhof der erste Eindruck von der Stadt ist – also für fast alle von Rom her kommenden heutigen Reisenden –, wird dem wohl zustimmen.

Initiationsriten

W ir standen auf dem überfüllten Bahnsteig in Neapel und blickten uns mit offenen Mündern um.

Mit den zerbröckelnden Bodenfliesen im düsteren Licht erinnerte *Napoli Termini* weniger an ein Einfallstor zum legendären »Krater der Wollust« als vielmehr an einen Gefängnishof, wie man ihn 1935 in Panama-Stadt hätte finden können. Ein Heer von Taschendieben umzingelte wie Geier, die verirrte Lämmer belauern, die ankommenden Reisenden. Wir hatten keine Ahnung, wie wir in Neapel ein Hotel finden würden, und gingen sofort zum Touristenbüro am Bahnhof. An der Tür passte Les aufs Gepäck auf. Ein Typ mit unverschämtem Gesichtsausdruck postierte sich gut einen Meter neben ihr, starrte sie gierig an und arbeitete mit der linken Hand heftig in seiner Hose. Schließlich wurde er von einem Polizisten vertrieben. Als ich herauskam, um nach dem Rechten zu sehen, hatte Les den fassungslosen und schockierten Blick, den ich von Debakeln auf Reisen in die Dritte Welt kannte: wenn wir unvorbereitet in eine Hölle geraten waren.

»Ich dachte, Reisen in Europa sei einfach«, sagte sie. »Angeblich kein Terror.« Ich beobachtete ein Trio Taschendiebe, das uns gierig belauerte.

»Europa soll ja an den Stadtgrenzen von Rom aufhören«, sagte ich.

Vielleicht war es ein Trost, dass wir auch hier die Erfahrungen der antiken Reisenden teilten: Die Ankunft in einer fremden Stadt war schon immer der heikelste Augenblick gewesen, und Römer, die keine Villa am Meer und keine Freunde in der Stadt hatten, dürften es nicht leichter gehabt haben. Erschöpft von der viertägigen Reise in der Gluthitze über die Via Appia, wo sie in den ersten Urlaubsstaus der Welt gestanden hatten, mussten sie sich der wichtigsten Herausforderung stellen: in unbekannten Straßen ohne Hausnummern und Namen nach einem *hospitium*, einem Gasthaus, suchen. Nachts war die Verwirrung noch größer, denn nur große Hauptstraßen waren erleuchtet. Zudem waren die Fackeln oft hinter Masken verborgen, sodass man sich einem gespenstischen Ambiente ausgesetzt gefühlt haben musste, wenn man angetrunken von einem abendlichen Gelage zurückkehrte.

In den ersten Stunden in einer fremden Stadt ist der Reisende besonders verwundbar, denn er ist auf das zweifelhafte Entgegenkommen der Einheimischen angewiesen.

»Es gibt dort Gauner!«, warnte schon ein griechischer Reiseführer unheilvoll. »Sie ziehen durch die Stadt und betrügen wohlhabende Fremde…«

In der heutigen Zeit hat die Tourismusindustrie in fast jedem Ort der Erde Basisorganisationen ins Leben gerufen, die Neuankömmlinge vor den Wölfen retten. Hier in Neapel vermittelte in einem Kabuff ein mysteriöser örtlicher »Geschäftsverband« bescheidene Hotelzimmer in der Stadt.

Nach den Erlebnissen am Bahnhof waren wir leicht entnervt und erschöpft. Ich führte es auf die Flasche »Lacrimae Christi« vom Vorabend zurück, ein Rotwein, der wegen seinem »nach Schwefel und Schießpulver schmeckenden Aroma« empfohlen wird. Trotz meines Misstrauens ging ich hinein. Eine Frau in einem knappen Kleid lächelte wissend – oder war es gar ein Grinsen? –, steckte eine Anzahlung ein und kritzelte auf ein Stück Papier die Adresse des *Hotels Casanova*.

»Ein solider italienischer Name«, meinte ich achselzuckend.

Wir rasten im Taxi vom Bahnhof aus durch die Abgasschwaden der Stadt. Mein erster Eindruck, wonach Neapel an eine heruntergekommene lateinamerikanische Kapitale erinnerte, schien bestätigt. Die finsteren Straßen säumten endlose Reihen rußgeschwärzter Fassaden, Überbleibsel einer bedauernswerten Architekturrichtung, die im 19. Jahrhundert in eine Sackgasse geraten war. Geschäfte reihten sich endlos aneinander, verkauften Maschinenteile, Papier, abgetragene Kleidung und unbrauchbares Zeug. Zu den vielen berüchtigten Besonderheiten Neapels gehört auch die höchste Bevölkerungsdichte aller europäischen Städte. Und augenblicklich schienen sämtliche Einwohner auf einer Vespa mit Höchstgeschwindigkeit durch die Straßen zu knattern. Der Verkehr war ein echtes Wunder: Im Vergleich zu dem schon als irrsinnig zu bezeichnenden Strom der Mopeds in Rom erreichte das Chaos in Neapel phantastische Ausmaße. Rote Ampeln dienten in diesen Straßen nur als farbiges Dekor. Hier ging es darum, alles im Fluss zu halten, vorwärts zu drängen und die Adern dieses riesigen und schmutzigen Molochs mit Leben zu erfüllen.

»Es gibt Gauner!«, hörte ich die Alarmglocken aus dem griechischen Reiseführer läuten, als der Taxifahrer uns im Rückspiegel beobachtete und seinen Taxameter abstellte. So wird man hier auf traditionelle Weise willkommen geheißen, dachte ich.

Der folgende Dialog sollte unter der Rubrik »Ankunft« in jedem italienischen Sprachführer auftauchen:

»*Signore*, Ihr Taxameter funktioniert offenbar nicht.«

»Oh, das ist typischer Schrott aus Albanien!«

»Darf ich dann Ihre Lizenznummer sehen?«

»Oh, leider habe ich meine Papiere zu Hause vergessen.«

»So ein Pech … Aber vielleicht können wir das Thema mit einem *Carabiniero* ausdiskutieren?«

»Nicht nötig! Das Gerät funktioniert ja schon wieder.«

Als der Taxifahrer – Schimpfwörter durchs Fenster stoßend – davonbrauste, begann ich zu begreifen, warum Neapel in zeitgenössischen Reiseführern als »das schwarze Schaf der italienischen Stadtfamilie«, als »hässliches Entlein des Mittelmeers«, als Stadt »mit verborgenen Schätzen« oder als »Rohdiamant« bezeichnet wird. Vielleicht war Neapel ja tatsächlich eine Stadt der Diebe, der menschlichen Wracks, der Säufer und Desperados. Das alles hätten wir natürlich auch zu Hause in East Village haben können.

Die dunkelste Cella

Im finsteren Foyer des *Hotels Casanova* wurden wir von einem alten Weib empfangen. Sie blickte uns durch das Metallgitter argwöhnisch an.

»Wollen Sie das Zimmer für die *ganze* Nacht?«

Ein älterer Geschäftsmann im Anzug mit Glatze huschte mit einer Sekretärin um die 20 am Arm vorüber. Er warf die Zimmerschlüssel auf die Theke und zwinkerte uns komplizenhaft zu. Unser Zimmer lag am Ende einer düsteren Treppe und blickte auf eine Ziegelmauer hinaus. Ein süßlicher chemischer Geruch lag in der Luft, wahrscheinlich ein Mittel gegen Schaben. Aber das Bad war sicher schon Jahre nicht mehr geschrubbt worden.

Die Räume im *Hotel Casanova* erinnerten stark an die *cellae* der antiken römischen Pensionen, die in Pompeji ausgegraben wurden: winzige unbelüftete Kammern mit zwei Schlafstellen aus Stroh und einem komplizierten Muster aus Graffiti, die sich über die gesamte Wand hinzogen. (Ein beliebiges Beispiel: *»Wirt, ich habe ins Bett gepisst. Ja, ich gebe es zu. Willst du wissen, warum? Weil du den Nachttopf vergessen hast.«*) Mit solchen drittklassigen Unterkünften musste der römische Durchschnittstourist vorlieb nehmen. Obwohl es in Badeorten wie Baiae weitaus komfortablere Häuser mit Gepäckträgern, Reinigungskräften und Köchen gab, endeten die gewöhnlichen Sterblichen meistens in bescheideneren Herbergen. (In der Hochsaison kam es nicht nur in Bethlehem zu Überbuchungen.)

Dabei hatte das *Hotel Casanova* mit den antiken *hospitia* nicht nur die spärliche Dekoration gemein. Die meisten billigen römischen Hotels wurden von Kupplerinnen geführt. Wie beim betrunkenen und kastagnettenspielenden Wirt Syrisa in Vergils Gedicht gehörten zum Zimmerservice stets auch eine Nacht mit einem Mädchen aus dem Personal. Ähnlich wie heute in den Rucksackherbergen Bangkoks klopfte bei den allein reisenden Männern spätnachts ein Sklavenmädchen an die Tür, wobei eine aufgerichtete Figur des Priapus über alle Vorgänge in den römischen Bettstätten wachte. Alle Frauen, die in einem antiken Hotel arbeiteten, galten den Behörden als Liebesdienerinnen. Barmädchen, Bedienungen und Putzfrauen konnten so nach römischem Recht wegen Vergewaltigung niemanden belangen, denn bei ihrem Lebenswandel waren solche Missgeschicke schließlich unvermeidlich.

Bei besonderen Gelegenheiten konnte der Reisende auch die Dienste der Wirtin in Anspruch nehmen – für mich ein ernüchternder Gedanke, als ich mir noch einmal die Vettel an der Rezeption vorstellte.

Im *Hotel Casanova* überprüfte ich zunächst das Bett und fand wenigstens keine benutzten Kondome. Von unten aus der finsteren Halle tönte das furchtbare Geschrei eines Paares herauf. (Es konnte freilich auch sein, dass sich diese Italiener nur wieder übers Wetter unterhielten.) Ich sah Les am Gesicht an, dass die Unterkunft sie nicht begeisterte. Aber die »Lacrimae Christi« wirkten in meinem Gehirn wie Säure nach. Warum nicht auch eine Nacht herumbringen?, fragte ich mich. Wir waren schon in übleren Unterkünften gelandet. Allerdings war sie damals auch nicht in der *condizione de maternità* gewesen, wie manche Italiener es diskret ausdrückten.

Als aus dem Heißwasserhahn eine braune Brühe tröpfelte und dann versiegte, zog Les die Notbremse.

»Das ist ein Rattenloch!«, zitierte sie Anne Bancroft im Film *Sein oder Nichtsein* (1983), »wir holen uns die Anzahlung zurück.«

»Sollen wir wirklich?« Ich lag erschöpft auf dem durchgelegenen Bett. »Vielleicht hetzen sie uns einen Mafioso auf den Hals … einen, der Zehen abschneidet oder uns in die Kniescheibe schießt … «

»Das war ausgemacht, Tone. Wir nehmen kein schmuddeliges Hotel.«

»Überhaupt keines?«

»Nicht, wenn wir es vermeiden können.«

Zwei Stunden später unterzogen wir uns erneut dem aufreibenden Ritual der Ankunft. Wir suchten aus dem Telefonbuch eine

Pensione heraus und fuhren in einem mahagonigetäfelten Lift in die oberste Etage eines alten Wohnhauses. Und diesmal hatten wir Glück.

Die betagte Padrona zeigte uns mit einer schwungvollen Gebärde einen Raum mit großem Fenster, von dem aus man durch zwei Häuser hindurch auf den Hafen von Neapel blickte. Das Wasser glitzerte in der Nachmittagssonne, ein phantastisch gleißender Spiegel. In der Ferne ragte, beim letzten Ausbruch in zwei Kamelhöcker zerbrochen, der Vesuv auf. Seine erodierten Hänge in der Ferne wirkten auf mich unglaublich beruhigend.

Schon vor 2000 Jahren hatte dieser Anblick Reisende aus weitester Ferne angezogen. Die warme Sonne strahlte in unser Zimmer Nr. 2 des *Classic Southern Italian Hotel*, Seidenvorhänge bauschten sich in der Brise, auf dem Boden glänzten weiße Fliesen im Licht. Mit dem übrigen Neapel verglichen, war dies ein Paradies auf Erden.

Dass die kleine alte Signora dieses Hotels ganz offenbar verrückt war, störte dabei kaum.

Das *Hotel Hades*

Findet man in Europa passable Hotels? Warum sollte es Schwierigkeiten geben? Diese Frage stellt sich vor allem für den Mittelmeerraum, wo die Unterkünfte seit der frühesten Antike oft zu wünschen übrig ließen: kleine Räume, geprägt von den abnormen Persönlichkeiten schrulliger Wirte.

Schon im 5. Jahrhundert v. Chr. warf der griechische Komödiendichter Aristophanes auf diese trübe Wirklichkeit einen Blick: Dionysos, der wichtigste Charakter in seinem Stück *Die Frösche*, plant eine Reise in den Hades und bittet den Halbgott Herkules um Reisetipps: Der hat die Unterwelt im Zuge seiner zwölf Aufgaben ja schon besucht. Vor allem will Dionysos wissen, wo er unterwegs die Herberge »mit den wenigsten Bettwanzen« findet. Unten am Styx erhält er vom Fährmann Charon die Empfehlung für ein Hotel mit dem viel sagenden Namen »Die letzte Ruhestätte«. Diese Unterkunft ist denn auch höllisch. Nach der Abreise wird der Held von den beiden schrecklichen Wirtinnen verfolgt, die der Meinung sind, er habe die Rechnung nicht bezahlt. Die Zähne wollen sie ihm einschlagen, ihn von einer Klippe stürzen, ihm die Kehle durchschneiden …

Eine ähnliche Wirtin wie die beiden aus dem Hades betreibt heute in Neapel das *Classic Southern Italian Hotel*, in dessen Zimmer Nr. 2 wir schließlich unterkamen.

Signora Crispi war eine untersetzte Dame mit einer dunklen, leise krächzenden Stimme, die auf verblüffende Weise an Marlon Brando in *Der Pate* erinnerte.

»Woher kommen Sie«, fragte sie mit einem gedehnten, fast drohenden Tonfall. »*New York*, oh … *che bella* … Ein Cousin von mir ist nach Amerika ausgewandert … Ich habe nie wieder von ihm gehört … ein Junge ohne Manieren … *capisce*?«

Ihre Pension mit acht Zimmern führte sie mit eiserner Hand, unterstützt von ihrem Sohn in mittlerem Alter und zwei Putzfrauen mit Gesichtern wie Totenköpfe. In ihren weißen Kittelschürzen sahen sie aus, als würden sie die Böden einer sibirischen Nervenheilanstalt schrubben. Irgendwie war es unheimlich, wenn man frühmorgens aus unserem lichtdurchfluteten Zimmer trat und gleich über diese gespenstischen Erscheinungen stolperte. Mit Zigaretten zwischen blassen Lippen starrten sie unverhohlen auf unsere Tür.

Wie sich herausstellte, mischte sich die Signora gerne in unsere Angelegenheiten ein und wollte alles wissen. Was wir arbeiteten, wohin wir heute gehen würden, was wir getrieben und mit wem wir gesprochen hätten. Zunächst wirkte es drollig und sogar liebenswert, wie die neapolitanische großmütterliche Fürsorglichkeit einer *Padrona*, die sich um entwurzelte Seelen kümmert – ebenjene herzensgute Figur, die man in einer italienischen *Pensione* erwartet. (Zu Hause würden wir sagen können: »Oh, wir haben in Neapel dieses charmante kleine Hotel gefunden …«) Dann aber drohten die Dinge außer Kontrolle zu geraten. Bei jeder Gelegenheit platzte die Signora in unser Zimmer. Sie bot zusätzliche Handtücher an, gab Ratschläge, fragte keuchend, ob wir Seife hätten. Ach, sie habe gedacht, sie habe die Seife vergessen. Und dann war sie wieder da: Ob wir ein frisches Badetuch bräuchten. Oder eine Glühbirne. Dabei durchwühlte sie unstillbar neugierig mit Blicken unsere Sachen. Fast machten wir uns darauf gefasst, dass wir die Signora und ihr Personal bei der abendlichen Rückkehr dabei ertappen würden, wie sie unsere Unterwäsche anprobierten.

Wenn Les im Zimmer blieb, um Zeichnungen anzufertigen, geriet die Signora fast in Raserei. Alle 15 Minuten klopfte sie an die Tür.

»Oh, Signorina… *cara mia*… Wann gehen Sie? Wir müssen den Boden wischen… *capisce*?«

Les versuchte ihr klarzumachen, dass sie nirgendwohin gehen werde, dass ihr das Wischen egal sei, dass auch einmal nicht gewischt werden müsste.

»*Non importa!*«, rief sie beim fünften Versuch aus.

»*Egal?*«, bellte die Signora mit ihrer rauen Stimme. »Aber *mir* ist das nicht egal!«

Jeder Versuch, uns der Signora zu entziehen, machte die Sache schlimmer. Wir vergingen uns an ihrem Haus. Täglich schienen wir irgendeinen Fehler zu begehen: »Antonio… *caro mio*… denken Sie bitte daran, die Lichter abzudrehen? Gestern haben Sie das Licht im Badezimmer angelassen… Sie haben ja keine Ahnung, wie teuer in Neapel der Strom ist.« »Antonio… *amore mio*… Sie haben vergessen, das Fenster zu schließen… Wissen Sie, wenn es regnet, gibt es eine Katastrophe… *capisce*?«

Die verschrumpelte kleine Signora trug alle Bitten wie beim Gebet mit gefalteten Händen vor, so Leid tat ihr offenbar jede Störung. Trotzdem dauerte es jedes Mal 20 Minuten, ehe sie uns wieder aus den Fängen entließ. Irgendetwas an ihr – war es ihr krächzendes »*capisce*«? – ließ einem das Blut in den Adern erstarren und erschreckte selbst das tapferste Herz. Wir versuchten täglich, uns unbemerkt ins Zimmer zu schleichen, aber immer überraschte uns in einer finsteren Ecke ihr grässliches Keuchen.

»O Antonio… bitte… ich bitte Sie… Denken Sie daran, die

Vorhänge zuzuziehen, wenn Sie ausgehen. Die sengende neapolitanische Sonne bleicht mir die Tagesdecke aus... *capisce*?«

Sie trieb uns in den Wahnsinn, aber wir blieben, das wusste die kleine unheimliche Signora. Wo in Neapel hätten wir denn auch ein Zimmer mit Blick auf den Hafen gefunden? Und dies zu einem passablen Preis?

Das gab es nirgendwo, nur im *Hotel Hades*.

Die erste Künstlerkolonie

Wenn wir allmorgendlich durch die Straßen fuhren und den Mopeds auswichen, die von den Bürgersteigen herabgerast kamen, konnten wir uns nur mühsam vorstellen, dass Neapel unter den römischen Kaisern als die stillste der vielen Ansiedlungen in der Bucht gegolten hatte, als eine Meditation und Dichtung fördernde »Stadt der müßigen Ruhe«. »Ungestörter Frieden herrscht hier«, schwärmte der Dichter Statius in einem Brief an seine Frau 93 n. Chr. »Und das Leben verläuft gemächlich und geruhsam in ungetrübter Stille und ungebrochener Erholung.« Im Gegensatz zu den Nachbarorten, in denen das Laster regierte, war das alte Neapolis ein verschlafener Badeort, wo es nur einen berühmten Tempel gab: den der Parthenope, einer der Sirenen, die auf dem Felskap des nahen Sorrentum leben sollten. Diese geflügelten mythischen Damen mit Vogelkrallen lockten mit ihren schönen Gesängen angeblich Seeleute zu den Klippen in ihr Verderben.

Zur Zeit des Statius war Neapel mit seiner die Künste fördernden Atmosphäre jeden Sommer ein blühender Rückzugsort für Schriftsteller. Hier stellten angehende Dichter ihre Werke dem Publikum vor. Der prominenteste dauerhafte Einwohner war Vergil, der hier während der Herrschaft des Augustus den Großteil seiner monumentalen *Äneis*, die lateinische Antwort auf Homers *Ilias*, verfasste. Diese erste literarische Kultfigur der Welt war äußerst publikumsscheu. Es war bekannt, dass sich Vergil nach seinen überfüllten Lesungen vor den Bewunderern davonstahl – ähnlich einem Rock-

Der erbauliche Urlaub: Römer entspannen sich bei einer Dichterlesung.

star nach dem Konzert – oder bei Freunden oder Fremden Unterschlupf suchte, wenn er auf der Straße von Fans verfolgt wurde. Seine Berühmtheit machte Neapel zu einer Hochburg der Dichtung, die für die literarischen Schwergewichte Roms bald zu einer saisonalen zweiten Heimat wurde. Und diese Dichter brachten alle heute bekannten Zutaten des literarischen Lebens mit.

Es gab strapaziöse Programme für *recitationes*, Lesungen, die meistens eine ganze Nacht und zuweilen sogar drei volle Tage dauerten. In örtlichen Verlagshäusern schrieben Sklaven Manuskripte ab. Aus den Stiftungen wohlhabender Mäzene erhielten mittellose Dichter Stipendien. Kritiker wetterten gegen Autoren und gegen andere Kritiker. Und riesige Privatbibliotheken boten Lesestoff. Eine, die 300 000 Schriftrollen umfasste, kam aus Athen und hatte einst Aristoteles persönlich gehört. Wohlhabende Patrizier veranstalteten für ihre Lieblingsdichter Gastmähler. Andere arme Autoren mussten sich mit den einfachen Essen der Boheme bescheiden. Eine solche Einladung ist überliefert:

Artemidorus bringt Kohl, Aristarchus Pökelfisch,
Philodemos eine Leber, Apollophanes Schwein.
Gehen wir vier abends pünktlich zu Tisch!
Girlanden, Pantoffeln, Duft und Gespräch müssen sein.

Martial, von einem ehrgeizigen jungen Dichter verfolgt, zeichnet ein weniger idyllisches Bild vom literarischen Leben:

> *Du liest mir vor, wenn ich stehe, du liest mir vor, wenn ich sitze,*
> *Du liest mir vor, wenn ich gehe, du liest mir vor, während ich auf*
> *   dem Abtritt bin,*
> *Ich fliehe in die Bäder, du tönst in meinen Ohren,*
> *Ich renne zum Becken, du lässt mich nicht schwimmen,*
> *Ich eile zum Abendessen, du hältst mich auf.*
> *Ich gelange zum Mahl, doch stopfen deine Worte mir den Mund.*

Gewaltiger Beliebtheit erfreuten sich die Dichterwettbewerbe: Neapolis beherbergte alle vier Jahre im größten Amphitheater der Stadt die angesehene Sebasta. Unter einem Baldachin rezitierten Dichter ihre Werke. Wer über keine kräftige Stimme verfügte, heuerte Schauspieler an, stellte sich neben ihnen auf und führte dazu die deklamatorischen Gebärden aus. Jeder treffende Ausdruck wurde mit begeisterten Zwischenrufen quittiert, erlesene Metaphern lösten Jubel aus, und rhetorische Höhenflüge sorgten für stehende Ovationen. Und dabei stritten die Dichter nicht einmal um Geld, sondern nur um eine Blätterkrone.

Angesichts der Bedeutung der Sebasta wurde Neapolis von Nero persönlich zum Ort seines literarischen Debüts erkoren. Sich selbst mit der Leier begleitend, rezitierte er sein Epos über Troja. Obwohl seine Stimme »kraftlos und heiser« war, erntete er stürmische Rufe nach Zugaben, angefeuert von einem Stab von Claqueuren. (Solche so genannten *laudiceni* wurden bei römischen Lesungen bald üblich. Vor dem Ereignis wurde ihnen eingeschärft, bei welchen wichtigen Stellen sie verzückt zu jubeln hatten.) Stand der Kaiser auf der Bühne, durften die Zuschauer das Theater nicht mehr verlassen, auch dann nicht, wenn der Auftritt 13 Stunden währte. Eine Hochschwangere soll deshalb auf den Stufen ein Kind geboren und ein alter Mann sich tot gestellt haben, um während dieses Literaturmarathons austreten zu können.

Diese hochfliegenden literarischen Genüsse scheinen ungewöhnlich fern im modernen Neapel. Von der antiken Stadt steht kein Stein mehr auf dem anderen. Vor allem in den beiden letzten Jahrhunderten, als Neapel zu einem sandigen Industriehafen verkam, verschwanden alle Spuren der antiken Stadt. Deren Gesicht wandelte sich grundlegend. Neapel teilte sich in zwei Teile: Die Reichen zogen sich auf die gesunden luftigen Hügel von Montesanto zurück, wo sie noch heute in prachtvollen Villen mit Seeblick und Palmen leben, während die Armen unten in den Vierteln um den Hafen blieben. In Mietskasernen und engen Gassen leben sie heute mit dem Verfall, bei ungesunder Kost, Finsternis und Feuchtigkeit.

Wir lebten unter den Morlocks – obgleich Neapels schäbige Straßen wie die meisten heruntergekommenen traditionsreichen Vorstädte dieser Welt ausgesprochen malerisch wirken können. So beobachteten wir von dem Fenster der Signora aus jeden Morgen Frauen, die an Seilen Eimer herabließen und sie mit Obst gefüllt wieder hinaufzogen. Alte Männer im Unterhemd saßen mit Enkeln auf Balkonen und schmetterten Opernarien. Das *Hotel Hades* lag am Rand des Spanischen Viertels, das für die malerischen, über die Straßen gespannten Wäscheleinen berühmt ist. Hier spähen Horden von Taschendieben jeden Besucher aus, damit sie ihn bei nächster Gelegenheit bis aufs Hemd ausziehen können.

Tatsächlich erinnert dieses am Wasser gelegene Viertel von Neapel weniger an die alte Dichterkolonie als vielmehr an ein auferstandenes Puteoli, an den antiken Hafen, in dem im 1. Jahrhundert n. Chr. Petronius, der Schöpfer des *Satyrikons*, den zeitlosen Gedanken von der Umverteilung formulierte: »Wir kamen überein, dass wir, wann immer Gelegenheit sich bot, zur Bereicherung des Gemeingutes alles, dessen wir habhaft werden konnten, an uns reißen würden.«

In Puteoli wimmelte es von schmutzigen Spelunken, die die ganze Nacht geöffnet waren. Wer hier trank, so wussten römische Touristen, soff auf eigene Gefahr. Juvenal beschreibt eine heruntergekommene Klientel aus gedungenen Mördern, Flüchtlingen, Henkern, Sargmachern »und einem kastrierten Priester, der das Gewand abgelegt hatte, sich aber noch an seinen Trommeln festhielt«. Der billige Wein lockte Offiziere von der Marinestation von Misenum, ähnlich amerikanischen Soldaten in Vietnam, die zum Fronturlaub nach Südkorea reisten. Wohlhabende Römer kamen zuweilen in Begleitung von Leibwächtern, die sie schützen oder, wenn sie sturzbetrunken waren, auf Schubkarren nach Hause brachten. Für gewöhnliche Nachtschwärmer war das Ende solcher nächtlicher Exzesse dagegen nervenaufreibend, lauerten in den finsteren Gassen doch bekanntlich üble Banden: übermütige Söhnchen aus wohlhabendem Haus, die nach nächtlichen Gelagen den Nervenkitzel suchten. Sie beleidigten Passanten, schlugen sie zusammen, zerstörten Ladenfronten und belästigten Frauen. In den frühen Morgenstunden lauerten dagegen auch echte Banditen. Besonders Neuankömmlingen drohte hier Ungemach.

Wie der griechische Romanschriftsteller Heliodor aus dem 3. Jahrhundert n. Chr. anmerkte: »Die Unwissenheit in einem fremden Land macht den Reisenden blind.«

Den Wahrheitsgehalt dieses Aphorismus erfuhren wir im modernen Neapel täglich am eigenen Leib – und nicht nur deshalb, weil ein Bummel durch die falsche Gasse hier rasch zu einer sozialen Umverteilung führen kann. Denn die Neapolitaner lassen einem Fremden selten einen Fehler durchgehen.

In New York erklärte mir ein Taxifahrer einmal, unter seinen Fahrgästen gebe es 20 Prozent »Problemfälle«: Verrückte oder Betrüger, die nicht zahlen wollten, Betrunkene, die sich im Fahrzeug zu übergeben drohten, oder andere Plagegeister. Die Quote an Idioten lag in New York damit bei 1:5. Ganz anders in Neapel. Hier gehörte es geradezu mit zum Spiel, den Tag Revue passieren zu lassen und sich zu überlegen, wer einen am heftigsten geärgert hatte: Die Idiotenquote strebte zu einem Verhältnis von 1:2. Wegen einer nicht ganz korrekten italienischen Aussprache oder einem norditalienischen Akzent wurde man von Ladenbesitzern angebrüllt. Bei Rückfragen nach den Phantasiepreisen schleuderten einem Obstverkäufer das Wechselgeld ins Gesicht. Und bei der Bitte, bedient zu werden, erntete man von den Kellnern Spott. Diese abweisende Seite der Stadt ist nicht einmal mit der seit einem Jahrtausend herrschenden deprimierenden Armut Süditaliens zu erklären.

Schon in der Römerzeit herrschte zwischen Besuchern und Einheimischen ein kühles Verhältnis, das sich in einer obskuren Stadt namens Hypata (wie jedenfalls Apuleius zu berichten weiß) im so genannten Fest des Gelächters niederschlug. Im Zentrum stand ein Streich, den die fröhlichen Einwohner einem arglosen Fremden spielten. Das jeweilige Opfer wurde eines abscheulichen Verbrechens bezichtigt, auf dem Marktplatz sofort vor Gericht gestellt, für schuldig befunden und mit den Folterinstrumenten konfrontiert. Wenn der Unglückliche nur noch ein Häuflein Elend war, wurde er über den Streich aufgeklärt. Für den Rest des Tages lachte die ganze Stadt über ihn, aber immerhin erhielt er als angeschlagener Held der ersten belegten Komödienfestspiele zum Trost eine Bronzestatue.

Eine Ahnung davon, wie sich solch ein Opfer gefühlt haben dürfte, bekamen wir während einer Busfahrt, bei der uns ein dummer Fehler unterlaufen war.

An der Piazza Garibaldi stieg vormittags ein schmerbäuchiger Kontrolleur temperamentvoll in den Bus ein und schrie: »Biglietti, biglietti, biglietti.« Kaum hatten wir unsere Fahrscheine gezeigt, blickte er nicht mehr wütend, sondern ausgesprochen schadenfroh.

»Invalido!«, rief er triumphierend. »Ungültig. Sie müssen Strafe zahlen.«

»Was soll das heißen?«

»Invalido!«

Wir hatten unser Ticket nicht im orangefarbenen Automaten hinten im Bus abgestempelt. Ohne den Stempel mit der Angabe von Zeit und Datum ist es nicht gültig. Darauf wird man natürlich nirgendwo hingewiesen, und soweit ich sagen kann, hatten auch die anderen Fahrgäste ihr Ticket nicht abgestempelt.

»Sie müssen Strafe zahlen!«

Wir starrten den Kontrolleur ungläubig an. Er schrie aus voller

Kehle: »Strafe! Strafe! Strafe! Geld her! Sonst sehen wir uns bei den Carabinieri wieder!«

Les verweigerte höflich jede Zahlung. Das System war uns schließlich nicht bekannt gewesen. Alle im Bus lachten herzlich – über uns. Eine alte Dame fiel vor Vergnügen fast aus dem Sitz und gackerte: »Sie müssen zahlen! Sie müssen Strafe zahlen!«

Als ich mich nach der Summe erkundigte, dachte der Kontrolleur einen Augenblick nach und nannte dann in Lire eine Summe, die ungefähr 60 US-Dollar entsprach. Die anderen Fahrgäste nickten zustimmend.

Les verschränkte ihre Arme: »Niemals.«

»Dann wandert ihr ins Gefängnis!«, lachte die Hexe neben uns. Fünf Minuten amüsierte man sich bestens auf unsere Kosten. Der Bus näherte sich unserer Haltestelle. Inzwischen hatte der Kontrolleur die Strafe auf umgerechnet zehn Dollar heruntergesetzt, sodass ich beschloss, mit einer Zahlung weiteren Ärger zu vermeiden. Er ergriff den Geldschein und zeigte ihn mit einer schwungvollen Gebärde wie ein Magier seinem Publikum.

»He, stecken Sie das Geld in die eigene Tasche?«, fragte Les.

»Was soll das heißen?«, kläffte er durch den Bus. »Dass ich es einfach behalte? Glauben Sie, ich behalte das Geld!« Alles brüllte vor Lachen.

Die Deppenquote an diesem Morgen betrug 9:10.

Unwissenheit auf Reisen kann freilich auch positive Seiten haben. Nach jeder bösen Überraschung schenkte uns Neapel wie zur Wiederherstellung der kosmischen Harmonie glückliche Augenblicke: So gerieten wir in ein kleines Restaurant und erlebten dort eine anrührende Szene wie in Fellinis *Die Nächte der Cabiria*. Von Bruder und Schwester geführt, aßen wir für umgerechnet fünf Dollar pro Kopf ein köstliches Mahl aus hausgemachten Rigatoni, gebratenen Sardellen und Salat. Für einen weiteren Dollar zapfte uns die Schwester mit einer Art Ölpumpe aus einem Fass einen Becher Wein ab. Und nur, weil wir Ausländer waren und irgendwie verloren schienen, bewirtete uns der Bruder mit der hausgemachten *Limoncella* seiner Mutter, einem Limonenlikör. Und er versorgte uns mit Erzählungen über die ruchlosen Charaktere, die überall in Neapel lauerten.

Angeheitert und verwirrt schwankten wir durch die schattigen Straßen des Hafens und blickten noch einmal auf das Meer und die Tragflügelboote, die unter dem Vesuv das glitzernde Wasser durchpflügten. Der Dichter Statius hatte nicht übertrieben, als er 93 n. Chr. an seine Frau schrieb, Neapolis sei die Heimat von »tausend Schönheiten«.

Vor allem aber, so hob er hervor, sei die Stadt der beste Ausgangspunkt zur Besichtigung der vielen anderen Sehenswürdigkeiten in der Bucht ... Cumae ... Li Galli, der Sitz der Sirenen ... und die Insel Capri. Neapolis lieferte so »sämtliche Vergnügungen, die das abwechslungsreiche Leben einem gönnt«.

Die Straße der Vergnügungen

Unwahrscheinliche archäologische Funde geben uns eine ziemlich genaue Vorstellung davon, wie römische Urlauber an der Bucht von Neapel ihre Freizeit verbrachten: Überall am Mittelmeer tauchen bei Ausgrabungen die ersten massenhaft hergestellten Souvenirs in Form billiger Glasphiolen auf, antike Versionen unserer heutigen Schneekugeln. Mit eingravierten Bildern regionaler Sehenswürdigkeiten konnten die Touristen sie mit zurück nach Rom, Ephesus oder Massilia (Marseille) nehmen und auf die heimische Kaminkonsole stellen.

Die Reisenden strömten zum Hafen von Puteoli, der bei Tag recht sicher und respektabel war. Sie brachten auf den gewaltigen Piers, die von riesigen Marmorstatuen von Seepferden gekrönt wurden, die sonnigen Vormittage damit zu, den Seeverkehr zu beobachten: das Anlegen riesiger Getreidefrachter oder die Manöver der Triremen vom Marinestützpunkt Misenum. Zu besichtigen gab es zudem das große *stagnum Neronis*, die Fischteiche des Nero, und das Grab Vergils, dessen Asche in einer Grotte an der Straße nach Neapel beigesetzt worden war. Die Stätte war zu einem literarischen Wallfahrtsort geworden wie heute das Grab von James Joyce (oder angesichts seines Kultstatus das Jim Morrisons) in Paris.

Die Römer unternahmen solche Ausflüge häufig in Sänften liegend und getragen von Sklaven, die man bei Ebbe über die Sandstrände eilen sah. Manchmal segelten die Herrschaften auch oder ritten. Und sportliche junge Männer erklommen über die gleichen

Straßen, auf denen heute die Touristenbusse hinauffahren, in Leinentuniken schwitzend die Hänge des Vesuvs, um dann in den Höllenschlund des Kraters zu blicken.

Zurück in ihren Badeorten gaben sie sich weniger schweißtreibenden Aktivitäten hin. In Badekleidung aus feinem Baumwolltuch oder weichem Ziegenleder schwammen sie am Strand entlang oder nahmen in Restaurants am Ufer ein spätes Mittagessen ein: Beliebte regionale Spezialitäten waren Tintenfisch und Bouillabaisse, die *al fresco* gekostet wurden. Dazu schlürften die Römer aus Muschelschalen aromatisierten lokalen Wein. Die köstlichsten Delikatessen der Region waren freilich Austern. Sie wurden auf Farmen am Lucrinus-See in Salzwassertanks gezüchtet, die im Winter mithilfe unterirdischer Leitungen beheizt wurden. Die römischen Genießer konnten anhand des Geschmacks sagen, ob ihre Austern in Lucrinus oder Rutupiae gezüchtet worden waren, während die technischen Wunder der *balnea pensiles*, der beheizten Austernteiche, an sich schon eine berühmte Touristenattraktion darstellten.

Nachmittags entspannten sich die von ihren Programmen übersättigten Besucher in den luxuriösen Thermen, die durch den Vulkan beheizt waren. Als gewaltige Komplexe (»so groß wie eine ganze Provinz«, schwärmte der Soldat und Geschichtsschreiber Ammianus Marcellinus) lagen sie überall an der Bucht, alle mit hohen Kuppeln, Schwitzräumen, Innenhöfen für Leibesübungen und Schwimmbädern mit Wasser in allen Temperaturen. Hier verbrachten die Römer viele Stunden ihrer Zeit. Sie ölten ihre gestählten Körper ein, stolzierten durch die Gewölbe und trainierten mit Gewichten ihre Muskeln, ein Ambiente der Lust und Eitelkeit, das modernen Fitnessstudios in nichts nachstand. Der moralisierende Philosoph Seneca beging den Fehler, sich in Räumen über einem Badehaus einzumieten. Seinem Freund Lucilius schrieb er einen empörten Brief über die Kakophonie, die aus der offenen Kuppel tönte: Ständig stöhnten Ballspieler, Rüpel rauften, Betrunkene sangen in Badezubern, Frauen, denen die Achselhaare ausgerissen wurden, schrien gellend, und Verkäufer boten brüllend Würstchen und Kuchen feil. Wie sollte man sich da auf Philosophie konzentrieren.

Die Bäder waren der ideale Platz, an denen Einladungen zum Abendessen ausgesprochen wurden – oder zu einem jener Bankette, die wegen ihrer endlosen Menüfolge zur Legende wurden. In der gnadenlosen Satire des *Satyrikon* beschreibt Petronius das Festmahl des Aufsteigers Trimalchio, das wohl zum berühmtesten der abendländischen Literatur wurde: Die hier aufgefahrenen prachtvoll garnierten Delikatessen mögen einem geradezu den Magen umdrehen: mit Honig glasierte Haselmäuse, ein mit Flügeln verzierter, an Pegasus erinnernder Hase, zu Genitalien arrangierte Früchte und das geröstete Herz eines Löwen, der drei Gladiatoren verspeist hatte. Das Paradestück war freilich das gebratene Wildschwein, dem beim Tranchieren ein Schwarm Drosseln entflog, welche die Diener dann mit Netzen einfangen mussten. Aber mehr noch als mit den Köstlichkeiten überraschte der Gastgeber durch seine Manieren. Trimalchio furzte ständig beim Essen, strich einem jungen Sklaven übers Haar und rezitierte dilettantisch Verse – ein typischer Vertreter einer Schicht aus freigelassenen Sklaven, die es durch Handel zu sagenhaftem Reichtum gebracht hatten. Neureiche dieser Art, so sahen es viele Patrizier, gefährdeten die blaublütige Würde ihrer Bucht.

Petronius, der Verfasser des *Satyrikon*, Snob, Bonvivant und Trinkkumpan Neros, hatte seinen Helden anscheinend nach dem lebenden Vorbild des Vedius Pollio geschaffen, eines »Freigelassenen«, der es zum Millionär gebracht hatte und in seiner riesigen Villa titanische Exzesse feierte. In seinen Teichen drängten sich Aale, damals kostbare Delikatessen, die der Hausherr Gerüchten zufolge mit dem Fleisch seiner Sklaven fütterte. Als Vedius Kaiser Augustus zu Gast hatte, soll ein Diener versehentlich einen kristallenen Trinkpokal zerschmettert haben. Vedius war schon im Begriff, das zitternde Häufchen Elend seinen Fischen vorzuwerfen, als der Kaiser befahl, den Sklaven freizulassen, alles Kristall im Haus zu zertrümmern und statt des Sklaven die Scherben in den Teich zu werfen.

Augustus müsste demnach heute eigentlich als Schutzpatron der Kellner gelten.

Von den zahlreichen antiken Sehenswürdigkeiten bei Neapel sind einige Überbleibsel heute noch zu sehen. Während Les die Aussicht aus einem lichtdurchfluteten Tollhaus unserer Signora in einem Aquarell festhielt, fuhr ich im *circumvesuviana*-Zug Richtung Westen und hakte die Punkte der Reihe nach auf meiner Liste ab.

Vergils Grab liegt an einer stark befahrenen Landstraße in einem Park. Als ich ankam, hatte die Polizei die Höhle wegen häufiger Raubüberfälle dichtgemacht. (Es ist nicht einmal klar, ob Vergils Asche hier tatsächlich beigesetzt wurde. Die angebliche Entdeckung der Grabstätte geht auf das Mittelalter zurück, in dem der Dichter als Hexer verehrt wurde.) Der antike Hafen Puetoli – heute Pozzuoli – ist ein vergnüglicher, wenn auch verbauter Küstenvorort, der sich um die Überbleibsel eines riesigen Amphitheaters schmiegt. Der Geruch nach faulen Eiern aus den vulkanischen Gasen, die einst die römischen Thermen beheizten, hing noch über der Stadt. Dieser Schwefelgestank strömte überall an dieser Küste, die bezeichnenderweise auch »die brennenden Felder« heißt, wie ein heißer Atem der Hölle aus der Erde.

Cupidos Badeort

Aber was war mit Baiae? Was war aus dem größten der antiken Badekurorte geworden, den Hedonisten einst vergöttert und Moralprediger gegeißelt hatten? Ich besuchte das moderne Dorf Baia mit seinen wenigen bescheidenen Fischrestaurants, die sich am zerbröckelnden Beton der Uferpromenade entlangreihten. Der Wind fegte Zeitungspapier vor sich her. Auf den Hügeln standen mit kaum erkennbaren Kuppeln und Gewölben noch die Ruinen der Bäder, doch nichts deutete mehr auf den einstigen Ruf Baiaes als dem beliebtesten Tummelplatz der römischen Touristen hin.

Fast 500 Jahre lang war dieser Ort das Ibiza des Römischen Reichs gewesen, ein Mekka für Vergnügungssüchtige, das wegen seiner Ausschweifungen eine unübertroffene Reputation genoss. Je mehr ich über diesen Ort las, desto verlockender erschien er. In seinen türkis-

Römische Strandkultur:
Nymphen tummeln sich
in den ersten Bikinis.

Fundamente von römischen
Luxusvillen in der heutigen
italienischen Stadt Baia,
der Stätte des antiken Baiae.

grünen Wassern soll der römische Liebesgott Cupido gebadet und die warmen Wellen mit einem Funken seiner Fackel verzaubert haben: Seither verliebten sich hoffnungslos alle, die in Baiae in die Fluten stiegen. Für römische Touristen begannen jeden Abend in der Dämmerung die Rituale der Liebe: Die südeuropäische Tradition der sommerlichen Spaziergänge am Strand wurde an diesen Gestaden begründet und verfeinert. Schon am kühlen Spätnachmittag bummelten Urlauber aus der damals bekannten Welt durch weitläufige Uferarkaden, ein Prototyp der modernen Strandpromenade mit Fischverkäufern, Flötenspielern, Geschichtenerzählern und Jongleuren. Sie bewunderten den riesigen Leuchtturm der Stadt, einen der größten des Mittelmeers, und warfen neugierige Blicke auf die *villae maritimae*, die Wasserpaläste der Superreichen, die mit Bädern aus Onyx, privaten Kanälen und künstlichen Inseln ausgestattet waren. Anfang des 1. Jahrhunderts n. Chr. unterhielt ein einheimischer Schuljunge die Menge, indem er auf dem Rücken eines Delfins durch die Bucht ritt. Aber in der Hauptsache erfüllten die Arkaden einen gesellschaftlichen Zweck: sehen und gesehen werden. Flaneure begegneten sich, bewunderten Juwelen, gafften, flirteten und tauschten verliebte Blicke aus. Eine Atmosphäre aus Skandal und Tratsch lag in der Salzluft dieses Ortes, der für die Reichen und Schönen gemacht war.

Höhepunkt dieser Promenade war der romantische Sonnenuntergang. »Die Schatten der bewaldeten Hügel senken sich über das Meer«, seufzte Statius. »Und die Paläste schwimmen gleichsam auf der kristallenen Oberfläche des Wassers.« Freilich waren diese heiteren Momente nur die Ruhe vor dem Sturm: Nach Einbruch der Dunkelheit, wenn die Hitze des Vulkans – oder Cupidos erotische Flamme – die Wellen zum Dampfen brachte, kam die römische Gesellschaft so richtig in Fahrt: Geladene Gäste sprangen im Schein von Fackeln aus vertäuten Jachten an den Strand und eilten zum Anwesen einer Villa, wo ein Zelt aus Segeltuch reiche Bewirtung für sie bereithielt. Die meisten feierten lärmend und ausgelassen die ganze Nacht hindurch.

Wo aber findet man heute die Überreste dieser Kaderschmiede der Genusssucht? Ein Wissenschaftler des *Museo Nazionale* in Neapel erklärte das geheimnisvolle Verschwinden von Baiae: Als römisches Gomorrha ist der Badeort Baiae heute ganz im Wasser versunken. Wegen der besonderen tektonischen Verhältnisse wird die Erdkruste an der Bucht zusammengeknautscht und sinkt langsam unter den Meeresspiegel ab. Dieses geheimnisvolle Verschwinden Baiaes soll im Mittelalter begonnen haben.

Aber nicht alles müsse verloren sein, schwärmte dieser Gelehrte des Museums: In Italien hat augenblicklich die Unterwasserarchäologie Hochkonjunktur, und ein umtriebiger neapolitanischer Tauchclub startete ein Unternehmen, bei dem abenteuerlustige Besucher mit behördlicher Genehmigung die antiken Ruinen besichtigen können.

Dass die Hafenregion um Neapel zu den verschmutztesten Gewässern des Mittelmeeres gehört, spielte dabei keine Rolle. Ich überlegte nicht lange und unterschrieb die Anmeldung.

Die *Commedia* des Tauchens

Niemand will die Klischees vom dürftigen Organisationstalent der Italiener beschwören oder gar Vergleiche mit den Römern ziehen, die ihr Weltreich auf Ordnung und Effizienz gründeten. Trotzdem sei erwähnt, wie ein Tauchgang zum versunkenen Baiae heute organisiert wird.

Eine bunt durchmischte Mannschaft fand sich Punkt 10 Uhr im Studio der Tauchschule ein: außer mir ein kurzatmiger Franzose und ein Trio verlorener Südafrikaner, die Neapel mit einem Kreuzfahrtschiff besuchten. Wir zwängten uns gespannt in die bunten Tauchanzüge, von denen keiner so richtig passte. Erst etwa eine Stunde später traf in einem silbergrauen Sportwagen der Tauchlehrer Emilio ein, blickte in den Himmel und beschloss, das Wetter sei fürs Tauchen nicht geeignet. Wir blickten ungläubig aufs spiegelglatte und ruhige Meer hinaus. Wir beschwerten uns und redeten lautstark auf den jungen eleganten Beau Emilio ein. Schließlich gab er nach: In 20 Minuten würden wir aufs Meer hinausfahren, verkündete er.

Eine Stunde später gingen wir noch immer auf und ab. Dann machten wir ihn vor einem Spiegel aus, wo er, einen Espresso nippend, sein schulterlanges Haar bürstete.

Bei Regen tauchen ist vielleicht nicht jedermanns Geschmack: Obwohl wir wussten, dass das Wasser vollkommen ruhig war, empfahl uns Emilio, lieber die phantastischen Tauchgeräte zu begutachten, die es in seinem Geschäft zu kaufen gab. Für den italienischen Sportler gibt es nichts Wichtigeres als das Erscheinungsbild. Der Sport selbst ist dabei Nebensache. Und nichts ist erniedrigender, als sich im Schweiße seines Angesichts abzumühen oder gar beim Tauchen nass zu werden.

»Da draußen ist es wirklich ungemütlich«, versicherte Emilio mit einem verdrossenen Seufzer. Dann aber gärte es in unserer Gruppe, Zähne knirschten, und eine Meuterei brach aus. Wir Kunden verlangten, dass wir trotzdem und gegebenenfalls auch ohne ihn tauchen würden. Erschreckt stimmte Emilio einem Aufbruch zu: in 20 Minuten, so meinte er.

Zwei der Südafrikaner, die in einigen der unruhigsten Gewässern der Welt Taucherfahrung gesammelt hatten, trugen Emilio fast zum Boot, bei dem es sich um einen kaum seetüchtigen alten Fischerkahn handelte. Nach Reparaturen am Motor knatterten wir schließlich aufs römische *mare nostrum* hinaus.

Trotz der Verwirrung, einem wolkenverhangenen Himmel und Nieselregen beschlich mich ein siegesgewisses Gefühl. Nach all den Jahren fuhr ich tatsächlich aufs Mittelmeer hinaus.

So wie Neapel, das aus der Ferne schön und einladend wirkte, bot auch das Meer aus der Nähe einen ganz anderen Anblick. Plastiktüten, Coladosen, Flaschen und aufgeweichte Seiten aus Zeitschriften trieben an uns vorüber, zusammen mit rosafarbenen Medusen, klein wie Gänseblümchen. Wenn sie hier überlebten, so dachte ich, konnte dieses Wasser keine reine Kloake sein. Inzwischen dämmerte mir auch, warum sich Emilios Begeisterung für einen Tauchgang in Grenzen hielt.

»Oh, schau, Dennis«, rief einer der Südafrikaner, als wir über Bord sprangen. »Schau dir bloß diese Schweinerei da unten an.« Ich stellte fest, dass mein Druckregler undicht war, und schluckte eine Menge Wasser. Da mich diese neapolitanische Brühe nicht oder jedenfalls nicht sofort umbrachte, folgte ich den anderen beherzt in die trüben Tiefen.

Während ich nach unten sank, breitete sich um mich die unheimliche Stille der Unterwasserwelt aus. In ungefähr 18 Metern Wassertiefe machte ich Dinge aus, die nicht unbedingt an das Great Barrier Reef erinnerten: Der Meeresboden war übersät mit verrosteten Metallfässern, untergegangenen Booten und zerbrochenen Eisenstühlen. Plötzlich packte Emilio mich am Arm und deutete aufgeregt auf einen großen von Algen überwucherten Block. Der sah aus wie einer dieser Betonkuben, die man überall auf der Welt zur Befestigung von Hafeneinfahrten ins Meer kippt. Mit den Fingern strich er über eine Markierung an der Seite: ganze Reihen regelmäßiger Rauten.

Ich ahnte, dass dies kein Beton war, sondern das Fundament des großen Leuchtturms von Baiae, an dem die Römer in Sommernächten vorübergebummelt waren. Rechteckige Löcher, die jetzt mit grünlichem Schlick verstopft waren, ermöglichten bei Ebbe und Flut den Durchfluss des Wassers.

Plötzlich hatten der Schmutz und die Trübung des Wassers alles Ekel Erregende verloren. Es war so spannend und faszinierend wie ein stolpernder Rundgang durch eine im Regenwald versunkene Stadt. Wir trieben über den Hafen von Julio, auf dem einst ein breiter Damm zu den Schiffsanlegestellen geführt hatte. Ich hatte einige der Objekte gesehen, die Archäologen von hier geborgen hatten: eine Statue des Odysseus, einen Haufen Münzen, den Sockel eines Springbrunnens. Bald schwammen wir in flacherem Wasser, dem Wohngebiet von Baiae, wo am Ufer einst römische Prachtbauten gestanden hatten. Unter grünen Algen machte ich Bruchstücke von Säulen aus. Und dann traute ich meinen Augen nicht: Vor mir lag ein ganzes Atrium mit lebhaften Mosaiken mit einem schwarz-weißen Muster aus Wellen.

Dies musste eine von Baiaes Märchenvillen gewesen sein, deren Speisesäle zum Meer hinausgingen, sodass die betrunkenen Gäste nach dem Mittagessen über Alabasterstufen zum nachmittäglichen Bad hinabwanken konnten. In der Nähe hatten römische Nymphen den Bikini erfunden, zweiteilige Togen, die sie zum Schwimmen um ihren Leib schlangen und so bei alten Männern Attacken der Lüsternheit heraufbeschworen. Hier oben auf den Felsen wurden tausende römischer Hochzeiten gefeiert, aber hier wagten selbst konservative Ehepaare Seitensprünge. (Martial schrieb über eine züchtige Ehefrau, die längere Zeit Baiaes heiße Bäder aufsuchte, alle Hemmungen fallen ließ und mit einem hübschen Sklavenjungen durchbrannte: »Sie kam als eine Penelope in die Stadt und verließ sie als Helena von Troja.«) Auch hier hatte Seneca geschimpft: »Warum muss ich auf Betrunkene blicken, die am Ufer entlangtorkeln, oder auf lärmende Bootsgesellschaften?« Warum musste er sich vom Gekreisch mitternächtlicher Badeorgien, bei denen nackte Dirnen ins Meer gejagt wurden, aus dem Schlaf reißen lassen? Und sich zudem das »Gezänk der nächtlichen Serenaden« betrunkener Liebhaber anhören? Hier setzte Caligula seine feurigsten Anhänger in Erstaunen, als er aus Booten eine drei Meilen lange Brücke errichten ließ, die nachts mit Fackeln beleuchtet wurde und über die er eine ganze Armee marschieren lassen konnte: Und dies alles zur Widerlegung der Prophezeiung eines Astrologen, wonach seine Aussichten, Kaiser zu werden, nicht größer seien als die, auf einem Wagen über die Bucht von Baiae zu fahren. Die Zurschaustellung von Macht entartete jedoch rasch zu einer gewaltigen öffentlichen Orgie: Bald drängten sich auf der Pontonbrücke so viele Betrunkene, dass Boote kenterten und dutzende ertranken.

Eine Plastiktüte trieb an meiner Taucherbrille vorüber. Dass sie sich um meinen Kopf wickelte, störte mich überhaupt nicht mehr. Ich tauchte auf, spuckte verseuchte Brühe aus und fühlte mich – endlich – direkt auf den Spuren der Römer! Dieses Gebiet war spannender als Atlantis.

Dieses Gefühl des Triumphs ließ selbst bei der Rückkehr ins *Hotel Hades* nicht nach.

»Antonio… *caro mio*… die Wasserhähne. Das heiße Wasser tropfte bei euch. Heißes Wasser ist so teuer in Napoli…«

Capri: Des Kaisers neue Zuflucht

Vor unserer Abreise aus Neapel erwartete uns ein weiterer Ausflug, der diesmal über das klarere Wasser draußen auf dem Meer führte.

Von den vielen Märcheninseln, die wie titanische Pfeiler in der Bucht aufragen, nahm Capri im legendären römischen Reich der Sinne stets einen herausragenden Platz ein. Von ihrer atemberaubenden Schönheit und den saphirblauen Wassern begeistert, hatte Kaiser Augustus die »Ziegeninsel« zu seinem privaten Feriendomizil erkoren: Zwölf prachtvolle Villen ließ er auf ihren steilen Felsen errichten, und alle wurden nach einem anderen Gott benannt. Den Berichten zufolge soll er hier seine Sommer recht unschuldig verbracht und nur den Dorfbuben bei der Gymnastik zugeschaut haben. Dann aber zog sich sein Nachfolger, der freizügigere Tiberius, 27 n. Chr. mit seinem Hofstaat auf die Insel zurück. (Seine Regierungsdekrete wurden fortan per Blinksignal des Leuchtturms aufs Festland übermittelt.) Ab dieser Zeit wurde das Liebesleben des Kaisers zu einem Gegenstand intensiver Spekulationen.

Der mürrische und introvertierte Tiberius verbrachte Jahre in dem abgelegensten Prachtbau, der (nach Jupiter benannten) Villa Jovis, inmitten von Kakteen, Sirenen und (so wurde gemunkelt) Gruppen exotischer *spintriae*, »Anhänger widernatürlicher Praktiken«. Wie Inselbewohner berichteten, gebe er sich wie ein Satyr zügellosen Ausschweifungen hin und lebe seine Triebe an gefangenen Knaben und Mädchen aus. Die ganze Wahrheit wird wohl niemals ans Tageslicht kommen. Jahrzehnte nach Tiberius' Tod gab der Biograph Sueton in seinen *Kaiserviten* die skandalösesten Gerüchte wieder und verfasste eine der vernichtendsten historischen Kritiken.

Capri wurde seither mit sexueller Freizügigkeit in Verbindung gebracht, galt als »heidnisches Paradies in einem katholischen Meer«, wie Bruce Chatwin es in seinem Essay *Among the Ruins* begeistert fasste. Hier war »der Wein hervorragend, die Sonne schien ewig, und die Jünglinge und Mädchen waren schön und stets bereit«. In späterer Zeit reisten freigeistige Adelige Europas auf die Insel und errichteten sich märchenhafte Villen, die an die extravaganten Bauten der Römer anknüpften. Die Casa Malaparte bildete mit ihrer eleganten malerischen Architektur vor dem schroffen Fels der Insel einen grandiosen Hintergrund für Jean Luc Godards *Die Verachtung*, diesen erotikgeladenen Filmklassiker der Sechzigerjahre mit Brigitte Bardot. Zu dieser Zeit blühte Capri mehr denn je auf, lockte Stars aus Hollywood und Cannes an, so Brando und Stanwyck, Greene und Onassis, dazu segelnde Playboys, Glücksritter und Prominente, deren erotische Extravaganzen die Weltregenbogenpresse gierig verfolgte …

Und diese Szenerie lag nur knapp viereinhalb Kilometer von Sorrent entfernt, oder nur eine Bootstour von den geschäftigen Docks von Neapel, jedenfalls theoretisch.

Der Fluch von San Gennaro

»Sie können heute nicht nach Capri fahren!«, kläffte die Signora. »Heute ist die Fiesta San Gennaros … gerade hier in Neapel … Sie sehen das Wunder … *è bello! Bello! Bello!*«

Ich versuchte ihr zu erklären, dass ich es genoss, das New Yorker Fest von San Gennaro im September nicht miterleben zu müssen. In Neapel hatte ich bereits Vorbereitungen verfolgt. Die italienische Originalversion mit Würstchenbuden und der billigen Maskerade vor dem Duomo ähnelte stark der amerikanisierten Ausgabe in der

Mulberry Street in *Little Italy*. Zwar war in Neapel etwas mehr katholische Tradition im Spiel – in den Straßen versammelten sich tausende, um die *miracolo* zu sehen, bei dem sich in einer Ampulle San Gennaros Blut verflüssigt, aber der Gedanke, zwölf Stunden auf einer harten Kirchenbank auszuharren, war alles andere als verlockend.

»*No! No!*«, mischte sich der Sohn der Signora mit Tränen in den Augen ein. »Ich habe das Wunder einmal gesehen. Die Haare auf meinen Armen haben sich aufgerichtet! Sie stehen mir jetzt noch zu Berge!«

Sie redeten umsonst. Drüben in Capri lockten heidnische Genüsse, die in dieser Nacht geradezu römische Dimensionen annehmen würden.

An diesem Samstagmorgen war kein Wölkchen am Himmel. Ich hatte erfahren, dass auf der Insel eines der herausragendsten Ereignisse im italienischen Gesellschaftsleben stattfinden würde: ein Konzert zum zwanzigsten Jubiläum von Italiens erfolgreichster Seifenoper. Das Ereignis sollte im ganzen Land übertragen werden. In Scharen strömten die feinen Leute nach Capri. Es hörte sich an wie eine der großen Festspiele der Antike, wie jene patrizischen Versammlungen, die Geistesgrößen aus dem ganzen Römerreich auf die Insel gelockt hatten und die noch jahrelang diskutiert und erörtert wurden. Sämtliche Hotelzimmer waren seit drei Monaten ausgebucht. Nach meinen Plänen würden wir mit dem Tragflügelboot übersetzen, die Atmosphäre auf uns wirken lassen und mit dem letzten Boot Punkt 23 Uhr nach Neapel zurückkehren.

»11 Uhr?«, sagte die Signora atemlos. »Der Hafen schließt um 6 Uhr abends. *Capisce?* Es ist mir gleich, was in Ihrem Fahrplan steht. Um 11 Uhr kommen Sie nicht zurück! Glauben Sie mir, Antonio... Ich habe mein ganzes Leben in Napoli verbracht...«

Ich drängte Les in den Fahrstuhl. Während wir nach unten rauschten, hörte ich noch ihre Stimme: »Aber das Wunder...! Das Wunder von San Gennaro... *è bello... bello... bello!*«

Zwei Stunden später genossen wir eines der erleseneren Vergnügen, die einen bei einem Besuch auf Capri erwarten. Auf den Klippen der Villa Jovis, von denen herab Kaiser Tiberius einst Gegner in den Tod gestürzt hatte, setzten wir uns nieder und beobachteten Italiener. Vom Aufstieg keuchend, starrten sie auf das gut 150 Meter tiefer gelegene tintenblaue Meer hinab und riefen: »*O Mamma mia!*«

»Hast du gehört«, sagte Les alle paar Minuten und stieß mich an. »Die sagen das wirklich!« Wir amüsierten uns ohne Ende.

Sicher sind nicht viele Aussichtspunkte geeignet, mit einem Palast geadelt zu werden, wie ihn sich Tiberius hier als Rückzugsort hatte errichten lassen. Vor ein paar Stunden waren wir auf dem Tragflügelboot an die Insel herangefahren. (In der Antike saß man während dieser Fahrt unter dem Seidenbaldachin einer von Sklaven geruderten Galeere.) Vom Wasser aus konnten wir uns nicht vorstellen, dass man hier landen oder sogar oben auf den Klippen einen Palast errichten konnte. Wie steinerne Wände ragten sie aus dem Wasser auf und wehrten jeden Besucher ab. Aber dann glitt das Tragflügelboot pfeilschnell zwischen ihnen hindurch und lief den versteckten Hafen an. Im Hintergrund kletterten bunt bemalte Häuser nackte Felsen empor.

Wir gönnten uns in der Sonne ein Festmahl aus frischem Mozzarella und Oliven und beobachteten italienische Familien, die wie aus dem Ei gepellt Ausflugsbooten entstiegen. Wir wunderten uns über das saubere und adrette Erscheinungsbild der Umgebung. Es war, als seien die Götter vom Himmel herabgestiegen, um die Erde zu wienern.

Die Sicherheit dieses einzigen Landungspunktes und die herrliche Szenerie machten Capri zu einem perfekten Rückzugsort für Kaiser. Aber oben auf der Villa Jovis, oder an deren ausgegrabenen Überresten, war die Atmosphäre noch immer erfüllt von dem Bild, das Sueton, der Vater aller Skandalbiographien, von Kaiser Tiberius gezeichnet hatte. Nach diesen Schauermärchen ließ Tiberius, ein alter Lustmolch mit Pickeln und Pusteln im Gesicht, sich in seinem privaten Badebecken gerne »an seinem besten Stück knabbern« –

von Knaben, die sich dazu als Aale verkleiden mussten. Wer sich über seine lüsternen Zudringlichkeiten beklagte, wurde verstümmelt. Und wenn Tiberius sich nicht den Ausschweifungen hingab, soll er zum Spaß Schauprozesse gegen politische Gegner geführt haben, die er quälte, bevor er sie eigenhändig von den Klippen stieß. (Fast beiläufig fügt Sueton hinzu, seine beliebteste Foltermethode vor der Hinrichtung habe darin bestanden, dem Unglücklichen den Penis abzuschnüren und ihm dann so lange Wein einzuflößen, bis ihm die Blase platzte.) Entsetzt sollen die Fischer vor den Stufen ihrer Hütte immer wieder angeschwemmte zerschmetterte Leichen gefunden haben, manchmal die eines berühmten Senators. Dann und wann wendet ein Historiker ein, Tiberius sei ein menschenscheuer Einsiedler gewesen, der lieber mit griechischen Freunden philosophierte, als Kinder zu missbrauchen. Vergebliche Liebesmüh, denn hier ist die Wahrheit längst auf der Strecke geblieben. Die Legende um Tiberius hat sich verselbstständigt und bildet die Kehrseite vom sonst so harmlosen Ruf Capris, das als Ort der Schönheit und Sinnenfreude bekannt ist. Es gibt eine direkte Verbindungslinie von Sueton über den Marquis de Sade, einem berühmten Besucher auf Capri, bis hin zum unauslöschlichen Bild Peter O'Tooles als Tiberius in dem Film *Caligula* – ein Mann mit Narbengesicht, der sich gierig in Sexorgien stürzt.

Der Gedanke an Tiberius als Satyr faszinierte natürlich die alten Römer: Ohne diese klammheimliche Begeisterung hätten sich Suetons Verleumdungen wohl kaum halten können. Bereits kurz nach dem Tod des Kaisers wurde die Villa Jovis zu einer Hauptattraktion für die Touristen, zu einem absoluten Muss für jeden Besucher in der Bucht, der nach neuen Anregungen für eigene Exzesse suchte.

Regelmäßig legten hier römische Gesellschaften vom Festland an. Nach einem Picknick auf der Privatgaleere kämpften sich die Besucher vornübergebeugt und schwitzend unter der sengenden Sonne den steinernen Pfad nach oben. Nach einer kurzen Rast im Schatten wandelten sie durch den verlassenen Palast, genossen den herrlichen Ausblick und erzählten sich genüsslich die pikantesten Schauermärchen.

Hier lagen die »Winkel der Geilheit«, in denen Tiberius unaussprechliche Akte vollzogen hatte … dies war sein Schlafzimmer gewesen, an dessen Wänden die obszönen Ritualbücher aus Ägypten aufgereiht gewesen waren. Und hier hatte das riesige laszive Gemälde gehangen: die Fellatio der Jägerin Atalante am Helden Meleagros … Dort ragte der Turm auf, von wo aus er seine finsteren Befehle zum Festland hinübergesandt hatte, so auch die Hinrichtung von Jungfrauen, die aber zunächst noch von den Kerkermeistern vergewaltigt werden mussten …

Und wenn die Besucher ihre Phantasie genug beflügelt hatten, zogen sie zu einer anderen Ferienvilla weiter, wo neue Spannung und Erregung warteten.

Wir stiegen den steilen, gepflasterten, von Bougainvilleen zugewachsenen Weg des modernen Capri hinab, auf dem es erfreulicherweise keine Vespas gibt. Unten erhoben ein paar schwarz gekleidete alte Weiber ihre Stöcke gegen eine Gruppe von Minimädchen. Schon traf der stetige Strom der italienischen Gesellschaft zu den abendlichen Festlichkeiten ein. Wie ägyptische Sklaven schleppten livrierte Hotelpagen Berge von Lederkoffern die engen Pfade nach oben. Die Hotels der Reichen und der Schönen standen der römischen Pracht in nichts nach. Swimmingpools ragten in die nackten Klippen hinein, und sündhaft teure Restaurants lockten mit phantastischen Ausblicken aufs Meer. Unten auf den Felsen streckten sich wie weiße Seesterne geölte Sonnenanbeter aus. Die privilegiertesten unter ihnen zahlten umgerechnet 20 US-Dollar pro Stunde für ein schmales Stück schwarzen Sand, auf dem sie sich in einen Stuhl zwängen konnten. Ein Sonnenschirm kostete weitere zehn Dollar. Wenigstens das Schwimmen schien im Preis inbegriffen.

Aus purer Neugierde fragten wir in einigen Hotels nach freien Zimmern. Die Leute an der Rezeption bestätigten kühl, was man uns gesagt hatte: Auf Capri war jedes Zimmer seit Monaten ausgebucht. Wir kauften unser Ticket für das letzte Tragflügelboot zurück nach Neapel.

23 Uhr: Fährt nur an Samstagen im Sommer.

Les war beunruhigt über unsere knappe Planung, hatte eine ihrer unbestimmten Vorahnungen. Aber ich konnte mir das Schauspiel dieses Abends nicht entgehen lassen. Ich schaute nach oben. Ein makellos blauer Himmel über Capri. *Was sollte schon schief gehen?*

Die neuen Saturnalien

Bei Einbruch der Dämmerung lag knisternde Spannung in der Luft, ähnlich der Atmosphäre auf der antiken Strandpromenade Baiaes. Im Nu waren der beschauliche Dorfplatz abgeriegelt, Sitzreihen aufgestellt und die Wände mit tausenden frischer roter Rosen geschmückt. In den Blitzlichtgewittern der Paparazzi trafen in Zweier- oder Dreiergruppen geladene Gäste ein. Die Veranstaltung war zugleich ein wichtiges italienisches Modeereignis, ein nebulöses Defilee von glänzenden goldenen Hauben, straffen gebräunten Wangen und glitzernden Pailletten. Atemberaubende Abendroben rauschten vorüber, eine Parade gewagter Farbkombinationen. Playboys mit Grübchen im Kinn betrachteten sich in den Schaufenstern von Hermes, Armani und Prada, zupften ihre Manschettenknöpfe zurecht, strichen sich das Haar glatt oder überprüften ihr blendend weißes Lachen. Im Café, neben uns, benannte ein Trio älterer Damen für uns alle Stars und Sternchen der Seifenopern. Von einem hatten sie ein Foto aus einer Zeitschrift dabei, bei einem Drink mit dem Schauspieler Roberto Benigni.

Ich nippte hinter einem gesprungenen Fenster an meinem Aperitif und sah unten in der Ferne die Lichter des Hafens blinken. Der Bootsverkehr schien eingestellt, aber das beunruhigte mich nicht. Ich hatte mir um 20 Uhr nochmals telefonisch bestätigen lassen, dass das letzte Tragflügelboot aus Neapel kommen würde.

Als ich dies den Capresen am Nachbartisch versicherte, blickten sie sich lächelnd an.

»Auf Capri genügt ein Anruf nicht.«

Oh, das darf doch nicht wahr sein …«, seufzte Les.

Um 22.45 Uhr stand eine zwanzigköpfige Menge gestikulierend und schwatzend am Pier. Sie umringten den Hafenmeister. Das letzte Tragflügelboot aus Neapel war gestrichen worden. Offenbar hatte der Kapitän entschieden, dass das Meer für die Überfahrt zu unruhig sei. Ein Blick auf die wenigen Passagiere und die spiegelglatte See belehrte uns über seine wahren Gedanken. So ein Pech. Wir saßen auf Capri fest.

Mehrere der Passagiere nahmen diesen Affront nicht hin. Sie zückten huldvoll Handys, riefen die Fährgesellschaft in Neapel an, sprachen mit der Wetterstation und mit örtlichen Hotels. Aber alle starrten niedergeschlagen in die Dunkelheit.

Nach dem glanzvollen Spektakel des Abends konnte sich niemand damit abfinden, die Nacht ohne Bett auf dieser kargen Insel zu verbringen: Capri war so anziehend, einladend und voller Düfte erschienen, und nun war es plötzlich trostlos und abweisend. Aus dem Nichts aufgetauchte Hunde streunten um unsere Füße. Aus dunklen Hauseingängen schrien betrunkene Jugendliche. Trotz des Spätsommers wehte ein empfindlich kalter Wind vom Meer herüber. Les blickte mich vorwurfsvoll an: »Tone, tu etwas!«

Aus einer Telefonzelle rief ich zwei Dutzend Hotels an, um noch irgendwo ein Zimmer aufzutreiben. Niemand hatte auch nur das geringste Mitleid. Den ganzen Sommer über waren ständig Touristen ohne Reservierung aufgetaucht. Und in der Nacht der Nächte kannten die Hoteliers kein Erbarmen mehr.

»Wir haben natürlich kein Bett frei!«, knurrte eine Alte empört.

»Sind Sie völlig verrückt?«, herrschte mich eine andere an.

»*Mi ragazza è incinta*«, versuchte ich Mitleid zu erregen, nachdem ich das Wort für »schwanger« im Wörterbuch nachgeschlagen hatte. Mit dem Szenario von Maria und Joseph appellierte ich an den Familiensinn, der in Italien angeblich so groß geschrieben wird.

»Können Sie mir vielleicht sagen, wo ich anrufen kann …?«

»Sie finden auf Capri kein Zimmer! Nicht heute Nacht!«, zischte sie und knallte den Hörer auf die Gabel.

Les blickte mich erwartungsvoll an. Sie hoffte auf eine Lösung. Ich musste einräumen, ich war kein guter Beschützer, wenn ich sie in so eine Lage brachte. Wieder befanden wir uns auf Reisen in einer dieser typischen Situationen, die vermeidbar gewesen wären. Früher hätten wir mit einer Flasche Chianti die Nacht in einem kalten Hauseingang durchgemacht und das Erlebnis als Erfahrung gesehen.

Aber jetzt waren die Dinge anders, das musste sogar ich akzeptieren.

Gefangen auf der Ziegeninsel

»O. k. Wir gehen in eine Bar«, schlug ich Les aufmunternd vor. »Wir wärmen uns etwas auf, sammeln unsere Gedanken und machen einen Plan.«

Wir nahmen die Seilbahn ins Zentrum und bahnten uns einen Weg durch die Menge. Les versuchte ihren Bauch vor den Ellenbogen der Betrunkenen zu schützen. Ich entdeckte die Hotelbar des Grand Hotel *Quisisana* – eines mit fünf Sternen, das *Waldorf* Capris. Die Sofas sahen unglaublich bequem aus. Wir stürzten uns auf eines in der Ecke, steckten unser Revier ab und wiegten Cocktails in unseren Händen, die 25 Dollar kosteten und so zum Trinken zu teuer waren. Wir fühlten uns nicht direkt zu Hause, aber ein Blick über die lustlos dekadente Szenerie um uns herum machte mir rasch bewusst, dass wir wenigstens irgendwo gelandet waren. Es kam mir so vor, als seien wir ohne Einladung in eine antike römische Abendgesellschaft oder zumindest in einen modernen Abglanz hineingeplatzt. Gegen 2 Uhr morgens wurde die Bar von der italienischen *Jeunesse dorée* erobert, die sich in aufgefrischtem Glanz präsentierte: Die straffen Mädchengesichter mit den blondierten Löwenmähnen erinnerten hinter den Rauchwolken aber auch auf Furcht einflößende Weise an griechische Tragödienmasken.

Ich suchte noch immer nach einer Lösung und hoffte auf eine glückliche Wende.

»He, das Bier kostet ja 18 Dollar!«, brüllte eine amerikanische Stimme durch die Bar. »Wo zum Teufel gibt es so etwas!«

Der Kellner verwies mit einem Achselzucken darauf, dass das erste Getränk auf Capri stets sehr teuer sei. Die folgenden kosteten die Hälfte.

»Oh, Mann«, kicherte seine Freundin. »Die halten uns hier für Vollidioten.«

Das New Yorker Ehepaar war auf Hochzeitsreise. Zehn Tage Italien, dann vier Tage auf der Insel Nantucket, Leute von der Wall Street, die einmal Spaß haben wollten. Sie wollten die Nacht durchmachen. Ich träumte davon, sie würden sagen: »Ach, übernachtet doch in unserem Hotelzimmer. Hier sind die Schlüssel.« Aber so weit kam es nicht.

Die Lage wurde allmählich verzweifelt. Les wurde übel, sie sagte sogar etwas von Krämpfen. Ich zerbrach mir den Kopf, was ich für sie tun konnte, wenn auch irrational und wie im Wahn. Am anderen Ende der Bar machte ich zwei typische Vertreterinnen der leichtlebigen italienischen Jugend aus, die mir während des Missgeschicks am Pier aufgefallen waren, Mädchen aus besserem Hause, die in letzter Minute aufgetaucht waren. Als sie erfuhren, dass das Tragflügelboot gestrichen worden war, brach die eine in schallendes Gelächter aus. Und auch jetzt lachte sie noch und sog sorglos an ihrer Zigarette. Sie hatte die Jacke abgelegt. Ihre vollendete Figur einer Venus von Milo war mit einem hauchdünnen Stückchen Stoff aus silberner Gaze mit Spagettiträgern bekleidet. Ich musste sie fragen, was sie für diese Nacht vorhatten. Vielleicht besaß ihr Vater eine Villa mit 25 Räumen und hatte ein Gästezimmer frei …

»Sie können nicht einfach ohne Reservierung nach Capri kommen«, sagte sie fröhlich lächelnd. »Nicht am Samstag. Und schon gar nicht im Sommer.«

»Ich werde es mir merken«, seufzte ich und schlurfte in unsere Ecke zurück.

Les erkundigte sich schon nicht mehr nach den Ergebnissen meiner kläglichen Versuche einer Kontaktaufnahme. Sie sah schrecklich

aus. Sie war blass und keuchte im dicken Nebel des Zigaretten-
qualms. Ich stellte sie mir schon in einem Krankenhaus in Capri vor.
Was würde ich ihren Eltern sagen? Ich wünschte, ich könnte uns in
unser Hotel Hades zurückbeamen. Es war, als hätte uns ein Fluch San
Gennaros getroffen, dem wir die Ehre verweigert hatten.

Um 4 Uhr morgens machte die Bar zu. Der Kellner wollte nach
Hause und erlaubte nicht, dass Les auf der Couch schlief. Draußen
pfiff der kalte Wind durch die engen gepflasterten Gassen. Die Souvenirläden lagen in einer bedrohlichen Finsternis, und die Sterne
glitzerten wie Eiskristalle.

Wir standen verzweifelt vor den Stufen des Hotels *Las Palmas*,
des ersten Hotels auf Capri. Es strahlte uns mit grünen Lichtern
an und blickte auf uns herab wie ein frisch renovierter römischer
Tempel.

»Wir könnten uns ins Foyer setzen«, schlug Les vor. Ich war nicht
scharf darauf. Das *Las Palmas* hatte ich als Erstes angerufen. Die
Dame an der Rezeption war sehr unfreundlich gewesen. Aber Les
hatte so ein Gefühl. »Warum fragst du nicht noch einmal an der
Rezeption?«, meinte sie und wirkte plötzlich etwas frischer.

Widerstrebend fragte ich den einfältig wirkenden Empfangschef
nach einem freien Zimmer. Er zog die Brauen zusammen und
sagte: »Geben Sie mir zehn Minuten.«

Es war wie ein Wunder: Ich traute meinen Ohren nicht, als sich
herausstellte, dass auf dem gestrichenen Tragflügelboot ein Gast aus
Neapel erwartet worden war. Sein Zimmer, das Letzte auf Capri,
war noch immer frei. Weil es schon 4 Uhr morgens war, beschloss
die Hotelleitung, den Preis zu verdoppeln.

»Es ist ein sehr schönes Zimmer«, meinte der Empfangschef fast
grinsend, während wir im Lift nach oben fuhren. »Wirklich eines
unserer besten!«

Und es stimmte. Es war eine Luxussuite mit fünf Sternen, mit
Privatbalkonen, königlichen Betten und Whirlpool, Blumenarran-
gements und Gartenmöbeln. Allein der Wandschrank war fast so
groß wie unser Apartment in New York.

»Ach, und wie viel kostet es?«, erkundigte ich mich vorsichtig.

Nicht, dass ich noch hätte handeln können: Les lag bereits wie ein Embryo zusammengerollt auf dem Bett.

Der Empfangschef nannte eine endlos lange Zahl in Lire und klingelte vor meiner Nase dauernd mit den Schlüsseln.

»In US-Dollar ungefähr 450.«

Wie es Petronius im *Satyrikon* so treffend formuliert hat:

»Welche Nacht, o ihr Götter all, genoss ich!
Wie war's Lager so weich! Und heiß umschlungen
tauschten küssend wir hin und her die Seelen,
drangvoll trunken vor Lust: So lebet wohl denn,
Erdensorgen: Ich lernte so das Sterben...«

Der Weckruf der Aurora

Nachdem die römischen Touristen den Zauber der Bucht von Neapel genossen hatten, waren sie bereit, die Länder der aufgehenden Sonne zu bereisen. Und auch wir wollten trotz des Fiaskos auf Capri weiter nach Osten ziehen, auch wenn nicht allen einleuchtete, warum wir den Römern so dicht auf der Spur bleiben wollten.

»Nach Benevent wollen Sie? Warum? *Warum*, Antonio?«

»Weil es an der Via Appia Antica liegt…«

»Nein, Sie hören auf mich… Da ist nichts! *Niente. Niente.* Sie fahren nach Bari! Oder nach Sizilien! *Que bella!* Ein Traum…«

»Nein. Wir fahren morgen nach Benevent…«

Die Signora stand kurz davor, sich die Haare zu raufen.

»Antonio, hören Sie auf mich. Ich bitte Sie. Ich bin Italienerin. Mein ganzes Leben habe ich hier verbracht…«

»Von Benevent aus fahren wir nach Brindisi weiter…«

»O mein Gott! Wozu? Wozu denn?«

»Um die Fähre nach Griechenland zu nehmen. Dort endet die Via Appia…«

»Oh, nein, Antonio, nein. Da ist nichts! Nichts!«

Ihre Cassandrarufe waren freilich kaum begründet.

Im grünen Ackerland des italienischen Südens, zwischen Schafherden und wogenden Getreidefeldern, waren die überwucherten Überreste der Via Appia noch immer zu erkennen. Am Provinzposten Benevent markierte der große Triumphbogen des Trajan die römische Landstraße, die in die östlichen Provinzen führte. Und an der Adria, am Ende der Straße, erinnerte ein marmorner Säulenschaft an die Römerzeit.

Die Zugreise zweiter Klasse war zugegebenermaßen kein Vergnügen. Bei den kurzen Zwischenaufenthalten auf der Strecke brüllten Hoteliers Fußballergebnisse durch die Vorhallen, die Taxifahrer nahmen, was sie kriegen konnten, und Kellner gaunerten kräftig. Die Schnellrestaurants, die sich am Hafen von Brindisi drängten, nahmen die unglücklichen Fahrpassagiere aus, die für eine Nacht in der Stadt festsaßen.

Während dieser ganzen Fahrt rief ich mir jedes Mal, wenn die Situation ärgerlich oder schwierig wurde, Horaz ins Gedächtnis. Der Dichter war am Anfang der Kaiserzeit auf der Via Appia nach Süden gereist, hatte Missgeschicke erlebt und diese in satirische Verse gegossen: Am Anfang der Reise erklärt er seine Gedanken zum »öffentlichen Feind«, weil sie explosiv auf das lokale Wasser reagierten. In den Gasthäusern erwarten ihn immer wieder »boshafte Wirtsleute« und übler Fraß, bei dem ausgemergelte Hühnchen und granithartes Brot auf dem Speisezettel ganz oben standen. In Beneventum erleidet Horaz nachts beinahe eine tödliche Rauchvergiftung, weil ein Funke aus dem Herd eine Holzdecke in Brand gesetzt hat. Dann stellt sich eine Bindehautentzündung ein. Und ein paar Tage später verabredet er sich mit einer »verlogenen jungen Dirne«, auf die er bis Mitternacht vergeblich wartet. Einen Tiefpunkt während der Reise erlebt Horaz in den Pontinischen Sümpfen. Die ganze Nacht hindurch plagen ihn Stechmücken, quakende Frösche und betrunkene Seeleute, die bis zum Morgengrauen Lieder grölen.

Als der Dichter schließlich in Brindisi eintrifft, scheint er von den Eindrücken der Reise körperlich und seelisch völlig erschlagen. Alles, was schief gehen konnte, ist schief gegangen. Dies spendete mir nach unserer misslungenen Ankunft in Neapel und dem Desaster auf Capri auf seltsame Weise Trost.

Wir reisten wirklich auf den Spuren der Römer.

Teil vier

Die Schnellstraßen des Hermes

Eine Fahrt durch Griechenland, in der Hand einen Reiseführer aus Papyrus

Für kultivierte Römer bildete Griechenland den emotionalen Höhepunkt ihrer Grand Tour. Die Landung an dieser Küste löste bei ihnen ähnlich begeisterte Reaktionen aus wie bei Bürgern der USA, die in Europa eintreffen: Griechenland bedeutete den Vollzug eines Übergangsritus, eine tiefe Erfahrung der alten Welt, wie man sie nur einmal im Leben machte, und eine respektvolle Hommage an die Ursprünge der Zivilisation, mit der sich jeder bildungsbeflissene Römer den letzten Schliff gab. Jeder Quadratzentimeter hellenischen Bodens war mit Geschichte und Mythen durchtränkt, jeder Stadtstaat, die *polis*, hatte Baudenkmäler und Kunstobjekte zu bieten, von denen man schon als Kind gehört hatte. An Griechenlands Steilküsten, die natürliche Steinbögen und verwitterte Granitfinger säumten, ragten seit Anbeginn der Antike Tempel auf, die als sakrale Schatzhäuser für die Verwahrung der herrlichsten heidnischen Kunstgegenstände und Heldenreliquien dienten. Und in den Bergen dahinter bevölkerten Nymphen und Satyrn zahllose heilige Höhlen. Jede Eiche, jeder kleine Hügel, jeder Fluss und jeder Fels schien hier von Götterhand berührt.

Griechenland, die damalige Provinz Achaia, war ein kleiner, öder und politisch unbedeutender Winkel des Römerreichs, zugleich aber auch, wie man heute sagen würde, das ultimative Ziel eines Kulturtrips.

Außerdem war es von Italien nach Achaia nur ein kurzer Sprung auf einer liburnischen Galeere über die Adria. Schon im 1. Jahrhundert v. Chr. hatte Griechenland bei weltläufigen Römern wie Cicero oder Ovid hoch im Kurs gestanden. Aber erst im 1. und 2. Jahrhundert n. Chr., als die *Pax Romana* das Reisen sicherer machte, fielen allmählich Touristen in Scharen in das Land ein. Sie wollten die Stätten der Mythen, wo Herkules gekämpft und Penelope geschmachtet und die Götter gewirkt hatten, mit eigenen Augen sehen. Dieser ständige Zustrom von Besuchern machte Griechenland bald zum lukrativsten Standbein des antiken Tourismusgeschäftes und damit zu einem großen Experimentierfeld des abendländischen Reisens.

Damals bildeten sich hier die ersten vorgegebenen Touristenrouten heraus, die hellenischen »Highlights«, die Reisende noch heute abklappern. Jede Bustour zu den Wundern Griechenlands führt durch Athen, Delphi, Olympia, Sparta und Epidauros, die schon für die Alten ein absolutes Muss waren. Auf diesen immer gleichen Routen entstand die erste Fernwehindustrie, betrieben von Griechen, die vorgefertigte Ansichten von der fernen Vergangenheit des Landes verkauften. Feilgeboten wurden zudem die üblichen Dienstleistungen wie Übernachtung, Mahlzeit und Führer: Das Land »lernte, ein Museum zu sein« (wie ein Historiker es sarkastisch fasste) und damit Geld zu machen. Zugleich erhielt der hellenische Nationalstolz Auftrieb. Und erstmals in Griechenland bekamen Einwohner eines Touristenlandes den Ansturm ausländischer Besucher auch satt.

Die römischen Touristen schlugen sich entschlossen und einfallsreich durch den Dschungel der Sehenswürdigkeiten. Die kompakte Größe der Region bot sich für die ersten Ausflugsfahrten der Welt an. In den Vororten Athens mieteten die antiken Reisenden Kutschen an (sie konnten aus einem ganzen Spektrum an Fahrzeugen wählen) und genossen dann eine Fahrt über eine der hervorragenden römischen Straßen, die unter Augustus angelegt worden waren. Dabei orientierten sie sich anhand der Itinerarien, jener stilisierten Straßenkarten, auf denen mit Symbolen sogar die Qualität der Gasthäuser angegeben war (anders als im Guide Michelin allerdings nicht mit Sternen, sondern mit Türmen). Selbst an den bescheidensten Sehenswürdigkeiten erwarteten den Reisenden Souvenirbuden, Imbissverkäufer und Tavernen, allerdings nicht immer von bester Qualität. Immerhin hatten unzufriedene Gäste zur damaligen Zeit die Möglichkeit, mangelhafte Einrichtungen gegen Bezahlung mit einem Fluch zu belegen, der das Opfer lähmen oder handlungsunfähig machen sollte. (Der Fluch wurde in eine Bleitafel graviert und diese auf einem Friedhof vergraben. So verkündet eine typische Tafel, die in Athen zum Vorschein kam: »Ich binde durch Fluch Kallias, den Gastwirt, und seine Frau Thraitta … und die Schenke des Glatzköpfigen und die Schenke des Anthemion in der Nachbarschaft … Sie alle binde ich durch Fluch in der Seele, im Handel, an Händen und Füßen …« Genannt wird zudem ein gewisses »Schankmädchen Maria« wegen nicht näher bezeichneter Missetaten.)

Orte wie Delphi oder Olympia zogen wegen ihrer hohen kulturellen Bedeutung die ersten professionellen Führer oder »Erklärer« an. Diese so genannten *mystagogi* lungerten an den Eingängen der Sehenswürdigkeiten herum und bedrängten die Besucher so lange, bis sie ihre Dienste in Anspruch nahmen. Immer wieder klagten antike Schriftsteller über diese allgegenwärtigen Quälgeister, die offenbar nirgendwo so penetrant auftraten wie in Griechenland. (Der römische Kunstkenner Varro sprach beispielsweise das Gebet: »*Et me Iuppiter Olympiae, Minerva Athenis suis mystagogis vindicassent.*« »Jupiter beschütze mich vor deinen Führern in Olympia, und du, Athene, vor deinen in Athen!«) Jeder heutige Tourist kann den Ärger des Schriftstellers Plutarch nachempfinden, der zwei dieser Führer in Delphi beschrieb: Sie plapperten wie Papageien Vorgefertigtes nach, ließen keinen zu Worte kommen und lasen nur Inschriften auf den Standbildern ab. Fragen, die abseits des auswendig Gelernten lagen, brachten sie unweigerlich ins Schleudern. Der Satiriker Lukian, den Führer auf Rhodos bedrängten, war überzeugt, dass diese für die Zuhörer sensationelle Fakten erfänden. (»Verbanne die Lügen aus Griechenland«, so meinte er, »dann verhungern dort alle Führer. Denn kein Tourist will die Wahrheit hören, nicht einmal kostenlos.«) Und die heutigen *mystagogi*, die durch die antiken Stätten eilen und mit den niedergekritzelten Referen-

145

zen »zufriedener Kunden« großspurig werben, haben ihre Methoden seither kaum verfeinert.

Wenn Römer, die über viel Zeit verfügten, das Muss der Sehenswürdigkeiten abgeklappert hatten, erkundeten sie das Land mit einem der vielen gelehrten *periegesis*, jener Reiseführer, die im 1. Jahrhundert n. Chr. beliebt waren und die heute (mit Ausnahme einer vollständigen Ausgabe) nur noch in Fragmenten erhalten sind. Jeder noch so kleine Seitenweg führte auf der schroffen bergigen Halbinsel zu einer legendären Attraktion: Die Täler Arkadiens, das Grab König Agamemnons in Mykene oder das Tor zur Unterwelt am Kap Tainaron, dies alles erstrahlte in mythischem Glanz.

Aufregend und glanzvoll war es zweifellos. Zugleich empfand so mancher Römer gegenüber dem griechischen Kulturerbe eine übergroße Ehrfurcht. Und so, wie der Amerikaner in Henry James' Roman in Europa, stießen sie auch auf eine unterschwellige Herablassung und lokale Ressentiments, die der Reiseerfahrung zuweilen eine scharfe Kante gaben.

Das Schüler-Lehrer-Verhältnis zwischen Römern und Griechen lässt sich bis in die fernste Vergangenheit zurückverfolgen. Lange bevor die ersten erobernden Legionen über die ägäischen Ufer marschierten, blickten kultivierte Römer zu Griechenland und seiner heroischen Vergangenheit auf. Von Beginn an verehrten Roms Bürger auch die griechischen Götter, lebendige, launische und eitle Charaktere, die in Menschengestalt die Erde unsicher machten. Wie antike Stars von Seifenopern verführten und betrogen sie einander mit rastloser Hingabe. (Damit verglichen war der nüchterne und düstere lateinische Götterhimmel unsäglich farblos. Wie ein Verlag, der Rechte an alten Ausgaben erwirbt, übernahmen die Römer die griechischen Mythen und gaben den Göttern neue Namen wie Jupiter, Venus und Mars.) Die griechischen Helden Jason, Achill, Theseus und Odysseus, starke Frauen wie Medea, Elektra und Circe, Ungeheuer wie die Gorgo Medusa, die Zyklopen oder Cerberus, sie alle waren in Rom geläufig.

Jeder römische Schüler konnte detailliert die Ereignisse des 5. Jahrhunderts v. Chr. nacherzählen, als die lateinische Hauptstadt nur eine wild gewachsene Ansiedlung am Tiber gewesen war: den heldenhaften Kampf der tapferen Griechen, die zweimal den Vormarsch der Perser gestoppt hatten, ein Kampf David gegen Goliath, von dem damals wie von einem Krieg der Sterne immer wieder erzählt wurde, hatte er doch den Lauf der Geschichte verändert und den Mittelmeerraum vor der orientalischen Vorherrschaft bewahrt. (So munkelte man in der Gegend um Marathon nördlich von Athen, die Geister der gefallenen Krieger würden ihre Epoche machende Schlacht jede Nacht aufs Neue ausfechten – eine Geschichte, die ganz dazu angetan war, den Kampfgeist römischer Kriegsveteranen zu beflügeln.) Im goldenen Zeitalter nach der endgültigen Niederlage der Perser 480 v. Chr. hatten die Griechen die Fundamente der abendländischen Kultur gelegt, die Grundlagen der europäischen Philosophie, der Tragödie, der Bildhauerei, der Naturwissenschaften, der Medizin, des Rechts, der Politik, der Dichtung und der Geschichtsschreibung, ganz zu schweigen von von einer Architektur von bislang unübertroffener Ausgewogenheit. Dieses herausragende Kulturerbe gelangte dann über Sizilien und Süditalien bis nach Rom – getragen von griechischen Siedlern, die als meisterhafte Seeleute und Entdecker in die damals bekannte Welt hinauszogen und sich in eine ungewisse Diaspora wagten.

In der Kaiserzeit war dieses Rinnsal an griechischem Einfluss zu einem Strom angeschwollen, der paradoxerweise auch durch die Eroberung Griechenlands durch Rom mit ausgelöst worden war. Die Feldherren, die Griechenland 196 v. Chr. von Makedonien »befreiten«, wurden zu begeisterten Hellenophilen, die Schiffsladungen voller griechischer Skulpturen und Gemälde nach Rom brachten, wo sie die schmucklosen und bäuerlich einfachen Straßen schmückten. Ihnen folgte ein Strom gerissener, raffinierter und opportunistischer Griechen, die mit weltläufigen Manieren rasch die Konkurrenz vor Ort ausschalteten. Die kulturelle Rückständigkeit des Gastlandes nutzend, unterwanderten sie rasch die dortige

Kunstwelt so gründlich, wie es heute die Briten in New York tun. Als Ergebnis war jeder gebildete Römer schließlich tief in der hellenischen Kultur verwurzelt. Roms Gebildete studierten bei griechischen Lehrern, lernten die griechische Sprache, lasen häufiger griechische als lateinische Verse (immer wieder Homer und Äsop), diskutierten über die griechische Rhetorik und lauschten griechischen Philosophen, ganz zu schweigen davon, dass ihre Villen, Plätze und Tempel griechische Plastiken und Malereien schmückten. Die Einwanderer aus Athen waren maßgebend in allen Bereichen der Kunst. Von griechischen Schauspielern in Griechisch aufgeführt, beherrschten die Klassiker von Aischylos und Sophokles die gesamte römische Theaterwelt. Gegenüber den eigenen Produkten galt in Rom der griechische Wein als besser, die griechische Küche als robuster, die griechische Mode als eleganter und die »griechische Liebe« des Mannes zum Knaben als erhabener und poetischer.

Das scharfsinnige Urteil des Horaz war zu einem Gemeinplatz der Antike geworden: »Das eroberte Griechenland nahm seinen barbarischen Eroberer gefangen.«

Diese komplexe, historisch gewachsene Bewunderung für hellenische Lebensart kam mit den römischen Reisenden nach Griechenland: Senatoren, Feldherren, Dichter, Beamte, Musiker, Gelehrte und Ärzte, sie alle fühlten sich genötigt, ihren geistigen Wurzeln Respekt zu zollen. Der Philosoph Epiktet fasste die vorherrschende Haltung so zusammen: Jeder gebildete Mensch betrachte es als eine Tragödie, wenn er sterbe, ohne die Wunder Griechenlands gesehen zu haben. Ihren Lockungen erlagen denn auch die Kaiser: Nero besichtigte 66/67 n. Chr. Griechenlands Kultstätten, eilte von Festspiel zu Festspiel, errang ganze 1808 Künstlerpreise und brachte als Souvenir aus Delphi 500 Statuen mit. 60 Jahre später unternahm der Griechenland liebende Kaiser Hadrian eine ähnliche Rundreise, wobei sich seine Raubgier in Grenzen hielt (nach der Rückkehr ließ er die griechischen Bauten und Monumente, die ihm am besten gefallen hatten, in seinem großen Palast in Tivoli nachbilden).

Aber dieser ganzen kulturellen Verehrung stand eine nüchterne Realität gegenüber: Griechenland war jetzt eine unterworfene Provinz Roms, eine politische Tatsache, die selbst die herzlichsten Begegnungen zwischen den Reisenden und den Einheimischen überschattete. Feinfühlende Touristen bemühten sich um Diplomatie angesichts der Unterwerfung des griechischen Staates und hofften, die Verwüstungen in der Zeit der römischen Eroberungen, unter anderem die erbarmungslose Zerstörung Korinths während der unglücklichen Rebellion, seien inzwischen vergessen oder zumindest vergeben. »Zeig deine Achtung vor Griechenlands Altertum, seinen Heldentaten und den Mythen der Vergangenheit«, rät Plinius der Jüngere einem reisenden Freund zur Vermeidung von Spannungen. »Verletze niemandes Würde, Unabhängigkeit oder Stolz. Erinnere dich daran, was einst alle griechischen Städte waren, aber ohne auf sie herabzublicken, weil sie dies nun nicht mehr sind.«

Andere reagierten ungehalten auf die griechischen Dünkel. So merkte der römische Feldherr Aemilius Paulus während seiner Reise durch Griechenland vorsichtig an, es sei die Pflicht eines zivilisierten Menschen, sich die Dinge anzuschauen, »von denen Großes, vielleicht zu Großes berichtet« werde.

Die Morgendämmerung des Abendlandes

Die Nachtfähre, die heute Italien mit Griechenland verbindet, nimmt exakt die gleiche Route wie einst die antiken Galeeren: Von Brindisi (dem alten römischen Hafen Brindisium) aus fährt sie nach Süden durch die Adria und weiter nach Osten in die tiefe natürliche Passage, den Golf von Korinth.

Während meiner eigenen bescheidenen Reise über das tintenblaue Meer schreckte ich um 5 Uhr morgens aus dem Schlaf auf. Les lag noch eingemummt in der Koje – die Stöße des Schiffs weckten lebhafte Erinnerungen an bierseliges Schwanken in den ersten Semestern meiner Studienzeit. Oben auf der Fähre war es ruhig und einsam. In der menschenleeren Salonbar, wo es noch

Griechisches Licht: eine Fähre im Golf von Korinth.

nach Zigarettenrauch und schalem Bier roch, machte mir ein ver-
katerter Barmann in einer roten Weste den üblichen Cappuccino:
braunes Spülwasser in Styropor.

Oben auf Deck herrschte Bilderbuchwetter, ein griechischer
Sommermorgen, kühl, ruhig, ohne ein Wölkchen am Himmel. Die
letzten Nebelschwaden der Nacht hatten sich über dem Golf verzogen, und die Sterne waren nacheinander erloschen. Dann tauchte
die griechische Küste auf, ruhig und mächtig wie ein Mantelrochen
auf dem Meeresboden. Über den kahlen Hügeln, braun vom Staub
und mit weißen Ziegen übersät, lag noch immer salziger Morgendunst. Irgendwo auf dieser schroffen Landzunge, so erinnerte ich
mich vage, musste einst ein Tempel des Poseidon gestanden haben:
Seine Priester hatten den vorbeifahrenden Seeleuten mit Feuern in
Kohlepfannen den Weg gewiesen, dem Herrn der Meere riesige
Thunfische geopfert und deren schwarzes Blut über dem Altar aus-
gegossen. In der felsigen Bucht glaubte ich Fragmente von Säulen
zu erkennen, aber vielleicht waren es nur Gasleitungen oder die
Überbleibsel eines abgewrackten Tankschiffes.

Ein weiterer Passagier kam schwankend an Deck, um diesen Blick in sich aufzunehmen: ein dürrer, an einen Mönch erinnernder Japaner, ein Rucksacktourist, der die Nacht auf einer Plastikbank verbracht hatte. Mit einem Walkman auf den Ohren kletterte er neugierig vorn auf die Reling, breitete die Arme aus und schien sich für Leonardo di Caprio zu halten. »Ich bin der König der Welt«, schrie er aus voller Kehle aufs Meer hinaus und beugte sich wie lebensmüde vornüber.

Wie ein Atompilz schob sich die Sonne über die Berge und entflammte mein noch schlaftrunkenes Gehirn. Jedes Detail der Küste, jeder glänzende Kieselstein und selbst die Adern meiner Augenlider traten im Licht grell hervor. Die See verwandelte sich in einen gleißenden Spiegel, und jede glitzernde Welle steigerte die Intensität der Sonnenstrahlung bis ins Unermessliche: das legendäre griechische Licht. Schon die römischen Reisenden hatten seinen strahlenden Glanz, die Reinheit der Luft gepriesen. Auf dieses Licht hatte Cicero, als er zum ersten Mal an der griechischen Küste entlanggefahren war, die Schärfe des attischen Verstandes zurückgeführt. Und von ihm schwärmten seither die Dichter.

Die herannahende Landschaft wirkte auf mich so seltsam vertraut und einladend wie bei einer Heimkehr.

Jugendjahre beim Pauken des Peloponnesischen Krieges. Jason und die Argonauten. Die niedersausenden Felsen, Harpyien und die vielköpfige Hydra. Augenlose Skulpturen in den griechischen Sälen des Metropolitan Museum of Art. Die Diskuswerfer der Olympischen Spiele. Kirk Douglas in *Die Fahrten des Odysseus*. (»Sterbt, ihr persischen Hunde.«) Das alles lag nun irgendwo dort vor mir wie eine schlechte Mischung aus antiken Texten und billig produzierten Kinostreifen.

Tatsächlich stellt eine Reise nach Griechenland für uns Heutige ein ebenso bedeutendes Ritual dar wie einst für die Alten. Im 19. Jahrhundert schürten die Dichter der Romantik, allen voran Lord Byron und Shelley, die römische Faszination an Hellas und vermachten sie uns praktisch unversehrt. Noch heute durcheilen die archaischen Helden eine schroffe Menagerie, in der sie sich

Wein eingießen und Wildschweine jagen, noch immer schmausen Perseus und Achilles, Elektra und Medea an der langen Tafel der Geschichte. Und tausend emigrierte Schriftsteller von Lawrence Durrell bis hin zu Patrick Leigh Fermor haben die versengten Landschaften Griechenlands wortreich als die idyllischsten Flecken der Erde gepriesen. Selbst der sardonische Henry Miller, frisch der Pariser Gosse entstiegen, pries in *Der Koloss von Maroussi* die heidnischen Götter und erklärte Griechenland zu einem Ort, an dem die Grenzen zwischen Mythos und Realität, Dichtung und Wahrheit, Vergangenheit und Gegenwart verschwimmen. »Griechenland ist, was alle wissen«, schwärmte er 1939. »Selbst als Kind, als Idiot oder als Ungeborenes… atmet es, lockt es, antwortet es.«

Zugegebenermaßen sind einige Jahre vergangen, seitdem sich jedermann in Lobeshymnen auf den heidnischen Glanz Griechenlands oder die an *Alexis Sorbas* erinnernde Tiefgründigkeit des griechischen Dorflebens erging. Heute macht sich keiner mehr Illusionen darüber, was den Touristen dort erwartet. Seit den Sechzigerjahren ist Griechenland eines der am meisten bereisten Länder der Erde. Jeden Sommer fallen ganze Heerscharen von Nordländern ein. Die Nennung Griechenlands als Paradebeispiel für die Sünden des fehlgeleiteten Tourismus ist inzwischen ein Gemeinplatz. Und dort lebt das legendäre Bild weiter, wartet schlummernd darauf, wieder zum Leben erweckt zu werden.

Eine andere Fähre überholte uns in einem Fahrwasser, das die Fluten mit geometrischer Regelmäßigkeit teilte. Unter der blendenden Sonne glich das Schiff einer Silhouette aus geschmolzenem Silber, dem klaren Umriss einer Ätzradierung. In der Römerzeit fuhren hier Handelsgaleeren, deren Ruderer (eher freie Arbeiter als Sklaven) unter der Sonne saßen; bemalte Segel blähten sich unter dem Passatwind, und am Bug prangte eine Venus oder Minerva. Erregt warteten die Passagiere darauf, dass ein Sklave ihnen die morgendlichen Honigkuchen auf dem Kohleofen wärmte. Und sie atmeten die gleiche Salzluft… Sie bummelten beim Knarren des

Holzes und der Takelage über Deck und hielten mit einem Auge nach Seeungeheuern und mit dem anderen nach Land Ausschau. (Die Römer waren keine Nation von Seefahrern und fühlten sich auf dem Meer nie so recht wohl.)

Ich nippte wieder an der trüben Kaffeebrühe im Styroporbecher.

»He come all'a way from Ame'ica!«, sang der junge Japaner klagend.

Der blaue Himmel verblasste immer mehr. Nur ich und ein stammelnder Karaokesänger verfolgten begeistert das Schauspiel.

Der Altar der Hochkultur

Dikaiarchos von Messene, ein Reiseschriftsteller des 1. Jahrhunderts n. Chr., erhob seine warnende Stimme:

Bei der ersten Ankunft in Athen mag ein Fremder kaum glauben, dass dies die Stadt ist, von der er so viel gehört hat ... Die Straßen sind nichts als erbärmliche und heruntergekommene Gassen, die Häuser schäbig ... Aber rasch bemerkt der Fremde, dass dies tatsächlich Athen ist ...

Offenbar schon seit langem waren die ersten Eindrücke von Athen ein Problem. Die römischen Touristen brachten ungewöhnlich hohe Erwartungen mit: Von allen griechischen Stadtstaaten hatte Athen die meisten Genies, hervorragenden Künstler und edelsten Staatsmänner hervorgebracht. Sie hatten das schöpferische Ferment des goldenen Zeitalters im 5. Jahrhundert v. Chr. gebildet.

Athen war das Synonym für Hellenismus, Griechentum und für die Kultur schlechthin. Dies machte den Stadtstaat zum ersten und begehrtesten Touristenziel des gesamten Landes.

Aber wenn die Besucher dann die heiße Landstraße vom Hafen von Piräus entlangbummelten, kamen sie vorbei an den einst erhabenen »langen Mauern«, die schon im 1. Jahrhundert verfielen. Unter der ägäischen Sonne brüteten verwahrloste Olivenplantagen. Beim einsamen Konzert der Zikaden in staubtrockener Luft gelangten sie schließlich an das *Dipylon*, das Doppeltor im nordwestlichen Außenbezirk Athens, wo sie ein Schock erwartete. Diese

Wiege der Hochkultur war tiefer heruntergekommen als die römische Subura. Fischgräten und faulende Gemüseschalen türmten sich in den Straßen, stinkende Abwässer flossen durch die Rinnsteine, und die Häuser glichen schäbigen Hütten. Seit dem goldenen Zeitalter des Perikles und des Sokrates waren über 400 Jahre vergangen. Jetzt trugen die Athener verdreckte Lumpen, die Kinder liefen nackt durch die Gassen, und Schafherden zogen durch die Straßen. Erst der Panathäen-Weg richtete den Betrachter wieder auf. Hier wich die anfängliche Enttäuschung einer erleichterten Bewunderung: die Akropolis.

Über den verdreckten Straßen ragte der gewaltige Kalksteinfels mit einer Masse, die an die Säulen des Herkules erinnerte, bis weit in den Himmel empor. Marmorstufen liefen im Zickzack die schroffen Klippen nach oben, auf denen wie über eine Ameisenstraße die Gläubigen hinaufwandelten. Die Akropolis war Festung, Heiligtum und Skulpturenpark in einem. Schon von weither blinkte der Bronzehelm der monumentalen Athene, jener jungfräulichen Kriegsgöttin, die im kristallenen Sonnenlicht glänzte und gegen Feinde ihren Speer erhob. Gekrönt wurde der Komplex vom Pantheon, Griechenlands Wahrzeichen, ein Meisterwerk der Architektur, das in der Antike so symbolträchtig war wie der Eiffelturm im Paris während des *Fin de Siècle*.

Die Natur hat Athen mit einer unvergleichlichen Lage gesegnet: Die Stadt liegt inmitten von Hügeln von »sanft atmender Anmut«, die Ausblicke bis auf die glitzernde See bieten. Und die Griechen haben der Natur auf kunstvolle Weise nachgeholfen. Wenn die römischen Besucher ihre Augen von der Akropolis losrissen und den Panathäen-Weg ins Stadtzentrum einschlugen, gingen sie Schritt um Schritt die erlesensten öffentlichen Stätten der Welt, die eindrucksvollsten Sakralbauten und anmutigsten Skulpturen ab. Für den Orator Aristides war der erste Blick auf Athen so, »als habe die Göttin Athene vor den müden Augen des Reisenden einen Schleier weggezogen«. Die Stadt erfüllte jedes antike Ideal der Harmonie. Bot schon das Rom der Kaiserzeit grandiose und überwältigende Anblicke, so war Athen noch weitaus schöner, eine organische, erlesene und hervorragend durchkomponierte städtebauliche Kreation, in der ein Besuch zur spirituellen Erfahrung wurde: »Jeder Blick«, so schwärmte Aristides, »reinigt die sterbliche Seele.«

Niemand konnte leugnen, dass die alkyonischen Tage Athens längst vergangen waren: Seine stolze Blütezeit lag für die antiken Touristen so weit zurück wie für uns Heutige das Florenz Michelangelos. In der Stadt lebte nur noch ein Bruchteil der einstigen Bevölkerung. Und die Größe der früheren Seemacht war nur noch Erinnerung. Gleichwohl bildete Athen nach wie vor die unangefochtene Welthauptstadt von Kunst und Wissenschaft. Es war wie heute Oxford oder Cambridge eine dichte Universitätsstadt, in der noch immer intellektuelle Spannung knisterte. Apuleius schrieb, die glücklichen Einwohner Athens seien »ständig trunken« vom »Einfallsreichtum der Dichtung, der Klarheit der Geometrie, der Süße der Musik, der Nüchternheit der Dialektik und vom köstlichsten Nektar, der Philosophie«.

Wenn die frisch angekommenen Reisenden zu Athens Agora, dem Marktplatz, gebummelt waren, entdeckten sie mit Wonne, dass sich an diesem Ort in der Tat mehr Philosophen als Flickschuster und Obsthändler herumtrieben. Die Pythagoreer erkannten sie am langen Haar, den Umhängen und Sandalen, die bilderfeindlichen Kyniker an verfilzten Bärten. Unter ihnen tummelten sich begabte Studenten der berühmten vier Athener Universitäten, darunter Schüler der von Platon gegründeten Akademie. Und wie einst zur Zeit des Sokrates diskutierten sie alle noch immer in den von Weinlaub überwucherten Innenhöfen der Tavernen über die Unsterblichkeit der Seele. Vertreter der Stoa stritten mit Peripatetikern (Anhängern des Aristoteles), Epikureer mit Mystikern. An Tischen daneben kritzelten Schreiber vernichtende Schmähschriften, während andere um Lehrbücher der griechischen Rhetorik würfelten. Nach Einbruch der Dunkelheit wimmelten die Bäume vor Eulen, die in der Antike die Weisheit symbolisierten (allerdings bedeuteten die Vögel auch ein übles Omen: Flog einem eine Eule ins Haus, musste sie gefangen und lebendig mit ausgebreiteten Flügeln an die Haustür genagelt werden).

Gleichwohl sorgten die zahllosen Epheben (jugendliche Studenten) in Athen dafür, dass das Studium der Philosophie dort nicht immer eine bitterernste Angelegenheit war. Die Jünglinge, die sich splitternackt in der Sonne rekelten, obskure Diskussionen führten, Reden einstudierten oder sich mit Landwein berauschten, schockierten so manchen Römer. Andere kritzelten zum Spaß obszöne Gedichte an die Wand der Schenken. Ein ähnliches, in Ostia entdecktes Gedicht gibt ein hervorragendes Beispiel für diese Form des studentischen Humors. Daneben zeigten detaillierte Zeichnungen, heutigen Karikaturen nicht unähnlich, alte bärtige Philosophen:

Um gut zu scheißen, rieb sich Solon gern den Bauch.
Thales riet Verstopften, fest zu drücken.
Und der feinsinnige Chilon lehrte das Geheimnis, wie man stille furzt.

Das andere große Geschäft neben der Philosophie war in Athen die Kunst. »Jeder Künstler kann sicher sein, dass er hier mit Applaus begrüßt und sich einen Namen machen wird«, schrieb begeistert der Reiseschriftsteller Dikaiarchos von Messene, »deshalb ist die Stadt auch mit zahlreichen Statuen bevölkert.« An den Straßenecken konnte man Bildhauer bei der Begutachtung von Marmorblöcken beobachten, die frisch aus den ägäischen Steinbrüchen eingetroffen waren. Die Friedhöfe zierten zahllose Meisterwerke. Die Athener Grabsteine waren herzzerreißende Abbilder für den Verlust, die heute noch die Straße der Gräber erfüllen. Die Porträtmaler waren kleine Berühmtheiten, obwohl der Preis für ein Porträt einer Rechnung auf Papyrus zufolge nur eine Garbe Weizen und zwei Krüge Wein aus Knidos betrug, für reiche Römer ein Schnäppchen. In diesem antiken Soho hielt sich jeder antike Bürger Athens für einen Experten der bildenden Künste und konnte *ad nauseam* über alte Meister schwadronieren.

Die Reisenden genossen das griechische Drama, eine weitere Leidenschaft des Landes. Während der jährlichen Festspiele vergaßen sogar die ärmsten Athener den Hunger und drängten in die kostenlosen Aufführungen, rauften um die besten Plätze im Amphitheater des Dionysos, das genau an der Stelle errichtet worden war, wo Thespis 532 v. Chr. die tragische Kunst begründet hatte. Wie später in Shakespeares Globe Theatre konnten die Zuschauer zu Tränen gerührt oder durch Furien auf der Bühne massenhaft in Panik versetzt werden: In Schwarz und mit blutleeren Wangen sangen sie ihre unvergesslichen Hymnen, Gesänge, die »sich erhoben und anschwollen, den Klang der Musikinstrumente übertönten, einem den Verstand raubten, das Herz zum Stocken brachten und das Blut erstarren ließen«.

Und wenn das gesprochene Wort verstummte, wirkte das geschriebene weiter. In Athen konnte man Buchhandlungen aufsuchen, die weitaus älter und angesehener waren als die in Rom oder Neapel. Die Namen der Dichter, deren Schriften verkauft wurden, waren in die repräsentativen Eingangsportale gemeißelt, und die vor Ort hergestellten Ausgaben galten an sich schon als Kunstobjekte: Texte auf feinstem Papyrus, auf kunstvoll geschnitzte Zylinder gerollt und in geschmackvollen roten Leinenumhüllungen. Einige der Geschäfte spezialisierten sich auf phantastische Literatur, andere auf Kritik, und einige verlangten sogar Eintrittsgeld, wollte man in ihren Regalen herumstöbern. Gerne lernten gebildete Römer bei anspruchsvollen literarischen Lesungen lokale Autoren kennen und diskutierten in der Landessprache gewichtige Themen. Und die griechischen *literati* ließen natürlich keine Gelegenheit aus, die lateinischen Eroberer an die Minderwertigkeit ihrer Sprache zu erinnern, ein Urteil, das sogar zahlreiche Römer teilten: Selbst große Dichter wie Lukrez klagten über die Ausdrucksarmut des Lateins. Im 2. Jahrhundert gerieten die stolzen Athener regelrecht in Verzückung, als die literarische Schule der Sophisten Unterhaltungen im veralteten Griechisch des perikleischen goldenen Zeitalters zu führen begann. Auch wenn diese patriotische Geste geradezu lächerliche Züge aufwies, hatte sie den Vorteil, dass römische Besucher auf subtile Art zum Schweigen gebracht wurden.

Trotz solcher Irritationen konnten sich die gutmütigen römischen Reisenden dem Zauber der geistigen Atmosphäre Athens kaum entziehen. Hellenophile verglichen oft das oberflächliche, habgierige und statusbewusste Klima Roms mit dem maßvollen Anstand und Kunstsinn Athens. Die Unterschiede begannen allerdings im 2. Jahrhundert zu verschwinden, als reiche Athener wie die übrige griechische Elite ebenso materialistisch, protzig und verschwenderisch daherkamen wie Römer, die sie dann als ebenbürtige Freunde akzeptierten. Aber ein Quäntchen von der einstigen Besonderheit blieb dennoch: Niemals sollten sich die Griechen der materialistischen Philosophie von Prunk und repräsentativem Lebensstil vollständig verschreiben. Sie blieben im Innersten der Überzeugung treu, dass es im Leben Bedeutsameres gab als Mode, Schmuck und kostspieliges Dekor.

Dies mag erklären, warum die Athener Wohnstraßen von Ungeziefer und Schafherden beherrscht wurden, warum die dortigen Häuser so einfach, die Kleidung der Bewohner häufig zerrissen und schmutzig und ihre Mahlzeiten gewöhnlich schlicht waren (»eine Art Haferbrei, gefolgt von einem weiteren« nach der appetitanregenden Beschreibung eines Geschichtsschreibers). Und dabei zahlten sie gerne Steuern, um ihre öffentlichen Plätze mit immer neuen Skulpturen zu schmücken. Kunst, Theater, Dichtung und das interessante Gespräch, dies war der Stoff, der das Alltagsleben Athens prägte.

Wie Dikaiarchos von Messene meinte:

Hast du Athen niemals gesehen, ist dein Gehirn ein Sumpf;
Hast du es gesehen und warst nicht entzückt,
    bist du Arsch ganz stumpf;
Und gingst du ohne Wehmut, ist dein Herz aus hartem Stahl!

Die segensreichen Winde

Heute hat kaum eine Stadt an den europäischen Touristenrouten einen schlechteren Ruf als Athen. Dieser Schmelztiegel der Kulturen gilt inzwischen als Krebsgeschwulst auf der Landkarte, als eiternde Wunde, und zwar hauptsächlich wegen ihrer miserablen

Luft, die sie dem Fluch des 20. Jahrhunderts, dem Automobil, verdankt. Seit den Zwanzigerjahren hat die griechische Hauptstadt ihre Ausdehnung gewaltig vergrößert und ist von einem Weiler, der kaum größer als die antike Stadt war, zu einem übervölkerten Irrenhaus mit zehn Millionen Einwohnern angeschwollen. Die umliegenden Hügel, deren »sanft atmende Anmut« einst die Römer entzückte, wirken heute als natürliche Barriere, die den Luftaustausch über der Stadt verhindert: So leben die Athener ständig unter einer Smogglocke, die ihnen den Atem nimmt. Die Abgase beißen in den Augen, setzen sich in der Lunge fest, rauben den Menschen die Sicht und den klaren Kopf und zerfressen wie im Säurebad die altehrwürdigen Baudenkmäler aus dem goldenen Zeitalter. Die Reisenden scheinen die Stadt zu meiden, sie bleiben meistens nur eine Nacht und verschwinden dann auf die Inseln. Selbst in Neapel wurde uns geraten, um Athen einen Bogen zu machen. Und nach dem Urteil der Griechen war die Stadt so unattraktiv wie Bogotá, Djakarta oder Mogadischu.

Die Erwartungen konnten also kaum niedriger sein. Und viel-

Blick über die Dächer Athens zur Akropolis.

160

leicht ebendeshalb konnte ich mich für diese Stadt doch etwas erwärmen.

Es kommt selten vor, dass eine bestimmte Wetterlage dieses Mauerblümchen einer Metropole in eine paradiesische Rose verwandelt, aber genau dies geschah am Tag unserer Ankunft: Eine heftige Brise der Etesien vertrieb die Dreckluft aus der Stadt. Ich entschied mich für ein Hotel namens *Pella Inn*, weil es direkt am antiken Panathäen-Weg lag und darüber hinaus spottbillig war. Der erste Eindruck war der einer Jugendherberge und schreckte eher ab. Aber dann traten wir auf unseren baufälligen Balkon hinaus und trauten kaum unseren Augen.

Direkt über der vom Verkehr verstopften Straße schwebte wie eine friedliche weiße Raumstation über dem modernen Stadtgebiet der Parthenon. Wegen des heftigen Windes war die Athener Luft fast überirdisch klar. Die perlschimmernde Marmoroberfläche der Tempel schien zum Leben erweckt und glitzerte in der gleißenden Sonne wie Diamanten. Obwohl um uns erbärmliche Gassen und schäbige Häuser lagen, wäre die Stadt nicht verlockender gewesen, hätten wir uns ihr auf Ciceros Galeere genähert.

Sogar Les akzeptierte bereitwillig unsere Absteige. »Diesmal lohnt es sich«, räumte sie ein, als wir wie gebannt auf die Akropolis starrten. »Ein Rattenloch mit Ausblick.«

Um das Beste aus dem modernen Pendant zu machen, zitierte ich aus einem Buch über antike Athener Wohnstätten, die auch bei den Wohlhabenden von spartanischer Einfachheit geprägt waren:

Wir müssen uns die Häuser ohne Kanalisation, die Betten ohne Laken und Sprungfedern, und die Zimmer so kalt oder heiß wie draußen, aber zugiger, vorstellen… »So wie hier«, sagte ich sarkastisch.

Der Panathäen-Weg, an dem unser Hotel lag, war einst die Haupteinfallstraße von Athen und noch mehr gewesen. Sie hatte als eine »sakrale Passage«, die heiligste Prozessionsstraße der Stadt, gedient, durch welche die Bürger mit Olivenzweigen in den Händen Hymnen singend ihrem Ziel entgegenzogen. Noch heute begeistert die

Anlage des antiken Athen, deren Tempelkomplexe nach ihr ausgerichtet waren, die modernen Stadtplaner. Mit einer geradezu mystischen Ehrerbietung schwärmen sie vom antiken architektonischen »Rhythmus« dieser Stadt, dessen Bauten »den Raum mit Geist und Struktur erfüllten«.

Dies alles möglichst im Kopf behaltend, rasten wir über die lebensgefährliche moderne Schnellstraße zur Plaka, einem umfriedeten Bezirk hoch oben über der Athener Altstadt. Auf diesem Pflaster schienen die verschiedenen Zeitalter ineinander überzugehen oder zumindest friedlich zu koexistieren. Da heute für den gesamten Autoverkehr gesperrt, bildet dieser Bereich im Verkehrsgetöse der Stadt eine Oase der Ruhe. Für den verzückten Aristides hatte im 2. Jahrhundert n. Chr. ein Bummel durch Athen einem »Freudentanz« oder »seligen Traum« geglichen. Eine ähnliche Euphorie löst heute allein die Tatsache aus, dass in der Plaka Autos fehlen.

Im Labyrinth der schattigen Gassen mit ihren Cafétischen tauchten als blasse Überbleibsel der antiken Welt die Ausgrabungsstätten auf – die Spitze vom Eisberg dessen, was hier noch unter der Erde liegt. Einmal mehr folgen die modernen Besucher Athens unbewusst genau den Routen der einstigen römischen Reisenden, die vom Tempel des Hephaistos (heute das am besten erhaltene Baudenkmal Griechenlands) im Zickzack mit bewundernden Blicken auf die Kunstwerke allenthalben zur alten Agora, dem Marktplatz, bummeln. Viele der besonders berühmten Monumente, die in der heutigen Plaka stehen, wurden im 2. Jahrhundert n. Chr. von den Römern errichtet, nachdem Kaiser Hadrian und der Athener Millionär Herodes Atticus beschlossen hatten, der Stadt eine Gesichtsstraffung zu verpassen. Parallel zur ursprünglichen griechischen Version entstand so ein neues »römisches Athen« mit Agora, Gymnasion, Amphitheater und Bibliothek, alles römisch, aber in dem von den Römern vollständig kopierten griechischen Stil.

Heutigen Historikern gelten die Nachbildungen als minderwertig und ohne Raffinement, eine Einschätzung, die damalige römische Touristen oft teilten. Sie bevorzugten die Marksteine des »Alten Athen«, zu denen Attraktionen auf einer eher menschlichen

Ebene gehörten. So scheuten die Athener nicht davor zurück, auch einen Schuss Nostalgie zu vermarkten: Sie präsentierten Besuchern das Haus, in dem Sokrates den Schierlingsbecher geleert hatte, die Villa, in der sich der Orator Demosthenes zur Vorbereitung seiner Reden monatelang eingeschlossen hatte, oder das Geburtshaus des Perikles. Ehrliche Römer gaben zu, dass sie im Grunde ihres Herzens eher Geschichtsfans als Kunstliebhaber waren, und stimmten Ciceros emigriertem Freund Atticus zu, der da meinte: »Meine geliebte Stadt Athen zieht mich nicht so sehr wegen ihrer griechischen Denkmäler und alten Kunst an als vielmehr wegen ihrer großen Männer, der Orte, wo sie saßen, redeten und begraben liegen.«

Von diesen symbolträchtigen Stätten ist heute leider keine mehr erhalten, aber der Abglanz dieses antiken Lebens hält sich in der Plaka so hartnäckig wie die Sommerhitze.

Auf dem Flohmarkt drängten sich nach dem Kirchgang griechische Familien im Sonntagsstaat, stöberten genüsslich in Bergen antiken Trödels, der von byzantinischen Ikonen bis zu defekten Uhren reichte. Ähnlich hatte einst der Dichter Eubulos über die antike Agora berichtet: »Alles wird nebeneinander feilgeboten: Feigen, Gerichtspapiere, Rüben, Rosen, Blutwürste, Honig, Kichererbsen, Breie, Beeren, Abakusse, Lampen, Wasseruhren, Gesetzbücher und Anklageschriften.« Heute nippen modisch gestylte junge Pärchen *frappés*, ein im Trend liegendes Gebräu aus Nescafé mit Eis, und knabbern sich neckisch an den Ohren. Abseits dieser Pariser Enklaven liegen die alten Tavernen, das Exklusivreich der Bärtigen, die an Ringo Starr erinnern, Kette rauchen, Backgammon spielen und lautstark (über Lebenshaltungskosten) streiten. Diese in gewissen Athener Straßen konzentrierten Bars sind ein Relikt der antiken »Trinkhallen«, so genannten *kapeleia*, Zentren für lange Sauftouren. Bis zu 30 kleine Bars reihten sich in einem Erdgeschoss aneinander, während die oberen Stockwerke Hotelzimmer und Spielhallen beherbergten. Die Weinkrüge wurden zur Kühlung in Brunnen getaucht. Die Becher der krakeelenden Zecher waren mit obszönen Zeichnungen dekoriert, die erst in Erscheinung traten, wenn der Wein geleert war. Andere trugen aufmunternde Sprüche,

Die Überreste einer antiken popina, *einer Bar, mit Vertiefungen,
in denen Gefäße mit Essen und Wein gelagert wurden (in Herculaneum freigelegt).*

so »Stopp dem Katzenjammer!«. Und die reine Männergesellschaft
in den Bars bildete eine lange griechische Tradition: Schon römische Besucher wunderten sich darüber, dass die Frauen in dieser
scheinbar demokratischen und Geselligkeit liebenden Gesellschaft
stets unter Verschluss gehalten wurden und außer Sichtweite lebten. Während die Römer beispielsweise gerne mit Gattin abends zu
einem Gastmahl gingen, gingen die Athener ohne sie aus dem
Haus. Lieber luden sie Flötenspielerinnen, Tänzerinnen, Huren und
hübsche Knaben dazu.

Große Bedeutung beim Reisen hatte von jeher das Essen. Heute
hacken in den zahllosen Souvlakiständen Meisterköche mit langen
Messern auf Frischfleisch ein, homerischen Jägern gleich, die ge-
bratenes Wildschwein zerlegen. Derweil naschen Gäste im Café an
Tellern mit Meze, mundgerechte Häppchen, wie einst in den antiken Imbissbuden, den *popinae.* Zahlreiche Reisende des Altertums
waren im Stillen enttäuscht von der Athener Küche, denn historisch gesehen hatten die ursprünglich rustikalen Römer den Grie-

chen das Kochen abgeschaut, und nun hatten sich ihre eigenen Geschmäcker weiterentwickelt. Angesichts der von den Römern bevorzugten sämigen Saucen, exotischen Zutaten und spektakulären Garnierungen erschienen die griechischen Gerichte als einfallslose Hausmannskost. (*Kraipula*, dieser immer gleiche Brei, wurde nur mit etwas Hackfleisch, Karotten oder als Nachtisch mit Honig verfeinert.) Diese Parallele hat sich bis in unsere Tage fortgesetzt: Während die köstlichen Gerichte der italienischen Restaurants meistens feine Akzente setzen, servieren die Griechen schlicht geröstetes Fleisch, Joghurt und Feta, gefüllten Kohl und kleine Salate. Und in der Antike machten reiche Athener nur für ihre erlesensten Bankette Ausflüge in die *haute cuisine* und reichten Delikatessen, so gebratene Klößchen aus Meeresfrüchten in Cumin, in Honig glasierte Shrimps, gebratene Bonbons oder süße Leckereien.

Zu meiner Erleichterung stellte ich fest, dass im modernen Athen die Kunst nicht tot ist. Porträtmaler und Straßenmusikanten mit Busuki versuchen ihr Glück bei den Passanten. Die Geschäfte in der Plaka verkaufen kleine Tempelmodelle, T-Shirts mit Büsten der Aphrodite und Apolls gemeißelten Zügen. Selbst die geschmacklosesten Stände erinnern an die Zeit der römischen Besucher: Diese warben hier einst Bildhauer zur Schaffung von Kopien bedeutender Kunstwerke an, die sie dann als Souvenir für ihre Villa nach Rom mitnahmen. (Vor Piräus tauchten in einem versunkenen Schiffswrack aus dem 2. Jahrhundert n. Chr. sogar originalgroße Nachbildungen gewaltiger Tempelfriese auf.) Die Touristen saßen gerne Athener *artistes* für Schnellporträts Modell und nahmen die Bilder als Andenken mit nach Hause – natürlich mit dem prächtigen Parthenon im Hintergrund.

Die Akropolis heute

Schon in der Römerzeit zog dieses berühmte Bauwerk magnetisch Besucher an. Sie bildete das Kernstück der großen Kalksteintafel im Herzen Athens, in der griechische Geschichte und Mythos ineinander übergingen.

Eine geradezu fieberhafte Erregung packte die antiken Touristen, wenn sie den Prozessionspfad an den steilen Klippen der Akropolis entlangwanderten, während ihre Diener ihre Opfertiere, gefleckte Färsen oder mit Blumen geschmückte Stiere, nach oben führten. Der Eingang der Akropolis, die so genannten Propyläen, die noch heute tausende Besucher täglich durchschreiten, war eine hoch aufragende Säulenhalle mit einem Dach aus durchschimmernden Marmorziegeln. Einem begeisterten Besucher zufolge war es »wegen seiner Größe und der Schönheit des Steins unvergleichlich«. Hier nahmen sich Tempeldiener der Opfertiere an und geleiteten die Besucher mit gebührenden Ehren auf das berühmte Hochplateau mit dem Parthenon, der nur einen Teil in einem ganzen Ensemble aus erlesensten Bauten darstellte. Die Akropolis, wie sie sich heute den Besuchern zeigt, ist verglichen mit der Römerzeit eine Ödnis. Damals war noch der gesamte umfriedete Bezirk von Tempeln, Schreinen, heiligen Brunnen und Heldengräbern bekrönt. Der rissige Boden war durchtränkt mit dem Blut, das in einem Dutzend legendärer Kriege vergossen worden war. Das gewaltige, schon von unten sichtbare Standbild der Athene war nur das monumentalste der damaligen Kunstwerke. Ein dichter Wald aus Statuen veranlasste so manchen Besucher zum Scherz, Athen habe eine zweite, in Marmor gemeißelte Bevölkerung. Und all diese Skulpturen waren prachtvoll bemalt, hatten mit Elfenbein eingelegte, detailgetreue Augen, die den Gesichtern einen lebensechten Ausdruck gaben. Ihre silbernen Zähne, kupfernen Brustwarzen und goldenen Fingernägel glänzten in der Sonne. Den Römer, der durch diesen Tempelbezirk seine Blicke schweifen ließ, befiel die gleiche Ehrfurcht, die der moderne Besucher bei einer ersten Besichtigung des Louvre oder des Metropolitan Museum of Art empfindet. Wohin sollte er zuerst gehen? Zum Erechtheion, wo die Trophäen der Perserkriege ausgestellt waren? Oder gleich Schlangengrube des Asklepios? Sollte er am Tempel der Nike Halt machen, der geflügelten Siegesgöttin, oder das kleine Idol der Athena Polias aufsuchen, dieses vom Himmel gefallene Bildnis, das trotz zwergenhafter Größe besonders heilig war. Die meisten römischen Besucher gaben der griechischen Mythologie den Vorzug: Sie eilten am Parthenon vorbei zu der von Kakteen gesäumten Felskante mit dem Ausblick über das glitzernde blaue Meer. Genau an dieser Stelle hatte einst König Ägeus auf die Rückkehr seines Sohnes Theseus vom Duell mit dem Minotaurus gewartet. Da aber Theseus vergaß, als verabredetes Zeichen das schwarze Segel des Schiffs auszutauschen, glaubte Ägeus an den Tod seines Sohnes und stürzte sich vor Schmerz in den Tod. Für die Alten bildete der Moment, an dem sie persönlich an einem solchen von Legenden umrankten Ort standen, der erhabenste Augenblick der Reise.

Schließlich wurde es Zeit, sich in Begleitung eines professionellen Führers zum Parthenon zu begeben.

Die Besucher hielten zunächst an den Stufen inne, identifizierten die Details im Fries auf dem mit leuchtenden, ja grellen Farben bemalten Giebel über ihnen. Mit angehaltenem Atem traten sie dann in den Tempel ein und ermaßen seine überirdischen Proportionen. Ganz hinten in der Halle aus poliertem Marmor ragte die kostbarste der drei Athene-Statuen der Akropolis auf, ein Werk des unvergleichlichen Phidias. In ein mystisches Licht getaucht, spiegelte sich ihr Antlitz in einem stillen Wasserbecken wider. Über zwölf Meter hoch war diese Kriegsgöttin mit ihren goldenen Gewändern und ihrem Körper aus Elfenbein. In einer Hand hielt sie einen mit Juwelen besetzten Speer und einen kunstvoll geschnitzten Schild. Die Statue wurde stets ehrfurchtsvoll umsorgt. Gruppen von Priesterinnen kümmerten sich wie bei einer monumentalen Barbie-Puppe um all ihre Bedürfnisse. Einige kleideten sie in safrangelbe Gewänder, andere wechselten die Ohrringe, und weitere machten sich von einem erhöhten Standort aus an ihrem Kopf zu

Modell des Parthenon-Inneren.

schaffen, als frisierten sie ihr das Haar. Anschließend hielten ihr Tempeldiener Spiegel vor, um sich zu vergewissern, dass sie zufrieden war.

Noch heute sind die Überreste der Akropolis eines der großen Pilgerziele der westlichen Welt.

Für meinen ersten Besuch hatte ich ins Auge gefasst, den heiligen Weg in antiken griechischen Gewändern zu erklimmen, aber Lesley fand das albern. Ich glaube allerdings, ich wäre keinem aufgefallen angesichts der Uniformen der Athener Soldaten: Diese Mi-

168

litärs marschierten den glatten Weg in ihren mit Quasten besetzten Schuhen, Miniröcken, engen Strümpfen und Schlapphüten nach oben und ignorierten heldenmütig das Gekicher der Touristen aus aller Welt.

Wenn man diese Stätte betritt, fühlt man sich noch immer wie in einer montierten Kinosequenz (wie der russische Regisseur Eisenstein einst bemerkte): Nacheinander kommt ein spektakuläres Bauwerk nach dem anderen ins Blickfeld, wobei innen das Pandämonium dominiert. In der Sonne sitzend, beobachteten wir, wie Aufseher Touristen in der dicht gedrängten Menge davon abzuhalten versuchten, Steine aus dem Boden zu ziehen und sie als Souvenirs mitzunehmen. Besucher drohten dem Himmel wütend mit Fäusten, weil das Parthenon noch immer eingerüstet war – Teil der Sisyphusarbeit von Restaurierungen, die seit den Siebzigerjahren betrieben werden. Jede Stunde wurden hunderte Kilometer Film belichtet, das moderne Opfer an Athene.

Ich versuchte mich an mein Zen-Mantra aus Pompeji zu erinnern: *Menschenmassen sind antik, Menschenmengen sind gut.*

Diese chaotische Atmosphäre aus Lärm und Geschrei dürfte der antiken Akropolis kaum fremd gewesen sein: Alles andere als eine feierliche Enklave, hatte es auf diesem heiligen Plateau stets von Menschen gewimmelt, von Touristen, Gläubigen und Führern, aber auch von Beamten, Tempeldienern, Astrologen, Priesterinnen, Reinigungskräften, Handwerkern, Trägern und sogar Polizisten zum Schutz der kostbaren Tempelschätze. Eine ehrfürchtige Stille in oder vor den Tempeln gab es nicht. Überall auf der Akropolis wurde auf Altären unter freiem Himmel geopfert. Das Brüllen verschreckter Tiere erscholl, Flöten aus Schienbeinen von Hirschen ertönten. Priester murmelten Gebete und stachen Messer in Fleisch. Ein Geruch nach verbranntem Haar stieg auf, wenn eine Locke aus der Mähne eines Opfertiers dem Feuer übergeben wurde, dann breiteten sich nach verbranntem Fleisch riechende Rauchschwaden aus. Die Tempeldiener waren geübte Metzger: Sie zerteilten die Kadaver, legten einen Teil – gewöhnlich eine Keule – für die Götter beiseite und lasen aus Eingeweiden die Zukunft.

(Listen mit den Preisen für die einzelnen Dienstleistungen hingen an allen Tempeltoren aus.) Die Reste wurden an Spießen gegrillt und unter den Teilnehmern der Opferzeremonie und den Priestern verteilt. Nichts wurde verschwendet: Was übrig blieb, landete gegen Geld bei den Athener Metzgern.

Die Atmosphäre auf der antiken Akropolis aber hatte nichts Überirdisches, wie auch die Bebauung keineswegs ein so harmonischer Garten war, wie wir ihn uns gerne vorstellen. Die gegenwärtige Anlage mit den großzügigen freien Räumen geht auf die Archäologen des 19. Jahrhunderts zurück, die so ihre Vorstellungen von einer Sakralanlage nach dem Ideal der »klassischen« Strenge umsetzten. Im Bemühen, jede Erinnerung an die türkische Besatzung Griechenlands auszulöschen (der Parthenon war beispielsweise als Moschee genutzt worden), gestalteten sie die ganze Anlage zu einem wohl geordneten Tempelkomplex um. So wie die Friese für den heutigen Geschmack wohl allzu grell bemalt waren – welch ein Unterschied zu den Marmorstatuen in unseren Museen! –, hätte den modernen Betrachter auch das überladene Chaos auf der Akropolis befremdet. An jeder Wegecke türmten sich Opfergaben, von Götterbildern aus Terrakotta bis hin zu goldenen Kränzen, Schalen und Tafeln. Die Innenwände des Parthenons wimmelten von Inschriften. Selbst um den heiligen Olivenbaum herum, dessen Zweige sich unter dem Gewicht von Votivgaben bogen, türmte sich ein Durcheinander aus Objekten. Mochte die alte Welt voller Wunder sein, sie hatte weder die klassische Strenge noch den Geschmack, den wir heute erwarten würden.

An der Stätte des Selbstmordes von König Ägeus – sie ist heute nicht markiert, hatte für die Alten aber die größte Bedeutung – wurden zahlreiche Athener Zeugen, wie eine andere Legende lebendig wurde.

»Das ist ein Wunder«, sagte einer andächtig.

»Tatsächlich?«

»Ich lebe seit 15 Jahren in Athen«, sagte er und deutete auf das glitzernde Meer in der Ferne hinaus, »und habe Piräus von hier aus noch nie gesehen.«

Seine Freundin blickte mit entrückter Ehrfurcht zum Meer hinaus.

»Wenn du morgen wieder herkommst, ist der Himmel eine braune Wand.«

Ein Fest mit Professoren

Am Fuß der Akropolis war die überirdische Gelassenheit der Plaka wilder Aufregung gewichen: Ein Demonstrationszug blockierte die Straßen. Hunderte von Studenten skandierten mit erhobenen Fäusten Parolen gegen die NATO-Einsätze auf dem Balkan. Schaufenster gingen zu Bruch. Die Athener Studenten sind seit der Pariser Kommune die politisch aktivsten Europas. Jeden Nachmittag demonstrierten sie irgendwo gegen irgendetwas. Am nächsten Tag erschienen in den Zeitungen Bilder von brennenden Autos, Plastikgeschosse abfeuernden Polizisten und Wolken Tränengas.

Auch im antiken Athen machten Studenten häufig von sich reden, wenn auch seltener auf politischer Ebene.

Für viele jüngere römische Touristen waren ein oder zwei Jahre Privatunterricht in Athen nach ihrer Ausbildung in Rom das Wichtigste an ihrer großen Tour. Die Stadt war der Ort für einen hoch angesehenen »Studienabschluss« für junge Männer aus besserem Hause. Hier konnte man sein Griechisch aufpolieren, sich eine höhere Kultur aneignen und andere wohlhabende Sprösslinge des Reichs kennen lernen, die aus Cadiz oder sogar aus Syrien hierher geströmt waren. Eine ähnliche Anziehungskraft besitzt heute die Pariser Sorbonne in Kreisen reicher Amerikaner. Anders allerdings der verliebte Dichter Properz im 1. Jahrhundert n. Chr. Er suchte beim Studium eher das Vergessen.

171

Um diese harte Leidenschaft zu brechen, muss ich die große Reise
   unternehmen,
Den langen Weg ins gelehrte Athen nehmen,
Und vielleicht wird die ständig auflodernde Flamme,
Wenn ich sie verzückt erblicke, fortbestehen …

Ihre Einladungen sind derweil rar, Weigerungen häufig,
Und wenn sie sich herablässt, bei mir zu liegen,
Schläft sie am anderen Ende des Bettes,
Voll bekleidet …

Eine Lösung sieht Properz im Studium der Philosophie und Rhetorik an der Akademie, auch um »die berühmten Gemälde in sich aufzunehmen und die Augen an Bronzewerk und Elfenbein zu weiden«. Und sicher war Properz auch bekannt, dass der Erkenntnisgewinn in Athen keineswegs mit klösterlicher Selbstverleugnung verbunden war. Die griechischen Universitätslehrer, alles andere als verknöcherte Pedanten, leiteten ihre Studenten auch zu einer fröhlichen Runde nicht akademischer Aktivitäten an, darauf deutet schon der Titel von Athenaios' *Deipnosophistai* hin, das Gastmahl der Gelehrten. Wie beispielsweise Ciceros Sohn Marcus feststellte, luden ihn seine Lehrer häufiger zu Festessen als zu Lesungen ein, und sein Betreuer in Rhetorik wurde schließlich sogar sein Busenfreund, dem er in einer nahe gelegenen Straße teure Räumlichkeiten anmietete. Ein anderer charmanter Tutor bewog ihn zu einer 24 Stunden dauernden Trinkkur. Man kann sich vorstellen, wie sich die reichen jungen Römer mit einem plappernden Gefolge aus Lehrern und goldlockigen Jünglingen in der Stadt herumtrieben.

Solche Erfahrungen waren keineswegs ungewöhnlich. Die römischen Fremden wollten stets ausgebildete griechische Denker kennen lernen und stürzten sich dazu auch gerne in geistreich-witzige Runden, bei denen der Alkohol ein Übriges tat. Die Zeche für den Abend hatten freilich gewöhnlich sie zu bezahlen.

Die viel gerühmten griechischen Symposien oder gelehrten Diskussionen waren denn auch grundsätzlich Trinkgelage. Selbst in Platons und Aristoteles'Tagen wurden die erhabenen Gespräche mit schweren Krügen Wein aus Samos am Laufen gehalten. Aber leider nicht immer war der Alkohol dem Reich des Geistes zuträglich: Wie der Dichter Eubulos von einem typischen Abend berichtete, beflügelten die ersten Becher eine brillante Unterhaltung, dann aber gehörte der »vierte (Trunk) der Überheblichkeit, der fünfte dem Geschrei, der sechste dem Trubel, der siebte den blau geschlagenen Augen, der achte den Vorladungen, der neunte der Gereiztheit und der zehnte dem Irrsinn«. Nach Einbruch der Dunkelheit hüpften Professoren und Studenten durch die finsteren Straßen, spielten sich Streiche, kritzelten unter jugendlichen Pseudonymen wie »Heilige Erektion« Graffiti an Hausmauern und verschleuderten ihr Geld an Hetären. Diese »Gefährtinnen«, gebildete Kurtisanen, fielen in Scharen aus anderen Städten Griechenlands nach Athen ein.

So vollendet wie die japanischen Geishas, waren diese betörenden Damen der Nacht ausgezeichnete Musikerinnen, leichtfüßige Tänzerinnen und gebildete Unterhalterinnen. Sie sahen sich oft als bessere Erzieher denn die Lehrer der Universität. Wie der Satiriker Alkiphron berichtete, soll eine Hetäre einst einen Krug Wein zum Frühstück empfohlen haben, »dann werden wir uns vergnüglich über die Dinge des Lebens unterhalten, und du wirst entdecken, dass ich Philosophin genug bin, um dich zu überzeugen«.

Um das 1. Jahrhundert waren viele dieser Kurtisanen auf die Bewirtung römischer Reisender spezialisiert, eine Art erstklassiger Begleitung, für die sie von ihren Bewunderern extravagante Geschenke erwarteten. Oft schlossen sie Exklusivverträge mit Männern ab, die ihnen sämtliche Wünsche erfüllten, auch die nach einer passenden Mietvilla, erlesenen Kleidern, Halsketten mit Smaragden. Dabei spielte es dann auch keine Rolle, ob der Kunde 50 Jahre alt, zahnlos und glatzköpfig war und »die Haut eines gekochten Hummers« hatte. Selbst hässliche Römer waren beliebt, denn die örtlichen alten Freier hatten nur Zwiebeln, Räucherkäse und billige Schuhe anzubieten.

Der Umgang mit den Kurtisanen war keineswegs ungefährlich,

denn die abgeblitzten Athener Liebhaber waren dafür bekannt, dass sie auf die Barrikaden gingen. Und die Damen hatten wenig Respekt vor Privateigentum und plünderten unvorsichtige betrunkene Freier gerne auch aus. (»Sie stellen jedermann Fallen«, warnte der Reiseschriftsteller Dikaiarchos eindringlich.) Andere römische Kunden erlebten subtilere Enttäuschungen: So beklagte sich einer darüber, dass die Hetären ihrer natürlichen Schönheit nachhülfen: Korkabsätze für die Größe, Einlagen für die Oberweite und Bleiweiß für den Teint. Trotzdem war die Laufbahn als Kurtisane für viele Griechinnen ein höchst lukratives Geschäft, weshalb einige von ihnen die besten Grundstücke in der Stadt besaßen. Und verarmte Witwen trugen regelmäßig die Haut ihrer attraktiven jugendlichen Töchter zu Markte.

Kostengünstigere Vergnügungen waren in den staatlich geführten Bordellen zu haben, wo *porne*, »käufliche Frauen«, wie später in den Pariser Etablissements der Zwanzigerjahre, splitternackt und nur von dünnen Schleiern verhüllt an den Freiern vorüberdefilierten. Männliche Reisende mit schmalen Geldbeuteln verkehrten nachts auf den Athener Friedhöfen, wo Prostituierte beiderlei Geschlechts zwischen den Heldengräbern, die bei Tageslicht ehrfürchtig von Reisenden besucht wurden, Wünsche der Kunden erfüllten.

Obwohl freie griechische Frauen bei den studentischen Ausschweifungen gewöhnlich fehlten, gab es Ausnahmen. So ist heute die Philosophin Hipparchia als eine Art ausgeflipptes Groopy der Antike in Erinnerung geblieben: Sie tauchte mit ihrem Ehemann auf, wartete im Gespräch mit bestechenden Argumenten auf und schlief zur Empörung der anderen Gäste hinter den Liegen mit ihm. Dagegen beschreibt Lukian Begegnungen mit einer »reichen Lesbierin« auf den Athener Symposien, auf denen alle sexuelle Tabus gebrochen wurden. Als Mann verkleidet, so erzählt er begierig, habe sie jungen Tänzerinnen schöne Augen gemacht und ihnen als Gegenleistung für fleischliche Dienste Halsketten und Gewänder geschenkt. (Eine der Beschenkten führt dazu aus: »Ich nahm sie in meine Arme wie einen Mann, und sie küsste mich, atmete schwer und vollzog den Akt mit einer nicht enden wollenden Wonne.«)

Im Athen zu Beginn des 3. Millenniums n. Chr. war das Leben entschieden gesetzter. Als die studentischen Demonstrationen vorübergezogen waren, gehörte die Plaka erneut dem Müßiggang. In diesem Reich kann man wochenlang in sonnigen Tavernen unter Weinlaub sitzen und an eisgekühltem Retsina nippen.

»Wir sollten eine Zeit lang hier bleiben«, schlug Les vor. »Ich meine, in Athen.« Sie wollte zur Ruhe kommen und sich seelisch auf unsere näher rückende Elternschaft vorbereiten. Damit ich auch etwas ruhiger wurde, hatte sie mir einen dieser griechischen Perlenketten gekauft, die an einen Rosenkranz erinnern. Man kann sie durch die Finger gleiten oder um die Hand schnellen lassen und dabei zu sich selbst kommen, zum Beispiel, wenn man den Gedanken an eine bevorstehende Vaterschaft ständig beiseite schiebt. »Du wirst sie noch brauchen«, meinte Les.

Die Nachtschwärmer Athens

Einer der wenigen bekannten Feinde des mythologischen Helden Theseus war der Wirt Prokrustes, der »Strecker«, wie dieser schreckliche Unhold hieß. Er besaß ein eisernes Bett, eher eine Folterbank, auf die er alle unglücklichen Reisenden fesselte, die ihm in die Hände fielen. Waren sie kürzer als das Bett, streckte er sie so lange, bis sie hineinpassten, waren sie länger, hackte er ihnen ein Stück der Beine ab.

An die Sage vom »Strecker« erinnerte ich mich wieder in der Schlafstatt unseres Athener Hotels, denn es war in der Tat erstaunlich, dass so kurze Betten im Handel noch immer zu haben waren.

Die Wirte Griechenlands genossen in der Antike einen noch übleren Ruf als die italienischen. Wirtinnen galten oft als Hexen, die Käse mit Drogen vergifteten, Gäste in Frösche oder Biber verwandelten oder sie in Trance versetzten und zu Sexsklaven machten. Manche, die in so einer Bleibe untergekommen waren, stellten nach dem Erwachen fest, dass ihnen Widderhörner gewachsen waren. Und manche Frau traf der Fluch einer »ewigen Schwangerschaft«. Die meisten griechischen Hotels waren damals stinkende finstere Absteigen. Wohl deshalb wurden ihre Besitzer gemeinhin mit Krankheiten in Verbindung gebracht: So schrieb der Athener Traumdeuter Artemidoros, träume ein Kranker von einem Herbergsbesitzer, so müsse er bald sterben. Und die christlichen Padres untersagten es ihren Schäflein, in Wirtshäusern zu übernachten. Denn »wo Auge und Ohr beschmutzt werden«, so warnte ein Geistlicher, »wird es auch das Herz«.

Doch muss der Gerechtigkeit halber gesagt werden, dass in vielen Herbergen nicht die Führung, sondern die Gäste selbst das Problem darstellten. So stand auf einem römischen Gasthaus, das in Spanien ausgegraben wurde, auf einer Tafel über der Tür:

Wenn du sauber und rein bist, dann
steht hier ein Haus für dich bereit,
Doch bist du schmutzig
– Ich schäme mich, es zu sagen –,
bist du ebenfalls willkommen.

Unser Hotel in Athen, das *Pella Inn*, verfolgte die gleiche Politik mit dem Ergebnis, dass es dort allnächtlich wie in einem Taubenschlag zuging.

Ein Nachteil unseres Zimmers mit Blick auf die Akropolis war, dass es wie in vielen europäischen Hotels nur eine Gemeinschaftstoilette gab, ein großes Zugeständnis von Les, die nachts immer wieder hinausmusste. Am Morgen erhielt ich einen fortlaufenden Bericht über seltsame Begegnungen mit anderen Gästen, die aus den entlegenen Winkeln des Globus hierher gekommen waren. Ein junges irisches Mädchen hatte sich das gesamte Klopapier unter den Nagel gerissen, ihr rüpelhafter französischer Freund arbeitete sich regelmäßig mit Ellenbogen an der Schlange vorbei. Alternde südamerikanische Hippies veranstalteten in den Fluren nächtliche Happenings. Und zwei riesige Texaner mit Bürstenschnitt, ehemalige Marinesoldaten, schwankten jede Nacht gegen 2 Uhr sturzbetrunken ins Hotel zurück. Gegen 4 Uhr hatten sie die Toiletten unter ihrer Kontrolle, ein schockierender Anblick für empfindsame Gemüter, wenn sie die Tür öffneten und vom breiten Gesäß eines Mannes begrüßt wurden, der vor dem Porzellanaltar des Bacchus niederkniete. Und jeden Morgen, wenn ich auf unseren Balkon hinaustrat, hing der tätowierte Arm eines Soldaten von der Breite eines Oberschenkels durch das Trenngitter zu uns herüber.

Obwohl ich den Besitzer des *Pella* nicht besonders mochte – diese Vogelscheuche hielt sich für einen rührigen Unternehmer und servierte allein reisenden weiblichen Gästen Kaffee, während sich seine einzige alte Putzfrau den Rücken krumm schuftete –, hatte ich doch Mitleid mit ihm. Trotz seiner merkwürdigen Art bot dieser neuzeitliche Prokrustes für 25 US-Dollar eine durchaus passable Unterkunft. Trotzdem machten ihm seine Gäste das Leben nicht eben leicht.

Eines Nachts stürmten zwei junge weibliche Israelis wie Polizisten bei einer Drogenrazzia in die Hotelhalle, ließen ihre riesigen Rucksäcke fallen und herrschten den Besitzer an: »Wir wollen sehr billig und sehr sauber. Wir verlangen heißes Wasser *rund um die Uhr*. Wie viel?«

Wenig später erfuhr ich, dass sie an die Luft gesetzt worden waren: Beim Kochen auf Campinggas hatten sie die Bettlaken in Brand gesetzt und um ein Haar das gesamte Hotel abgefackelt. Es war Zeit, sich wieder auf den Weg zu machen.

Zeitlose Rituale der Straße

Das griechische Touristenbüro am Syntagma-Platz war offenbar dem Olymp in Desmond Davis' Film *Kampf der Titanen* nachgebildet. Boden, Decken und Wände waren mit glänzend weißem Marmor verkleidet, während im Zentrum, erhöht auf einem runden Podium, die Göttin des Tourismus thronte. Träge an ihren Fingernägeln feilend, glich sie einer Anita Ekberg in einem Eispalast. Sie hatte dichtes blondes Haar, ihre Lippen rosa angemalt und trug eine tiefblaue Uniform, die ihre göttergleichen Proportionen betonte. Kein Material mit Reiseinformationen lenkte von dieser überirdischen Erscheinung ab.

Demütig standen wir vor dem Podest und warteten darauf, dass uns diese Hohe Priesterin des Hermes ihre Aufmerksamkeit zuwenden würde. Andächtige Stille herrschte in diesem Athener Büro, in dem nichts zu hören war als das rastlose Hin- und Hergleiten der Feile über die Fingernägel. Plötzlich blickten die exquisit nachgezogenen Augen der Frau auf uns herab.

»Si? Oui? Da? Ja? Yes?«

»Wir hätten gerne ein paar Informationen«, begann ich.

Sie seufzte gelangweilt und zog eine Karte Griechenlands hervor. »Das ist alles, was wir haben«, sagte sie. »Wollen Sie eine auf Französisch?«

»Eigentlich nicht ... «

Ich stellte schüchtern Fragen nach Orten, die wir besuchen wollten, aber sie blickte mich nur gelangweilt an.

178

»Davon habe ich keine Ahnung.«

»Wissen Sie, wo man einen Wagen mieten kann?«

»Da gibt es viele Möglichkeiten in Athen.«

»Keine Empfehlung?«

Sie blickte einen Augenblick vor sich hin, feilte weiter an ihren Fingernägeln und brachte so zum Ausdruck, dass die Anhörung der gewöhnlichen Sterblichen vorüber sei.

»Gibt es irgendwas für Touristen?«, wagte Les sich frech vor.

Sie ließ die Nagelfeile sinken und blickte uns mit der Herablassung einer Marlene Dietrich an: »Warum kaufen Sie keinen Führer? Um die Ecke ist eine Buchhandlung.«

Und eine Buchhandlung war schon vor 2000 Jahren für die römischen Touristen mehr oder weniger die erste Anlaufstelle.

Lob auf den Führer auf Papyrus

Angesichts der dicht gestreuten kulturellen Bezüge überall in Griechenland kam kein römischer Besucher ohne angemessene Literatur aus.

Da sich hinter jedem Berg, jedem Fluss und jedem Stein eine Sage verbarg – und zudem jeder abgelegene Tempel auf dem Land ein kleiner Louvre voller Kunstwerke aus der sagenumwobenen griechischen Vergangenheit war –, lief der damalige Tourist wie heute stets Gefahr, bei einer Reise Wichtiges links liegen zu lassen. Dem sollten die ersten Reiseführer vorbeugen, die alten *periegesis*, die sich bald zu einem erfolgreichen literarischen Genre entwickelten.

Zu den Gründervätern dieser besonderen literarischen Gattung gehörten Schriftsteller, deren Namen seither keineswegs in Vergessenheit gerieten: So Diodoros, Heliodoros, unser Freund Dikaiarchos oder Herakleides Kritikos. Der fruchtbarste von allen war gewiss Polemon von Ilion, der wegen seiner detaillierten Abhandlungen den Beinamen »Denkmalliebhaber« oder »Inschriftenverschlinger« erhielt. Tragischerweise sind alle seiner bahnbrechenden Werke außer einigen Fragmenten verloren gegangen. Für diesen

Verlust an Informationen entschädigt immerhin ein erhaltenes Werk, das von den Archäologen immer wieder zitiert wird: Es handelt sich um den wohl am meisten gelesenen Reiseführer der Geschichte: die *Beschreibung Griechenlands* des Pausanias, eines reiselustigen Gelehrten aus Kleinasien, der zwischen 130–180 n. Chr. lebte.

Diese *Beschreibung* ist ein zehn Papyrusrollen umfassendes enzyklopädisches Werk, ein Reiseführer für das gesamte griechische Mutterland, in dem Stadt für Stadt, Fluss für Fluss und Skulptur für Skulptur abgehandelt wird. Die unhandlichen Bände, die Gelehrte der Renaissance zu Büchern umschrieben, wurden in eine *capsa*, einen Lederbehälter in der Größe einer Hutschachtel gesteckt und auf die Reise mitgenommen. Um sie über die steilen griechischen Bergpässe zu transportieren, war wohl ein zusätzliches Lasttier nötig. Für diese Umstände wurden ihre Besitzer mehr als entschädigt durch die gelehrten Beschreibungen des Pausanias mit seinem weit gespannten Horizont. Dabei handelt es sich freilich nicht um einen praktischen Reiseführer mit handfesten Reiseinformationen zu Griechenland, so über passable Unterkünfte in Sparta oder Stallungen in Arkadien. Pausanias wandte sich vielmehr an die Begeisterung des antiken Reisenden für die Vergangenheit. Den griechischen Denkmälern, Kunstwerken der alten Meister, der Architektur und der Geschichte gehörte sein ganzes Augenmerk. (Zur »Geschichte« gehörten natürlich auch die überirdischen Geschehnisse der Mythologie, denn dass die Götter an bedeutenden Ereignissen ihren Anteil hatten, galt als gesicherte Realität, einer der unterhaltsamsten Aspekte bei der Lektüre von Pausanias.) Alle Stätten mit einem Bezug zu den Heldensagen werden mit einer liebevollen Fülle an Details behandelt. Wenn man sucht, findet man in dieser Schrift durchaus auch landeskundliche Elemente, so Hinweise auf griechische Bräuche, zu Landschaften und zur Atmosphäre, also all das, was man auch von einem modernen Reiseführer erwartet. Lebensnahe Bilder aus dem Alltag im antiken Griechenland ziehen sich wie ein roter Faden durch diesen Text.

Die *Beschreibungen* sind das Werk eines monomanen Reisenden, um den sich die Verleger moderner Reiseführer schlagen würden.

Denn anders als die heutigen Autoren hatte Pausanias alle von ihm beschriebenen Orte auch tatsächlich bereist, sodass in seinem Buch 20 bis 30 Jahre Recherche stecken. Er gab niemals einfach nur in den Schenken aufgeschnappte Halbwahrheiten wieder. Sein Stil mag etwas trocken anmuten. Aber moderne Archäologen haben lange Zeit Pausanias' Spuren durch die Ruinen Griechenlands verfolgt. Sein Werk beschwört Bilder aus der Zeit herauf, als die antiken Straßen vor Leben noch wimmelten, Tempel aufragten und die grell bemalten Standbilder Apolls und Aphrodites in der Sonne glänzten. Bei den Ausgrabungen von Delphi verließ sich das französische Team ebenso auf seine *Beschreibung* wie die Deutschen in Olympia oder Heinrich Schliemann bei der Entdeckung des Goldes von Mykene. Und noch heute vermittelt sein Werk magische Visionen der antiken Welt, geht von jeder Seite der Zauber des altertümlichen Universums aus.

Warum Pausanias also nicht auch heute als Reiseführer benutzen?

Man konnte ihn ja als Ergänzung zu heutigen Reiseführern einsetzen und sich so Informationen aus erster Hand zu einer Epoche holen, deren Relikte noch nicht von den Spuren der Byzantiner, Franken, Venezianer, Russen, Türken und den noch penetranteren des modernen Tourismus überlagert worden waren. Pausanias war ein Fenster zur Antike, ein direkter Zugang zur Alten Welt, der deren zerfallene Überbleibsel in der Vorstellung wieder zu einem intakten Ganzen zusammenfügte.

Das Römische Reich im tragbaren Format

Das zweite unverzichtbare Hilfsmittel für den römischen Reisenden war eine genaue Straßenkarte.

Die Geschichte verfuhr mit den antiken Kartographen ebenso herzlos wie mit den Verfassern der Reiseführer. Auch von den zahllosen römischen *itineraria picta*, auf die sich die damaligen Reisenden verließen, ist ebenfalls nur ein einziges intaktes Exemplar erhalten, die so genannte Peutingersche Tafel. Über die Qualität und Größe dieser Darstellung kann die Nachwelt immerhin nicht klagen. Diese berühmte Tafel bildet nämlich auf einer einzigen Rolle Papyrus von 6,82 Metern Länge und nur 34 Zentimetern Höhe das gesamte Römische Reich ab.

Vor der Abreise aus New York konnte ich im Kartenraum der Public Library eine Kopie dieser Tafel studieren. Über eine ganze Reihe von Lesetischen ausgebreitet, stellte sie einen wunderbaren Fundus an Daten aus der römischen Welt dar. (Sie blieb auch nur deshalb erhalten, weil sie während des gesamten Mittelalters immer wieder kopiert worden war. 300 Jahre lang war sie verschollen gewesen und tauchte erst Anfang des 18. Jahrhunderts im Besitz des deutschen Adligen auf, nach dem sie dann benannt wurde.) Während das Original heute in Wien verwahrt wird, sind Nachbildungen in der ursprünglichen Rollenform in einer limitierten Auflage erschienen. In ihrem prachtvollen, mit Blattgold verzierten Futteral aus Kalbsleder begeistern sie den heutigen Betrachter wohl

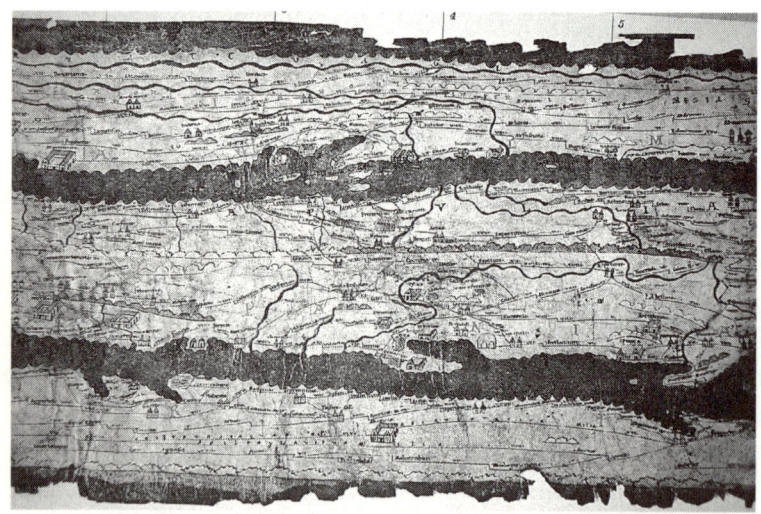

Ausschnitt aus der Peutingerschen Tafel, einem der römischen »Bilditinerarien« – eine Straßenkarte des Kaiserreichs.

ebenso sehr wie einst die feinsten antiken Athener Ausgaben die damaligen römischen Touristen.

Hat man die Kartenzeichen des Kartographen erst einmal verstanden, ist die Peutingersche Tafel noch heute sehr gut lesbar. Mit ihrem in die Länge gezogenen Format ähnelt sie den stilisierten Karten von U-Bahn-Netzen: Mit einem uneinheitlichen Maßstab bildet sie Italien neben den Küsten Afrikas ab, wobei wichtigere Provinzen in überdimensionaler Größe wiedergegeben werden. Ein solches Itinerarium war auch nicht als Atlas, sondern als reine Straßenkarte angelegt, die dem Reisenden auf einen Blick die wichtigsten Informationen lieferte. So erscheinen auf ihr sämtliche römischen Hauptstraßen von Ägypten bis nach Schottland. An ihnen zeigen 555 festgelegte Symbole die Häfen, Bergketten, Städte, Kurbäder, Tempel, Residenzen von Statthaltern, Tunnel und Leuchttürme an. Sogar die Entfernungen zwischen den Städten und Herbergen sowie Preislisten werden angegeben, was die Peutingersche Tafel zu einem antiken *Guide Michelin* macht. Ein einzelner Turm markiert eine einfache Übernachtungsmöglichkeit, kaum komfortabler als ein Stall. Ein Doppelturm steht für eine passable Unterkunft, und ein großes Gebäude mit vier Seiten und einem Hof für eine Luxusherberge.

Die einzige sonst noch erhaltene Karte mit Fernstraßen gibt es heute nur noch als ein Fragment, das in Syrien aufgetaucht ist und auf dem Schild eines Legionärs aufgeklebt war. Wie aus schriftlichen Dokumenten hervorgeht, waren damals allerdings noch speziellere Karten für kleinere Gebiete verfügbar. Im alten Rom gab es weitere Hilfen für den Reisenden, so die schriftlichen »Itinerarien«, die der Reihe nach die Sehenswürdigkeiten entlang der Fernstraßen aufzählen, also Listen mit den Dörfern, Brücken und Gasthäusern, an denen man von einer Stadt zur nächsten vorbeikam. Obwohl manchmal recht kompliziert, wurden sie von analphabetischen Kutschern auswendig gelernt. Im 2. Jahrhundert n. Chr. kamen für die Fernstraßen Griechenlands sogar Itinerarien in Gedichtform in Mode.

Manche Autoren dieses aufstrebenden Genres brachten es zu bescheidener Berühmtheit. So schrieb 25 v. Chr. ein gewisser Krinagoras von Mytilene an Menippos von Pergamon, dem Verfasser eines Reiseführers von Italien:

Ich bereite eine Seereise nach Italien vor, um Freunde zu besuchen, die ich seit langem nicht mehr gesehen habe. Ich benötige Auskünfte, die mich zu den Kykladen und ins alte Scherie führen. Lieber Menippos, du, der du die gesamte Geographie kennst und eine gelehrte Reise beschrieben hast, bitte hilf mir mit Informationen aus deinem Buch…

Ob Menippos die Anfrage seines Bewunderers je beantwortet hat, ist allerdings nicht überliefert.

Kompakt, von mittlerer Größe oder luxuriös?

Wenn sich die Römer eine Karte und einen Reiseführer gekauft hatten, mussten sie sich nach einem geeigneten Fahrzeug umsehen. Schon damals gab es ein breites Spektrum an Angeboten je nach Größe des Geldbeutels. In der Antike verfügten die gesellschaftlichen Eliten Roms über die Mittel, sich in einem Kokon aus Luxus über die Straßen zu bewegen.

Ihre Extravaganz kannte keine Grenzen. Die reichsten Adligen verschifften eigene Fahrzeuge über die Adria und reisten dann in einem prachtvollen Konvoi mit Köchen, Sekretären und Sklaven langsam durch Griechenland. Unterwegs dienten aufgeschlagene Zelte als Speisesäle und Schlafgemächer. Solche glücklichen Reisenden brauchten auch im letzten Winkel Griechenlands auf keinen Luxus zu verzichten. Sie ließen sich marmorne Mosaikfußböden auslegen, speisten von Tellern aus getriebenem Gold, tranken Spitzenweine aus Kristallkelchen und umgaben sich während der Rast mit ihren Lieblingskunstwerken, die jeden Abend aus- und wieder eingepackt wurden. Manche Adlige leisteten sich *carrucae dormitoriae*, mit Gänsedaunen ausgelegte Schlafkutschen, die Reisen über Nacht ermöglichten. Andere Kutschen waren mit Spieltischen oder mit schwenkbaren Sitzen ausgestattet, sodass ihre Besitzer die vorüberziehende Landschaft besser genießen konnten. Die gewiss berühmteste Visite in Griechenland war der Besuch von Mark Anton und Kleopatra im Jahr 44 v. Chr. Sie paradierten, als Dionysos und Aphrodite verkleidet, wie ein moderner Wanderzirkus in einer Goldkutsche, die von Löwen gezogen wurde, an staunenden Mengen in Griechenland vorbei.

Alle Rekorde an Prachtentfaltung schlug indes der phantastische Konvoi Kaiser Neros. Während seiner 15-monatigen Reise in den Jahren 66–67 n. Chr. rollte er mit nicht weniger als 1000 Kutschen durch die Provinz. Die Pferde waren mit Silber beschlagen und mit Gold aufgezäumt. Als Afrikaner verkleidete Vorreiter reinigten vor ihm die Straßen. Griechische »Lustknaben« mit weiß bemalten Gesichtern tanzten zur Zerstreuung der Fahrgäste in den kaiserlichen Kutschen. Neros Bankette fielen noch prachtvoller aus als die im heimischen Rom: Die Gäste aßen von Silbertellern, in denen Diamanten prangten, und tranken aus Kelchen, die aus großen Stücken Lapislazuli geschnitten waren. Die erlesenen Weine wurden mit Schnee gekühlt, den Maultiere von den Gipfeln des Parnass heruntergeholt hatten. Im Tross sorgten 500 Esel dafür, dass Neros Gemahlin ihre Pfirsichhaut mit einem allmorgendlichen Milchbad pflegen konnte. Hunderte von Sklavenmädchen, in durchschimmernde blaue, gelbe, grüne und rosa Gewänder gekleidet, lasen ihr jeden Wunsch von den Augen ab. Wenn dieses kaiserliche Gefolge wie ein Heuschreckenschwarm in eine Region einfiel, mussten die Städte für seine Versorgung aufkommen und gerieten so an den Rand des Ruins.

Die große Mehrheit der Touristen reiste freilich weitaus bescheidener. Statt über See eigene Fahrzeuge mitzubringen, mieteten sie die in Athen an. Die Ställe lagen wie heutige Mietgaragen am Rande der Stadt. (Wie in Rom durften in größeren Städten innerhalb der Mauern tagsüber keine Wagen verkehren.) Ein Tourist ging zu den Ställen, traf sich mit Kutschern der örtlichen Zunft, mietete Zugtiere, kaufte Futtervorräte und suchte für sich und für die Sklaven mit dem Gepäck je eine Kutsche aus.

Und wie heute gab es für jeden Geldbeutel das passende Angebot. Das gehobene Angebot nach heutigem Geschmack, eine Art Karosse, bestand in einem gedeckten Wagen, der so genannten *carruca*, die von mehreren Maultieren gezogen wurde. Dieser Prototyp eines Planwagens bot bis zu sechs Fahrgästen Platz, hatte eisenbeschlagene Räder und ein Lederdach zum Schutz vor Wind und Wetter. Zur Standardklasse eine Stufe darunter gehörte eine offene Kutsche, in der auf Kissen hinter dem Kutscher vier Personen sitzen konnten. Die Billigklasse war der zweirädrige *covinnus*, ein Vorläufer des Buggy, der von zwei Maultieren gezogen wurde. Er eignete sich für Reisende, die ihren Wagen selbst lenkten. Obwohl das Angebot überschaubar anmutet, konnten die reisenden Römer wie heutige Touristen an skrupellose Geschäftemacher geraten. Und so wichtig wie eine sorgfältige Auswahl der Kutsche war auch die eines guten Maultiertreibers. Die besten waren lokale Berühmtheiten und trugen Spitznamen wie beispielsweise Podagrosus, der Gichtige. Da alle sehr abergläubisch waren, verfügte jeder Stall über einen angeschlossenen Schrein der Göttin Epona, der stutenköpfigen Mutter.

Weniger bequeme Römer verschmähten die schwerfälligen Wagen: So beschreibt Apuleius eine Reise durch Griechenland, die er auf dem Rücken eines Vollblutschimmels unternahm, während ihm seine beiden Sklaven zu Fuß folgten. Manche wohlhabenden Touristen bevorzugten gedeckte Sänften, die von acht Sklaven getragen oder zwischen vier Lasttieren befestigt wurden, eine komfortable, aber auch nervtötend langsame Fortbewegungsart. Weniger betuchte Kaufleute, Schauspieler und Athleten ritten auf Maultieren. Und im 2. Jahrhundert schockierte der Arzt Galen seine gebildeten Zeitgenossen sogar mit einer Empfehlung, wonach Fußmärsche – die Fortbewegungsart der einfachen Bauern! – der Erhaltung der Gesundheit dienten.

Aber eine solche Ersparnis kam für die große Mehrheit der Reisenden nicht in Frage: Der gewaltige Berg ihres Gepäcks erforderte zumindest zwei gedeckte Kutschen. Nicht einmal bescheidene Römer waren dafür bekannt, dass sie leicht bepackt reisten. Als der Philosoph Seneca versuchte, als Erfahrung des »einfachen Lebens« mit nur einer Kutsche zu reisen, gab er das Vorhaben nach zwei Tagen auf.

In den zahlreichen Koffern, die nach feinstem, gegerbtem Leder rochen, musste zunächst die Garderobe verstaut werden: Männer nahmen eine breite Kollektion an Togen in leuchtendem Purpur- oder Scharlachrot mit, obwohl sie diese eher unpraktischen traditionellen Gewänder nur zu besonderen Gelegenheiten trugen: Für den Alltag dienten kurzärmelige Tuniken im griechischen Stil. (Eine beliebte Kompromisslösung für Bankette war die *Synthesis*: Der obere Teil sah wie eine Tunika, der untere wie eine Toga aus. Trotz der Armfreiheit gab sie dem Träger ein festliches Erscheinungsbild.) Damen waren strengeren modischen Kleiderzwängen unterworfen: Sie zogen sich während eines Gastmahls mehrfach um und stellten so ihre Garderobe zur Schau. Kaum eine Römerin ließ es sich im Traum einfallen, ohne eine ganze Serie kostbarer Gewänder in extravaganten Farben – orientalische Seide stand hoch im Kurs – das Haus zu verlassen. Dazu benötigte sie kistenweise Haarschmuck, Sandalen und Metallkassetten mit Juwelen. (Der letzte Schrei waren Perlen aus dem Indischen Ozean.) Für Regen oder Kälte mussten zudem mehrere Umhänge mit ins Gepäck. Anspruchsvolle brachten einige Teller mit, ebenso Amphoren mit dem (die Seife ersetzenden) Lieblingsolivenöl für das Bad, Parfüms aus Myrrhe, Balsam und Zimt zum Einreiben sowie Gastgeschenke für Freunde, die man unterwegs kennen lernen würde ...

Bücher kauften die Römer in Athen, so leichte Literatur zur Entspannung nach der Besichtigung der alten Stätten. Griechische Liebesromane, pikante Vorläufer heutiger historisierender Schmachtromane, wurden von den Römern geradezu verschlungen, auch wenn von diesem Genre heute gerade noch fünf Exemplare erhalten sind. Diese Liebesgeschichten sind so stereotyp wie die Drehbücher alter Hollywoodschinken: Ein Jüngling und ein Mädchen verlieben sich ineinander, Sturm auf hoher See, Trennung, Schiffbruch, versuchte Vergewaltigung, Gefangenschaft, Zauberei und Missverständnisse. (In einem Roman muss der Held mit ansehen, wie seiner

Geliebten auf einem Opferaltar die Gedärme herausgerissen werden. Er heiratet eine andere Frau, stellt dann aber fest, dass das blutige Ritual nur ein Streich mit Tiergedärmen gewesen ist.) Es folgt eine Serie unglaublicher Zusammentreffen, nach denen die Geliebten sich schließlich doch kriegen.

Gekauft wurden daneben auch kleinere Erfindungen. So mancher römische Amateurwissenschaftler mag die von Vitruvius erfundene primitive Form des Hodometers (Wegmessers) ausgetestet haben, der mit feinen Metallfäden die Umdrehungen eines Rades und damit die zurückgelegten Meilen aufzeichnete. Andere kauften einen Vorläufer unserer portablen Zeitmesser: Ein elegantes Accessoire für lange Touren waren tragbare Sonnenuhren, von denen ein intaktes Exemplar in Großbritannien aufgetaucht ist. Der Reisende packte es aus, stellte es auf einen Dreifuß und richtete den Stab entsprechend der geographischen Breite und dem Monat aus. Diese Erfindungen mussten schon deshalb besonders ausgeklügelt sein, weil die römische »Stunde« je nach Jahreszeit eine unterschiedliche Länge hatte: Die Zeit von Sonnenaufgang bis Sonnenuntergang wurde durch zwölf geteilt, weshalb die Stunden im Winter erheblich kürzer waren als die im Sommer...

Vor diesem Hintergrund nahm sich unser voluminöses Reisegepäck, davon alleine knapp 15 Kilo Bücher, geradezu bescheiden aus.

Im Übrigen ist die Auswahl eines Mietwagens während einer Reise auch heute noch eine der heikelsten Angelegenheiten. Denn trotz der gebotenen Bequemlichkeit besteht immer die Gefahr, dass die Fahrt zum Desaster wird.

Das gilt vor allem in Griechenland, wo Mietwagen nicht nur aus unerklärlichen Gründen sehr teuer sind, sondern auch die Erwartungen häufig enttäuschen. Zu den angebotenen kleinen Fahrzeugen gehören Marken aus Osteuropa, die tausende von Kilometern unter der Haube haben und seltsame Besonderheiten aufweisen. Böse Überraschungen sind nicht selten.

In Athen suchte ich eine Mietgarage aus einer englischsprachigen Zeitung aus. Als wir an den Stadtrand gebummelt waren, stellten wir fest, dass dort russische Wagen angeboten wurden.

Diese so genannten Donkos waren zwar am unteren Ende der Covinnus-Klasse angesiedelt, aber der Preis stimmte.

»Bei dem Preis kann man nicht viel erwarten«, warnte Les und wollte zu einem angeseheneren Unternehmen wie Avis oder Hertz gehen. Aber für mich war ein Auto ein Auto, und das galt auch für einen Donko.

Verkehrsgewühl auf der
»Heilige Straße«

Die Straße westlich von Athen ist eine der berühmtesten der Geschichte. Sie folgt der heiligen Straße nach Eleusis, einem alten Höhlenheiligtum, das der Fruchtbarkeitsgöttin Demeter geweiht ist, deren Tochter Persephone dem Mythos nach durch einen alljährlichen Aufenthalt in der Unterwelt den Winter und die vier Jahreszeiten hervorrufen soll. Wie zahlreiche reisende Römer, darunter viele berühmte Dichter und ein halbes Dutzend Kaiser, ließ sich auch Pausanias in das zentrale Ritual dieses Heiligtums einführen, in die so genannten Eleusinischen Mysterien. Obwohl die Details nicht genau überliefert sind – die Eingeweihten waren zu absolutem Stillschweigen verpflichtet –, weiß man immerhin so viel, dass die Anwärter sich wochenlangen nervenaufreibenden Ritualen unterziehen mussten. Am Ende sollen sie dann die Angst vor dem Tod überwunden haben, also ein lohnender Handel.

Dagegen standen wir dauernd Todesängste aus, als wir in unserem klapprigen Donko aus Athen herausfuhren. Die Hiera Odos, die heilige Straße, liegt heute unter dem Asphalt von Griechenlands meistbefahrener sechsspuriger Hauptverkehrsachse, die von wilden Müllhalden, Werbetafeln und rauchenden Fabrikschloten gesäumt wird. Die Autofahrer verwechseln sie mit der Route der Rallye Paris–Dakar.

Die Wagen überholten, ohne zu blinken, fuhren dicht auf und hupten. Laster hielten ohne Vorwarnung mitten auf der Fahrbahn an. Vom ständigen Beschleunigen und Abbremsen wurde Les schlecht, und sie kauerte sich in ihrer gewöhnlichen Abwehrhaltung in ihrem Sitz zusammen.

Ich selbst hätte kehrtgemacht und wäre zu unserem Hotel zurückgefahren, wenn ich nur eine Ausfahrt gefunden hätte. Mit Wehmut erinnerte ich mich an Neapel. Die Italiener vergessen auf den Straßen zwar alle guten Sitten, können aber wenigstens gut fahren. Dagegen hatten die Griechen hinter dem Steuer den Verstand verloren und vertrauten sich allein Gott an. Reisende berichteten von Busfahrern, die über ihr Fahrzeug die Kontrolle verloren hatten und mit erhobenen Händen ein Stoßgebet an die Jungfrau Maria schickten. Ich habe in schrottreifen Maschinen die Anden überflogen und Gletscher im Schneesturm auf einem Motorschlitten durchquert: Nichts kommt einer solchen Höllenfahrt aus Athen in einem Donko gleich.

Die Gleichgültigkeit der griechischen Fahrer gegenüber dem Leben und dem Verstand ist vielleicht ein Überbleibsel aus der Zeit, als entlang den Wegstrecken in regelmäßigen Abständen *hermeia* standen, Schreine des Hermes, des geflügelten Götterboten und Schutzgottes der Reisenden. Einige bestanden nur aus einem Steinhaufen (wer vorüberkam, legte noch einen dazu, denn das brachte Glück), andere aus vier schlanken Säulen mit Bronzebüsten des Hermes. Die Reisenden salbten sie mit Öl ein oder opferten eine Frucht. An vielen Kreuzungen wurden größere Heiligtümer von Priestern betreut. Die Reisenden machten oft Halt und setzten sich zu Hermes, der als der liebenswerteste und vernünftigste aller Götter galt. Zumindest aber berührten sie im Vorübergehen ehrfürchtig ihre Lippen. In unseren Tagen macht sich Hermes rar: Im europäischen Vergleich hat Griechenland im Straßenverkehr nach Portugal die zweithöchste Todesrate.

Der schlechte Fahrstil der Griechen hat eine lange Tradition: Zur Zeit der Helden machte hier, auf dem Weg nach Theben, der berühmteste Fall von »Straßenrowdytum« der Geschichte von sich Reden. An einer wichtigen Gabelung – bei Pausanias ist von einem »Kreuzweg« die Rede – wurde ein Fußgänger namens Ödipus von einem rasenden Fremden im Wagen beinahe überrollt. Wütend tötete Ödipus den Lenker, ohne zu wissen, dass es sein eigener Vater war. (Deshalb muss sein Name für alle möglichen Arten gestörter familiärer Beziehungen und Katastrophen herhalten.) Der Historiker Lionel Casson nennt einen möglichen Grund für diesen Beinaheunfall: Die Straßen des archaischen Griechenland wiesen oft eingebaute Spurrillen auf, die Ausweichmanöver stark erschwerten.

Zur Römerzeit wurden die wichtigsten Fernstraßen Griechenlands ausgebaut. Ihre Regelmäßigkeit und Ordnung sollte in der Geschichte nie wieder erreicht werden. Gerade, mit mehreckigen Steinplatten gepflastert und mit Rinnsteinen und Abläufen versehen, wurde ihre Benutzung zum reinsten Vergnügen. Sie hatten oft sogar Bürgersteige, sodass Zwischenfälle wie der mit Ödipus vermieden wurden. Und Brücken führten über die Flüsse, die zuvor zu Fuß durchquert werden mussten. Römische Beamte sorgten für eine regelmäßige Instandhaltung, Wegezölle waren verboten. Die alten Schreine des Hermes, der bei den Römern Merkur hieß, wurden noch immer gepflegt, zugleich aber durch ein praktisches System von Meilensteinen, *miliaria*, ergänzt. Diese ca. 1,80 Meter großen behauenen Pfeiler gaben in beiden Richtungen die Entfernung zur nächsten Stadt an und wurden, wie der Name schon sagt, in Abständen von je einer (römischen) Meile (= 1500 Meter) zueinander aufgestellt. Gemessen an der dürftigen Beschilderung des heutigen Griechenland handelte es sich um ein hervorragendes Orientierungssystem. Entsprechend sollte man jedem modernen griechischen Straßenbaubeamten den Lobpreis des römischen Orators Quintilian ins Stammbuch schreiben: »Es ist ein Vergnügen, den Weg, den man zurückgelegt hat, zu ermessen, und man reist beherzter, wenn man weiß, wie viel Wegs man noch vor sich hat...«

Aber das Verkehrsverhalten der Mittelmeeranrainer scheint trotzdem schon in der Antike ein großes Problem gewesen zu sein. Obwohl es klare Verkehrsregeln gab, die als so genannte Zwölftafelgesetzgebung in Marmor gehauen im Forum Romanum aushingen und überall in Latein oder Griechisch im Reich aufgestellt wurden, kam es immer wieder zu Unfällen mit endlosen Streitereien um die Schuld. Es herrschte nicht einmal Einigkeit darüber, ob links oder rechts gefahren werden musste. Konische Steine entlang vieler Straßen sollten verhindern, dass die Wagen über die Gehwege rollten. Die Maultiertreiber waren dafür berüchtigt, dass sie Wettrennen gegeneinander austrugen.

Während wir nun eine dieser Straßen entlangrollten und hinter uns der hundertste hupende Laster auftauchte, erinnerte mich das an eine Festlegung aus der römischen Straßenverkehrsordnung:

Wenn ein Fahrer beim Versuch, zu überholen, den Wagen umstürzt oder (einen Bürger oder Sklaven) verletzt oder tötet, so trägt er die Schuld, denn er war verpflichtet, eine maßvolle Geschwindigkeit einzuhalten…

Diese Verordnung würde sich vorzüglich als Autoaufkleber eignen – oder als Nachruf auf Mahnmalen am Straßenrand.

Freiheiten der Fernstraße

Die römischen Touristen konnten in ihren Fahrzeugen 60 bis 80 Kilometer am Tag zurücklegen, doch waren 40 der Durchschnitt. Im Sommer bevorzugten sie oft Nachtfahrten im Schein von Fackeln mit Ruhepausen in der Mittagshitze. Ein Fußgänger kam täglich 25 bis 40 Kilometer voran.

Auf unserer Fahrt, bei der Delphi die erste Station bilden sollte, erschien selbst dies optimistisch. Unterwegs auf der heiligen Straße fielen mir an unserem Donko ein paar harmlos erscheinende Eigenarten auf, so der nicht funktionierende Tachometer, die fehlende Beleuchtung am Armaturenbrett und der defekte linke Blinker, Probleme, wie sie unserer Tage an fast jedem Leihwagen vorkommen können. Beim Anhalten an einer roten Ampel sprang aber auch gelegentlich die Fahrertür auf. Und als Les in Theben das Fenster an der Beifahrerseite herunterließ – völlig überflüssigerweise mit Automatik –, hörten wir ein irritierendes quietschendes Geräusch, bevor die Scheibe unwiderruflich feststeckte. Der Defekt schien bei einer Fahrt entlang der sonnigen griechischen Küste nicht weiter zu stören, denn schließlich war es ja warm. Aber als wir ins Hochland hinauffuhren, blies ein feuchter kühler Wind ins Wageninnere. Les zog sich mehrere Pullover über, legte Handschuhe an und setzte eine Wollmütze auf. Irgendwann begann ihr ein feiner Eisregen ins Gesicht zu spritzen.

»Und was, wenn es heute Nacht schüttet?«, begann sie. »Ich werde ja ganz nass. Es gibt Frost. Ich hole mir eine Lungenentzündung. Und wie sollen wir den Wagen abschließen? Wir müssen ständig in der Nähe bleiben und können uns nichts anschauen. Sonst stiehlt man uns die Sachen.«

Warum musste es eine Automatik sein? Mehrere Stunden lang versuchten wir, das technische Wunderwerk wieder zum Laufen zu bringen. Wir hielten an einer Tankstelle. Angetrunkene Mechaniker bedienten dieselben Knöpfe wie zuvor wir und gaben auf. Wir riefen die Mietgarage an. »Gehen Sie zu einem Elektriker«, lautete der hilfreiche Ratschlag. »An einem Sonntag hier auf dem Land?«, maulte ich zurück. Nein, einen anderen Wagen könnten wir nicht bekommen. »Wir sind nicht verpflichtet, Ihnen weiterzuhelfen«, seufzte es am anderen Ende der Leitung.

»Dieses russische Stück Scheiße«, stieß ich vor Wut schäumend hervor und versuchte die Scheibe mit den Fingern hochzuziehen. »Beruhige dich, Tone«, seufzte Les. »Bei dem Preis kann man eben nicht viel erwarten.« Der Einwand kam einem Tiefschlag gleich.

Andererseits: Was war ein Ausflug ohne kleine Panne? Auch für die alten Römer waren die Fahrten über die Straßen niemals wirklich bequem gewesen. Selbst die teuersten Wagen waren nicht gefedert, die Räder mit Eisen beschlagen und die Achsen nicht drehbar gelagert. Jedes Schlagloch und jeder Stein machten sich in der Wirbelsäule bemerkbar. Besonders strapaziös waren die billigeren Vehikel, vor allem abseits der römischen Hauptstraßen.

Ein weiteres Problem waren Streitigkeiten mit den Maultiertreibern, die nicht weniger geldgierig waren als heutige Autovermieter. Schon Platon machte dies mit einer Anekdote deutlich:

In einer baumlosen Wüste bricht zwischen einem Reisenden auf einem Maulesel und dem Treiber, von dem er ihn gemietet hat, ein Streit aus. Der Reisende will im Schatten des Esels ein Mittagsschläfchen halten, aber der Treiber lehnt dies mit der Begründung ab, er habe den Maulesel, nicht aber seinen Schatten vermietet.

Beide werden sterbend entdeckt, nachdem sie sich endlos Beschimpfungen an den Kopf geworfen hatten. Das Maultier hatte sich derweil aus dem Staub gemacht.

So kann es kommen, wenn man das Kleingedruckte im Vertrag nicht liest.

Die Stufen zu Apoll

Delphi war Griechenlands bedeutendstes Orakel, ein staunenswertes Bergheiligtum, das Apoll der Sage nach wegen seiner Unzugänglichkeit auserkoren haben soll. Auf den göttlichen Höhen atmeten Priesterinnen »magische Gase« aus einer Erdspalte ein, fielen in Trance und weissagten unter der Eingebung des Gottes die Zukunft. Wegen des Rufs dieser Stätte entwickelte sich um sie herum rasch eine kleine blühende Stadt, von der aus man hunderte von Kilometern über die abfallenden Täler bis zum saphirblauen Meer blicken konnte. Vor dem selbst »für einen arbeitenden Mann schwierigen« Aufstieg über die steil abstürzenden Hänge hatte schon in der Römerzeit Pausanias seine reisende Leserschaft gewarnt. Delphi war auf den letzten Kilometern nur über Saumpfade erreichbar, die jedermann abschreckten, der dem Heiligtum keine ernsthafte Bewunderung entgegenbrachte.

Im 21. Jahrhundert sind diese Schwierigkeiten längst aus dem Weg geräumt. Selbst die gleichgültigsten Besucher Griechenlands werden mit dem Bus bis vor die Tore des Heiligtums gekarrt. Noch immer atemberaubend ist die Aussicht. Die umliegenden Berggipfel machen Delphi zu einem natürlichen Amphitheater, in dem, wie schon die Alten bemerkten, Vogelstimmen zu einem widerhallenden Chor anschwellen. Bei unserer Ankunft hallte dieser Resonanzkörper allerdings von einem babylonischen Stimmengewirr wider:

»Und dann habe ich ihm gesagt, wenn Sie mich noch einmal anrühren, schreie ich ...«

196

»The GIs were basically fucked over in Beirut…«

»Moi, je préfère les fromages du nord…«

»No sabes como bailar el tango…?«

Diese zufälligen Gespräche von tausenden von Touristen hallten nun wie einst die Prophetien des Apoll als ein chaotischer Chor durch die Luft.

Auf dem Höhepunkt des antiken Tourismus hatte Delphi seine spirituelle Blütezeit schon hinter sich. Aber in der klassischen Ära, als die zerstrittenen griechischen Städte sich nach Herzenslust bekriegten, entschied das Orakel von Delphi noch über Krieg und Frieden. Oft hing das Schicksal ganzer Reiche von ihm ab. (So verkündete das Orakel im 5. Jahrhundert v. Chr. den Athenern rätselhaft: »Verlasst euch auf Holzwände.« Die setzten daraufhin gegen die einfallenden Perser ihre Flotte bei Salamis ein und zwangen sie so nieder.) Mit der Eroberung Griechenlands durch die Römer verloren die Prophetien an Bedeutung: Weil die Kaiser die Sibyllenbücher konsultierten, war Delphi in Staatsangelegenheiten nicht mehr gefragt. Und überall im Reich florierten andere Orakel, auch solche skrupelloser Betrüger. (Ein Scharlatan am Schwarzen Meer brachte es zu märchenhaftem Reichtum. Er befragte den »Schlangengott« Glykon, dessen Kiefer ein versteckter Helfer bewegte.) In Delphi wirkte damals nur noch eine einzelne Priesterin, deren zusammenhanglose Botschaften nicht mehr wie in den Tagen Homers und Herodots von Berufsdichtern in Hexameter übertragen, sondern in nüchterner Prosa wiedergegeben wurden. Gleichwohl bewahrte Delphi sich bis in die Römerzeit hinein sein Ansehen, und dies nicht nur aus Nostalgie. Die prachtvollen Schätze, die bis dahin zusammengetragen worden waren, machten es zur reichsten Kultstätte Griechenlands, weshalb moderne Historiker es − nach der größten Lagerstätte für US-amerikanische Goldreserven − das »Fort Knox der Antike« nannten.

Wenn die römischen Besucher am Eingang des Komplexes emporblickten, sahen sie ein wahres Labyrinth aus fein behauenem Marmor. Die steilen Flanken des Parnass waren sogar mit Edelmetallen eingelegt. Beim Aufstieg über die Stufen kamen hinter einem

*Ätherisches Delphi: Das klassische griechische Theater passt sich
harmonisch der natürlichen Umgebung an.*

prachtvollen Vorhang immer neue atemberaubende Kunstwerke
zum Vorschein. Das Ganze muss wie eine Schatzkammer des Aladin
unter freiem Himmel gewirkt haben: In Delphi hatten sich seit
20 Generationen Opfergaben aus jedem Winkel der bekannten Welt
angesammelt. Am Weg entlang standen bronzene Büffel und vergol-
dete Wölfe, mit Perlen eingelegte Brustharnische aus Britannien, in-
dische Gottheiten und goldene Armbänder aus nordischen Ländern,
die keiner je betreten hatte. Und jede griechische Stadt unterhielt ihr
eigenes »Schatzhaus«, einen Pavillon voller Kriegsbeute, die Apoll
geweiht war, von Galionsfiguren gekaperter Schiffe bis hin zu Gold-
barren. Über all diesem Prunk ragte ein mehr als 20 Meter hohes
Standbild des Gottes in Gestalt eines Bogenschützen auf.

Während wir an Reisegruppen, selbst ernannten Führern und
fliegenden Händlern vorbei langsam die Treppen emporstiegen,
tröstete ich mich einmal mehr beim Gedanken daran, dass auch das
antike Delphi für damalige Reisende bei weitem kein Ort der stillen Einkehr gewesen war. Selbstverständlich hatten dort damals auf-

dringliche *mystagogi* gelauert, die »ihre auswendig gelernten Sätze herunterrasselten und alle Inschriften ablasen«, wie sich in einem Dialog des Plutarch ein Besucher beklagt. »Sie ignorierten unsere verzweifelten Bitten, ihre Tiraden abzukürzen.« Heerscharen von Hellsehern boten zum herabgesetzten Preis Orakelsprüche feil, während Souvenirverkäufer aus Delphis magischer Aura Kapital schlugen: Wie in den modernen griechischen Verkaufsbuden, in denen allerlei Ramsch gegen den bösen Blick ausliegt, wurden Gegenstände mit Zauberkraft, Tränke und »Fluchtafeln« angeboten, die in Gräber gelegt und von den Toten in die Unterwelt geholt wurden. Die delphischen Liebestränke waren im ganzen Reich begehrt – trotz Ekel erregender Zutaten wie Pferdeschweiß (ein beliebtes Aphrodisiakum) oder das zermahlene Fleisch von Eidechsen: Entsprechend kursierten Geschichten von vergifteten oder irre gewordenen Liebespaaren. Feilgeboten wurden zudem Wachsfigürchen, die, ähnlich den Wodufiguren, mit 13 Nadeln durchbohrt wurden. Dabei ging es allerdings weniger darum, das Opfer zu quälen, als den Betreffenden vielmehr zu Taten anzustacheln. (Als Ersatz dienten manchmal auch lebende Katzen.)

Hatte der gebildete antike Besucher erst einmal alle Kletten abgeschüttelt, konnte er in zwanglose Diskussionen eintreten: über Kunst, die Qualität der Bronzen, das Leben und Wirken längst verblichener Helden und über die Bedeutung von Zufall und Omen.

Ich dagegen war froh über meinen Pausanias in der Tasche. Den ausführlichen Beschreibungen dieses antiken Reiseführers kann man sich noch heute anvertrauen und in diesem sakralen Kunstlabyrinth Sockel für Sockel und Stoa für Stoa abschreiten. Mit Pausanias fügen sich die zerstreuten Fragmente Delphis wieder zu einem Ganzen zusammen. Der gewundene Pfad nach oben führte an einem schlichten runden Steinsitz vorbei, dem Nabel der Welt und dem Zentrum aller antiker Landkarten, bis hinauf an die Stufen des Apollon-Tempels. Obwohl von dessen Säulen heute kaum mehr als die Stümpfe übrig sind, kann man sich mit Pausanias' Hilfe gut vorstellen, wie sie einst die ganze Landschaft beherrscht hatten. Der Tempel selbst verkündete in goldenen Lettern die wichtigsten

Maximen der griechischen Philosophie: ERKENNE DICH SELBST und DAS MASS IST DAS BESTE. (Den letzten Grundsatz machten sich allerdings nur wenige Römer zu Eigen.) Im Inneren soll ein in Delphi besonders verehrtes Objekt gestanden haben, ein Stuhl der Helena von Troja. Pausanias lenkt die Aufmerksamkeit des Lesers auf einen Pavillon namens »Lesche«, eine lange überdachte Kolonnade, die als eine Art Gemäldegalerie diente. Die gesamte innere Wand bedeckte ein Monumentalgemälde, das die antiken Besucher langsam und voller Bewunderung abschritten.

Von den zahlreichen Gemälden Delphis ist heute leider nur noch ein einziges Fragment erhalten. Ein weiteres kennen wir dank Pausanias' akribischer Beschreibung: ein Besuch des Odysseus in der Unterwelt, gemalt von dem alten Meister Polygnotos. Über 20 Seiten widmet der antike Führer diesem riesigen Meisterwerk. Seine Schilderung erinnert an eine Verfilmung Homers, in der er die Episoden der Odyssee in chronologischer Abfolge und Auszügen aus den Texten erzählt. Pausanias beschreibt das Gemälde sehr detailliert, gibt aber seltsamerweise, von einem Lob auf die »außergewöhnliche Schönheit« abgesehen, kaum ästhetische Bewertungen ab. In diesem Vorgehen ist er nicht allein. Während die antiken Gemälde zwar auch »das Auge entzücken« sollten, bestand ihr Hauptzweck darin, die Mythen der Götter und Helden zu vermitteln und interessante Zusatzinformationen zu liefern. Deshalb findet man in den Bildbeschreibungen der ersten Kunstkritiker des Abendlandes, bei antiken Autoren wie Philostratos und Kallistratos, gewöhnlich auch blumige Exkurse über die Kräfte der Göttin Juno, die Entstehung von Bernstein, die Lebensgewohnheiten des Wildschweins oder über Fruchtbarkeitsriten in Ägypten. Mit ihren Schilderungen versuchten sie gleichsam die beschriebenen Kunstwerke an Lebendigkeit zu übertreffen. Was dabei herauskam, mutet uns heute formelhaft, wie eine Selbstbeweihräucherung und irgendwie dilettantisch an, Vorwürfe, die gelegentlich auch andere Kritiker trafen.

Und wie stand es um das Delphische Orakel? Wenn die Prophezeiungen auch ihre einstige dramatische Bedeutung verloren hatten, wurde auch noch in der Römerzeit unter dem Tempel Apolls in der »heiligen Spalte« geweissagt. Wegen ihrer gewaltigen Faszination waren viele Touristen zu den kostspieligen und komplizierten Opferzeremonien bereit, so auch 120 n. Chr. Kaiser Hadrian. Er bat dabei unter anderem um die Beantwortung einer umstrittenen literarischen Frage: *Wo wurde Homer geboren, und wer waren seine Eltern?* Wie gebannt beobachteten die Rat Suchenden die phytische Priesterin, die in die tiefe Erdspalte in den Flanken des Parnass hinabstieg. (Ich suchte vergeblich nach sichtbaren Hinweisen auf ihre einstige Lage. Sie war längst durch Erdrutsche zugeschüttet worden.) Unten atmete die Priesterin dann die eisigen Gase aus der Erde ein, fiel in Trance und begann zu lallen. Dann stieg sie wieder herauf, trat auf einen silbernen Dreifuß und sprach kryptische Worte. Diese wurden von den Zuschauern in Sprechchören laut nachgebetet und von Deutern des Apoll mit einem konkreten Sinn erfüllt. Eine anschauliche Vorstellung davon, was die Menschen von Apoll so alles wissen wollten, gibt ein Papyrusfragment mit einer Liste von 100 leicht zu beantwortenden »Fragen an das Orakel«.

77. *Werde ich mich mit meinen Sprösslingen aussöhnen?*
79. *Werde ich das Geld bekommen?*
80. *Ist der von zu Hause Fortgegangene noch am Leben?*
81. *Werde ich von dem Handel profitieren?*
85. *Gerate ich an den Bettelstab?*
88. *Werde ich Senator?*
90. *Werde ich von meiner Frau/meinem Mann geschieden?*
91. *Bin ich vergiftet worden?*

Der skeptische Apuleius scherzte, Apoll habe oft die gleiche Antwort parat: *Spann den Ochsen ins Joch, pflüge das Land, dann hast du bald goldenes hochstehendes Getreide in der Hand*, ein vager Hinweis darauf, dass sich schon alles zum Guten wenden wird.

Besucher, die das Orakel nicht konsultieren konnten – dies war nur an einem halben Dutzend Tagen im Jahr möglich –, brauchten sich nicht zu sorgen. Es gab dutzende praktischer Alternativen: Astrologen, Kenner der okkulten Zahlenlehre, Handleser und Traumdeuter gaben zu günstigen Preisen sofort Antwort. Die Besucher Delphis erhielten Ratschläge zu allen anstehenden Entscheidungen durch fünf Würfel, so genannten *astragali*, die ungefähr den heutigen *fortune cookies* entsprachen. Bei den Reisenden wohl wenig beliebt war die gewürfelte Kombination 4.4.4.6.6., die unter dem Begriff des »kinderfressenden Kronos« bekannt war.

> *Drei Vierer und zwei Sechser. Der Gott spricht wie folgt:*
> *Bleib bei dir im Haus, geh nirgendwohin,*
> *Sonst nähert sich dir ein reißendes und vernichtendes Tier,*
> *denn dieses Geschäft ist nicht sicher! Warte auf den rechten Augenblick.*

Weitaus besser war dagegen der »Wurf Retter Zeus« (1.3.3.4.4.):

> *Eine Eins, zwei Dreier, zwei Vierer.*
> *Die Tat, die du planst, nimm sie rasch in Angriff.*
> *Leg deine Hand darauf! Die Götter haben ihr günstige Zeichen gegeben.*
> *Lass in deinem Geist nicht ab. Denn kein Übel kommt über dich.*

Unser Führer Pausanias wartet hier mit einem besseren Vorschlag auf. Reisende, die alles sofort und gleich wissen wollten, führt er ins nahe gelegene Dorf Lebedeia zu dem Geheimorakel Trophonios, das Eingeweihten als Griechenlands ultimative Zukunftsvorhersage galt. Nicht jeder Leser brachte die Nerven auf, um Pausanias heißen Tipp zu befolgen: Der Besuch war Zeit raubend, strapaziös und mit Adrenalinschüben verbunden – eine antike Entsprechung vom Bungeejumping.

Die rituelle Prozedur in einem abgelegenen Bergtempel, von der Pausanias hervorhebt, er habe sie über sich ergehen lassen, beginnt mit einer mehrtägigen Reinigung in kalten Bädern. Der Eingeweihte wird schließlich im Mondlicht zu einem Fluss geleitet und in einer Zeremonie mit Öl eingerieben. Er muss aus zwei heiligen Quellen trinken. (Griechische Archäologen haben sie in dem heutigen Badeort Lebedeia in einer steilen engen Schlucht, also am

Ende eines mühsamen Weges, ausgemacht.) Die erste Quelle enthält »das Wasser der Lethe, um alle bisherigen Sorgen zu vergessen«. Das zweite, das Wasser des Erinnerns, ermöglicht es ihm, sich künftige Geschehnisse ins Gedächtnis zu rufen. So vorbereitet, wird der Eingeweihte in ein rituelles Gewand, eine weiße Tunika mit farbigen Bändern, und besondere Pantoffeln gekleidet und hinter eine dunkle Wand geführt. Es folgt eine der wenigen Augenzeugenberichte eines heidnischen religiösen Rituals.

Innerhalb der Umfassungsmauer findet sich eine nicht von selbst entstandene, sondern mit größter Kunst und Regelmäßigkeit gebaute Erdöffnung. Dieser Bau hat die Form des Gefäßes zum Brotbacken, seinen Durchmesser kann man auf vier Ellen und auch seine Tiefe nicht höher als auf acht Ellen schätzen. Es führt jedoch kein Weg auf den Grund hinab, sondern wenn jemand dem Trophonius sich nähern will, so holt man eine enge und schwache Leiter herbei; steigt man auf dieser hinab, so sieht man zwischen dem Boden und der darauf gebauten Wand eine Öffnung, die mir zwei Spannen breit und eine Spanne hoch vorkam. Ist man unten, so legt man sich mit Honigkuchen in den Händen auf den Boden, steckt dann zuerst die Füße in die Öffnung und rückt dann auch mit dem übrigen Körper nach, um die Knie in die Öffnung hineinzubringen; ist es so weit, so wird der Körper augenblicklich nachgezogen und muss den Knien so schnell folgen, wie wenn ein sehr großer und reißender Strom einen Menschen verschlingt, den der Strudel erfasst hat. Ist man aber in das innerste Heiligtum gelangt, so besteht von jetzt an keine feste Bestimmung mehr darüber, wie man die Zukunft erfahren soll, sondern der eine erfährt sie durch das, was er sieht, der andere durch das, was er hört. Wer hinabsteigt, muss auch den Rückweg wieder durch dieselbe Öffnung nehmen, gleichfalls die Füße voran.
[...] Kommt einer von Trophonius herauf, so wird er noch einmal von den Priestern in Empfang genommen, auf den so genannten Stuhl der Mnemosyne, der unweit des Heiligtums steht, gesetzt und darüber ausgefragt, was er gesehen und gehört habe. Nachdem die Priester dieses erfahren, überantworten sie ihn den zuständigen Dienern, welche ihn, während er noch vom Schrecken betäubt weder sich noch seine Umge-

bung erkennt, in die Kapelle des guten Glückes und des guten Dämons tragen, in der er sich früher schon aufgehalten hatte. Hier kommt ihm bald sein früherer Verstand wieder, und selbst das Lachen stellt sich ein.

Diese Prüfung trugen fromme Menschen als Ehrenzeichen. Und wie jeder heutige Anhänger eines »Extremsports«, der etwas auf sich hält, kann Pausanias der Versuchung nicht widerstehen, beiläufig auf die Gefahren hinzuweisen:

Den Tod soll noch keiner, der hinabgestiegen, gefunden haben, außer einer von der Leibwache des Demetrius, der nicht nur die gebräuchlichen Gottesdienste in der Umgebung des Heiligtums unterließ, sondern auch nicht zu dem Zweck hinabstieg, den Gott zu befragen, sondern weil er Gold und Silber aus dem Heiligtum entwenden zu können hoffte. Der Leichnam wurde der Sage nach nicht durch die geheiligte Öffnung herausgeschafft, sondern kam anderswo heraus.

Man kann sich vorstellen, dass diese Beschreibung den Leser zu diesem Ausflug nicht gerade ermutigt hat.

Hotline zu Juno

Im modernen Delphi saßen wir im Schatten einer Zypresse. Die Berge unten verschwammen im Dunst des Meeres, während das babylonische Stimmengewirr aus kryptischen Sätzen zu uns herüberhallte:

»Ich habe Deutschland besucht...«
»There's this great little restaurant in Atlanta...«
»Have you ever sub-leased your apartment?«
»Pero, la concha de la lora...!«
»No way I'd ever consider implants...«

Bei mir fiel das Gerede um Wahrsagerei auf fruchtbaren Boden. Schließlich kennt auch der moderne Geist das Bedürfnis, die Zukunft zu kennen. Und wir hatten die Befragung unseres Orakels schon um Wochen hinausgeschoben: Den Rückruf bei Lesleys Frauenarzt in New York, der uns die Ergebnisse der Fruchtwasseruntersuchung mitteilen sollte. Dieses Telefonat war uns fast so nervenaufreibend erschienen wie der Sprung in die Öffnung des Trophonius.

Les wollte nicht anrufen, weil sie meinte, es könne ihrer Verfassung schaden. Die Krankenschwestern hatten versprochen, uns bei eventuellen Problemen vor der Abreise zu informieren. Und wir hatten nichts gehört. Aber ein nagender Zweifel blieb.

Wir schlurften zu unserer seltsamen kleinen Pension in dem Bergdorf Arakhova zurück. Mit den Eichentäfelungen und der pseudomittelalterlichen Einrichtung erinnerte sie an eine Schenke aus der Tudor-Ära. In der kleinen Vorhalle hingen Fotos ihrer berühmtesten Gäste, der Beatles. Sie waren hier in den späten Sechzigerjahren abgestiegen, als sie sich während ihrer Sergeant-Pepper-Phase zu den Musen auf den Parnass zurückgezogen hatten. Der griechische Hotelbesitzer war auf jedem Foto mit abgebildet: Er hatte den Arm um die Pilzköpfe John und Paul gelegt, kicherte mit dem bekifften Ringo oder klimperte mit George auf der Gitarre. Auf den Bildern strotzte er vor Gesundheit und sog ständig an einer Zigarette. Sein gegenwärtiges Erscheinungsbild war dagegen ernüchternd. Dieser arme Teufel an der Theke war eines von Griechenlands zahlreichen Tabakopfern. Aus seiner Kehle ragten Plastikschläuche, sein Gesicht war blass wie ein angefaulter Fisch, und immer wenn wir den Zimmerschlüssel abholten, rang er sich ein trauriges Lächeln ab.

»Die Ergebnisse sind gut«, hörte ich die Schwester in New York in der knisternden Leitung sagen, während draußen die Hunde bellten.

Ich teilte das Ergebnis Les mit.

»Gut?«, fragte sie zurück.

»Guut! Sage ich doch.«

Sie wurde wortkarg.

»Hast du noch eine Frage?«

»Hmm?«

»Willst du das Geschlecht wissen?«

Les schüttelte den Kopf, stand auf und ging aufgeregt im Zimmer auf und ab. Es hätte doch eine Überraschung werden sollen. Aber irgendwie schien es nicht richtig, dass eine anonyme Krankenschwester am anderen Ende der Welt über eine so intime Einzelheit unserer Zukunft Bescheid wusste und wir nicht.

»Es ist ein kleiner Bub!«, schrie sie auf wie ein Gast in einem Quiz im Fernsehen.

Ich legte langsam den Hörer auf. Die Sache mit dem Kind war ein Stück realer geworden.

Spartanische Vergnügungen

Von Delphi aus reisten die Römer zum Peloponnes weiter, einer Halbinsel in Gestalt einer arthritischen Hand, die nur durch einen schmalen Isthmus mit dem griechischen Festland verbunden ist. Die römische Fernstraße über diese Nabelschnur war in den schroffen Fels gehauen worden und bot endlose Ausblicke auf die Ägäis. Noch heute fühlt man sich auf dieser Straße winzig klein: Es leuchtet ein, warum Henry Miller seinen ersten Blick auf diese zerklüftete Halbinsel mit einem »kurzen scharfen Stich ins Herz« verglichen hat.

Wie die Peutingersche Tafel zeigt, verlief die Römerstraße wie ein Ring um den gesamten Peloponnes herum und verband Städte mit zahlreichen Anziehungspunkten. Da die moderne Schnellstraße über die antike gebaut wurde, folgten wir genau dieser Route. (Die Peutingersche Tafel erschien mir dabei benutzerfreundlicher als die heutigen griechischen Straßenkarten mit ihren kyrillischen Buchstaben ohne Bezug zu den Straßenschildern.)

Während ich das rostige Getriebe des Donko die Berge hinaufquälte und wieder hinunterjagte – das defekte Fenster hatten wir mit Plastikfolie zugeklebt und die Fahrertür mit Draht festgebunden –, bekamen wir eine gute Vorstellung davon, wie die römischen Reisenden in quietschenden Wagen die Straßen entlangrumpelten, im Liegen auf Daunenkissen den Führer auf Papyrus studierten oder einfach müßig die Landschaft an sich vorüberziehen ließen. Das Griechenland der Römerzeit war außerhalb der Städte zwar schön, aber auch sehr arm. Direkt neben den Straßen lagen zerfallene Ansiedlungen. Der Orator Dion »Goldmund« beschrieb städtische Plätze, die in Äcker verwandelt worden waren, während das Land vor den verfallenen Toren verwahrloste, »als sei dies tiefste Wildnis und nicht der Außenbereich einer Stadt«.

So überrascht es denn auch nicht, dass die touristische Infrastruktur zwischen den bedeutendsten Sehenswürdigkeiten recht dürftig ausgesehen hatte. Ein gewisser Apollinarius Sidonius zeigte sich schockiert über einen »schmierigen Gasthof« im ländlichen Griechenland: Dessen Wände waren rußgeschwärzt, weil auf dem Küchengrill immerzu mit Thymian gewürzte Würstchen brieten. Aristides zog es vor, die Nacht lieber draußen im Straßenstaub zu verbringen, als in die verdreckten Laken einer schmutzigen Herberge zu kriechen. Des Winters pfiff ein eisiger Wind durch die Zimmer, die im Sommer vor Ungeziefer wimmelten. (»Angesichts der Unmenge an Stechmücken«, so bemerkt er trocken, »musste ich auf Schlaf verzichten.«) Apuleius nächtigte in einem »wurmstichigen alten Feldbett« mit einem zerbrochenen Bein, eine harmlose Nacht verglichen mit den Erlebnissen einer Figur aus seinem Roman *Der goldene Esel*. Dieser muss beim Erwachen mit ansehen, wie ein Zimmergenosse der Wirtshexe zum Opfer fällt: Mit einem Zauber bricht sie ins Zimmer ein, reißt diesem das Herz aus dem Leib und hängt ihn an den Genitalien an den Dachbalken auf. Berüchtigt waren auch die Träger in den ländlichen Hotels, bärbeißige Charaktere, die im Hof nach Einbruch der Dunkelheit jede Bewegung der Gäste ausspähten. Aber auch die Gäste auf dem Land waren raubeiniger als in den Städten. So rät Plutarch Reisenden, sich beim Abendessen von den höhnischen Bemerkungen der Seeleute und Maultiertreiber nicht einschüchtern zu lassen und den Lärm vielmehr durch lautes Singen zu übertönen. Betrunkene machten Musik und verlangten Geld dafür. Apollonios von Tyana geriet an einen betrunkenen Schnorrer, der Neros Gedichte sang und die »Verse in die Länge zog, die der Kaiser durch eine miserable Betonung zu verkorksen pflegte«. Als die Gäste sich beschwerten, warf er ihnen Hochverrat vor.

Trotzdem war in den bescheidenen Gasthäusern Offenheit an-
gesagt: Die Gäste konnten andere Reisende kennen lernen, abends
Reiseabenteuer austauschen und am Feuer mit Honig gesüßten
Wein schlürfen. Apuleius erwähnt die Einladung freundlicher Einheimischer zu einem nächtlichen Wettessen, bei dem er an einer
allzu großen Portion Polenta fast erstickt wäre.

Aber wie immer lohnten sich die Unannehmlichkeiten der
Reise: Der Peloponnes bot Griechenlands bedeutendste Touris-
tenattraktionen. Wie die reisenden Römer fuhren auch wir nach
Korinth, in die offizielle Hauptstadt der alten Provinz, die für die
Tempelprostituierten der Aphrodite berühmt war. Wir ließen die
Akustik im Amphitheater von Epidauros auf uns wirken, machten
Halt in der Bergfestung von Mykene, in der die antiken Reisenden
hinter den Löwentoren König Agamemnon, dem Anführer der
Griechen in Troja, die Ehre erwiesen hatten.

Unser eigentliches Ziel lag allerdings weiter im Süden, in einer
Stadt, um deren kriegerische Lebensart sich zahlreiche Legenden
rankten.

Der Altar des Machotums

Die Fahrt durch die Haarnadelkurven nach Sparta war mit einer
gewissen Spannung verbunden, und dies nicht nur wegen der
quietschenden Bremsen unseres russischen Donkos. Vielleicht ließ
uns die Nachricht, dass wir einen Sohn bekommen würden, das
Image dieser kriegerischen Stadt abstoßender denn je erscheinen.

Die Spartaner schufen sich einen Ruf als die vom Männlichkeits-
kult beherrschten Faschisten der alten Geschichte. Als Todfeinde
der Athener, die Kunst und Philosophie liebten, übten sie im klassischen Zeitalter eine vom Sadismus geprägte totalitäre Herrschaft
aus, deren erbarmungsloser Gesellschaftskodex allein auf die Schaffung von unbesiegbaren Armeen abzielte. Männliche Neugeborene
wurden von einem Altmännerrat begutachtet, die als minderwertig
Befundenen in eine Schlucht geworfen. Im Alter von sieben Jah-

ren wurden die Knaben den Familien entzogen und in brutale Rekrutenlager gesteckt. Sie schliefen auf den Feldern und mussten ihr Essen stehlen. Als Erwachsene erwartete sie ein von Schikanen, Knüppeln und Kämpfen geprägtes Dasein. Spartas Mädchen wurden nur zur Produktion von Nachwuchs geboren: Ihre Ausbildung bestand in Körperertüchtigung – nackt ausgetragenen Ringkämpfen und Laufen – und dem Erlernen von Hausarbeiten. Ehelosigkeit war ein Verbrechen, das mit Verbannung ins Ausland bestraft wurde. Dieses inhumane System, das Kadavergehorsam zum religiösen Prinzip erhob, fand zahlreiche Bewunderer unter den europäischen Denkern des 18. Jahrhunderts, obwohl die Spartaner seit der Römerzeit als unkultivierte Primitivlinge, als Skinheads der Antike galten. Nicht überraschend feierten die Nazis Sparta als den »nordischsten« Staat in Griechenland. Hitler schwelgte in Phantasien von einer Herrenrasse von Jägern und Kämpfern, die dank ihrer angeborenen Überlegenheit brutale Macht über die breite Masse der Heloten ausübten. Stalingrad bedeutete für ihn ein Wiederaufleben des unbeugsamen Kampfgeistes der Thermopylen-Kämpfe, und die Suppe der Bauern Schleswig-Holsteins pries er als Abkömmling der Brühe der Spartaner.

Die antiken römischen Reisenden, die im 1. und 2. Jahrhundert n. Chr. in die Stadt strömten, waren ebenfalls glühende Verehrer Spartas. Sie waren begeistert von der Gesetzgebung des Lykurgos und fühlten sich an die harten, anspruchslosen und disziplinierten Römer der frühen Antike erinnert, die ihr Reich einst aufgebaut hatten. Während die im Stadtzentrum ausgestellten Siegestrophäen begehrte Anziehungspunkte bildeten, war die eigentliche Attraktion Spartas der sprichwörtliche karge Lebensstil. Spezielle Führer in Sparta, so genannte »Deuter der lykurgischen Bräuche«, führten die Besucher stolz durch die örtlichen Institutionen, erläuterten das brutale Erziehungssystem und arrangierten Begegnungen mit Spartaner Beamten wie den »Kontrolleuren der Frauen«. Viele Touristen aßen in den Gemeinschaftsbaracken mit den Männern scheußliche schwarze Brühe und genossen es, dass diese Griechen noch immer ihr Haar lang wachsen ließen und ihre traditionellen zinnoberroten

Zuschauer bewundern die Kampfkünste der Griechen.

Umhänge anhatten. Besonders Tapfere trugen mit ihnen sogar Faust-
kämpfe aus. Überliefert ist der Bericht des römischen Reisenden
Palfurius Sura, seines Zeichens Senator, der zu einem muskelbepack-
ten spartanischen Mädchen in den Ring stieg. Der Dichter Properz,
bei dem ein Sexualnotstand ausgebrochen war, schaute derweil lieber gierig den Ringkämpfen dieser nackten Amazonen zu.

Bei den Touristen besonders beliebt waren die sadistischen Rituale: Sie versuchten ihren Besuch auf die alljährlich stattfindende
»Geißelung der Jugend« beim Artemisfest zu legen. Dabei wurde
Spartas Nachwuchs bei einem Spießrutenlauf durch die Straßen
getrieben, während die erwachsenen Männer mit Stöcken und
Peitschen erbarmungslos auf sie eindroschen. Am Ende des Marty-
riums verneigten sie sich vor dem Altar der wilden Jägerin Artemis, vor einem primitiven, von Blutspritzern rot gefärbten hölzernen Idol. Bei diesem grausamen Ritual, das an ähnliche in späteren
Internaten erinnert, durften die gemarterten Jungen weder weinen
noch schreien. Pausanias war Augenzeuge eines solchen grässlichen
Schauspiels: Die Priesterinnen der Artemis feuerten die Männer
an, härter auf die Jungen einzuschlagen, und wer sich »wegen der
Schönheit oder des gesellschaftlichen Rangs eines Jungen« zurück-
hielt, wurde von ihnen beschimpft. Manche schwächere der jungen
Teilnehmer starben am Wundfieber, die Narben der anderen blie-

211

ben ein Leben lang. Aber zum Trost wurden die Tapfersten mit dem Titel eines Eroberers des Altars geehrt.

Die Geißelung war unter den voyeuristischen Römern so beliebt wie die Stierläufe in Pamplona bei heutigen Touristen. Da sie mit Gladiatorenkämpfen groß geworden waren, konnten solche blutigen Schauspiele sie nicht erschüttern. Selbst menschenfreundliche Figuren wie Cicero weideten sich an diesen traditionsreichen Darbietungen. Weniger beeindruckt zeigte sich dagegen der fromme heidnische Prediger Apollonios: »(Mengen) scharen sich, um das Spektakel mit zügelloser Begeisterung zu sehen, als sei es das jährliche Hyazinthenfest.« Aber die Mehrheit fand Vergnügen an den Qualen der Jugendlichen und besuchte regelmäßig auch die anderen gewalttätigen spartanischen Spektakel, so das halsbrecherische Ballspiel *sphaireis*, das zwischen fünf Mannschaften ausgetragen wurde. Ein Historiker sah darin eine ohne Helm und Polsterungen ausgetragene harte Version des American Football.

Dies war alles zweifelsfrei sehr männlich. Der – eher unangenehmen – Wahrheit halber muss allerdings gesagt werden, dass diese spartanischen Rituale nur dank der antiken Tourismusindustrie am Leben gehalten wurden. Moderne Anthropologen hätten in Sparta bei Feldforschungen interessante Ergebnisse erzielt: Die berühmtesten dort gepflegten Bräuche waren Beispiele für das, was man heute »inszenierte Authentizität« nennt, für eine am Gewinn orientierte Aufrechterhaltung von Traditionen.

Allerdings waren die grausamsten Gesetze und Bräuche durch Rom längst abgeschafft worden. Obwohl sie dem alten Kodex in Lippenbekenntnissen noch immer huldigten, schienen die Spartaner deutlich weicher geworden zu sein. Aber nach ihrer Unterwerfung wurden sie von den Römern ermuntert, ihre bewunderte harte Lebensart wieder zu beleben. So genossen sie ab dem 1. Jahrhundert n. Chr. wegen ihrer erhabenen Tradition durch die Kaiser eine Sonderbehandlung. Wachsende Touristenströme von überall aus dem Reich suchten vor Ort nach »dem echten Sparta«, von dem sie zu Hause gehört hatten, und trugen so zum Entstehen einer regionalen Tourismusindustrie bei.

Man ist versucht, Spartas Rituale zynisch mit Folkloreveranstaltungen wie den »Eingeborenentänzen« zu vergleichen, die heute allnächtlich in den Hotels der Karibik aufgeführt werden. Aber die Wiederbelebung eines überkommenen Brauchtums lässt sich selten so einfach erklären. Wenn die spartanischen Familien ihre Söhne jedes Jahr erbarmungslos zum Spießrutenlauf trieben, so keineswegs aus reiner Gewinnsucht. Vielmehr verschafften sie ihrer kleinen und unbedeutenden Provinzstadt mit der Aufrechterhaltung ihrer Tradition im ganzen Reich Respekt und sicherten ihr so eine besondere Stellung in der Welt. Die Spartaner waren einzigartig, die Erben eines Rufs, den König Leonidas begründet hatte. Fast konnten sie einem Leid tun: Wie die alternden Revolverhelden in den Western, die sich wegen ihres Ansehens dauernd Duellen mit jungen Draufgängern stellen müssen, wurden sie zu Gefangenen der eigenen Vergangenheit, dazu verurteilt, ihre blutigen Rituale immer wieder von neuem zu vollziehen. Wurden sie ihrem Image einmal untreu, zogen sie sich den Zorn der Römer zu: So kritisierte zum Beispiel Aristides in einer flammenden Rede die Spartaner, die sich für die Pantomime begeisterten.

»I ❤ Sparta«

Als wir durch diesen Ring aus Berggipfeln hinabfuhren, der Sparta so eng umschließt, dass die antike Stadt niemals Verteidigungsmauern benötigte, erwartete ich von den modernen Bürgern kaum sichtbare Überbleibsel der einstigen harten Lebensweise. Bei der Stadt selbst hatte ich wenig Hoffnung und machte mich auf ein industrielles Ödland voller finsterer Schatten der Vergangenheit gefasst.

Dieses Bild schwand langsam, als wir durch herrliche Orangenhaine fuhren, uns dann auf den Hauptplatz zwischen junge Familien setzten und entdeckten, dass das einst berüchtigte Sparta zu einer der friedlichsten Städte Griechenlands geworden war. Und da von seinen historischen Ruinen nur noch wenig übrig ist, kommen auch nur selten Touristen vorbei.

»He, woher kommt ihr?«, rief der Besitzer einer Pizzabude donnernd, als wir eintraten. »Aus New York? Ohne Witz! Ich habe 20 Jahre dort gelebt. In Brooklyn. Und eine Eisdiele betrieben.«

Der Mann hieß Kosta, trug eine Brille mit dicker schwarzer Fassung und einen Spitzbart wie Trotzki. Wie viele Griechen hatte er in Übersee Geld gemacht und seine Pläne, in die arme Region seiner Väter zurückzukehren, niemals aufgegeben. Nachdem er uns die Hand geschüttelt hatte, rief er zu seiner Tochter hinter dem Tresen: »He, Alexia! Komm her. Die Leute sind aus New York!«

»Echt? Aus Manhattan?« Sie war in den Zwanzigern und hatte die stark geschminkten Mandelaugen einer minoischen Prinzessin. »Ich hab gern in Amerika gelebt, wirklich. Aber Sparta ist unschlagbar.«

»Die beste kleine Stadt in Griechenland«, stimmte ihr Vater zu.

Ich fragte diese Werbeagentur, was an der Stadt denn so großartig sei.

»Sie waren doch in Athen, oder?«, fragte Alexia. »Alle haben üble Laune, sind unfreundlich und aufdringlich. Sie wollen nur dein Geld, dann kannst du wieder verschwinden. Und auf dem Land gibt es fast nur noch traurige Alte. Die Jungen wandern notgedrungen ab.«

Ich ließ die letzten sechs Dörfer, durch die wir gekommen waren, Revue passieren und gab ihr Recht. Gegen sie war Sparta eine aufstrebende Stadt. Das freundlichere, nettere Sparta. Und um uns jeden letzten Zweifel zu nehmen, führte uns Alexia zu etwas mit dem schönen Namen Kulturverein Hellas.

Es war Samstagnachmittag, Vergnügungszeit auf dem Peloponnes. In einer bescheidenen Nebenstraße tönte uns aus einem Fenster wilde Busukimusik entgegen. Allerdings nicht der allgegenwärtige und endlos gespielte Alexis Sorbas, sondern echte, stürmische und laute Livemusik.

Die finsteren Treppen führten zu einer Bar hinauf, in der eine improvisierte Session tobte. An dicht besetzten Tischen bearbeitete ein halbes Dutzend stark alkoholisierter Gäste ihre Gitarren oder schlug auf Tamburine ein. Die übrigen schlürften flaschenweise

Ouzo, sogen Zigaretten bis zum Filter herunter oder spießten geistesabwesend Oliven von Tellern, während sie wie hypnotisiert der Musik lauschten. Der Ort wirkte privat und abgeschieden wie ein Kreis mystischer Verschwörer. Der Besitzer erblickte Alexia und winkte uns zu sich herüber. Wegen der silbernen griechischen Kugeln in meiner Hand hielt er uns für Landleute: Er packte uns erfreut an den Armen und schleppte uns zum letzten leeren Tisch.

»Retsina«, orderte ich mit möglichst starkem, amerikanischem Akzent bei der Bedienung.

Dann stimmte der ganze Saal ein Lied an, das zunächst wie eine traurige Ballade klang und dann zu einer aus voller Kehle gesungenen Hymne anschwoll. Nacheinander standen die vom Ouzo benommenen Gäste auf, klatschten in die Hände oder sangen mit, Tränen in den Augen. Eine dicke Frau schwang sich plötzlich auf die Beine und begann zu tanzen. Sich langsam auf den Fersen drehend, glitt sie leichtfüßig wie ein großer weicher Ball von einem Tisch zum nächsten, hinter sich eine Spur von Bewunderern. Die Zuschauer geleiteten sie mit erhobenen geöffneten Händen durch den Raum und steckten ihr Hundertdrachmenscheine in den Gürtel. Um musikalische Akzente zu setzen, zerschmetterten manche Gäste ihre Gläser am Boden. Im Fenster verwandelten sich die Festungshügel Spartas unter der sinkenden Sonne in Gold.

»Seht ihr!«, jubelte Alexia. »So sind Griechen wirklich. Alles andere ist Theater.«

Als wir in dieser Nacht über den menschenleeren Platz zu unserem Hotel zurückbummelten, war ich nur zu gerne bereit, den neuen Gesellschaftskodex Spartas zu unterschreiben. Dagegen waren die baulichen Überreste des antiken Spartas nicht eben berühmt. Tatsächlich hatte der Geschichtsschreiber Thukydides einst geschrieben, künftige Generationen würden an die einstige Macht Spartas nur mit Mühe glauben können. Aber für mich hatten die Spartaner in den letzten beiden Jahrtausenden einfach mehr Gelassenheit gelernt.

Trotzdem stellte ich mir – etwas unlogisch, zugegeben – unwillkürlich die Frage, was aus dem barbarischen Sparta geworden war, aus all diesen wilden Kriegern mit dem schulterlangen Haar und den leuchtend roten Umhängen, aus diesen Männern, die entweder bis in den Tod gekämpft oder aus Scham Selbstmord begangen hatten. Hatte sich das kulturelle Erbe Spartas wirklich vollständig aufgelöst?

Ich war nicht besser als die alten Römer. Auch ich war begierig auf ein Zeichen aus der Vergangenheit.

Straße in die Unterwelt!

Erst Tage später begriff ich: Der strenge Militärbereich hatte sich in ein Gebiet ungefähr 150 Kilometer südlich der Stadt, auf die Mani, die mittlere der drei Halbinseln des Peloponnes, zurückgezogen, in eine raue (und wahrhaft *spartanische*) Wüste. Diese dürre und menschenfeindliche Gegend aus Felsen und Dornen ist die passende Umgebung für das an ihrem äußersten Ende gelegene Kap Tainaron, durch das Herakles in die Unterwelt hinabgestiegen sein soll, um den dreiköpfigen Höllenhund Zerberus heraufzuholen. (Pausanias stellte bei seiner Pilgerfahrt enttäuscht fest, dass die Höhle nirgendwohin führte. Heute ist sie ganz verschwunden. Dieses vom Wind gepeitschte menschenleere Vorgebirge, das von Felsen umgeben und sporadisch von Wachteljägern durchstreift wird, wirkt heute wie der entlegenste und einsamste Ort Europas.) In diese Einöde sollen sich die tapfersten Krieger Spartas nach der römischen Eroberung Griechenlands zurückgezogen haben. Im Mittelalter war es die letzte Zuflucht der zählebigen Heiden vor den Christen, und später dann der byzantinischen Ritter vor den Türken.

Noch heute versuchen die Bewohner Manis den militärischen Ethos Spartas aufrechtzuerhalten, vor allem in den Festungshotels von Aeropolis, einer Stadt, die nach dem antiken Kriegsgott benannt ist. »Ich bin Partisan! Bummbumm!«, verkündete unser alternder Wirt Georgios Versakos am Frühstückstisch und schwang ein Bajonett, an das eine kleine Pistole vom Typ Derringer angebracht war.

216

Er deutete auf ein vergilbtes Foto, das ihn als Partisan vor 55 Jahren zeigte.

»Die Deutschen Angst! Bumm! Bumm!«

»Nescafé?«, fragte seine Frau, ohne ihn zu beachten, und servierte uns auf einer Untertasse wie ein Pfefferminzplätzchen ein einziges Päckchen davon. Versakos schnaubte angewidert über die Störung und führte uns durch sein »privates Kriegsmuseum«, eine Sammlung aus türkischen Säbelscheiden, Cowboycolts und angerosteten Maschinenpistolen. Versakos war in den Siebzigern und sah mit seinem adrett gestutzten weißen Schnurrbart und der blanken griechischen Marinemütze todschick aus. Sein Haus, ein 300 Jahre altes Familienerbe, war ein Wehrturm mit Fensterschlitzen. Er und seine Frau brachten ihre zahlenden Gäste in ihren beiden Gästezimmern unter und warfen sich ansonsten häufig Gegenstände oder Beleidigungen an den Kopf. Sie hassten sich unversöhnlich.

Wie sich herausstellte, waren die Traditionen Spartas auf der Halbinsel Mani nie ganz ausgestorben. Noch Anfang des 20. Jahrhunderts lebten ihre finster blickenden bäuerlichen Analphabeten vom übrigen Griechenland völlig isoliert in einer primitiven Feudalgesellschaft, in der Blutfehden an der Tagesordnung waren. Die Manioten zogen »bis zu den Zähnen bewaffnet und blutrünstiger als Vampire« umher, so ein griechisches Gedicht, das durch den Reiseschriftsteller Patrick Leigh Fermor überliefert ist, und schlachteten sich frohgemut gegenseitig ab. Die Aufgabe der Frauen war es, für große Familien zu sorgen, deren Knaben wörtlich »Kanonen« genannt und in Brutalität unterwiesen wurden. Um ihre endlosen und sinnlosen Fehden zu fördern, errichteten die Manioten hunderte dieser trutzigen Steintürme, aus denen sie Gegner mit rostigen alten Musketen und Kanonen abknallen konnten. Einige von ihnen wurden in jüngerer Zeit zu kleinen überteuerten Herbergen mit Frühstück umgewidmet.

In Aeropolis bringt Versakos allmorgendlich noch immer die Verdauung seiner Gäste durcheinander: Er springt vom Frühstückstisch auf, schwingt einen Krummsäbel und diffamiert Türken pauschal als Schlachtvieh.

»Griechischer Soldat? Bravo! Türkischer Soldat! Bäh.«

Da ich nicht wusste, was ich mit Versakos reden sollte, versuchte ich mit seiner Frau eine kleine Unterhaltung anzuknüpfen. »Ihr Mann hat also im Krieg als Partisan gekämpft…?« Sie rollte nur die Augen und schob mir einen Teller mit getrockneten Oliven zu, die aus unerklärlichen Gründen den Kern jedes griechischen Frühstücks bilden.

»Bumm! Bumm!«, wiederholte Versakos noch lauter.

Porträts der Helden des griechischen Unabhängigkeitskampfs mit prachtvollen Schnurrbärten bedeckten die Wände. Versakos behauptete, sie hätten Anfang des 19. Jahrhunderts alle hier in seiner Festung geschlafen. Zu sehen war zudem ein gerahmtes Foto von Versakos' Sohn Nick in Uniform. Nick führte König Leonidas' große Tradition als griechischer Militärpilot fort. Hinter einer riesigen Spiegelsonnenbrille blickte er mit selbstbewusstem Grinsen in die Kamera. Die Ähnlichkeit mit Oberst Gaddafi war verblüffend.

»Mein Heldensohn«, sagte Versakos Frau rätselhaft. »Sie werden ihn kennen lernen.«

Am nächsten Morgen hatten wir das Vergnügen. Als wir durchs Wohnzimmer gingen, lag Nick ausgestreckt auf dem Boden und sah mit dem Foto verglichen irgendwie mitgenommen aus. Ungekämmt und unrasiert, trug er ein verschwitztes Unterhemd und hatte im Mundwinkel eine erloschene Zigarette hängen. Versakos, der so tadellos und elegant gekleidet war wie immer, blickte erschreckt auf den Sohn herab und steckte sich sofort eine weitere dieser widerlichen Zigaretten an. Und Frau Versakos blickte auf beide mit unverhohlener Verachtung herab, humpelte zu der Wäsche und hielt die Pension am Laufen.

Später fragte ich Einheimische über den Clan der Versakos und die militärischen Geschichten aus. Die waren sicher übertrieben. Und dass in dem Haus je Helden aus dem Unabhängigkeitskrieg übernachtet hätten, war durch nichts belegt. Sogar die griechische Marinemütze war eine Anmaßung, meinten die Leute vom Ort: Versakos sei nie zur See gefahren, nicht einmal auf einer Fähre zu den Inseln.

Aber im Krieg müsse er doch Partisan gewesen sein, sagte ich: Das Foto von ihm beweise das. Oder war das auch nur Phantasie?

»Nun«, kicherte der Nachbar, »ich bin sicher, dass er sich den Partisanen angeschlossen hat. Aber nur, um die Uniform tragen zu können.«

Sakrale Begeisterung:
Die Olympischen Spiele

Die nächste Station nach Sparta war für alle antiken Reisenden unumgänglich. Ihre Wagen rumpelten über die Basaltstraße die sonnige Westküste des Peloponnes hinauf und passierten dabei die Landspitzen des »sandigen Pylos«, an denen einst Homers weiser König Nestor geherrscht hatte. Hier entdeckt man heute einige der letzten unverbauten Strände von ganz Griechenland. Und dann fuhren die Römer zum Bergheiligtum Olympia hinauf.

47 von 48 Monaten war dieser religiöse Bereich inmitten herrlich grüner Felder das idyllische Reich der Priester, Pilger und Reisenden: Unser Führer Pausanias widmete Olympias künstlerischem Glanz ganze zwei seiner zehn Bücher. Trotzdem versuchte jeder römische Tourist seinen Besuch auf die Olympischen Spiele zu legen, die alle vier Jahre während des ersten Vollmonds nach der Sommersonnenwende stattfanden. Dafür nahmen sie jede Strapaze in Kauf.

Die Römer mischten sich mitten in der Sommerhitze unter die schätzungsweise 40 000 Zuschauer, die in diesen kleinen Ort strömten. Viele kamen von so weit her wie aus Afrika oder vom Schwarzen Meer. Diese »endlose Menschenmenge«, so klagte der Sportfreund Lukian, überrollte die bescheidenen örtlichen Herbergen und schuf Bedingungen, wie man sie heute von schlecht organisierten Rockfestivals kennt. Die wenigen Herbergen waren Monate im Voraus ausgebucht, vor allem die Luxushotels für Prominente. (Zwei mit anmutigen Säulen und begrünten Patios sind ausgegraben worden. Die Athleten wohnten dagegen mit ihren Trainern und Masseuren in eigenen abseits gelegenen Unterkünften, in einem kleinen olympischen Dorf.) Alle anderen mussten Zelte aufschlagen und machten den heiligen Bezirk des Zeus, den heiligsten der heidnischen Schreine, so zum Zentrum eines riesigen wilden Campingplatzes. Selbst die Wohlhabenden mussten rechtzeitig eintreffen, wollten sie neben anderen, die wie die Ölsardinen in provisorischen Unterkünften schliefen, noch einen guten Platz in dem gepflegten Wäldchen ergattern. Die Ärmeren kauerten dagegen über Nacht unter Torbögen, an Kolonnaden oder unter den Statuen der berühmten Diskuswerfer. Platon persönlich war einst in einer behelfsmäßigen Baracke untergekommen, in der jede Nacht betrunkene Fremde schnarchten. Örtliche Adlige erhielten zur Aufrechterhaltung der Ordnung Peitschen.

Eigentlich hätten die Zuschauer allein für das Überleben im Stadion einen Lorbeerkranz verdient. Sie saßen während der fünf Tage dauernden Wettkämpfe von morgens bis nachts unter der sengenden Sommersonne oder im Regen ohne Sitzgelegenheit auf dem nackten Berghang. Skrupellose Händler verdienten sich an ihnen eine goldene Nase, indem sie Würstchen von zweifelhafter Qualität, Nüsse und Birnen oder Amphoren geharzten Weins feilboten. Bis Mitte des 2. Jahrhunderts n. Chr., als ein Aquädukt gebaut wurde, gab es in Olympia keine regelmäßige Wasserversorgung, weil der Fluss Alpheus im Sommer versiegte. Regelmäßig brachen manche unter den eingesperrten Zuschauern wegen Austrocknung zusammen. Da sanitäre Anlagen fehlten, verbreiteten sich Fieber und Durchfälle. Und um das Maß voll zu machen, grassierten in Olympia auch Wanzen: Vor allen Spielen brachten die Priester im vergeblichen Versuch, der Plage Herr zu werden, an einem Schrein dem Zeus Apomyios, dem Verhüter der Fliegen, Opfer dar. Und am Ende der Spiele, so klagte Lukian, konnten die Zuschauer dann tagelang mit Wagenlenkern verhandeln. Das gesamte Erlebnis, so fügt er hinzu, sei so strapaziös gewesen, dass ein Herr seinem unbotmäßigen Sklaven einst als Strafe einen Besuch der Olympischen Spiele androhte.

Aber dies schreckte letztlich niemanden ab: Lukian nahm die Strapazen trotz seiner Klagen mindestens viermal auf sich. Und ein Athener Bäcker ließ auf seinem Grabstein prahlerisch verkünden, er habe die Olympiade zwölfmal gesehen. Er stimmte also offenbar mit dem Philosophen Epiktet darin überein, dass die Schwierigkeiten ein »geringer Preis« für ein so »unvergessliches Spektakel« seien. Und schließlich machte Pausanias seinen Lesern die Olympischen Spiele mit dem Hinweis schmackhaft, wenn sie stattfänden, sei »die göttliche Aura auf Erden am spürbarsten«.

Das sportliche Leben

In gewissem Sinn wurden die antiken Spiele Opfer ihrer selbst. Seit ihrer Gründung durch Herkules 776 v. Chr. fanden sie ohne einen Ausfall regelmäßig alle vier Jahre statt, sodass die Geschichte für gebildete Römer erst mit Olympia anfing. Die Griechen waren die ersten, die sportliche Wettkämpfe zum Zentrum ihres Alltagslebens machten. Das Gymnasion war in jeder Stadt nach dem Tempel das zweitwichtigste Gebäude. Bis zum 5. Jahrhundert v. Chr. waren im östlichen Mittelmeerraum um die 300 sportlichen Wettkampfveranstaltungen ins Leben gerufen worden, von denen indes keine an das Ansehen der Olympiade heranreichte. Dieses Ereignis war heilig, ein dem Zeus geweihter Akt, und ein Sieg in Olympia brachte den Sterblichen den Göttern am nächsten. Zudem fanden die Spiele wegen ihrer gewaltigen Bedeutung unter einem Gottesfrieden statt. Wenn ein Dutzend olympischer Herolde in ganz Griechenland das Ereignis verkündete, mussten alle Kriege zwischen den sich dauernd befehdenden Stadtstaaten unterbrochen werden, damit die Kämpfer und Zuschauer sicher nach Olympia gelangen konnten. Dieser Waffenstillstand, dessen Wortlaut auf einem goldenen Diskus eingraviert war, ermöglichte es den Diplomaten, in Olympia Friedensverträge auszuhandeln. Die Vereinbarungen wurden in Tafeln eingemeißelt und den Göttern in Tempeln als Weihgabe dargebracht. Die Religion war denn auch in jedem Augenblick der Spiele präsent. Während dieser fünf Tage beanspruchten Prozessionen, Rituale und Opferungen, darunter die von 100 Bullen, nicht weniger Zeit als die Wettkämpfe. Ein Besuch Olympias war für die damaligen Menschen ein so tiefgründiges religiöses Erlebnis wie heute für Hindus ein Besuch in Varanasi oder für Muslime die Pilgerfahrt nach Mekka.

Unter römischer Herrschaft errangen die Spiele neue Rekorde der Beliebtheit: Zweifelsfrei wurden sie zum bedeutendsten wiederkehrenden Ereignis des gesamten Römischen Reichs. Zu keiner anderen Zeit setzten sich am Mittelmeer so viele Menschen gleichzeitig in Bewegung als alle vier Jahre, wenn die Herolde aus Olympia den Beginn der Spiele ausriefen. (Auch wenn die Pax Romana den Gottesfrieden überflüssig machte.) Zwar begeisterten in Rom die Gladiatorenkämpfe die Massen, doch träumten alle vornehmen Römer von einem Besuch in Olympia: Und seitdem jeder des Griechischen Mächtige aktiv teilnehmen konnte, gingen auch hellenophile Römer an den Start. Der junge Tiberius, der spätere Satyr-Kaiser, fuhr bei der 195. (1 n. Chr.) und Germanicus bei der 199. Olympiade ein Wagenrennen. Aber nicht jeder Römer war so bescheiden. Nero fügte 67 n. Chr. dem traditionellen Verzeichnis der Disziplinen auch noch Wettbewerbe in tragischer Dichtung und im Harfenspiel hinzu und siegte in beiden mühelos. (Nach einem Beobachter löste der Anblick des singenden Kaisers im olympischen Stadion »ganze Iliaden des Wehklagens« aus.) Sich über alle Regeln hinwegsetzend, sprachen die olympischen Richter Nero auch den Sieg im Wagenrennen zu, obwohl er aus dem Fahrzeug gestürzt und als Letzter durchs Ziel gegangen war. Beim Siegesbankett seufzte er: »Nur die Griechen wissen mich zu schätzen.«

Die Zeltstadt der Zuschauer bildete den Schauplatz für die *Panegyris*, das weltliche Festspiel, ein rund um die Uhr laufendes Bacchanal, bei dem Prostituierte in fünf Tagen ein Jahreseinkommen erzielen konnten. Schönheits- und Trinkwettbewerbe sowie Wettessen lösten einander ab. Fachkundige Masseure kneteten ihre Klientel bis zu deren Erschöpfung. Knaben mit weißer Gesichtsbemalung und Schleiern boten erotische Tänze dar. Die schwitzenden Massen wurden von Amateurrednern, Theatergruppen, Jongleuren, Handlesern, Feuerschluckern und – so der Orator Dion »Goldmund« – »zahllosen Rechtsverdrehern« belagert. Berühmte Philosophen trafen sich zu öffentlichen Diskussionsrunden und schickten, um das Interesse zu wecken, zuweilen eine Vorhut voraus. Dichter stellten entstehende Werke vor. Herodot trug auf den Olympischen Spielen sein Geschichtswerk, Thukydides seine große Kriegschronik vor. Maler und Bildhauer warben unverhohlen um Auftraggeber. Der wohl berüchtigste Selbstdarsteller dieser Nabelschau war der Kyniker Peregrinus Proteus, der 165 n. Chr. die Spiele dazu auserkor, sich öffentlich das Leben zu nehmen. Ein großer Mob hatte sich versammelt, als der alte Mann in das lodernde Feuer stieg, einige sahen ihm ehrfürchtig zu, andere verhöhnten ihn, und wieder andere skandierten betrunken: »Los geht's!«

Man muss sich eine an Karneval erinnernde Atmosphäre vorstellen, in der beispielsweise Apuleius, damals Athener Student, in ein paar Tagen sein gesamtes Erbe verschleuderte, so heißt es jedenfalls. Selbstgenügsamkeit, guter Geschmack und Bescheidenheit wurden mit den antiken Spielen jedenfalls nicht verbunden.

Die olympische Geldmaschine

Das weltliche Fest ist im modernen Olympia noch immer lebhaft in Gange. Seit den Sechzigerjahren ist auf diesem entlegenen Landstrich des Peloponnes spontan ein kleines »Servicedorf« zur Versorgung der Besucher der Ruinen entstanden. Mit seinem gekünstelten Ambiente im griechisch-rustikalen Stil gelingt es diesem Vorposten, die alte olympische Tradition von Überfüllung, Vermarktung und Abzockerei aufrechtzuerhalten.

Wir steuerten den ächzenden Donko an behelfsmäßigen Fassaden vorüber, die Gipssäulen und Statuen der Aphrodite schmückten. Es waren Hotels mit den Namen Akropolis, Apoll oder Parnass, Gasthäuser mit Weintrauben aus Plastik und Speisekarten in sieben Sprachen, alle mit einem »besonderen Touristenmenü«, stets aus Mussaka, griechischem Bauernsalat und Baklava bestehend. In den Bars lauerten übernächtigte russische Blondinen auf einsame männliche Alleinreisende. In diesem neuen Olympia waren Zimmer überraschend schwer zu bekommen. Erst bei der sechsten Anfrage kamen wir schließlich unter. Acht äußerst schmale Betten standen in unserem Zimmer, und an ihnen nagte die Feuchtigkeit. Die junge griechisch-australische Besitzerin hinter der Theke hatte den leeren Gesichtsausdruck der Hoteldamen, die fliegende Wechsel gewöhnt sind. Wir hatten für sie nicht mehr Realität als die vorüberhuschenden Schatten des Hades.

Aber nach diesem ernüchternden Auftakt lockte ein Nachhall von Olympias »unvergesslichem Schauspiel«. Drüben im antiken *Sanctum sanctorum* erstrahlte noch immer die von Pausanias beschworene göttliche Aura.

Heute schmiegt sich der heilige Bezirk des Zeus nach wie vor an sattgrüne Hügel, während der Fluss Alpheus, der seither seinen Lauf geändert hat, sich in der Nähe, von Weiden und Pappeln gesäumt, durch die Landschaft schlängelt. Man mag kaum glauben, dass Olympia, dieses größte aller heidnischen Heiligtümer, während des Mittelalters unter dem Sediment eines anderen Flusses verschüttet und völlig verschollen gewesen war. Erst 1766 entdeckte es ein britischer Altertumskenner bei einem Besuch wieder. Ihm war aufgefallen, dass die Bauern auf ihren Feldern beim Pflügen immer wieder auf Bruchstücke von Skulpturen stießen. Während das antike Stadion mit seiner schmalen eleganten Originalform aus seinem schlammigen Grab befreit werden konnte, blieb von vielen anderen Bauten gerade noch kniehoher Schutt übrig. Der christliche Kaiser Theodosius hatte die Spiele 391 n. Chr. schließlich verboten und so einer spektakulären, 1000 Jahre lang ununterbrochen gepflegten Tradition ein Ende gesetzt. Die heidnischen Tempel fielen dem Vandalismus zum Opfer. Und doch sahen in der fruchtbaren Landschaft Olympias – nach den öden Berghängen waren das Gras und die Bäume mit ihren tief hängenden Ästen geradezu eine Augenweide – die Ruinen majestätisch aus. Selbst die kleinsten Bruchstücke wirken wie Kronjuwelen auf einem grünen Samtkissen.

Im Stadion knieten aufgeregte Spanier auf der originalen Start-
linie nieder und liefen – oder besser watschelten oder humpelten,
keuchend und prustend – die 200 Meter lange Bahn entlang. Vor
dem einstigen Eingang der Athleten stauten sich Massen internationaler Besucher. Flüche in einem Dutzend Sprachen hallten
durch die Arena. Und wie eh und je lag eine dichte Atmosphäre
aus Vorfreude und Erregung in der Luft.

Am ersten Morgen der Spiele waren mit den rüpelhaften Volks-
massen einst auch die römischen Besucher ins Stadion gedrängt.
Diener, bepackt mit gepolsterten Sitzkissen und einem Mittagsim-
biss aus Brot, Oliven und Käse, bahnten ihren Herren mit Ellenbogen den Weg zu den besten Plätzen. Den antiken Zuschauern war
bewusst, dass sie sich auf den Hang jenes Berges setzten, auf dem
einst Zeus seinen Vater, den Titanen Kronos, im Kampf um die
Weltherrschaft niedergerungen hatte. Diese mythische Atmosphäre
des Ortes machte jeden Augenblick des Wettkampfs noch aufregender. Denn auch die Götter interessierten sich nicht weniger als
die Sterblichen für den Ausgang der Spiele.

Im Publikum waren Menschen aus allen gesellschaftlichen
Schichten vertreten – der Eintritt war frei –, wobei von diesem demokratischen Prinzip weder Sklaven noch Frauen profitierten. Die
Damen hatten eigene, der Göttin Hera, der Gemahlin des Zeus, geweihte Spiele. (Unter anderem mit Läufen, bei denen Jungfrauen
in Tuniken mit entblößter rechter Brust an den Start gingen.) Dass
Frauen nicht einmal im Publikum zugelassen waren, musste die
Römer merkwürdig angemutet haben, durften ihre Gattinnen
doch im Zirkus in Rom neben ihnen oder im Kolosseum in eigenen Reihen sitzen. Allerdings wird von Frauen berichtet, die den
Olympischen Spielen als Mann beigewohnt haben, so eine Matrone
aus Rhodos, die mit geschorenem Haar und in der Tunika eines
Trainers ihrem Sohn bei den Wettkämpfen zusah. Als sie bei dessen
Sieg begeistert über eine Barriere sprang und ihre Tunika am Saum
hängen blieb, flog der Schwindel auf.

Die Olympischen Spiele begannen stets mit einem Paukenschlag, dem berühmten Wagenrennen. Schon Tage zuvor diskutierten die Zuschauer das Ereignis, debattierten über die Fähigkeiten der Lenker und die Tagesform der Pferde. Im Stadion begutachteten Griechen wie Ausländer die Rennbahn und schlossen mit Nachbarn Wetten ab. Eine Woge der Erregung lief durch das Publikum, wenn die 40 bunten Wagen, die jeweils von vier Pferden gezogen wurden, zum Start rollten. Derweil nahmen die zehn olympischen Schiedsrichter in purpurnen Gewändern ihre Plätze in einer Bude an der Mitte der Rennstrecke ein.

Mit einer Serie dumpfer Schläge öffnete sich schließlich das Starttor. In Form eines Schiffsbugs angelegt, war es mit einem genialen System aus Kurbeln versehen, das die 40 Verschläge in umgekehrter Reihenfolge öffnete und so allen Wagen die gleichen Startchancen bot. Über der Menge erhob sich ein ohrenbetäubendes Gebrüll, wenn die Wagen über die Piste jagten und sich in den Kurven auf die Seite legten. Spektakuläre Unfälle waren häufig, wobei den Zuschauern in den ersten Reihen Schlamm und Holzsplitter um die Ohren flogen. Inmitten des Geschreis, das die donnernden Hufe übertönte, fluchten oder weinten manche, andere rauften sich die Haare, wedelten mit Taschentüchern und verbargen die Gesichter in den Händen. Die ungefähr zehn Kilometer lange Strecke lief über zwölf Runden, bei denen jeweils neue Unglücke und weitere Glanzleistungen zu erwarten waren. Unter donnerndem Beifall, der noch Kilometer entfernt Vieh auf den Weiden verschreckte, schoss der Siegerwagen schließlich über die Ziellinie. Bis dahin war das Stadion von Trümmern übersät: Einmal schaffte es nur ein einziges Fahrzeug unversehrt ins Ziel.

Die Spiele waren damit eröffnet. Die Begeisterung der Massen hielt auch während der insgesamt 18 traditionellen Wettkämpfe an, bei denen eingeölte Athleten unter den strengen Blicken der Priester und Kampfrichter splitternackt gegeneinander antraten. Einige der Disziplinen, so die Läufe, der Ring- und Faustkampf, das Speer- und Diskuswerfen, sind von den heutigen Spielen bekannt. Andere, so Wettläufe in voller Rüstung und Bewaffnung, erscheinen heute eher exzentrisch. Besonders beliebt war der Allkampf *Pankration*, bei dem alles erlaubt war, auch Würgegriffe oder das Brechen von Gliedern. Die Spartaner glänzten in dieser Sportart: Es war ungewöhnlich für die Spiele, wenn anschließend nicht mehrere getötete Kämpfer am Ufer des Alpheus eingeäschert wurden.

Und jede Nacht nach den Wettkämpfen ging für die Zuschauer die Aufregung außerhalb der Arena weiter: Sie feierten ausgiebig und nutzten die einzigartige Gelegenheit zur Besichtigung der zahlreichen Sehenswürdigkeiten.

Olympia hatte wahrscheinlich eine größere Dichte an Kunstwerken zu bieten als jede andere griechische Stadt. Beflissene fromme Führer zeigten sie stolz den Reisenden. Die gingen zuerst einmal zum Zeus-Tempel, verglichen mit Athener Tempeln ein eher nüchterner und solider Bau, der indes das bedeutendste Götterbildnis enthielt: die von Phidias geschaffene Statue des sitzenden Zeus, eines der sieben Weltwunder der Antike. Sie zu bewundern war einer der bedeutendsten Augenblicke im Leben eines Römers.

Die an Zahnräder erinnernden Bruchstücke der dorischen Säulen dieses Tempels liegen heute verstreut im Gras. Sicher fuhren auch die heidnischen Verehrer mit den Fingern neugierig über deren kannelierte Oberfläche: Der vor Ort gebrochene Stein mit Einschlüssen fossiler Muscheln war zwar minderwertiges Material für Bauschmuck, aber zur Ehrung der Naturgötter sehr passend. Wenn die Besucher die gigantischen Bronzetore durchschritten hatten, blieben sie vor Ehrfurcht erstarrt stehen: Im flackernden Schein von Fackeln blickte die bärtige Figur des Zeus auf sie hernieder. Über zwölf Meter ragte diese auf einem Thron aus Zedernholz sitzende Statue in die Höhe. Ihre Muskeln bestanden aus Elfenbein, die Gewänder aus Gold. Und im flackernden Fackellicht funkelten Juwelen. In der Fläche seiner ausgestreckten Hand stand eine Skulptur der geflügelten Siegesgöttin. Das Haupt des Gottes berührte fast die Decke, »als wollte Zeus«, so der Geograph Strabon, »das Dach abdecken, wenn er sich erheben würde«.

Olympias sanctum sanctorum: *die Reste des Zeus-Tempels.*

Die alleinige Größe dieses Bildnisses flößte Ehrfurcht ein. Für den Betrachter überwältigend war sein Gesichtsausdruck. Er verkörperte neben einer unbesiegbaren Macht auch eine einnehmende Menschlichkeit. Der Blick des Zeus, so hieß es, vertreibe streunende Hunde aus dem Tempel und lasse die Menschen alle Sorgen vergessen. Die meisten Römer waren so tief beeindruckt wie der Reisende Aemilius Paulus, der meinte, er habe »den Gott in Person gesehen«. Pausanias mochte erst gar nicht glauben, dass die Statue nur zwölf Meter hoch war: Die gewaltige Präsenz des Zeus ließ sie unermesslich größer erscheinen. Viele Touristen mussten das Bedürfnis unterdrücken, sich vor dem Bildnis zu verneigen: Zeus verlangte von den Sterblichen Würde, nicht Unterwürfigkeit.

Vater und König, Beschützer der Städte, Gott der Freundschaft, Gott der Gastfreundschaft, Spender des Wachstums …

Zeus hatte während der Spiele einen gut gefüllten Terminkalender: In den Gewändern eines Schiedsrichters empfing er nach jedem

Wettkampf die Tempeldiener, die ihn über die Ergebnisse unterrichteten. Heidnische Bittsteller drängten sich um seine Knie und brachten lautstark ihre Anliegen vor. Andere erklommen ein eigens angebrachtes Geländer, bewunderten die Skulptur auf der Höhe ihres Kopfes und flüsterten Zeus intime Wünsche ins Ohr. Auf den Stufen vor dem Tempel warteten Frauen darauf, auf übernatürliche Weise geschwängert zu werden; war ihnen im Traum doch verkündet worden, Zeus würde sie begehren: Die Mythologie wimmelte von Geschichten, in denen eine Sterbliche nach einer solchen Zeugung einen Halbgott zur Welt gebracht hatte. Und niemand zweifelte daran, dass der lebende Zeus in dieser Statue verkörpert war. Als der irre Caligula den Befehl gab, ihren Kopf durch sein Bildnis zu ersetzen, soll sie ein ohrenbetäubendes Gelächter angestimmt und die Arbeiter in die Flucht geschlagen haben.

Dabei war der olympische Zeus für antike Kunstliebhaber nur eine von vielen Kunstwerken. Pausanias geriet regelrecht in Verzückung, wenn er am Fluss von Tempel zu Tempel schritt und die Bildnisse bewunderte. Auf den offenen Feldern stand eine glanzvolle Parade eleganter Bronzetorsos aufgereiht, denn jedem Olympiasieger wurde eine Statue gewidmet. Zu den berühmtesten Athleten gehörten der starke Milo von Kroton, dem keiner einen kleinen Finger verbiegen konnte, und der Faustkämpfer Theagenes, dessen Statue, so bemerkt Pausanias, verzaubert war: Als sie von einem ehemaligen Gegner mit der Peitsche geschlagen und beleidigt wurde, stürzte sie um und erschlug den Angreifer. Obwohl offenkundig provoziert, wurde sie wegen Mordes angeklagt und im Meer versenkt. Als dann aber auf den Feldern um Olympia mehrere Jahre lang die Ernten ausblieben, wurde die Statue geborgen und an Ort und Stelle wieder aufgestellt.

Wenn die Betrachter diese – spirituell wie historisch bedeutenden – Sehenswürdigkeiten genug bewundert hatten, kehrten sie zum nächsten Sportereignis ins Stadion zurück.

Für antike Fans waren die Wettkämpfe mit Körperkontakt am letzten Nachmittag der Spiele der absolute Höhepunkt. Welche dieser Disziplinen am gewalttätigsten war, vermag man heute kaum noch zu sagen, ob der Allkampf *(Pankration)*, der Ringkampf oder der griechische Faustkampf, bei dem die Athleten mit Riemen an den Fäusten stundenlang aufeinander einschlugen. Meist verließen die ruhmreichen Sieger das Stadion mit zerschmetterten Nasen, ausgeschlagenen Zähnen und Blumenkohlohren. Angesichts solcher Entstellungen scherzte ein Römer, dass ein Adliger, der in den olympischen Ring steige, sein Erbe aufs Spiel setze: Nach einer Runde Faustkampf erkenne ihn seine Familie nicht wieder.

Der Höhepunkt war ein gewaltiges Gelage in der letzten Nacht, bei dem die Sieger von den Schiedsrichtern gekrönt wurden.

Die Erfindung des »olympischen Geistes«

Heute braucht man schon viel Phantasie, will man sich den kulturellen Zusammenhalt vor Augen führen, der die antike Olympiade beseelte. Denn die heutigen Spiele scheinen vor allem von Konflikten und Zynismus beherrscht.

Nichts konnte die Begeisterung für die olympischen Extravaganzen trüben, nicht einmal Skandale. Seit 338 v. Chr., als ein gewisser Eupolos von Thessalien drei olympische Faustkämpfer bestach, damit sie ihn siegen ließen, überschatteten regelmäßig Vorwürfe der Korruption die Spiele. Die Schiedsrichter verwandten die Strafgelder zur Errichtung von Statuen des Zeus, auf denen mahnende Gedichte eingraviert waren, »um zu zeigen, dass du in Olympia mit der Geschwindigkeit deiner Füße und der Kraft deines Körpers und nicht mit Geld gewonnen hast«.

Dass mit den Wettkämpfen auch Geld verdient wurde, hatte nichts Anstößiges. Die Athleten waren Profisportler und lebten von den Stipendien öffentlicher Körperschaften oder privater Geldgeber. (Die moderne Begeisterung für Amateursport geht auf Pierre de Coubertin zurück, der 1894 die Olympischen Spiele wieder belebte.) Sie reisten in Gruppen von Wettkampf zu Wettkampf und strichen Preisgelder ein. Von den hunderten regelmäßig ausgetragenen Spielen im östlichen Mittelmeerraum waren die Olympischen die einzigen, bei denen es nicht um Geld ging. Die Sieger wurden nur mit einem Kranz aus wilden Olivenzweigen gekrönt, der vom Baum des Zeus stammte. Aber wie der Dichter Pindar sagt, die Sieger gewannen für den Rest ihres Lebens ein »süßes glattes Segeln«. Sie galten als Helden, fast Halbgötter, und paradierten im Triumph in Vierspännern durch ihre Heimatstädte. Ihre Bewunderer verliehen ihnen lebenslange Leibrenten, verpflegten sie kostenlos, gaben ihnen Steuerfreiheit und stellten ihnen Villen und die vordersten Plätze im Amphitheater zur Verfügung. Im Zeitalter vor dem Fernsehen machten sie ein Vermögen mit Kurzauftritten bei weniger wichtigen Spielveranstaltungen – so bezahlte eine obskure Stadt in Kleinasien einem Faustkämpfer 30 000 Drachmen, ungefähr das hundertfache Jahreseinkommen eines römischen Söldners – oder traten in die Politik ein, wie der Ringer Marcus Aurelius Asklepiades, der Senator in Athen wurde. Andere Sieger wurden als Masseure oder persönliche Trainer des Kaisers in den Palast nach Rom berufen.

Auf diesem Boden war echter Sportgeist freilich dünn gesät. Angesichts des erbitterten Konkurrenzkampfs waren unterlegene Athleten unverhohlenem Spott preisgegeben. Öffentlich gedemütigt, so sagt Pindar, gingen sie »schleichend durch Nebenstraßen, sich vor Feinden versteckend und geplagt vom Elend«. In Olympia gab es keinen zweiten oder dritten Platz. Der unsportlichste Verlierer war ein gewisser Kleomedes, der Pausanias zufolge wegen einer Disqualifizierung »vor Kummer den Verstand verlor«. Nach der Rückkehr in seine Heimatstadt riss er in einer Schule einen Stützpfeiler nieder. Das einstürzende Dach begrub 60 Knaben unter sich.

In späteren Jahrhunderten wurden gegen diesen fanatischen Sportkult nur wenige Stimmen laut. Gelegentlich kritisierte ein Philosoph diese banausische Begeisterung für den Körper auf Kosten von Geist und Seele. Und Diogenes verhöhnte einen prahlenden Läufer mit dem Hinweis, dass Hasen und Hirsche als die schnellsten Tiere auch die feigsten seien. Der römische Geschichtsschreiber Tacitus tat die Spiele als das Reich der »Drückeberger, Turner und Perversen« ab. Juvenal mokierte sich über die Leidenschaft für »griechische Petersilienkränze«. Aber die Stimmen solcher Kritiker gingen unter im Jubelchor der Begeisterten, welche die Olympiade zur Förderung der Ausdauer, körperlicher Schönheit und moralischer Stärkung priesen.

Alle vier Jahre, wenn die heiligen Herolde aus den Toren Olympias in die Welt hinauseilten und die nächsten Spiele ankündigten, bereiteten sich die Athleten vor, und die Sportfans schmiedeten Reisepläne.

Wir beluden den Donko, um das olympische Touristendorf zu verlassen. Als ich zum Bezahlen zur Rezeption ging, erlebte ich an der Theke ein traditionsreiches Ritual mit.

Nach Lukian wurde die Menge, die nach den Spielen die vom Abfall übersäte Stätte verließ, stets von kynischen Philosophen dominiert. Diese antiken Hippies, die auch die Athener Straßen unsicher machten wie Wanzen eine verrottete Matratze, waren in Olympia ganz in ihrem Element. Mit verfilzten ungewaschenen Haaren und in schmutzigen Tuniken trieben sie sich zwischen den Bummlern herum, schimpften auf die Frommen, verhöhnten die Götter und schnorrten bei Leichtgläubigen Mahlzeiten zusammen. Lukian amüsierte sich über sie und war über sie zugleich auch erschreckt, denn er sah sie vor allem als Hochstapler.

Die Besitzerin unseres billigen Hotels in Olympia beurteilte Gäste gerne nach Äußerlichkeiten. Selbst wie eine Claudia Schiffer fein gekleidet, begegnete sie Touristen in einfacher Kluft mit unverhohlener Verachtung. Allerdings sollte sie bald dahinter kommen, dass die modernen Kyniker ihren Charme mit Anzug und Krawatte spielen lassen.

»Es gibt ein Karma, das alle Geldangelegenheiten regelt«, sagte ein adrett gekleideter alter Engländer an der Theke. »Freunde in der Not sind echte Freunde, wie ein englisches Sprichwort sagt.«

Er hatte alle Attribute eines distinguierten Landadeligen, silbernes Haar, einen adrett gestutzten Schnurrbart und einen abgetragenen Mantel. Offenbar hatte er eine Zeit in dem Hotel gewohnt.

»Natürlich tut es mir furchtbar Leid, Ihnen zur Last zu fallen«, spulte er gut improvisiert seine Entschuldigung ab, die längst zur Masche geworden war. »Ich weiß gar nicht, wie ich diese Freundlichkeit wieder gutmachen soll…«

»Das können Sie auch nicht«, sagte die Frau kurz angebunden und polierte ihre Theke, die schon blitzblank war.

»Ich befinde mich in einer äußerst unangenehmen Lage und bin auf Ihre Gnade angewiesen…«

»Ja, ja.«

Und immer weiter plapperte die kultivierte Stimme: »…völlig unerwartet… Ihre wunderbare Großzügigkeit… ist mir schrecklich unangenehm…« Dieser Hai mit den gelben Zähnen hatte sich offenbar durch ganz Griechenland geschnorrt, war überall einige Wochen geblieben und hatte sich das Entgegenkommen von Hoteliers erschlichen. Die waren über diesen Respekt einflößenden Gast, der Woche für Woche die Ruinen genießen wollte, stets entzückt gewesen. Und dann hatte er die Katze aus dem Sack gelassen und gestanden, dass er keine Drachme hatte. Dieser charmante Hochstapler mit dem gewinnenden Lächeln, der alten Krawatte und dem verbeulten Koffer entsprach ganz dem Typ Besucher, der in den Kunstgalerien New Yorks Wein und Kanapees schmarotzt.

»Ich weise Ihnen das Geld selbstverständlich an, sobald es eingegangen ist…«

»Selbstverständlich.«

Und während der Schnorrer endlos weiterplapperte, wurden die Augen der Hoteldame glasig.

Eine der überraschendsten Entdeckungen beim Reisen durch das moderne Griechenland ist die Tatsache, dass das Reich des Massentourismus winzig ist. Man muss sich nur einen Schritt abseits der ausgetretenen Pfade begeben, und schon tritt man in eine andere Welt ein.

Nach den übervölkerten Ruinenfeldern Olympias fuhren wir ins Landesinnere. Wir kurvten zunächst in einer Kolonne aus Touristenbussen eine Bergstraße hinauf. Aus schierer Verzweiflung bog ich, einem kyrillischen Schild folgend, auf gut Glück in eine Nebenstraße ab. Sofort hob sich die beklemmende Atmosphäre wie ein finsterer Vorhang. Verkarstete ockerbraune Berge ragten in einen blassen, fast weißen Himmel hinein. Die schmale Straße wand sich in engen Schlingen durch die Landschaft, vorbei an sonnenverbrannten Weilern, in denen alte Männer mit gewaltigen Schnurrbärten im Schatten saßen und vor elfenbeinernen Dominosteinen Kaffee tranken. Vor einer zerfallenen orthodoxen Kapelle, vor der welke Blumen lagen, fegten schwarz gekleidete Witwen den Boden und schmückten am Straßenrand Ikonen.

Mir gab dieser Abstecher gewaltigen Auftrieb. Wir hatten Griechenlands bedeutendste Sehenswürdigkeiten besucht. Jetzt war es Zeit, frische Luft zu atmen, etwas Grün und eine offene Landschaft zu genießen. Die Römer hatten zwar nicht das moderne Bedürfnis nach Wildnis verspürt, waren aber durchaus empfänglich für die Kräfte der Natur, in denen sie Erscheinungsformen des Göttlichen sahen.

Man begegnet einem Wäldchen, schrieb Seneca in einer Schwärmerei, die fast an Henry David Thoreau erinnert. *Die alten Bäume stehen dicht gedrängt. Ihr verschlungenes Blätterwerk riegelt den Himmel ab. Eine große Dunkelheit umschließt die offenen Felder. Und ein Staunen überkommt einen, wenn man bemerkt, dass man sich in Gegenwart eines Gottes befindet. Oder man erblickt eine tiefe Grotte, die allein die Natur ausgehöhlt hat. Die Seele empfindet etwas Höheres. Man tut recht daran, an diesen Orten Altäre zu errichten, die Quellen der großen Ströme zu verehren … oder dort, wo heißes Wasser nach oben brodelt, oder an Seen, die unergründlich oder geheimnisvoll trüb sind.*

Ja, es war Zeit für unsere Seelen, zwischen Berggipfeln frische Luft zu atmen.

Et in arcadia ego ...

Und so wandelten wir durch die Täler Arkadiens, des mythischen Inbegriffs für das Paradies auf Erden, durch Griechenlands altes Shangri-La, den Inbegriff für die idyllischste und heiterste Natur. Leider hielt dieses Paradies auch unliebsame Überraschungen bereit.

Immer wieder nahm uns dichter Nebel die Sicht, sodass wir gerade noch drei bis vier Meter weit sahen. Er verschluckte natürlich auch die spektakuläre Lousios-Schlucht, die sich wie der Grand Canyon bis zum Horizont hin aufklaffte. In den Schwaden tauchten immer wieder Granitfelsen auf, dann bohrten sich auf unerklärliche Weise Sonnenstrahlen durch das Weiß und zauberten für kurze Augenblicke glänzende Regenbogen über die dunklen Baumwipfel. Aber wir konnten diese himmlische Vision nur mit Mühe genießen, weil uns ein feiner Dauerregen bis auf die Knochen durchnässt hatte. Unter unseren Füßen hatte sich der Saumpfad, seit der Römerzeit ein beliebter Wanderweg für Reisende, Einsiedler und Pilger, in grauen Morast verwandelt, wie man ihn von Aufnahmen aus dem Stellungskrieg kennt. Und immer wieder rollten Donnerschläge über uns hinweg. In dieses Arkadien sollte man sich besser nicht verirren.

Aber trotz aller Widrigkeiten wurde diese Provinz ihrem Ruf gerecht, zumindest dem der ältesten Sagen. Der Historiker Simon Schama bringt in seinem Buch *Der Traum von der Wildnis* die Sache nämlich auf den Punkt: Das neuere Bild Arkadiens als einer idyllischen Traumlandschaft ist nichts anderes als die spätere Abwandlung eines ursprünglichen Mythos: Diese Gegend hatte anfangs eine eher bedrohliche Sicht der Natur verkörpert, den wilden Urwald, in dem es vor reißenden Bestien wimmelte. Beherrscht wurde das Ganze von dem anarchischen, sexbesessenen Gott Pan, einem Zwitter aus Mensch und Bock, der sich am Vieh verging und unablässig beim Flötenspiel onanierte. Seine Untertanen, die ursprünglichen Arkadier, waren mit Leder behangene sexgierige Eingeborene, die sich von Milch und Getreide ernährten und deren Heimat alles andere als ein sonniges Idyll war. Vielmehr verwüsteten immer wieder Stürme und Überschwemmungen ihr »Paradies«. Erst die Römer gaben dem eher wüsten Mythos ein lieblicheres Gepräge, hatten sie für raue Landschaften, karge Bergketten oder jede Art unberührte Wildnis doch wenig übrig. Dichter wie Vergil und Plinius der Jüngere beschworen Arkadien als einen adrett gepflegten Garten, ein heidnisches Eden, wo sich an malerischen Seen Hirten räkelten und wo die Ernten ganz von selbst heranwuchsen. Dieses neue Arkadien, ein *locus amoenum*, ein abgeschiedener Ort der Wonne, bildete denn auch jene romanti-

Ein unvergessliches Paradies: Kapelle in der Lousios-Schlucht, Arkadien.

sche Sichtweise von der lieblichen Natur, die uns über die verklärende Malerei der Renaissance überliefert wurde.

Die Nacht vor unserer Wanderung hatten wir in Stemnitsa verbracht, einem Dorf mit der makabren Ausstrahlung eines transsilvanischen Nestes. Noch um die Mittagszeit waberten Dunstschwaden durch die mittelalterlichen Straßen zwischen den schiefergrauen Häusern und verlassenen Kirchen. Die Einwohner starrten uns mit wächsernen Gesichtern ängstlich hinter ihren Fensterläden an, die wie zum Schutz vor Nosferatu mit Kruzifixen und Knoblauchgirlanden behängt waren. Als wir eine Tür mit der Aufschrift »*Kafe*« aufschoben, blickten wir in einen winzigen, finsteren und von dickem Pfeifenqualm erfüllten Raum. Hirten, die mit Schlamm bespritzt waren, starrten uns wie Rinder auf der Weide wortlos an, eine Genreszene Breughels. Im einzigen Laden des Dorfs – alles war mit einer klebrigen Fettschicht überzogen – kaufte eine schwarz gekleidete Alte eine an das Erbrochene von Katzen erinnernde Flüssigkeit. (Griechisches Schmalz, wie sich herausstellte.) Als wir ein Restaurant gefunden hatten, fragte die Bedienung schnippisch: »Was essen Sie?«

»Was haben Sie denn?«, fragte Les vorsichtig, da es keine Karte gab.

Sie rollte die Augen: »ESSEN!«

»O Gott«, murmelte Les, während wir vorsichtig zum Wagen zurückgingen. »Diese Arkadier haben Nerven.«

Zum Glück stellte sich das einzige Hotel am Platz, das *Triokolonian*, als eine gastfreundlichere Zuflucht heraus. Es erinnerte an eine Berghütte und wurde von einer leutseligen griechischen Matrone mit der Figur eines Zeppelins geführt. Sie wiegte drei ungewaschene Babys an ihrem Busen und bereitete vor dem Holzfeuer für uns ein Festmahl aus Räucherforelle zu. (»O ja, wir Arkadier sind schreckliche Leute!«, kicherte sie.) Während ich meine Sorgen in einem Retsina ertränkte, der in kleinen Metalleimern serviert wurde, durchforstete ich Pausanias Büchlein nach Tipps für die Weiterreise.

Da unser Führer das echte Arkadien Tal für Tal durchstreift hatte, konnte seine Beschreibung als objektiv gelten. Wie heute war diese Region schon zu Zeiten der Römer der unzugänglichste Winkel des Peloponnes gewesen, ein bergiges Hinterland, durchzogen von steilen Gebirgspfaden. Sie verbanden antike Städte, deren Namen schon vor Jahrhunderten von jeder Karte verschwunden sind, so Stymphelos, Orchomenos, Mantineia oder Cheimerion. Viele dieser Vorposten verfielen bereits zu Pausanias' Zeit und ließen allenthalben romantische Ruinen zurück. Eine magische Anziehungskraft übten allerdings die unbewohnten Ränder Arkadiens auf die Touristen aus, die systematisch die Heiligtümer auf den Felsen abklapperten. Sie suchten abgelegene Tempel auf, in denen Priester exotische Reliquien wie die Zähne von Riesen oder Haare der Medusa hüteten, oder blickten auf fast unsichtbare Höhlen oder heilige Quellen hinunter, an denen einst Pan und sein Gefolge herumstolziert sein sollten. Unterwegs wurden sie möglicherweise Zeugen seltsamer Riten: So wurden prächtige voll aufgezäumte Pferde als Opfergabe an Poseidon eine Schlucht hinab in den Fluss gestoßen. Frauen legten am Grab der Penelope, der treuen Gemahlin des Odysseus, Amulette nieder. Und weiß gekleidete Knaben mit Kränzen aus Hyazinthen im Haar zogen in einer Prozession über die Bergpässe. Kurz, Arkadien war der Ort, an dem die antiken Reisenden noch die ursprüngliche Atmosphäre des alten Griechenlands erspüren konnten.

Mit all dem im Kopf kam ich beim vierten Eimer Retsina auf die glänzende Idee, von Stemnitsa aus über den steilen Maultierpfad den Berghang hinab zu den herrlichen, unbekannten Ruinen von Gortys zu wandern. (»Ein Dorf in meiner Zeit«, schreibt Pausanias, »das in alten Tagen eine Stadt war.«) Und diese Wanderung bot Gelegenheit zu einem Abstecher zum mittelalterlichen Kloster von Prodhromou. Letzteres beherbergte trotz seiner Abgeschiedenheit noch immer zahlreiche Mönche und bildete so, wie ich hoffte, eine moderne Entsprechung für die bei Pausanias erwähnten Heiligtümer.

Die Beschreibungen beider Orte klangen so, als wollte keiner, der irgendwie bei Trost war, sie heute noch besuchen. Sie boten deshalb Gelegenheit zur Überprüfung meiner These, wonach die heiligsten Stätten im modernen Griechenland die profansten waren und der Zauber deshalb in den abgelegensten Winkeln des Landes liegen musste.

Les trat widerwillig ans Fenster, blickte in den finsteren Regen hinaus und sagte: »Du machst doch einen Witz, oder?«

Die wilden Männer der Berge

Und so stolperten wir am nächsten Morgen durch dichten Nebel, stiegen über spitze Äste, die wie Skelette in den Pfad ragten, und fragten uns, nach wie viel Zeit man uns wohl finden würde, wenn uns ein Blitz des heranziehenden Gewitters erschlagen hätte. Les entwickelte mit der fortschreitenden Schwangerschaft ein immer feineres Gespür für Gefahren, aber an dem relativ klaren Morgen hatte es ausgesetzt: Der Ehemann unserer Wirtin hatte uns fröhlich versichert, das schöne Wetter würde schon halten. Jetzt rollten über uns apokalyptische Donnerschläge hinweg, dicke Regentropfen krochen wie Schlangen in unseren Halsausschnitt, und einzelne Hagelkörner trafen uns am Kopf. Les Gesichtsausdruck war zu einer stoischen und rätselhaften Maske erstarrt. Sie blieb überraschend gelassen, so schien mir, und murmelte nur gelegentlich: »Die Götter zürnen euch heute, meine Freunde …« Da es zum Umkehren zu spät war, stolperten wir einfach weiter.

Der Gerechtigkeit halber muss gesagt werden, dass Pausanias vor dem schlechten Wetter in diesen Bergen gewarnt hatte. Die Arkadier glaubten, so sagt er, dass ihre Häuser immer wieder von katastrophalen Stürmen verwüstet würden, weil in der Gegend einst die Götter die Titanen besiegt hätten. Beweise waren riesige, in örtlichen Höhlen zum Vorschein gekommene Oberschenkelknochen, die als Gebeine der Titanen gedeutet wurden. (Tatsächlich handelt es sich um die Knochen von Mammuts. Sie wurden auf dem Altar eines nahe gelegenen Tempels ausgelegt. Nach Berichten von Reisenden wurden sie noch Ende des letzten Jahrhunderts in einem Museum im Dorf Dhimisana gesehen.) An diesem Altar brachten die Bauern offenbar »Blitz, Sturm und Donner« Opfer dar. Nach dem Himmel zu urteilen, hatten sie dazu häufig allen Grund. Es war ein schwacher Trost, dass allen vom Blitz Erschlagenen Verehrung zuteil wurde. Ihre Leichen wurden als von Zeus Gesegnete feierlich beigesetzt.

Wir stiegen langsam die Steinstufen hinab, die sich inzwischen in Wasserfälle verwandelt hatten. Regen und Nebel wären für die abergläubischen antiken Bergwanderer noch das geringste Problem gewesen, sollten in diesen Bergen doch auch Werwölfe ihr Unwesen treiben. Pausanias berichtet von den Anhängern einer Geheimsekte, die das Fleisch geopferter Menschen äßen. Wer versehentlich auch einen Teil der Eingeweide verspeise, müsse sich »mit den Wölfen zusammentun«. Die gleiche Geschichte berichten auch in sachlichem Ton Platon und Plinius der Ältere. Und die kundigen Behörden bestätigten: Wolfsmenschen könnten erst wieder nach vollen neun Jahren menschliche Gestalt annehmen, und auch nur, wenn sie bis dahin kein weiteres Menschenfleisch gegessen hätten. Noch beunruhigender war der Verlauf des Flusses Styx, der durch Nordarkadien hindurchfloss. Beim heutigen Dorf Solos stürzte er als ein majestätischer Wasserfall einen Felsen hinab. Pausanias versichert todernst, sein dunkles Wasser sei tödlich giftig. Es zersprenge Kristall und Stein und zerfresse jedes Metall, sogar Gold. Nach Seneca habe das Wasser des Styx keinen Geruch, doch genüge ein Schluck, »um sofort die Gedärme zu lähmen«. (Womit es sich gut als Heilmittel für moderne Reisende vermarkten ließe.)

Gegen Mittag ließ das Gewitter nach, doch goss es noch immer. Les wollte sich zum Schlafen unter eine Zypresse legen, als im Dunst ein kleines Landhaus auftauchte.

In Pausanias' Zeit hätten wir jetzt von einem heiligen Hüter ein stärkendes Getränk angeboten bekommen. So enthält denn auch der *Apicius*, das einzige erhaltene römische Kochbuch, ein Rezept für ein Gebräu, »mit dem die Reisenden unterwegs erfrischt werden«.

Der Honigerfrischer für Reisende

Des Reisenden Honigerfrischer (so genannt, weil er Reisenden Ausdauer und Stärke gibt)… wird so hergestellt: Man würze Honig mit gemahlenem Pfeffer. Zum Servieren gebe man den Honig in eine Tasse, gerade so viel, um das gewünschte Maß an Süße zu erreichen, und vermenge ihn mit gewürztem Wein… um ihn flüssiger zu machen und das Vermischen zu erleichtern.

Ich beschloss, dass wir uns vertrauensselig in die Obhut dessen begeben sollten, der uns drinnen erwartete. Obwohl Les völlig durchnässt war, kam das für sie nicht in Frage.

»Auf keinen Fall!«, rief sie. »Nachher bringen sie uns um und rauben unsere Sachen!«

Ihr Selbsterhaltungstrieb geriet außer Kontrolle. »Was sollen wir sonst machen?«, entgegnete ich. »Du holst dir hier noch eine Lungenentzündung.«

»Wir wissen doch gar nicht, an wen wir geraten!«

Sie war zu sehr an New York gewöhnt. Ich musste sie ungefähr eine Viertelstunde bearbeiten, ehe ich an der Tür klopfen durfte, während sie sich vorsichtig im Hintergrund hielt. Am Fenster erschienen zwei Paar Glotzaugen. Es waren zwei barsche arkadische Bauern. Dann öffneten sie. Struppige Schnauz- und Backenbärte wucherten unter ihren rosigen Wangen. An ihren Galoschen klebte Matsch, und sie trugen Hosenträger. Sie redeten auf mich ein, und ich verstand fast kein Wort, reimte mir aber zusammen, dass sie in den unzugänglichen Bergen Oliven ernteten. Da wir völlig durchnässt waren, nötigten sie uns herein und kochten auf einem bauchigen Holzofen, der in dem windschiefen Häuschen fast das gesamte Mobiliar darstellte, in einem Becher Wasser. Die Körnchen Nescafé wurden wie immer so sparsam zugeteilt, als seien sie Goldstaub. Dieser griechische Kaffee war nicht ganz so schmackhaft wie gepfefferter Honig in gewürztem Wein, hatte aber dank sechs Kaffeelöffel Zucker pro Tasse die gleiche energiespendende Wirkung. Diese beiden schrägen Bauern gehorchten wie die antiken Spartaner den alten Gesetzen der Gastfreundschaft. Nach Homer musste man Reisenden stets freundlich begegnen, denn es konnte sein, dass es sich um verkleidete Götter handelte.

»Baby?«, sagte einer der Bauern und grinste Les leicht verrückt an. Sie begann sich etwas zu entspannen, weil nirgendwo ein Messer sichtbar war. »Bub? Mädchen?«

»Ah, Bub.«

Offensichtlich erleichtert, schüttelten sie mir die Hand.

»Gott sei Dank! Gott sei Dank!« Vielleicht dachten sie, dass ich ein Mädchen wie Spartaner in eine Schlucht geworfen hätte.

Dann wurde klar, wieso ihre Augen so gerötet und glasig waren. Sie zogen mit heftig zuckenden Schnurrbärten aus einer Schublade eine riesige Flasche Ouzo heraus und schoben sie langsam über den Tisch.

»Für mich nicht«, sagte Les und blickte mich streng an. Aber ich empfand eine Ablehnung als unhöflich.

»Aah … auf Pan«, prostete ich ihnen zu.

»Jasas!«, krähten sie.

Der Alkohol brannte wie Feuer in meiner Kehle. Anisschnaps hatte ich seit den Universitätstagen nicht mehr angerührt, als ich eine ganze Flasche Pernod in mich hineingegossen hatte. Ich war am nächsten Morgen im abgesperrten Hof eines Restaurants aufgewacht, ohne mich zu erinnern, wie ich dorthin gelangt war. Der Ouzo war gar nicht schlecht und brachte wieder Leben in meine Beine. Ich revidierte mein Urteil über die Arkadier: Ganz so finstere Typen waren sie nun doch nicht.

»Noch mal«, sagten die Bauern nickend und ließen erneut die Flasche kreisen. Die Gesetze der Gastfreundschaft galten auch für den Gast, also nahm ich ein paar weitere kräftige Schlucke von diesem Gebräu, von dem ich glaubte, es könne Gummi auflösen. Les rollte die Augen.

»Vielleicht gehen wir besser«, erklärte sie schließlich. Gerade jetzt, wo die Runde lustig wurde.

Der Sturm hatte nachgelassen. Ich fragte die wilden Männer nach dem *monastiri Prodhromou.*

»Langsam, langsam«, ermahnten sie uns, schüttelten uns feierlich die Hände und wiesen uns den Weg. Ich wusste nicht so recht, ob sie auf Englisch nichts anderes sagen konnten oder ob sie sich ernsthaft Sorgen machten, ich könne Les im Nebel betrunken in einen Abgrund führen.

Eine Stunde später brach die Sonne durch die Wolken. Fast wäre ich vor Dankbarkeit auf die Knie gefallen. In der Ferne klaffte die Lousios-Schlucht, und die Sonne strahlte wie in einem Film von Cecil B. DeMille das Kloster an. Wie Adlerhorste klebten seine wenigen verfallenden Bauten am Felshang. Irgendwie hoffte ich sehnsüchtig, so etwas wie ein antikes griechisches Heiligtum zu sehen, wenn auch mit orthodoxen Mönchen statt mit Priestern der Demeter, Apolls oder des Zeus…

Bruder Janni, der heilige Eremit

Regenwasser sprudelte kaskadenweise in Regenrinnen, die von Efeu überwuchert waren. Hühnerställe und Gemüsegärten säumten unseren Weg. Riesige Ziegen blickten uns drohend an. An dem Tor aus Eichenholz, das ins Heiligtum führte, tauchte mit hohlen Augen ein verschrumpelter Mönch auf und machte eine an Tolkien erinnernde schwungvolle Gebärde. Sein fettiger, jahrzehntealter Bart glänzte wie Stahlwolle vor der langen schwarzen Kutte und dem hohen zylindrischen Hut.

Ohne ein Wort deutete der Patriarch auf Les' Hosenbeine und dann auf eine Reihe Jutesäcke an der Wand, offensichtlich Röcke, die Besucherinnen aus Respekt vor der heiligen Stätte zu tragen hatten.

»Das soll ich anziehen?«, sagte sie und zuckte zurück. »Es ist schwer genug, schwanger passabel auszusehen.«

»Du triffst doch nur ein paar senile Mönche…«

Sie zog den bauschigen braunen Rock direkt über ihre Jeans.

»Schau dir das an. Wie ein Kartoffelsack.«

Der Mönch nickte zufrieden und führte uns über eine schmale

Steintreppe in eine an den Hades erinnernde Finsternis. Katzen strichen um unsere Waden. In seltsamen Ecken verströmten Speisereste in Eimern einen fruchtigen, vergorenen Geruch. Dieser Flügel des Klosters war im 14. Jahrhundert direkt in die Granitwand des Berges getrieben worden und beherbergte einige byzantinische Ikonen. Wir traten in ein Sprechzimmer aus grauem Stein. Es sah aus wie eine mittelalterliche Folterkammer, die im Ikea-Stil mit Blumenmuster neu eingerichtet worden war. Der Mönch deutete auf die Wand in der Mitte, die ursprüngliche Felswand, die zu einer gefurchten grauen Leinwand geworden war.

Die mit Blattgold belegten Gloreolen der Heiligen strahlten übernatürlich. Besonders beeindruckend war eine halb nackte Figur, bei der es sich wahrscheinlich um den Schutzpatron der Eremiten handelte: Sein weißer Bart fiel bis zu den Knien herab und verhüllte kaum seine blasse knochige Brust. Daneben bedeckten kyrillische Schriftzeichen wie kryptische Zaubersprüche die Wand.

Wie Pausanias immer wieder aufzeigt, waren griechische Heiligtümer weitaus mehr als reine Orte der Andacht. Sie dienten zugleich auch als eine Art Museum, in denen Reliquien und sichtbare Zeichen des Göttlichen verwahrt wurden. In seiner Schrift wimmelte es von Beispielen. Es gab von Menschenhand geschaffene Objekte aus uralter Zeit, archaische Holzstatuen des Zeus mit drei Augen, einen gewaltigen Stapel roter Götterbilder des Dionysos mit Lorbeer und Elfenbein, eine Statue der Aphrodite inmitten von Frauenhaar. In einigen Tempeln wurden stolz die Schädel von Zyklopen oder die Felle niedergemetzelter Ungeheuer zur Schau gestellt. Die kostbarsten Stücke trugen unauslöschliche Zeichen von Göttern. In Chaeronea konnte der fromme Reisende auf das Zepter König Agamemnons blicken, geschaffen von Hephaistos, dem klumpfüßigen Schmiedegott des Olymps. Die Priester opferten dieser Reliquie Kuchen. (Sir James Frazer, der erste englische Übersetzer Pausanias' und Autor von *Der goldene Zweig*, bemerkte dazu: »Hinter der Praxis, [ein Zepter] zu verehren und ihm Speiseopfer darzubringen, steckt eine Anschauung von Religion, die bei den Fetischanbetern in Ostafrika kaum rudimentärer sein dürfte.«)

In einem anderen Tempel wurde der Stamm eines Erdbeerbaumes ausgestellt, unter dem der Gott Hermes als Säugling gestillt worden sein sollte. Reisende konnten sogar die Ruder betrachten, die Jason und die Argonauten auf ihrer Fahrt während der Suche nach dem Goldenen Vlies benutzt hatten. Oder die Fesseln, mit der die Prinzessin Andromeda vor ihrer Rettung vor dem Seeungeheuer durch Perseus angebunden gewesen war. Lodernde Feuer, Altäre mit Blut und Asche und ein der Hera geweihter goldener Pfau waren zwischen Marmorsäulen unter purpurnen und goldenen Vorhängen im Fackelschein andächtig zu bewundern gewesen.

Diese altehrwürdige griechische Tradition wird von den Mönchen von Prodhromou fortgeführt. Sie unterbrechen nur zu gerne ihre alltäglichen Verrichtungen, um Besuchern ihre mystischen Schätze zu offenbaren.

Der alte Hexenmönch spähte uns wie ein Falke an. Ich fragte mich, ob ich jetzt auf dem limonengrünen Plüsch niederknien müsste. Ich stellte ein paar Fragen zu den Ikonen und versuchte ein kleines Gespräch anzuknüpfen. Meine Begeisterung für byzantinische Kunst hält sich in Grenzen, denn diese Heiligen und ihre Gewänder sehen irgendwie immer gleich aus. Aber die Farben an dieser Wand, die vom Zahn der Zeit zernagt wurde, hatten eine Leuchtkraft, für die ich den Ouzo nur zum Teil verantwortlich machen konnte.

»Warten Sie«, befahl der Patriarch und reichte mir eine riesige Schale mit rosa Fruchtgeleekonfekt. Es werde gleich jemand kommen, der Englisch spreche, bedeutete er mir…

»Oh, nein«, flüsterte Les. Wir hatten wohl einen selbst ernannten Führer aus dem Kloster zu erwarten, der uns mit einer dreistündigen Lobeshymne auf die byzantinische Kunstgeschichte behelligen würde. »Ich halte dieses Ding nicht länger aus«, sagte sie und zupfte an ihrem Sackkleid. »Wir sehen uns draußen.«

Sekunden später sprang, fast atemlos vor Erregung, ein viel jüngerer Mönch in den Raum.

Bruder Janni, der offizielle Anglophone des Klosters, war klein und richtig gelb im Gesicht, als hätte er sich lange Zeit nur von Wurzeln ernährt. Er trug das schüttere schwarze Haar wie ein Regisseur zu einem Pferdeschwanz zusammengebunden. (Orthodoxe Geistliche dürfen sich weder rasieren noch das Haar schneiden.) Er schien glücklich, als hätte er den leibhaftigen Propheten Jesaja vor sich. (»Grüße! Ja! Mein Freund!«) Ich ließ mir von Bruder Janni das Wichtigste zu den Ikonen erzählen – sie waren um 1100 n. Chr. entstanden und über Jahrhunderte hinweg vor den Türken versteckt gehalten worden – und leitete das Gespräch rasch zu seiner Person über. Mir war unbegreiflich, wie sich ein Mann, der einen so kontaktfreudigen Eindruck machte, in ein Kloster zurückziehen konnte.

Zum Glück war Bruder Janni offenherzig. Ich konnte ihn kaum bremsen.

»Ich bin erst mit 30 Jahren ins Kloster eingetreten«, begann er und drapierte sich auf eine mit einem Schottenmuster bezogene Polsterbank. »Zuvor, in meinen Zwanzigern, habe ich ein schimpfliches Leben geführt. Ich lebte in Sünde…«

»Wo denn?«, fragte ich. »Das klingt interessant.«

Der Anflug von Humor tat seine Wirkung. Bruder Janni stieß ein hohes Gurgeln aus, ähnlich einem Huhn, dem man den Hals umdreht. »Meine Familie war stets tief religiös, aber ich wandte mich dem Trinken und der Gesellschaft von Frauen zu. Dies war für mich nicht der rechte Weg. Ich war furchtbar unglücklich und stellte mir immer philosophische Fragen: Warum bin ich auf der Erde? Was tue ich? Und so beschloss ich, Reisen zu unternehmen.

Ich pilgerte nach Israel und versuchte inneren Frieden zu finden. In Ägypten durchstreifte ich die Wüste bei Alexandria, wo die griechischen Propheten in Höhlen gelebt hatten. Und Indien… es gibt viele wunderschöne Orte dort. Ich verbrachte ein paar Monate in einem Aschram und studierte mit frommen Männern. Meditation, Yoga und buddhistisches Denken haben mich immer interessiert. Aber es hat nicht funktioniert.«

Er blickte mich viel sagend an. »Ich hatte diese ganze Suche satt. Durch die Welt wandern… wie ein Gespenst. Die chinesischen Philosophen sagen: Wenn du rastlos bist, stehe still; wenn du im Frieden mit dir bist, dann bewege dich.«

»Ich kenne diese Gedanken«, entgegnete ich. »Mich persönlich begeistert sinnlose Fortbewegung. Ich finde, sie hat einen therapeutischen Wert.«

Bruder Janni lächelte nachsichtig. »Wer reist, läuft vor etwas davon. So wie jeder Trinker.«

Mit einem Mönch in den Bergen Arkadiens über den Sinn des Reisens zu diskutieren hatte etwas spannend Surreales. Dieser uralte Streit hatte sicherlich schon die Römer beschäftigt. Und in der Entstehungszeit des Kulturtourismus gab es sicher viele Weltreisende, die zurückkehrten und feststellen mussten, dass sie weder Befriedigung noch Weisheit gefunden hatten.

Zweifel an dem Reisefieber, das seine Landsleute ergriffen hatte, hegte schon der moralisierende Miesmacher Seneca.

»Reisen«, so bemerkt er in einem Brief trocken, »segnet dich mit einem Wissen über seltsame Menschen, die Form von Bergen, Ebenen, die sich bis in unbekannte Weiten erstrecken, und über Täler, durch die ewige Wasser rauschen... aber davon wirst du kein besserer oder vernünftiger Mensch.« Zwei Jahrhunderte später verarbeitete der Philosophenkaiser Marc Aurel die gleiche Sicht in seinen weitschweifigen *Selbstbetrachtungen*: »Sei dir bewusst, dass du den Frieden der grünen Felder an diesem, jenem oder jedem anderen Ort haben kannst. Und dass hier nichts anders ist, als es oben in den Bergen, unten am Meer oder wo immer du willst wäre.« Natürlich konnte ich mich auf dieser Reise fragen, ob meine Jahre der ständigen Wanderschaft nicht auch neurotisch bedingt waren: Ich machte mich ständig zum Außenseiter, trieb am Rand, sammelte Erfahrungen wie andere Briefmarken und fühlte mich nirgendwo wirklich geborgen. Eine Stadt wie New York kann kaum als Zuhause gelten. Hier herrschen ein unablässiger Bauboom, Zerstreuung und rastlose Bewegung. Man kann endlos über die Oberfläche des Lebens springen, ohne zur Ruhe zu gelangen. Aber andererseits: Wie kann man Menschen trauen, die an Ort und Stelle festgenagelt sind? Dieser Mangel an Neugierde erscheint krankhaft, als grausames Leiden. Sie nehmen sich jede Möglichkeit zu Erfahrungen und erscheinen deshalb noch unsicherer und ängstlicher als alle anderen...

Ich zuckte mit den Achseln. »Vielleicht läuft man nicht vor etwas davon, vielleicht läuft man hin zum wirklichen Leben.« Ein brauchbarer Aphorismus fiel mir ein. »Wie Augustinus gesagt hat: Die Welt ist ein Buch. Wer zu Hause bleibt, liest nur eine einzige Seite.«

»Oh, das glaube ich nicht«, glückste Bruder Janni und fixierte mich erneut mit wissendem Blick. »Nach meiner Zeit in Indien kehrte ich nach Griechenland zurück. Genau hier, in Prodhromou, endete meine große Reise. Ich entdeckte eines Tages dieses Kloster und habe es seither nicht mehr verlassen.«

»Kein einziges Mal? Nicht einmal bis vor die Tore?«

»Nie. Nicht in acht Jahren.«

Ich bemühte mich, nicht ungläubig zu wirken: Wir waren zwei Extreme. Auf Janni musste ich frivol wirken wie jemand, der sich selbst etwas vormacht. Und auf mich wirkte er verklemmt, wie ein kontaktfreudiger Mensch, der an einem Tiefpunkt im Leben überstürzt eine Entscheidung getroffen hatte.

Er senkte die Stimme zu einem verschwörerischen Flüstern: »Ich will ehrlich sein. Ich bin nicht hundertprozentig sicher, ob ich für immer in Prodhromou bleibe. In Arkadien gibt es über 20 Klöster, alle mit unterschiedlichen Regeln. Einige lassen ... mehr Kontakt zur Außenwelt zu. Natürlich kann man nicht heiraten. Das dürfen nur Priester, und auch nur vor der Ordination.« (Ich erinnerte mich an einen Zeitungsartikel vor ein paar Tagen: Eine Synode orthodoxer Geistlicher beschwerte sich offiziell darüber, dass die vorgeschriebenen langen Bärte und bis zu den Knöcheln reichenden Gewänder es schwer machten, eine Frau zu finden. Griechische Mädchen hatten für den byzantinischen Look offenbar wenig übrig.)

»Und wenn Sie Priester würden ...?«

Janni lehnte sich mit einem vorsichtigen Seufzer zurück.

»Ach, wissen Sie, das mit den Frauen ist problematisch«, sagte er vorsichtig. »Wenn man die Richtige findet, ist das Leben ideal. Aber wenn nicht, geht alles schief. Das Leben wird zu einem großen Berg und jeder Tag zu einem Kampf. Ich heirate nie. Aber ich glaube, für mich wäre ein ... *offenes* Kloster wohl das Beste.«

»Vielleicht eines mit einem Nightclub daneben?«

Janni gluckste. »Frauen kommen hier ziemlich oft zu Besuch. Sehr oft sogar.«

Für mich wurde es Zeit: Wir mussten vor Einbruch der Dunkelheit nach Gortys und von dort aus weiter nach Stemnitsa zurückkommen, sonst würde unser Leben wirklich ein großer Berg werden. Aber ich hatte Mühe, den Schwall der Worte aufzuhalten.

Beim Hinausgehen sah ich Bruder Janni mit einem verzweifelten Blick an der massiven Eichentür stehen, als wollte er fragen: »Und jetzt? Wer kommt als Nächstes?«

Und dann schlich dieser Arkadier davon, um über einem kirchlichen Pergament zu brüten. Vielleicht ging er auch Pans liebstem Zeitvertreib nach.

Der Schutt der Götter

Wir machten uns nun auf, weiter auf den Weg hinunter nach Gortys. Wolkenfronten türmten sich über der Lousios-Schlucht. Sie tauchten, knisternd vor Elektrizität, wie aus dem Nichts auf und verschwanden wieder spurlos. Titanenschlachten, dachte ich, während wir durch Vorhänge aus Regen den rutschigen Schotterweg hinab in das gespenstische Kernland stapften, das in der Antike ein bukolisches Paradies gewesen war.

Damals war griechisches Brauchtum noch lebendig. Ein römischer Reisender konnte Zeuge spiritueller Szenen werden, wie sie einem heute nur noch in den entlegensten Winkeln Tibets oder Bhutans begegnen. So mochte er auf eine Dreiergruppe Mönche stoßen, die als Teil eines Fruchtbarkeitsritus junge Bäume auf dem Rücken trugen. Oder auf Weiber, die sich jammernd die Haare rauften und so den 1200 Jahre zuvor in der Schlacht gefallenen Helden Achill beklagten. In Zauberquellen versuchten sich Lepröse die Krankheit vom Leib zu waschen. An den Straßenrändern boten Apotheken Wunderbalsam aus Rosen und Lilien feil. In schlammigen Dörfern schmückten Familien bronzene Ziegen mit Girlanden, um ihre Ernten vor Krankheitsbefall zu schützen. Und Scharen alter Männer versammelten sich auf Friedhöfen, gossen das Blut von Schlachtlämmern auf Gräbern aus, damit ihre Ahnen im Hades zu trinken hatten. Mit heidnischer Frömmigkeit schmückten die antiken Arkadier die Wälder: Sie schnitzten in Baumstümpfe Götterbilder, verzierten Eichenbäume mit Hörnern von Opfertieren, behingen Buchen mit Leder, begossen das Gras mit Trankopfern und besprengten Steine mit Duftwässern… Die Reisenden begegneten den lokalen Kulten mit besonderem Respekt und küssten beim Vorübergehen an Schreinen ehrfürchtig ihre Hände.

Zwei Stunden später erblickten wir an einer morastigen Weggabelung völlig überraschend ein Schild. Ich zückte mein kleines Wörterbuch und versuchte die kyrillischen Buchstaben zu identifizieren. Am Anfang ein »G«…, ein »T« in der Mitte und ein »S« am Ende. Diese ermutigende Nachricht deutete darauf hin, dass es den Ort Gortys tatsächlich gab.

Unten in der Schlucht überquerten wir schließlich eine kleine Steinbrücke. Ein Strom himmelblauen Wassers rauschte an jener Stelle vorüber, an der Zeus der Sage zufolge nach der Geburt gewaschen worden sein sollte. (»… das kälteste Flusswasser der Welt«, behauptete Pausanias.) Und da lag sie nun, die Silhouette von Gortys, alte Fundamente, überwuchert von Wildblumen, borstige Teppiche aus Gelb, Rosa und Purpur, und alles umsummt von dicken Bienen.

Das Kernstück der Ruinen erstreckte sich über eine aufgeweichte Bergschlucht neben einem verlassenen Bauernhaus. Der würzige Duft von Thymian hing in der Luft. In diesem Augenblick brach die Sonne durch die Wolken und ließ die nasse Landschaft wie unter silbernem Staub glitzern. Dies war das freundliche Arkadien, ein segensreicher Augenblick in einer abgeschotteten Welt, die zwischen turmhohen Felsen ihr eigenes geheimes Leben führte.

Wir hüpften durch das Gras wie 5-Jährige vor einem Haufen Süßigkeiten und tankten Wärme zwischen den sonnenbeschienenen Bruchstücken von Säulen und Mosaiksteinen. »Da ist ein Tempel! Das war die Agora!«

Mein Pausanias, aufgeweicht vom Regen, war nie lebendiger, die antiken Augen, durch die er den Leser sehen ließ, nie schärfer gewesen. Mit diesem Führer in der Hand konnten wir an überwucherten Mauern vorbei und an einem von Baumwurzeln belagerten Badehaus entlang ins große Heiligtum des Asklepios, des Gottes der Heilung, hinabsteigen. Dessen Marmorstatue in Gestalt eines »bartlosen Jünglings« beherrschte dieses antike Lourdes, das den Stolz und die Freude von Gortys bildete: Hier wurden einst ein Brustpanzer und eine Speerspitze zur Schau gestellt, die kein Geringerer als Alexander der Große dem Gott als Opfergabe dargebracht hatte.

Hier legte jeder Römer auf der Durchreise für einen oder zwei Tage eine Rast ein und brachte bei der Gelegenheit Asklepios mit Bitte um Gesundheit eine Opfergabe dar. An einem ausgegrabenen Brunnen hatten Gläubige einst Fußbäder genommen, während auf Bronzetafeln in der Tempelmauer Zeugnisse der Wunderheilung in den letzten Jahrhunderten zu lesen gewesen waren, um sie herum nachgebildete kleine Glieder, Hände, Beine oder Penisse, die dem Gott zum Dank für die Heilung vom jeweiligen Gebrechen dargebracht worden waren. (Dieser heidnische Brauch wird noch in unseren Tagen in vielen christlichen Kirchen gepflegt.)

Asklepios wandte unkonventionelle medizinische Methoden an. Die Patienten schliefen wochen- oder monatelang, von Fliegen umschwärmt, auf dem Boden des Heiligtums auf Tierhäuten und warteten darauf, dass der Gott sie im Traum aufsuchte. Ungiftige gelbe Schlangen krochen überall herum, und zahme Hunde beleckten (anscheinend mit wundersamer Wirkung) offene Wunden oder die Augen von Blinden. Verletzte Krieger husteten die Pfeilspitzen aus, die in ihren Lungen gesteckt hatten. Frauen, die fünf Jahre lang schwanger gewesen oder deren Bäuche »voller Würmer« waren, wurden erleichtert. Eine unfruchtbare Frau träumte von einem Geschlechtsakt mit einer Schlange und brachte männliche Zwillinge zur Welt. Irrsinnige sperrte man über Nacht in eine finstere Kammer voller Schlangen, eine frühe (und offenbar erfolgreiche) Form der Schocktherapie. Wenn einer mit dem Gott der Heilkunst – dem kompetentesten Facharzt – tatsächlich zusammengetroffen war, kam die heikelste Frage der Visite: die nach dem Honorar. Von den Heilung Suchenden in Gortys wurden großzügige Opfergaben erwartet – ein Zwang, dem sich keiner entziehen konnte. Ein Geizhals, der sich als mittellos ausgab, hatte schließlich doppelt so tiefe Narben im Gesicht wie vor seiner Heilung. Ein ehemals Blinder, der sein Versprechen einer Weihgabe nicht einlöste, wurde vom Gott im Traum heimgesucht und erneut mit Blindheit geschlagen.

Während wir in diesem idyllischen Tal den Nachmittag verdösten, dämmerte mir, dass die Suche der römischen Reisenden nach einer Bedeutung in den Felsen, Quellen und Bäumen vom Blick der modernen Touristen gar nicht so weit entfernt war. Die Alten wandten ihren Blick von der Oberfläche der Dinge ab, die Uneingeweihten nur als ein Haufen Holz, als Fetzen von Fell oder als Baumstämme erschienen. Aber hinter ihnen tat sich ein weiter Hintergrund von geschichtlichen Bezügen auf. Die römischen *spectatores* nahmen gewaltige Mühen auf sich, um die riesigen Steinblöcke zu besichtigen, die der Sage zufolge Überbleibsel des Tons waren, aus dem Prometheus die Menschen geformt hatte, oder die von Aphrodite berührte Myrte oder die Lichtung, wo sich Zeus in Gestalt eines Schwans der schönen Leda genähert haben soll. Wie die australischen Ureinwohner, die das Land in ihren Liedern zum Leben erwecken, gaben bei den Griechen erst die Sagen der Welt Bedeutung, Gestalt und Zusammenhang. Jeder Stein hatte eine Legende, jeder Felsen eine Geschichte zu erzählen.

Und auch wir verweilten endlos zwischen Objekten, die im Grunde genommen nichts anderes waren als ein Haufen Ruinen. Selbst in seiner Blütezeit war Gortys nur ein unbedeutender Stadtstaat mit wenigen tausend Einwohnern gewesen, ein Vorposten, dessen Aufstieg und Fall für den Lauf der Weltgeschichte kaum Bedeutung gehabt hatte. Für das bloße Auge waren diese Überreste nichts als Schutt, aber in der Vorstellung verkörperten sie ein ganzes Reich.

Diesmal war es geradezu ein Privileg, auf die antike Tradition des Reisens *(»Menschenmassen sind gut!«)* zu verzichten und diese Stätte ganz romantisch alleine zu erleben, fernab von Trubel und ohne die üblichen Zutaten der Zivilisation. Gerade seine Abgeschiedenheit, die malerische Lage, der Verfall dieser Ruinen, das Fehlen von erläuternden Schildern, vorgeschriebenen Wegen, Aufsehern, Führern, Ticketverkäufern, Buchläden und Cafés ließen Gortys zum Leben erwachen. Dieser seltsame kleine Ort schien irgendwie potenter als Olympia, Delphi oder die Athener Akropolis, wie alle bedeutenden Sehenswürdigkeiten Griechenlands zusammen.

Keine Menschenseele sah uns, und unser Besuch hinterließ keinerlei Spuren. Wir hatten das Gefühl, als seien wir in einen Zustand der Zeitlosigkeit eingetaucht.

Teil fünf

Mit Aphrodite unterwegs

Inselhüpfen in der Ägäis

Vom griechischen Festland aus machten sich die antiken Touristen auf, die Pracht des Ostens zu schauen. Auf der anderen Seite der Ägäis, nur eine Woche unter Segeln entfernt, lagen die duftenden Küsten Kleinasiens.

Die vielen Inseln auf der Strecke mögen heute als *der* Inbegriff des sonnendurchfluteten Nirwana gelten und jeden Sommer von blassen Nordeuropäern gestürmt werden – die Römer interessierten sich kaum für ihre natürliche Schönheit. In ihren Augen waren es öde Felsen, die man am besten den ungebildeten Ziegenhirten überließ. Die Kaiser nutzten die abgelegeneren Inseln als natürliche Gefängnisse, und man kann feststellen, dass sich viele in Ungnade gefallene Aristokraten lieber die Pulsadern aufschnitten, als ein Exil auf Seriphos, Pholegandros oder Gyaros zu ertragen. Es gehörte nie zu den antiken Freizeitvergnügungen, leere Strände zu suchen, um dort allein auf goldenem Sand zu träumen. Beim Gedanken an einen einsamen Streifen Strand ohne all die hilfreichen Annehmlichkeiten der Zivilisation bekamen die Römer eine Gänsehaut; die Stille war für sie eine Erinnerung an den Tod. Wenn es darum ging, das Genusspotenzial der Küste auszureizen, zogen sie Ferienorte wie Baiae vor, voller Lärm, geschäftigem Treiben, Partys und guten Restaurants rund um den Hafen.

Deshalb machten die Römer bevorzugt auf den wenigen ägäischen Inseln Station, die in Mythen und geheime Sagen gehüllt waren. Sie wollten Delos besuchen, den heiligen Geburtsort des

Gottes Apollon, und Rhodos, wo die Reste des mächtigen Kolosses einen so spektakulären Anblick boten.

Wie bei jeder Seereise in der Antike war auch bei dieser Mini-Odyssee eine gewisse Planung vonnöten. Während die Gewässer um Rom herum voller Schiffe waren – wie Juvenal bemerkte, schien es mehr Menschen auf dem Wasser als an Land zu geben –, gab es von Griechenland aus keine regelmäßigen Transfermöglichkeiten für Passagiere: Reisende mussten eigene private Arrangements treffen. Die reichsten Globetrotter charterten einfach selbst und beschlagnahmten ganze Handelsschiffe zum eigenen Gebrauch. Die meisten Touristen allerdings mussten einige Zeit in Athens umtriebigem Hafen Piräus verbringen, wo sie auf dem Forum der Korporationen herumschlenderten, unter lauten, von Säulen getragenen Arkaden, in denen alle Schifffahrtslinien ihre Büros hatten. Die Liste der Abfahrten war angeschlagen – jede Woche segelte ein Dutzend Schiffe beladen mit griechischen Exporten in die großen Städte des Ostens, nach Ephesos, Knidos, Pergamon und Smyrna. Die Reisenden notierten sich einfach die Namen der Schiffe und gingen an den Kai hinunter, um direkt mit dem *magister navis*, dem Schiffsmeister, zu verhandeln, der für die wirtschaftliche Seite der Reise verantwortlich war.

Natürlich klingt das leichter, als es war – wie in den meisten antiken Häfen herrschte auch in Piräus eine nur mühsam gebändigte Hysterie. Draußen auf dem Wasser sah man eine täuschende Idylle: Mit Rahsegel ausgestattete liburnische Galeeren lavierten an grazilen Booten vorbei, deren dreieckige Segel niedrig am Mast hingen wie bei einer arabischen Dhau; schlanke Handelsschiffe wurden jeweils von zwei Booten mit langen Rudern an ihre Liegeplätze eskortiert. An der Küste jedoch herrschte das blanke Chaos. Allen Berichten nach zu urteilen mussten sich die Reisenden ihren Weg durch eine Art maritimen Zirkus bahnen: Der Hafen war voller Durchreisender und Händler. Maultierkarren beladen mit ägäischem Marmor rumpelten aus den riesengroßen Speicherhäusern am Hafen, Verkäufer riefen die gerade angekommenen Ladungen Olivenöl und Häute zu Großhandelspreisen aus, Fischer boten gewaltige Thunfische zur Versteigerung an, Schiffsbauer und Takler, die beschädigte Schiffe reparierten, stritten sich um einen Platz an den Docks, Kalfaterer erhitzten übel riechende Pechtöpfe über offenem Feuer; Arbeiter füllten Sandsäcke für den Ballast, Sklaven luden unter dem strengen Blick ihres Aufsehers Getreide aus. Und auch die Sommerhitze – antike Seeleute bereisten das Meer nur zwischen Mai und Oktober – machte einen Besuch am Hafen nicht angenehmer.

Touristen auf der Suche nach einer Schiffspassage landeten schließlich direkt an den Kais, wo sich Reihen von Galeeren an ihren Liegeplätzen drängten. Die Wasserfahrzeuge der römischen Zeit waren ähnlich aufwändig geschnitzt, vergoldet und dekoriert wie die venezianischen Schiffe der Renaissance und konnten anhand der bunt bemalten Figuren an ihren Achterstehen identifiziert werden. Viele waren nach Göttern benannt – Apollon, Mars und Neptun; andere nach Flüssen wie dem Nil oder der Donau; manche nach abstrakten Eigenschaften – Victoria, Pax, Concordia –, die als Frauen dargestellt wurden. Der Dichter Ovid segelte im Jahre 8 n. Chr. auf dem »Helm«, dessen Galionsfigur die lanzenschwingende Kriegsgöttin Minerva in voller Rüstung darstellte. Aber unabhängig von diesen besonderen Zuschreibungen stand auf jedem Schiff an einem Ehrenplatz ein Altar mit Rosengirlanden für Aphrodite, die holde Göttin der Schönheit und der Liebe und – besonders wichtig – die Schutzherrin der Seeleute. Ihr Bild verhalf selbst hartgesottenen Ruderern zu dichterischen Höhenflügen: Man sagte, die Göttin selbst gleite oft neben Schiffen durch die Wellen, eine hinreißende junge Frau, umringt von Wassernymphen und muskulösen Meermännern, die alle sangen und auf Muschelhörnern bliesen. Und als zusätzliche dekorative Vorsichtsmaßnahme hatten alle Schiffe Augen auf den Bug gemalt, damit sie sehen konnten, wohin sie fuhren – eine Tradition, die bei Fischerbooten auf dem Mittelmeer immer noch gepflegt wird.

Touristen wussten, dass die Schiffsmeister gern bereit waren, zahlende Passagiere ohne Voranmeldung mitzunehmen und so ihren Gewinn um ein paar Silbermünzen zu steigern. (Diese Schiffe, die über die Ägäis segelten, boten auf ihren offenen Decks zwischen einer Hand voll und 50 Passagieren Platz.) Nachdem die Reisenden also ihr Gepäck in einem Wirtshaus in Piräus deponiert hatten, schlenderten sie jetzt mit ihren Dienern am Kai auf und ab und versuchten herauszufinden, welches Schiff am solidesten, am bequemsten und mit den günstigsten Vorzeichen ausgestattet war. Die kompakten, gut manövrierfähigen Liburner mit zwei Ruderbänken waren bei Kaufleuten auf Geschäftsreise im Ägäisraum beliebt, ebenso die sehr viel leichteren *cercuri* aus Zypern – ihr halbmondförmiger Rumpf mit hochgezogenem Bug und Heck ähnelte in der Grundform den seit der frühesten Zeit üblichen Booten auf dem Mittelmeer. Für schwerere Lasten gab es *corbitae* oder Handelsfrachter – langsam, aber stabil im Wasser. Normalerweise konnte man sich eine Überfahrt bei einem Besuch auf den Docks sichern, aber manchmal konnten sich die Verhandlungen auch hinziehen. Apollonius von Tyana bekam Streit mit einem Kapitän, der sich weigerte, ihn mitzunehmen, weil das Schiff mit Souvenirstatuen verschiedener Gottheiten – noch zu Apollonius' Zeiten ein lohnender griechischer Exportartikel – schon gefährlich überladen war. Später einmal bringt Apollonius die Passagiere eines anderen Schiffes dazu, ihr Gefährt geschlossen wieder zu verlassen, weil er vorausahnt, dass es untergehen wird. Natürlich wird seine Vision Wirklichkeit.

Kapitäne – die *gubernatores*, die die nautische, nicht aber die wirtschaftliche Seite der Reise zu verantworten hatten – waren sehr aufgeschlossen gegenüber Vorahnungen, und sie waren bekannt dafür, dass sie die Abreise bei dem geringfügigsten schlechten Omen verschoben. Die Abergläubischeren unter ihnen warteten wochenlang im Hafen, bis die Auspizien eine Abreise erlaubten – wodurch der »Abfahrtsplan« natürlich Makulatur wurde, denn die Liste schlechter Vorzeichen war lang. Ein Passagier, der beim Besteigen des Schiffes nieste, galt als Vorbote einer Katastrophe, ebenso jeder Traum eines Seemanns, in dem es um eine schwarze Ziege, einen Stier oder eine Eule ging. Eine Krähe, die sich auf der Takelage niederließ, rief Panik hervor. Und Matrosen verließen den Hafen nie, ohne zuerst dem Poseidon einen Stier geopfert und damit um eine sichere Reise gebeten zu haben:

Möge dein Segeln unter einem glücklichen Stern stehen, lautet ein Segen von Seeleuten, wie ihn der Romanautor Heliodor wiedergibt. *Mögen Poseidon, der Herr der Sicherheit, und Hermes, der Gott des Gewinns, dich auf deiner Reise begleiten und sie fördern. Mögen sie jede See glatt und jeden Wind günstig machen. Mögen sie jeden Hafen zur Zuflucht und jede Stadt gastfreundlich werden lassen…*

Ein Reisender war besser nicht in Eile. Verspätungen waren üblich, die Gründe oft undurchschaubar. Selbst heute sind griechische Fahrpläne nicht gerade wasserdicht.

Das moderne Piräus besteht vor allem aus einem riesigen Seeterminal, einem gigantischen gitterförmig angelegten System von Kais, an denen glänzend weiße Fähren wie Kalkfelsen über enge Liegestellen hinausragen. Die Schiffe fahren heute zu jedem sonnigen Eiland in der Ägäis, aber um dem antiken Reiseweg zu folgen, mussten wir nach Mykonos gelangen – dem Ausgangspunkt für Apollons heilige Insel Delos.

Les war mit diesem Plan sofort einverstanden, in der festen Überzeugung, dass Mykonos der Idealvorstellung einer griechischen Insel aus *Corellis Mandoline* ziemlich nahe kam, voller weiß getünchter Gebäude mit blauen Türen, alten Bauern, die Esel vor sich hertreiben, und gastfreundlichen Tavernen. Ich hielt es für das Beste, nicht zu erwähnen, dass es die Partyhauptstadt des gesamten Mittelmeers geworden war – eine überfüllte Open-Air-Arena für Ecstasy-verstärkte Raves.

Wir erreichten Piräus mit der U-Bahn und wurden zusammen mit hunderten anderen Menschen sofort in eine riesige Schalterhalle geschleust. Alte Griechinnen schoben sich ungeduldig durch die Menge, blutige Lammhälften unter die Arme geklemmt; Männer schwankten unter dem Gewicht von neuen Fernsehern und

Mikrowellengeräten; Vertreter der Fährlinien wedelten mit Prospekten hinter ihren winzigen Verkaufsständen und beteten die Namen ferner Inseln herunter. An jeder Wand verkündeten helle Neonlichter die nächsten Abfahrtstermine nach Naxos, Praxos und Sifnos, das die Witzbolde des Pella in Athen Syphilos genannt hatten.

»Nehmen Sie nicht dieses Schiff«, murmelte eine ältere Frau, als ich in einer Schlange anstand, um unsere Fahrkarten zu kaufen. »Es ist das schlechte Schiff nach Mykonos.«

Ich trat in eine andere Schlange hinüber. Sie nickte mir wissend zu. »Viel besser. Es hat einen *Aufzug* zwischen den Decks.«

Und das hatte es wirklich, allerdings war der Lift gerade außer Betrieb. Nachdem wir unter den 50 identischen Schiffen im Hafen die richtige Fähre gefunden hatten, stellten wir fest, dass sie auch einen ausgepumpten Swimmingpool hatte und eine »Skandinavische Diskothek«, der glücklicherweise der Strom fehlte. Als das Schiff schlingernd den Hafen verließ, eroberte Les eine freie Ecke einer orangefarbenen Plastikbank auf dem obersten Deck, sodass wir die Petroleumraffinerien rund um Piräus allmählich im Salznebel verschwinden sehen konnten. Die skandinavischen Rucksacktouristen, die um ihre Diskothek gebracht worden waren, fingen schon an, sich freizumachen, und brutzelten bald wie Würstchen auf dem Grill. Die Griechen an Bord stiegen quasi geschlossen in die drei Bars hinab, um Karten zu spielen und im Dunkeln zu rauchen.

Vor uns dehnte sich Homers »dunkelglänzende See«, die wir wie schon die Menschen der Antike als gleichermaßen verführerisch und Furcht einflößend empfanden.

In Poseidons Hand

Auf jenen antiken Schiffen war der Unterbringungsstandard eher niedrig. Es gab keine privaten Kabinen. Nach den verfügbaren Berichten zu schließen, rollten auch die reichen Reisenden jede Nacht ihr Bettzeug und ihre Federkissen an Bord aus beziehungsweise ließen das von ihren Dienern besorgen. Wenn wohlhabende Frauen an Bord waren, errichteten ihre Mägde kleine Zelte für den Abend – provisorische Kabinen, die jeden Morgen wieder weggeräumt wurden. Trinkwasser wurde gestellt, aber die Passagiere kauften ihr eigenes Essen in Piräus, zusammen mit ein paar Krügen Wein; ihre Diener erhielten dann Zugang zur Kombüse.

Für die römischen Touristen, die jedes Jahr über das griechische Festland hinaus weiter nach Osten reisten – unter den vielleicht 50 Passagieren eines Schiffes bildeten sie nur eine kleine Gruppe; die Gesamtzahl mag jährlich bei ein paar tausend gelegen haben –, war dies ganz und gar keine Luxuskreuzfahrt. Doch weil es zum anerkannten Standard gehörte und einen wesentlichen Teil der Reiseerfahrung darstellte, wurde es mit ähnlich frohem Gleichmut ertragen, den die modernen wohlhabenden »Abenteuerreisenden« zeigen, wenn sie an Bord der Flussboote auf dem Amazonas die Hängematten teilen oder in einem Bummelzug durch das ländliche Indien zuckeln. Und für unsere gebildeten antiken Touristen war das Leben an Bord auch nicht ganz ohne Annehmlichkeiten. Tagsüber spielten sie Würfel, sangen, lasen oder dösten zum Auf und Ab der Wellen, nach dem Abendessen versammelten sich die

Der Seegott in gnädiger Stimmung. Er schützt ein Schiff vor wandernden Felseninseln, die es sonst zwischen sich zermalmt hätten (aus dem Filmklassiker Jason und die Argonauten*).*

gleich gesinnten Reisenden bei einem Glas anständigen Wein aus Chios und betrachteten den strahlenden Sternenhimmel – suchten den Polarstern, den die Seeleute zur Navigation brauchten, und die Sternzeichen des Tierkreises in der Milchstraße, die, wie die Dichter sagten, die Straße in den Himmel war. Von Zeit zu Zeit machten sie sich am Altar für Aphrodite zu schaffen, arrangierten seine Rosen- und Myrtengirlanden neu und hofften, dass ihre zarte weibliche Hand die Wut des blaubärtigen Poseidon besänftigen könne.

Und doch waren die Römer auf offenem Meer immer nervös. Sie versuchten bestimmt, sich selbst zu beruhigen ... es sind ja nur zwei Tagesreisen bis Delos ... und noch einmal zwei bis Rhodos ...

Wenn die Vorzeichen gut waren, konnte sicher – *sicher* – nichts schief gehen.

Es ist eines der vielen faszinierenden Paradoxa der alten Welt, dass die Römer als das einzige Volk der Geschichte, das je das ganze Mittelmeer beherrschte, so furchtbar schlechte Seeleute waren. Nachdem sie das Meer von Piraten gesäubert hatten, gaben sich die Römer damit zufrieden, das boomende Geschäft der Handelsschifffahrt den Griechen, Syrern, Ägyptern und Phöniziern zu überlassen – Völkern, die die weite offene See liebten. Während die meisten Segelschiffe Italienern gehörten, kamen die Kapitäne und Besatzungen doch unweigerlich aus den großen Seefahrernationen des Ostens.

Schon bei leichter Dünung erwiesen sich die alten Römer als unverbesserliche Landratten. In einem Brief, der bitter mit »Die Strapazen des Reisens« überschrieben ist, schildert Seneca seine Erfahrungen beim Segeln auf einem kleinen Boot über den ruhigen Golf von Neapel. Das Wetter wird rau, Seneca wird grün, aber der Steuermann weigert sich, das rettende Ufer anzulaufen. An einem Punkt nahe an der Küste wirft sich der arme Seneca, stark unter der Seekrankheit leidend, über Bord und muss sich dann über raue Felsen auf trockenes Land ziehen. Er bemerkt sarkastisch, dass er jetzt weiß, warum der große Odysseus 20 Jahre unterwegs war und an jeder Ecke Schiffbruch erlitt: Schuld war nicht Poseidon, der wütend auf ihn war, wie Homer es in der *Odyssee* besingt, sondern seine ständige Seekrankheit.

Wenn es dann über die Ägäis ging, deren tiefe Wasser unerwartet aufgewühlt sein können, fürchteten die Römer sofort, ihr letztes Stündlein hätte geschlagen. Ovid kam 8 n. Chr. in den Genuss eines leichten Windes:

Ich Unseliger! Was für Berge von Wasser sich wälzen!
Schon, ach, scheint es, die Flut schäumt zu den Sternen empor.
Was für Täler entstehn, wo des Meeres Gewässer zerreißen!
Schon, ach, scheint es, sie gehen bis in das Tartarus Nacht!

Er schließt:

Ja, um uns ist's geschehn! Es ist keine Hoffnung auf Rettung.
Da ich noch rede, ergießt mir sich die Woge aufs Haupt.

Und es war nicht nur die raue See, vor der sich die Römer fürchteten. So genannte zusammenprallende Felsen bewegten sich auf dem Meer hin und her und zermalmten unglückliche Schiffe zwischen sich zu kleinen Splittern. Scylla und Charybdis, Strudel und Ungeheuer, waren immer noch unterwegs; ganz zu schweigen von den Riesenfischen und Seeungetümen, die ganze Schiffe verschlucken konnten. Antike Touristen wussten, dass dies nicht nur Märchen waren: Die versteinerten Knochen des »Ungeheuers von Joppa«, das der Held Perseus mithilfe des Medusenhauptes in Stein verwandelt hatte, waren aus Syrien herübergebracht und in einer römischen Arena ausgestellt worden. Das Rückrad war 13 Meter lang und 50 Zentimeter dick; es handelte sich wohl entweder um fossilierte Walknochen oder um die Überreste einer prähistorischen Elefantenart. Im Jahr 70 n. Chr. berichtete Plinius der Ältere in vollem Ernst, ein Triton vor dem Golf von Cádiz versenke Schiffe im Meer. Viele Reisende hatten in Tempelmuseen in Rom und Griechenland sogar konservierte Exemplare dieser bösen Meermänner gesehen. Nach Pausanias hatten sie den Unterleib eines Delfins und raue Haut wie ein Hai – dazu lange grüne Haare, Kiemen hinter den Ohren und Mäuler voller Reißzähne.

Aber von all diesen Bedrohungen war Schiffbruch die meistgefürchtete, die in jeder Saison unzähligen Menschen das Leben kostete und selbst die besten Kapitäne dahinraffte. Matrosen hielten Felsen für die Spitzen von Poseidons Dreizack, mit dem er die Wellen aufwühlte. Reisende erinnerten sich unwillkürlich daran, dass schiffbrüchige Seeleute in Rom mehr als die Hälfte aller Bettler in den Straßen stellten und die zerbrochenen Balken vom Rumpf ihres Schiffes vorzeigten, während sie um Almosen baten.

Es ist kaum überraschend, dass sich die Passagiere, wenn sie schließlich ihren Heimathafen sichteten, liebend gern dem Kapitän anschlossen, wenn er am Heck ein Dankopfer zelebrierte.

Über eine Gefahr auf dem Meer allerdings brauchten sich die Römer keine Sorgen mehr zu machen. Vor Augustus hatte die kleinasiatische Küste Halsabschneidern Unterschlupf gewährt, die auf den Schifffahrtsrouten durch die Ägäis auf Beute ausgingen. Augustus hatte damit aufgeräumt, und als die Römer zu Touristen wurden, waren Piraten ebenso Sagengestalten wie heutzutage und tauchten nur als Schauergestalten in Schundromanen auf. Geschichten über ihre Grausamkeit waren allerdings noch immer ein Lieblingsthema an Bord. Man erzählte sich, dass die Piraten Passagieren eines geenterten Schiffes gegenüber, die indigniert erklärten, sie seien immerhin römische Bürger, so taten, als fürchteten sie sich, und um Vergebung baten – bevor sie sie die Schiffsleiter hinunter in das offene Meer stießen.

Berühmtestes Opfer der Seeräuber auf der Ägäis war der junge Julius Caesar gewesen. Er war als gerade erst zwanzigjähriger, unbekannter Adliger auf dem Weg nach Rhodos, wo er Redekunst studieren wollte, als sein Schiff geentert wurde. Aber selbst als Gefangener zeigte Caesar die atemberaubende Chuzpe, die ihn auch für den Rest seines Lebens auszeichnen sollte. Er bestand darauf, dass die Piraten das Lösegeld, das sie für ihn forderten, verfünffachten, indem er behauptete, alles andere sei seines hohen Ranges unwürdig, und benahm sich dann so, als seien die Seeräuber sein persönliches Gefolge. Er forderte, sie sollten zuhören, während er sich in Rhetorik übte, beleidigte sie, weil sie seine raffinierten Metaphern nicht zu schätzen wussten, und befahl ihnen, während seiner Siesta ruhig zu sein. Die Halsabschneider fanden Caesar offenbar ganz amüsant; sie lachten sogar, als er, nachdem das Lösegeld eingetroffen war, versprach, zurückzukommen und sie alle hinzurichten. Natürlich reiste Caesar direkt in die Hafenstadt Milet, stellte eine Flotte zusammen und brachte die Seeräuber zur Strecke. Er konnte nicht nur das Lösegeld wiederbeschaffen, sondern sorgte auch dafür, dass sie alle ans Kreuz genagelt wurden.

Um sich die Zeit an Bord zu vertreiben, zeigten die römischen Touristen sogar ein akademisches Interesse an der nautischen Ausrüstung der Seeleute.

Mit Begeisterung schauten sie sich die Segelkarten an, auf denen die Breite verzeichnet war (die Länge wurde erst seit dem 18. Jahrhundert berechnet), und die Küstenbeschreibungen, Listen von Häfen und Landmarken, die die Kapitäne gerne an nicht ganz so vertrauten Küsten zu Rate zogen. Oft wurden sie auf Griechisch *periplus* (»Rundreise«) genannt. Ihnen fehlte zwar die direkte bildliche Wirkung der Karten, aber sie führten genaue Einzelheiten auf, die man für die Navigation brauchte – Flussmündungen, Untiefen, Quellen und schützende Buchten, die man im Falle eines Sturms anlaufen konnte, ebenso wie praktische mythologische Spickzettel. (Ich hatte eines bei mir, das so genannte antoninische Itinerar aus dem 2. Jahrhundert n. Chr.: »Delos bis Mykonos sind 500 Stadien [ein Stadion entspricht etwa 200 Metern] … Mykonos bis Icasia 300 Stadien… hier liegt die Insel Ortyx, genannt nach der Göttin Asteria, der Schwester der Göttin Leto, die auf dem Rücken einer riesigen Wachtel hierher getragen wurde, als sie vor Jupiter, der sie bedrängte, floh.«) Es gab auch antike »Windkarten«, die die zwölf Winde beschrieben. Der Zephyr kam aus dem Westen, während der Moreas, ein »männlicher« Wind aus dem Norden, offenbar die Kraft besaß, Stuten an Bord zu befruchten. Diese unzuverlässigen Elemente stellte man sich als untergeordnete Gottheiten vor, als die frechen Söhne und Töchter des großen Windgottes Aeolus.

Auf einer Seereise waren die Sinne so leicht zu beeinflussen, dass auch Zaubermärchen und Legenden eine neue Realität bekamen. Eine der berühmtesten Seemannsgeschichten überhaupt (und die

Inspiration für ein beeindruckendes Gedicht von Emil Dickinson) stammt aus dem 1. Jahrhundert n. Chr., als die angenehme Kreuzfahrt eines Gelehrten namens Epitherses durch Spukstimmen unterbrochen wurde.

Der Autor Plutarch liefert einen Bericht, den er aus erster Hand gehört hatte:

Es war schon Abend, als die Winde in der Nähe der Echinaden sich legten und das Schiff in die Nähe von Paxi trieb (vor der Westküste der Peloponnes). Fast alle waren wach, und ziemlich viele hatten nach dem Abendessen noch nicht ihren Wein ausgetrunken.

Plötzlich war von der Insel Paxi die Stimme eines Menschen zu hören, der laut rief – nach einem gewissen Thamos fragte –, sodass sich alle wunderten.

Thamos war der ägyptische Lotse des Schiffes, ein Mann, dessen Namen selbst viele Passagiere nicht kannten. Zweimal wurde er gerufen, und zweimal gab er keine Antwort, doch beim dritten Mal antwortete er. Und der Rufer sagte mit lauter Stimme: »Wenn du auf die Höhe von Palodes kommst, verkünde, dass der große Gott Pan tot ist.«

Als die Menschen an Bord dies hörten, erschraken sie und stritten darüber, ob es besser sei, den Befehl auszuführen oder sich nicht in die Sache hineinziehen zu lassen. Thamos beschloss, dass er vorbeisegeln und ruhig bleiben werde, wenn starker Wind herrsche, wenn aber kein Wind wehe und die See ruhig sei, werde er verkünden, was er gehört hatte. Als er also auf die Höhe von Palodes kam und es weder Wind noch Wellen gab, schaute Thamos vom Heck aus auf das Land und rief die Worte, wie er sie gehört hatte: »Der große Pan ist tot.«

Noch bevor er ausgesprochen hatte, erhob sich ein lautes Klagegeschrei, nicht von einer Person, sondern von vielen, gemischt mit Ausrufen des Staunens.

Anderes Seemannsgarn war sehr viel phantasievoller: Ein Subgenre der römischen Reiseliteratur lieferte »Augenzeugenberichte« von Seeleuten, die durch einen Sturm vom Kurs abgekommen und bei den Amazonen oder Indern gelandet waren oder bei nicht auf der

Karte verzeichneten kleinen Inseln Anker geworfen hatten, die sich dann als riesige schlafende Seeungeheuer entpuppten. Sie erzählten von ihrem Entsetzen, als diese Geschöpfe erwachten und zum Meeresgrund tauchten und dabei die Teile der Besatzung, die zur Erkundung der Insel aufgebrochen waren, in das sprichwörtliche nasse Grab hinunterzogen.

Der Satiriker Lukian parodierte lustvoll die römische Leidenschaft für phantastische Reisegeschichten im Allgemeinen und unglaubliches Seemannsgarn im Besonderen. In *Die wahre Geschichte* – einer direkten Anregung für die Abenteuer des Barons von Münchhausen – entdeckt der Erzähler ein Land, das aus leckerem Käse gemacht ist, ein anderes, das von Hexen mit Eselsbeinen regiert wird, segelt dann zum Mond, wo er an einer Schlacht gegen die Bewohner der Sonne teilnimmt. Um den Trip abzurunden, unternimmt er schließlich noch einen Abstecher in die Unterwelt.

Der innere Zirkel der Hölle, so stellt sich heraus, ist für lügende Reiseschriftsteller reserviert.

Paradisus Optimus Maximus

Trotz all unserer Reisekatalogträume von abgeschiedenen und leeren Inselstränden hat das römische Ideal von der Sicherheit, die von der schieren Masse ausgeht, in der Ägäis weitgehend triumphiert – eine Tatsache, die in dem Moment offenkundig wurde, als unsere Fähre ihre menschliche Ladung auf die Kais von Mykonos spuckte. Wieder musste ich mich auf mein neues Reisemantra – *Menschenmengen sind gut, Menschenmengen sind antik* – besinnen, als wir uns einen Weg durch dutzende von verzweifelten einheimischen Frauen mit handgeschriebenen Schildern pflügten, deren nicht gerade beneidenswerte Aufgabe darin bestand, verwirrte Reisende in ihre Gästezimmer zu lotsen. Mykonos mag das beste Sprungbrett für Delos sein, aber seine neue Daseinsberechtigung als *die* Partyinsel der Ägäis stand deutlich im Vordergrund und lockte nicht nur Fähren voller Rucksacktouristen an, sondern auch riesige Kreuzfahrtschiffe und Expresscharterflüge aus allen Ländern Europas.

Menschenmengen sind gut, Menschenmengen sind antik…

Vom Balkon der Pension Penelope hatte ich einen klaren Blick auf das weiß getünchte Labyrinth von Mykonos, das nach den Orgien der Nacht gerade wieder erwachte. Wenn ich nur einen zen-ähnlichen Zustand aufrechterhalten und die römische Einstellung zum Urlaub am Meer akzeptieren konnte, dann schaffte ich es vielleicht, glücklich in den Massen aufzugehen.

Was bedeutete, dass ich mich sofort zum berühmtesten Strand von Mykonos begeben musste – »Super-Paradise« genannt.

In der Nachmittagshitze rumpelte ein uralter Pendelbus mit uns auf einem trockenen Ziegenpfad entlang, vorbei an einem Strand namens Paradise – wie der Name schon nahe legte, ein zweitklassiger Badeplatz –, und erreichte schließlich das, was als der ultimative Kick der Ägäis galt – Super-Paradise.

Super-Paradise war sicher etwas, was man gesehen haben musste. Jeder Zentimeter der erodierenden Küstenlinie war mit blauen Plastikstühlen bedeckt; auf diesen lagen hunderte von sonnengebräunten Nachtklubgästen, die versuchten, ihren Rausch auszuschlafen. Ein schwieriges Unterfangen, wenn man das lärmende Treiben im Wasser betrachtete. Es gab Wasserskifahrer, Hängegleiter und Plastikbananen, die alle von Motorbooten umhergezogen wurden; Jetski röhrten, Außenborder wimmerten. Aber noch beeindruckender waren die sechs Disco-Bars direkt hinter dem Strand, jede mit eigenem DJ, jede darauf aus, Techno-Rhythmen in die sonnenverbrannten Hirne zu hämmern.

Angestellte der Disco, Mädchen mit Fitnessstudiofigur in chartreusefarbenen Bikinis, hüpften den Strand entlang und versuchten Sonnenbadende zu sich auf die Tanzböden zu ziehen. Die geschmeidigen bezahlten Tänzerinnen konnte man leicht ausmachen, wie sie sich um einige eindeutig nicht aerobictrainierte Urlauber bemühten, darunter zwei ältere Dänen, deren krebsrote Haut an die eines Neugeborenen erinnerte.

Meine Zen-Ausgeglichenheit geriet ein bisschen ins Wanken.

Es war Anfang Oktober, und die Saison ging dem Ende entgegen. Bald, auf den Winter zu, würde die Ägäis »umschlagen«. Schon jetzt frischte der Wind, trotz der heißen Sonne, nachmittags ein wenig auf. Hier im Super-Paradise lag eine gewisse Hysterie in der Luft – jeder warf schnelle nervöse Blicke auf die anderen, als ob er sich selbst und den anderen bestätigen müsse, dass er sich gerade *großartig amüsiere.*

Allmählich wurde den Tänzern klar, was sie da taten, und einer nach dem anderen lümmelte sich wieder auf seine Strandliege. Bald waren nur noch die Berufstänzerinnen auf den Tanzflächen zu sehen, wie sie geistesabwesend die Hüften schwangen.

Sie sind Super-Paradise ganz falsch angegangen«, riet uns ein Typ vor der Pension Penelope. Er war Grieche, hatte aber einen breiten Londoner Cockney-Akzent, und er schien immer in unserem Hof herumzulungern und gern ein Schwätzchen zu halten.

»Die richtige Zeit, an den Strand zu gehen, ist 8 Uhr morgens. Bis um 11, dann muss man gehen, verstehen Sie? Dann kommen nämlich die Partytypen. Die müssen ihren Kater loswerden, also liegen sie den ganzen Tag da unten. Dann, um 1 Uhr, tauchen die Typen von den Kreuzfahrtschiffen auf, und das Ganze ist ein einziger Albtraum. Verstehen Sie, was ich meine?«

Theo hüpfte weiterhin von einem Fuß auf den anderen, zog seine fluoreszierenden Shorts hoch und erzählte mir von seinem Pendelleben zwischen Großbritannien und Mykonos.

Ich fragte ihn nach dem Geheimnis seines gemächlichen Lebensstils.

»Oh, ich bin selbstständig«, vertraute er mir flüsternd an. »Beste Entscheidung, die ich je getroffen habe.«

»Als Schriftsteller?«, fragte ich harmlos.

»Oh, no, Kumpel. Geschäfte, verstehen Sie?«

»Ich glaube, nebenan wohnt der örtliche Ecstasy-Vertreter«, erzählte ich Les.

Unser Balkon ging auf den Hafen von Mykonos hinaus. Windmühlen thronten romantisch auf den Höhenzügen, obwohl ihre Flügel sich nicht mehr drehten, seit sie renoviert und zu Eigentumswohnungen umgebaut waren. Entlang der steilen Flanken der Bucht glühte das Labyrinth der geweißten Häuser in der Sonne. Der ägäische Brauch, die Häuser weiß zu tünchen, wirkte mittags ein bisschen seltsam, wenn sie die Sonnenstrahlen zu einem gleißenden Schleier verstärkten, der auf der Netzhaut brannte; aber in der Abenddämmerung konnte man sich kaum etwas Schöneres vorstellen.

An jenem Abend machte ich mich auf in die labyrinthischen Straßen, während Les mit einem leichten Hitzschlag darnieder lag. Partyfieber lag in der Luft. Überall in den dunklen Kopfsteinpflastergassen dröhnte Housemusik durch die Türen der Clubs mit so viel sagenden Namen wie *Skandinavian Bar* und *Drink!* In den Lasterhöhlen der Insel *(Banana Bar, Klyt Klub)* hatten sich Raver auf ihrem ersten Tablettentrip an strategischen Punkten versammelt und strahlten glückselig vor sich hin. Die Tische vor den teuren Fischrestaurants scharten sich um die leckenden Wellen; Kellner servierten zehn Zentimeter lange Sardinen und ausgemergelte Kalamares, als ob sie sie gerade draußen auf See gefangen hätten. Leider ist aber die Ägäis in den letzten Jahren gnadenlos überfischt worden, und alle Meeresfrüchte werden jeden Tag vom Nordatlantik eingeflogen.

Vor einem der belebteren Bar-Cafés sprachen mich drei ziemlich betrunkene, völlig gleich aussehende Blondinen auf Schwedisch an, wechselten dann aber mühelos ins Englische.

»Aber alle hier sind aus Stockholm!«, witzelte Frida, die mit dem stärksten Sonnenbrand, und musterte mich von oben bis unten. »Du bist der Einzige, der nicht von da kommt.«

Die drei Damen waren, wie sie erklärten, schon seit zwei Wochen auf Mykonos und kamen jeden Abend in diese Bar, wegen der Livemusik und der günstigen Alkoholzufuhr, wie sie in Schweden unvorstellbar wäre. Ich bestellte Retsina – der in einer Flasche mit Schraubverschluss kam –, als ein wilder Gitarrist auf den Hof latschte und begann, nette Coverversionen von U2-Hits zu klimpern.

»Sogar *er* ist aus Stockholm«, erklärte Frida. »Er kommt jeden Sommer nach Mykonos.«

Die modernen Wikingerinnen gerieten durch die warme Luft und den erhöhten Alkoholpegel in einen Begeisterungstaumel. Es dauerte nicht lange, und sie schaukelten auf ihren Stühlen hin und her und sangen mit: *But I still haven't found what I'm looking for …*

Die griechische Besitzerin sorgte dafür, dass der geharzte Wein nie ausging. Sie führte dieses Lokal schon seit 20 Jahren, sagte sie, und sie habe vier Häuser und zwei Autos; ihre beiden Kinder seien Ärzte.

Allmählich kapierte ich auch, wieso. Mit ungläubigem Staunen starrte ich auf all die Nullen: Der Preis war etwa doppelt so hoch wie in einer New Yorker Bar.

»Sind das schwedische Preise?«, fragte ich Frida.

Sie schnaubte nur entrüstet: »In Stockholm würde man dafür nicht mal einen Schluck bekommen!«

Man muss wissen, dass die Bewohner der Ägäis immer kluge Unternehmer gewesen sind.

In der Antike wurden Ausländer, die auf den Kykladen Schiffbruch erlitten, gefangen genommen, bekamen ein Brandzeichen und wurden als Sklaven verkauft. Man erzählt sich sogar, dass Bewohner der griechischen Inseln Leuchtfeuer auf der falschen Seite gefährlicher Fahrrinnen errichteten und vorbeifahrende Schiffe so auf die Felsen lenkten. Schwammtaucher bargen dann die wertvolle Ladung.

Ich leerte meine Taschen und spürte schon den aufkommenden Kater.

No I still haven't found what I'm looking for …

Die schwimmende Insel des Apollon

Bei unserem Bootsausflug nach Delos am nächsten Tag war der Wind zu Les' Entsetzen heftig, kalt und seltsam umspringend. Selbst unter den besten Wetterbedingungen ist die Überfahrt eine der schwierigeren Passagen des Mittelmeers; heute sprudelte das tiefe Wasser wie Alka Seltzer.

Diese raue See musste man beim Besuch auf Delos immer berücksichtigen. Der Redner Aristides hinterließ einen genauen Bericht dessen, was ihm am 30. September 144 n. Chr. widerfahren war. Als jungem Mann war ihm in einem Traum befohlen worden, lyrische Gedichte auf Apollon, den Gott des Liedes, zu verfassen, und so wollte er ihm bei einer Reise über die Ägäis auf »seiner« Insel einen Besuch abstatten.

Unglücklicherweise war die Überfahrt vom Festland aus furchtbar.

Als ich auf Delos das Schiff verließ, war ich zornig auf den Steuermann, der sich wie verrückt gebärdete und gegen die Winde segelte und die See durchpflügte. Sofort schwor ich mir, zwei Tage lang keinen Fuß mehr auf das Schiff zu setzen.

Aristides stürmte wütend davon, um im Tempel des Apollon zu opfern und sein Gedicht an den Gott vorzutragen (das, wie er selbst zugab, nicht besonders gut war). Dann zog er sich in sein Zimmer in einem Gasthaus am Hafen zurück und befahl seinen Sklaven, keine Besucher vorzulassen.

Gegen Abend erschienen die Matrosen seines Schiffes, hämmerten an seine Tür und bestanden darauf, sofort abzulegen. Die See sei gerade ruhig und der Wind stetig, sagten sie. Aristides' Sklaven schickten die Matrosen fort, und diese zogen wütend und unter Flüchen ab.

Dann, etwa um vier Uhr nachts –

brach ein gewaltiger Sturm los, und die See wurde durch einen wilden Wir-
belwind aufgewühlt, und alles war überflutet, und einige kleine Schiffe im
Hafen wurden an Land geworfen, andere stießen zusammen und wurden
zermalmt. Bei dem Handelsschiff, das uns hergebracht hatte, riss die An-
kerkette, und es wurde auf und ab geschleudert, und unter viel Geschrei
und Verwirrung wurden die Seeleute noch mit knapper Not gerettet …
Bei Morgengrauen eilten meine Freunde, die ich zufällig auf meine Kos-
ten mit auf die Reise genommen hatte, zu mir und nannten mich »Wohl-
täter und Retter«. Auch die Matrosen waren dankbar und dachten mit
Grausen an die Schrecken, denen sie gerade entgangen waren.

Aristides' sture Weigerung, sofort wieder abzureisen, erschien allen
Beteiligten als göttliche Inspiration – eine Belohnung Apollons für
den in Verse gefassten Tribut.

Andererseits hat die raue Überfahrt stets dafür gesorgt, dass Apollons Geburtsort seine einzigartige Atmosphäre bewahrt hat, als ob
er in einer anderen Dimension existiere.

Am Anfang der Zeiten war Delos eine der vielen schwimmenden Inseln der Ägäis und trieb so frei durch das Meer wie die Sterne
über den Himmel, bis Jupiter selbst es mit einer eisernen Kette auf
dem Meeresboden festmachte. Der heilige Status des Eilands wirkte
sich auch auf die Welt der Sterblichkeit aus. Da Apollon alle Händler beschützte, die auf seine Insel kamen, war Delos in der klassischen Blütezeit Griechenlands mehrere hundert Jahre lang eine wirtschaftliche Ausnahmeerscheinung – der erste große zollfreie Hafen
in der Geschichte, an dem an einem einzigen Tag 10 000 Sklaven
gehandelt werden konnten. Im 1. Jahrhundert v. Chr. schwand das
Glück, als Piraten in mehreren Wellen über die Insel herfielen und
nur Ruinen hinterließen. Zur Zeit der römischen Touristen glich
der einst so reiche Hafen einer Geisterstadt.

Aber das schreckte die Besucher nicht im Geringsten. Zwar
lebten nur ein paar attische Priester das ganze Jahr über auf Delos,
doch der Pilgerstrom auf die heilige Insel riss nicht ab. Wie Aristi-

des spazierten sie von der Hafenanlage aus auf einer von hocken-
den Löwen gesäumten breiten Straße entlang, um den »Hörner-
Altar« zu bewundern, den Apollon als Junge gebaut hatte. (Es war
wahrscheinlich nur ein einfacher, grob behauener Steinblock, aber
Martials Meinung nach konnte er wegen seiner heiligen Aura
durchaus den Rang eines Weltwunders beanspruchen.) Sie betrachteten die Palme, an der die Göttin Leto sich festgeklammert
hatte, als sie den Gott zur Welt brachte. Die morbide Atmosphäre
des Verfalls auf Delos erhöhte nur das Gefühl einer göttlichen
Präsenz auf der Insel. Von ein paar Gasthöfen am Wasser abgesehen, lag die Stadt weiterhin in Trümmern, und die ägäischen Winde
bliesen Furcht erregend durch all die salzverkrusteten Speicher,
Marktplätze und langen Säulenhallen.

Diese elegische Stimmung hat sich bis heute gehalten, da auf
Grund der archäologischen Bedeutung der Insel niemand auf Delos
wohnen darf. Wenn man bedenkt, dass es sich um eine der wichtigsten archäologischen Stätten der Ägäis handelt, herrscht hier doch ein
überraschender Mangel an Wächtern, Regeln und Vorschriften. Die
Schotterstraße vom Dock führt noch immer an den berühmten beiden Reihen hockender Löwen vorbei. Überall ragen Marmorstücke
aus der zerklüfteten Erde hervor; Besucher bücken sich und sammeln sie wie andernorts Muscheln an Stränden. Die einzigen Zeichen dafür, dass sich eine Behörde um diese Anlage kümmert, sind
die mit Seilen abgesperrten Durchgänge in den Ruinen – die eigentlich nur darauf hinweisen, dass dort etwas Wichtiges unter dem Boden liegt. Ohne jede Einschränkung darf man großartige Mosaiken
betrachten, die in Stätten auf dem Festland sorgsam abgesperrt wären – Dionysos und seine Tiger oder den blaubärtigen Poseidon –,
die hier aber der Sonne und dem Wind ausgesetzt bleiben.

Ich bestieg den einzigen Berg, um den Horizont zu betrachten.
Beim Blick über die dunklen Wasserflächen spürte ich, dass die un-
ruhige Bootsfahrt mir noch in den Knochen steckte. Ich hatte das
Gefühl, als schaukle die Insel Delos unter meinen Füßen hin und

her – als ob die eisernen Ketten, die die Insel angeblich mit dem Meeresboden verbinden, langsam in der Strömung trieben.

Im Innern des Kolosses

Zwei Tage später näherten sich die Touristen der Antike Rhodos – dem anderen unvergesslichen touristischen Höhepunkt in der Ägäis, dessen Hafen so voller Masten war, dass er von weit draußen, von hoher See her, aussah wie ein wogendes Kornfeld. In den Tempeln der Insel wurden, so wusste man, 3000 großartige Kunstwerke aufbewahrt, die eine ernsthafte Betrachtung lohnten. Aber sie alle verblassten vor dem berühmtesten Artefakt der Insel – dem Koloss von Rhodos, der noch immer als eines der sieben Weltwunder galt, obwohl er schon ein paar Jahrhunderte zuvor umgestürzt war. Man stellt sich zwar gern vor, dass diese einst 32 Meter hohe Bronzestatue des Sonnengottes Helios über dem Hafen stand, mit einem Fuß auf jeder Seite der Einfahrt, aber das wäre mit den damals verfügbaren Techniken gar nicht machbar gewesen. Stattdessen hatte der Künstler Chares von Lindos den Helios eher wie eine glatte, muskulöse Säule geformt: Er stand ganz gerade, hielt eine Fackel in der erhobenen Hand, fast in militärischer Habtachtstellung. Aber selbst diese Haltung war nicht stabil genug: Helios stand nur ein halbes Jahrhundert. Durch ein Erdbeben brach die Statue 226 v. Chr. in Höhe der Knie ab und krachte an einer Hügelflanke über dem Hafen auf die Erde.

»Aber selbst am Boden liegend ist der Koloss ein Wunder«, schreibt Plinius der Ältere begeistert, der im 1. Jahrhundert n. Chr. über die gigantische Statue – und hinein – geklettert war. »Nur wenige Menschen können mit ihren Armen den Daumen der Figur umfassen, und jeder ihrer Finger ist größer als die meisten Statuen. Wo die Beine abgebrochen sind, gähnen riesige Hohlräume, und drinnen kann man gewaltige Felsmassen sehen, die die Künstler brauchten, um die Figur zu stabilisieren.«

Heute beherrschen die uneinnehmbaren mittelalterlichen Fes-

Der umgestürzte Koloss von Rhodos,
1. Jahrhundert n. Chr. – Zeichnung nach der Beschreibung Plinius' des Älteren.

tungen, die die Malteser im 15. Jahrhundert gegen die Türken errichteten, das Bild der Insel; die Steinkugeln aus den Katapulten der
Feinde liegen vor den Mauern verstreut wie Murmeln von Riesen.
Eine neuer Handelshafen nimmt die Tragflächenboote und Yach-
ten auf, die zwischen hier und der türkischen Küste pendeln. Wir
fanden ein altes Hotel, das in die Befestigungen eingebettet war; der
Besitzer versicherte uns, es sei seit 1000 Jahren ununterbrochen in
Betrieb. Mit ein bisschen Kletterei konnte ich die Mauern der Festung einmal ganz umrunden und gelangte zum antiken Mandraki-
Hafen. Gepflasterte Straßen führten wieder hinauf zur »Türkischen
Schule«, einem bescheidenen Gebäude aus dem 19. Jahrhundert, an
dessen Stelle nach Meinung der Wissenschaftler einst der Koloss
stand.

Das Schicksal dieser doch so berühmten Skulptur ist überraschend unklar. Nach Darstellung eines byzantinischen Chronis-
ten befahl der reisende Kaiser Hadrian bei seinem Besuch auf Rho-

dos um 120 n. Chr., den Koloss wieder aufzurichten. Er reiste mit einem riesigen Gefolge von Ingenieuren und Handwerkern, also kann es gut sein, dass man versuchte, diesen Plan auszuführen; wenn er Erfolg hatte, dann nicht für lange, denn ein weiteres Erdbeben machte im Jahr 150 n. Chr. die ganze Stadt dem Erdboden gleich. Sicher sagen kann man nur, dass der Koloss im Jahr 654 n. Chr. von arabischen Plünderern auseinander gebrochen und als Schrott verkauft wurde. Heute ist nicht ein Fußabdruck von ihm übrig.

Aber wie jedes mächtige Symbol der Antike hat auch der Geist des Kolosses noch ein bisschen Leben in sich. 1970 meldete die *New York Times*, dass die Stadtbehörden von Rhodos darüber nachdächten, ob sie nicht die ganze Statue von Grund auf als Touristenattraktion wieder aufbauen sollten. Offenbar kommen immer noch tausende dorthin, um den Koloss zu sehen, und sind bitter enttäuscht, wenn sie feststellen, dass er im Schmelztiegel der Geschichte verschwunden ist.

Aus Kostengründen wurde der Plan fallen gelassen.

Kleine Kaiser im Zollbüro

Der Trip mit dem Tragflächenboot von Rhodos nach Marmaris in der Türkei dauerte nur etwas über eine Stunde. Die Einreise- und Zollformalitäten dauerten sechs.

Die Griechen stellten das schwierigere Hindernis dar: Sie wollen einfach nicht, dass irgendjemand abreist. Das ist ja eigentlich durchaus schmeichelhaft, aber im Grunde steckt ein ganz anderes Motiv dahinter. Seit den Achtzigerjahren des 20. Jahrhunderts ärgern sich die griechischen Regierungsbeamten darüber, dass so viele Touristen – und ihre Dollars – an die billigeren Küsten ihres alten Feindes, der Türkei, abwandern. Und so gestalten sie diese Reise für die Überläufer so mühsam wie möglich.

Anfangs hatte ich die Warnungen auf die leichte Schulter genommen. Wo sollte da ein Problem sein? Also kauerten wir uns vor Sonnenaufgang in der mittelalterlichen Werft von Rhodos in einen dumpfen steinernen Hof, während ein Nieselregen unser Gepäck durchfeuchtete. 20 weitere verlorene Seelen schlurften mit uns von einer namenlosen Tür zur nächsten. Kein Beamter war zu sehen, und allein auf Gerüchte hin bildeten wir mal hier, mal dort eine Schlange. Einmal hieß es, das Tragflächenboot sei ausgebucht; dann wieder, es solle wegen der ungewöhnlich rauen See gar nicht starten. Stürme krachten in der Ferne. Wir alle starrten in den Himmel und fragten uns, welches Schicksal uns wohl beschieden sei. Die idyllischen Ferien in der Ägäis schienen ein nüchternes Ende zu nehmen.

Irgendwann am Vormittag schafften wir es endlich, einen griechischen Beamten zu finden, der unsere Pässe mit geübter Verachtung an sich nahm. Sein Blick klagte uns des kulturellen Verrats an. Wir verließen den Westen, die EU, die Zivilisation, die Christenheit – und betraten den heidnischen Osten. Er brütete über jeder Seite. Verglich Fotos. Studierte Stempel. Seine Vorstellung war so überzeugend, dass wir sie allmählich richtig genossen. Also beschloss er, auch unser Gepäck Stück für Stück auseinander zu nehmen.

Unsere Mitreisenden hinter uns in der Schlange stöhnten hilflos auf. Wir waren Kriegsgefangene, die auf ihre Entlassung warteten, und die Sieger genossen die Prozedur.

Natürlich ist auch diese provozierende bürokratische Zeitverschwendung eine wichtige Konstante des Reisens. Parallelen zur Antike fielen mir ein. Im Römischen Reich gab es zwar keine Grenzübertritte oder Autobahngebühren, aber wenn man von einer Provinz in die andere kam, hatte man mit mehreren Schichten einer albtraumhaften Bürokratie zu kämpfen. Die meisten Hafenstädte bestanden darauf, dass sich die Passagiere gegen Gebühr einen »Ausreisepass« des Hafenmeisters ausstellen ließen. Die Höhe der Gebühr richtete sich nach dem Beruf (seltsamerweise bezahlten Prostituierte die höchsten Summen). Schlimmer noch waren die kaiserlichen Zollbeamten, mit denen sich die Reisenden auseinander setzen mussten. Das römische System ähnelte dem, was wir heute zu erdulden haben, so sehr, dass es schon unheimlich ist. Vertreter des Kaisers verlangten von allen Durchreisenden eine geschriebene *professio*, eine Erklärung zum Gepäck. *Instrumenta itineris*, »Reisehilfsmittel« wie Karren und Esel, waren zollfrei, ebenso *instrumenta ad usum proprium*, »Gegenstände zum persönlichen Gebrauch«. Aber alles, was unterwegs gekauft worden war, unterlag einer Steuer. Die meisten Sätze lagen bei bescheidenen zweieinhalb bis fünf Prozent, aber für Luxusgüter – Parfüm, Edelsteine, Gewürze, Seide, Eunuchen, Tänzerinnen und »hübsche Jungen« – wurden saftige 25 Prozent fällig. Nicht deklarierte Gegenstände wurden konfisziert; Reisende konnten sie nur durch die Zahlung des doppelten Zollsatzes zurückbekommen.

Die antiken Berichte über Verhandlungen mit diesen aufgeblasenen Autokraten kommen uns unglaublich bekannt vor. (»Wir sind missmutig und unzufrieden über die Zollbeamten, wenn sie in Gerät und Gepäck, das nicht ihnen gehört, herumwühlen und nach versteckten Dingen suchen«, erklärt Plutarch hilflos seinen Lesern, »und doch erlaubt das Gesetz ihnen, es zu tun.«) Offenbar machten sich wohlhabende Reisende einen Spaß daraus, sie auszutricksen. Es war den Zollbeamten verboten, Leibesvisitationen bei verheirateten Frauen durchzuführen, was viele weibliche Reisende zu ihrem Vorteil nutzten: So wird von einer römischen *Grande Dame* erzählt, die 400 Perlen an ihrem Busen versteckte und damit einen Zusammenstoß provozierte, weil die Zollbeamten ihre ausladenden Brüste bemerkten und sie nicht passieren lassen wollten. Die Bürokratie schuf ihre eigenen Missstände. Reisende mit offiziellen Verbindungen wussten, wie man um die Gebühren herumkam, und legten die Edelsteine in ihre offizielle Korrespondenz. Und die Korruption vor Ort blühte. Manche Beamten im Osten schrieben sogar eine Übersicht über die »Gratifikationen« an die Wand ihres Büros, um peinliche Missverständnisse zu vermeiden.

Genau wie die Grenzbeamten heute wurden auch die römischen Staatsdiener gerade wegen ihrer sturen Sorgfalt und ihres stumpfen Mangels an Phantasie ausgewählt. Als Oscar Wilde einem steifen

Zollbeamten erklärte, er habe nichts zu verzollen als sein Genie, hatte er einen Vorgänger in dem heidnischen Heiligen Apollonius von Tyana im 1. Jahrhundert n. Chr., der in seine *professio* schrieb, er trage nichts bei sich außer »Besonnenheit, Gerechtigkeit, Tugend, Selbstbeherrschung, Tapferkeit und Disziplin«. Dies alles waren auch im Altgriechischen weibliche Begriffe, und so forderte der Beamte knapp: »Zeig mir diese Sklavinnen.« Apollonius erklärte feierlich, dass es sich um edle Damen handele. Und er sei *ihr* Sklave, nicht umgekehrt.

Man kann sich vorstellen, wie verächtlich ein Zollbeamter heute auf eine solche Erklärung reagieren würde.

In die Arme Allahs

Wir durchpflügten die aufgewühlteste See, die Tragflächenboote von Rechts wegen befahren dürfen, ein Knoten Wind mehr, und die Fahrt hätte abgesagt werden müssen. Jetzt musste das Schiff gezwungenermaßen mit gedrosseltem Tempo fahren.

»Wir können nicht fliegen«, klagte der Kapitän, während wir mit der Dünung auf und ab schaukelten.

Es war eine türkische Fähre, eine dünne Tragflächenhülle, die meisten Sitze waren zerbrochen oder gar nicht mehr da. Dieses dekadente Flair hob die Moral der Passagiere nicht gerade. Den meisten wurde schlecht, sobald wir den Hafen verließen, aber die Türken – die erste nationale Einheit, die ich bemerkte – gingen verblüffend locker damit um. Sie füllten ihre Spucktüten und winkten ihren Freunden dann fröhlich damit zu. Wer eine Videokamera gekauft hatte, filmte begeistert, wie die anderen sich übergaben; sobald sich einer erholt hatte, übernahm er die Kamera, um die Übelkeit der anderen auf Zelluloid zu bannen.

Leider gab es keine Lüftung. Es war eine schlimme Überfahrt. Les hielt stoisch ihren Kopf nach unten, versuchte nicht zu schauen, nicht zu riechen, nicht zu hören und nicht zu denken.

Die Männer jammerten, die Frauen kreischten, alle riefen zu Gott, schrien laut, dachten an ihre Lieben… berichtet ein antiker griechischer Aristokrat namens Synesios, der auf einem Schiff gen Osten in einen Sturm geriet.

> *Dann rief jemand, dass jeder, der irgendetwas aus Gold besitze, es sich um den Hals hängen solle. Dies ist ein uralter Brauch: Der Leichnam eines Ertrunkenen muss Geld bei sich haben, damit derjenige, der ihn vielleicht findet, ihm ein anständiges Begräbnis zuteil werden lässt…*

Schließlich sah ich durch das trübe Bullauge die türkische Küste aus dem Sturm auftauchen. Auf den ersten Blick sah sie nicht gerade viel versprechend aus. Ich sah nur Felsen. Graue See, graues Land, grauen Himmel. Aber ein schmaler Streifen Blau lag am Horizont – die Andeutung einer sonnigen Verheißung.

Manchmal ist es gut, einen Ort unter schlimmen Umständen zu verlassen. Dann kann alles nur noch besser werden.

Schluss mit Griechenland – auf in den Orient!

Kleinasiatische Verlockungen

A*ls wir das Land berührten,* sagt Synesios und gibt damit die Gefühle manch eines antiken Schiffspassagiers wieder, *umarmten wir den Boden wie eine lange verlorene Mutter...*

Es war nicht einfach nur Erleichterung, die die römischen Touristen mit einem Hochgefühl erfüllte, sobald sie die nach Pinien duftenden Küsten Kleinasiens betraten. Wie New Orleans, Hawaii oder die französische Karibik heutzutage war diese Provinz eine überaus verlockende Fallstudie kultureller Verschmelzung in der antiken Welt. Lange vor der römischen Eroberung waren griechische Kolonisten hier gelandet und hatten eine griechische Neue Welt auf dem Fundament eines Dutzends orientalischer Königreiche errichtet; dann schmückten sie die felsige Küste mit einer Kette perlenweißer Städte, die sich in regelmäßigen Abständen über schillernden Häfen erhoben. Durch die Pax Romana blühten diese geschäftigen kleinasiatischen Hafenstädte auf, und all die Schwindel erregenden Exzesse des neuen Reichtums traten hervor: Bei Tag und bei Nacht lustwandelten ihre wohlhabenden, viel zu gut angezogenen Bürger in Scharen auf glänzenden Avenuen, die nach der neuen Mode mit doppelstöckigen Arkaden und durch Springbrunnen gekühlten Gärten gestaltet wurden, in verschwenderisch ausgestatteten Tempeln und Akademien voller Kunstwerke. Für die ersten Touristen war Kleinasien doppelt attraktiv. Es war eine durch und durch wieder erkennbare Welt, in der Griechisch gesprochen und die kultiviertesten Traditionen Roms aufrechterhalten wur-

*»Die Statuengalerie« (Sir Lawrence Alma Tadema, 1874);
Römer beim Kunstkauf. Das reiche Kleinasien lockte viele der
besten Künstler des Reiches an.*

den, und dennoch durchdrangen die Anklänge an die hethitische, assyrische und persische Vergangenheit die Luft wie unbekannte Gewürze auf einem Markt. (Dieses griechische Element hielt sich im Grunde bis ins 20. Jahrhundert hinein, bis der Bevölkerungsaustausch nach dem Niedergang des Osmanischen Reiches ihrer jahrtausendelangen Anwesenheit ein Ende setzte.)

Nach einem so langen Aufenthalt im alten Griechenland – verehrt, geliebt, aber furchtbar verarmt, ja sogar ein bisschen schäbig –, war der schamlos zur Schau gestellte Reichtum offen gesagt erfrischend. Im Hafen von Halikarnassos, dem heutigen Bodrum, bekamen die Reisenden einen ersten Eindruck von dem hier herrschenden protzigen Stil, wenn sie das Grab des Mausolos erblickten, dem alle späteren Mausoleen ihren Namen verdanken – eindeutig das angeberischste der sieben Weltwunder, das sich über der Küstenlinie erhob wie ein gestrandetes Kreuzfahrtschiff. Dieser strahlend weiße, 49 Meter hohe Ziggurat, gebaut von Mausolos' Schwester und Ehefrau im 3. Jahrhundert v. Chr., mischte griechische Handwerkskunst mit babylonischer Pracht; jeder Quadratzentimeter war mit Friesen und Statuen bedeckt, und auf der Spitze ritt Mausolos auf einem goldenen Streitwagen der Ewigkeit entgegen. In den Augen des nüchternen Satirikers Lukian war das Ergebnis scheußlich und unsagbar bombastisch. »Das hässliche Ding mag den Leuten von Halikarnassos etwas geben, was sie den Touristen zeigen können«, erklärte er in seiner Phantasie dem toten König im Jenseits, »aber ich verstehe nicht, welchen Nutzen *du* davon haben sollst.« Die meisten Römer liebten es. Plinius der Ältere war starr vor Bewunderung, als er es 75 n. Chr. besuchte – »noch heute wetteifern die Hände der Künstler miteinander« –, der Ingenieur Vitruv schrieb ein ganzes Buch darüber. Heute hat sich das riesige Gebäude in nichts aufgelöst und nur eine vage Andeutung seiner Fundamente im Fischereihafen von Bodrum zurückgelassen – eine Tatsache, die Lukian zweifellos mit Genugtuung erfüllen würde.

Das Mausoleum setzte die Maßstäbe für Kleinasien. Die Römer arbeiteten sich an der zerklüfteten Ägäisküste entlang nach Norden vor, hüpften von einer betörenden Stadt zur nächsten – Aphrodisias, Knidos, Ephesos, Smyrna, Pergamon – bis hin zu ihrem ultimativen Ziel, den Ruinen von Troja. Die meisten zogen es vor, den sich windenden Küstenstraßen zu folgen, statt zu segeln und dabei Abstecher auf die vor der Küste liegenden Inseln zu machen, denn selbst im Sommer konnten die heftigen nördlichen Winde Seereisen ziemlich anstrengend gestalten. Viele Römer stellten plötzlich fest, dass sie sich länger als vorher geplant auf dieser Seidenstraße aufhielten. Das eroberte Kleinasien war nach Meinung der Moralisten die Heimat der *luxuria*, die allmählich in das Kaiserreich vordrang (ganz zu schweigen vom antiken Kamasutra, einem Sexhandbuch der Philainis von Samos, das heute leider verloren ist) –, und die unterschwelligen orientalischen Einflüsse der Provinz machten die auch in Griechenland und Rom beliebten Vergnügungen noch genussvoller. Ihre vielen kleinen Paradiese boten die beste Gelegenheit, sich von den Anstrengungen der Straße zu erholen und sich etwas der so dringend benötigten Ruhe hinzugeben.

Die Römer fühlten sich in dieser schönen neuen Welt zweifelsohne ziemlich wohl. Die offene, optimistische und auf die Zukunft ausgerichtete Atmosphäre war eine Erholung nach der alten Welt, deren Hochkultur monolithisch, traditionell und ein bisschen selbstgerecht war. So erbaulich Städte wie etwa Athen auch wirkten, man hatte immer das Gefühl, man müsse sich so ordentlich wie nur möglich benehmen. Kleinasien war viel unterhaltsamer. Das Sommerwetter mit seinen sonnigen, von der sanften Seebrise gekühlten Tagen wirkte erfrischend. Die Hotels waren besser, das Essen ebenfalls, der gesellschaftliche Verkehr war ebenso kultiviert und – offen gesagt – weniger prätentiös.

Mit dem Bus nach Byzanz

»Willst du mit dem Kamel Koch reisen?«

»Wie bitte?«, Les verschluckte sich beinahe an ihrem Rosentee.

Der Agent zeigte auf eine Fahrkarte. Kamil Koc, seine bevorzugte Busgesellschaft.

»Es ist die Beste. Luxusservice. Stoßfreie Federung und nur wenig Pannen.«

Heute ist die Türkei dank des ehrgeizigen Modernisierungsprogramms, das Kemal Atatürk in den Zwanzigerjahren des letzten Jahrhunderts entwickelte, wieder eine der großen Fallstudien zur kulturellen Verschmelzung von Ost und West, und genau wie in römischer Zeit hat die Küste des Landes ihre traditionelle Position als *das* Erholungs- und Vergnügungszentrum des östlichen Mittelmeers behaupten können. Die Reisenden stellen ihr glänzende Zeugnisse aus. Auch weil sie dieselben mystischen Wasser der Ägäis miteinander teilen, wird die Türkei wieder und wieder mit ihrem entfremdeten Nachbarn Griechenland verglichen und trägt in vielen für die Touristen interessanten Kategorien den Sieg davon. Die Strände sind ursprünglicher (so heißt es jedenfalls allgemein). Das Transportsystem ist besser. Die Türken sind freundlicher. Das Essen ist besser. Die Ruinen sind beeindruckender (ganze Städte wie Ephesos, Aphrodisias und Pergamon sind erhalten geblieben). Die Kultur ist strahlender. Und alles – vom Wein über die Taxis bis zu den Hotels – kostet nur etwa ein Drittel.

Was noch wichtiger ist: Die Ägäisküste wird hier immer noch eher auf dem Land- als auf dem Seeweg bereist. Obwohl Vergnügungsboote, die so genannten *gulets*, entlang der geschützten Türkisküste hin- und herfahren, misstrauen die Türken im Allgemeinen der offenen See und betreiben nur eine Hand voll von Langstreckenfähren, bei denen man nie genau weiß, ob und wann sie fahren.

Aber sie *lieben* Fernstraßen.

Im Grunde ist die Begeisterung für die Straße ein gesellschaftliches Phänomen, das an die Vereinigten Staaten in den Fünfzigerjahren des letzten Jahrhunderts erinnert. Die Türkei hat noch keinen Kerouac hervorgebracht, aber die Volksmusik feiert diese Leidenschaft mit Hingabe. Mehrspurige Straßen sind durch das Hinterland gewalzt worden, über Berge hinweg, durch Wüsten hindurch, um Abgründe herum. Sie sind die Symbole einer glänzenden Zukunft. Für einen Türken – oder wenigstens für einen türkischen Bürokraten – gibt es nichts Schöneres als den Geruch von frischem Bitumen. Wegen der Entfernungen und der schieren Menge der Menschen, die befördert werden wollen, ist der Omnibus das bevorzugte Transportmittel – weitaus beliebter als der Mietwagen. Türkische Busbahnhöfe gleichen eher eigenen Städten, finanziert durch den mörderischen Wettbewerb dutzender Luxusgesellschaften.

Der Kamil Koc bot einen wirklich überaus luxuriösen Service. Es gab zwei Stewards in Krawatte und Weste, die ständig Wasser, Kaffee, süße Kuchen und Kekse anboten und sich Kindern und Älteren gegenüber besonderer Aufmerksamkeit befleißigten. Sie machten sogar regelmäßig ihre Runden und drückten allen Passagieren antiseptische Seifen auf die Handflächen. Wenn sie den Müll einsammelten, trugen sie Gummihandschuhe. Man fühlte sich wie in einer Mischung aus Businessclass und mobilem Krankenhaus.

An den schwarz getönten Fensterscheiben flog die Türkei vorbei, und ich versuchte sie einzufangen. Die Betonminarette der von Saudi-Arabien bezahlten Moscheen, die sich wie stromlinienförmige Raketen aus den Weizenfeldern erhoben. Bäuerinnen, die riesige Haufen Brennholz an jungen Rekruten in übergroßen Khakiuniformen vorbeitrugen. Einblicke in eine östliche Welt, die seltsam an das stalinistische Russland erinnerten. Gewaltige rote Fahnen flatterten in den Dörfern, mit Halbmond und Stern statt mit Hammer und Sichel. Kinder in Uniformen mit Spitzenkrägen marschierten in ganzen Trupps umher und sangen patriotische Lieder. Porträts von Kemal Atatürk – dem Vater der Nation – hingen an jeder Wand; jeden Platz zierte seine Bronzestatue. Aber dies waren Eindrücke aus der Ferne. Nach ein paar Tagen war schon klar, dass dieses Land zutiefst schizophren war. Die meiste Zeit über konnte ich das surreale Gefühl nicht abschütteln, dass die Türkei viel weniger fremd war als Griechenland – und das nicht einfach nur, weil alle Straßenschilder als Ergebnis des allumfassenden Verwestlichungsprogramms in lateinischen Buchstaben geschrieben waren.

Die kulturelle Verschmelzung war in einem Tempo vorangeschritten, wie es sich selbst Atatürk nicht hätte träumen lassen. Wir machten in pittoresken Fischerdörfern Halt, deren Buchten sich zu

Yachthäfen voll mit importiertem Reichtum gewandelt hatten. Die lieblichsten goldenen Sandstrände lagen im Schatten von standardisierten Sheraton-Hotels, die um sich herum glänzende neue Städte scharten, in denen jeder Englisch sprach und sich für die Musik der Siebzigerjahre begeisterte. Selbst der kleinste Kiosk akzeptierte alle möglichen Kreditkarten. Es gab protzige Ferienanlagen für Ausländer und reiche Türken, abgetrennt durch Stacheldraht und Wachen, mit seltsamen Namen wie »Hill-Side Club«. Es gab Öko-Feriendörfer in Pinienwäldern, wo die Gäste in mongolischen Jurten wohnten und Bauchtanz, Aquarell- und Yogakurse belegen konnten. Und dazu kamen dann noch unzählige von sonnenverbrannten Auswanderern aus Lancashire und Liverpool geführte Gästehäuser inklusive Krocket-Rasen.

Was für ein Land, mein Freund, ist dies? Man wusste nicht, ob man von der Türkei oder von Troja sprach.

Es war alles überaus angenehm, wenn man die letzten Sonnenstrahlen der Saison genießen wollte. Aber da stand ich nun, geistig auf die Erfahrungen des Nahen Ostens vorbereitet, und hatte eher das Gefühl, in Südkalifornien zu sein.

In einem Punkt wurden sie ihrem Ruf ganz sicher gerecht: Die Türken betrachteten alles Fremde in ihrem Land mit einer Liebenswürdigkeit, die fast schon polynesisch wirkte. Verglichen mit den Griechen und ihrem wachen Unternehmergeist, der oft in Grobheit umschlägt, waren die Türken Teddybären – entspannt, gutmütig, schwer zu fassen; sie taten nicht viel und lächelten zufrieden in die Gegend. Der islamische Fundamentalismus mag einen Aufschwung erleben, aber die täglich zu beobachtende Einstellung der Türken wirkt abgeklärt: Sie haben alle sympathischen Eigenschaften der Religion, wie etwa die Gastfreundschaft, bewahrt, ohne den Beigeschmack der Intoleranz, die andere muslimische Länder durchdringt. Nach Griechenland, wo die Nerven am Ende des Sommers blank lagen, hatte man das Gefühl, der Luftdruck sei um einige hundert Bar gesunken.

Diese neue, ruhige Atmosphäre weckte auch in Les die Lust, an den türkischen Fleischtöpfen zu schnuppern.

»Ich glaube, ich leide am Stendhal-Syndrom«, sagte sie und fühlte sich die Stirn.

Dies war eine psychische Situation, von der sie einmal gehört hatte, hervorgerufen durch eine zu starke Dosis der entfernten Vergangenheit. Stendhal litt als Tourist in Florenz darunter. Er hatte so viele Kirchen voller Michelangelos und Sarkophage besucht, dass ihm eines Tages schwindlig wurde und er Herzrhythmusstörungen bekam. Schließlich brach er zusammen, geplagt von heftigen Gefühlen der Furcht und Verzweiflung, hervorgerufen durch die schonungslosen Hinweise auf die Sterblichkeit des Menschen. Um geheilt zu werden, durfte er sich keine toten Dinge mehr anschauen.

Ich schloss daraus, dass das stetige Tempo unserer Reise in den Osten sie müde machte. Nach fünf Monaten erkannten auch die Leute auf der Straße, dass sie schwanger war – irgendwie eine Erleichterung, denn am Anfang der Reise glaubten die meisten Fremden, sie habe einfach Übergewicht. Jetzt wollte sie sich an den türkisfarbenen Küsten der Türkei verkriechen und an einem goldenen Strand tief durchatmen.

Was mich anging, so konnte ich einen Altweibersommer genießen wie jeder andere auch. Die Griechen nennen ihn »den kleinen Sommer des hl. Dimitrios«, die beiden plötzlichen Sonnenwochen Mitte Oktober, die sich wie ein Segen auf beiden Seiten der Ägäis ausbreiten, bevor der Herbstregen beginnt.

Aber ich hatte keine Lust herumzutrödeln. Nicht, wenn es Ruinen anzuschauen gab.

Das erste Reise-Ghetto

Von all den glänzenden Städten, in denen römische Touristen in neoorientalischen Annehmlichkeiten schwelgen konnten, kam keine Ephesos gleich, dessen mit Porphyr gesprenkelte Avenuen von einem Hafen emporführten, der noch viel geschäftiger war als

Piräus, und hinein in eine wilde Bergarena, die dicke Festungsmauern zu einem Kreis formten. Touristen eilten in den Artemis-Tempel – das zweite überdimensionierte Weltwunder Kleinasiens –, dessen polierte Wände die starke Sonne so strahlend reflektierten, dass die Führer den Menschen rieten, die Augen abzuwenden, um nicht zu erblinden. Hinter 127 Säulen, jede so dick wie ein Mammutbaum und in geheimnisvolle Weihrauchwolken gehüllt, ragte eine Statue der Muttergottheit mit zum Willkommen ausgestreckten Armen empor – nicht die distanzierte Jägerin der konventionellen griechisch-römischen Sage mit ihrer Aerobicfigur, sondern eine sinnliche, halb barbarische Schöpfung, deren 20 milchgefüllte Brüste ihr in einem riesigen Haufen in den Schoß fielen. Gruppen von Eunuchenpriestern beteten zu ihren Füßen; andere männliche Verehrer, die vor der rituellen Kastration zurückgeschreckt waren, opferten Steinhoden als Ersatz für ihr eigenes zartes Fleisch. Die Führer geleiteten die angemessen beeindruckten Besucher dann wieder zurück in den Innenhof, wo die Silberschmiede von Ephesos kleine Bildnisse der Göttin als Souvenirs anboten.

Die eigentliche Verlockung von Ephesos war aber weniger spiritueller Art. Man konnte an heißen Sommerabenden die Arkadische Straße entlangwandern (die Stadt gehörte zu den wenigen neben Rom, die in eine Straßenbeleuchtung investierten), an palastähnlichen Badehäusern vorbei, die denen Roms durchaus Konkurrenz machen konnten, über öffentliche Plätze, die dem Schauspiel und der Musik gewidmet waren: »Die ganze Stadt war voll von Pfeifern und voll von weibischen Halunken und voll von Lärm«, berichtete ein nicht gerade begeisterter Apollonios von Tyana. Am berüchtigsten waren die erotischen Tänzerinnen, die Vorläuferinnen der heutigen Bauchtänzerinnen. Sie trugen durchsichtige Gewänder und konnten nach Martial »ihre mutwilligen Lenden in geübter Manier lüstern schütteln« und auf den Boden gleiten, um ihre Hüften dort »verlockend kreisen« zu lassen, während sie mit winzigen, an ihren Fingerspitzen befestigten Zimbeln spielten. Die beabsichtigte sinnliche Verlockung »strahlte von ihren zarten Fingerspitzen in verderbten Posen aus«. Auch der Geist des Besuchers konnte inzwischen seine Nahrung finden, da viele der begabtesten griechischen Künstler und Intellektuellen auf der Suche nach reichen Förderern hierher kamen. Diese kongeniale Mischung war geradezu unwiderstehlich – ein Grund dafür, dass die Stadt sich einer ungewöhnlich großen Gemeinde von ausgewanderten Römern rühmen durfte.

Die vielen Jahrhunderte als kulturelle Drehscheibe hatten Ephesos zu einem der tolerantesten Zentren des Reiches gemacht, dem nur engstirnige Moralisten ablehnend gegenüberstanden. Als der kompromisslose christliche Apostel Paulus ihre sündige Lebensweise im 1. Jahrhundert n. Chr. anklagte – und die Stirn besaß, die Gilde der Silberschmiede wegen ihrer Ausbeutung der heidnischen Touristen anzugreifen –, provozierte er einen Aufstand. »Groß ist die Artemis der Epheser!«, bellten die wütenden Kunsthandwerker und verteidigten so ihre heilige Einkommensquelle.

Das Bild der Fruchtbarkeitsgöttin, mit Brüsten, die in Kaskaden ihren Leib hinabfielen, war allgegenwärtig; was die Jungfrau Maria, die einen Großteil ihres Lebens hier verbracht haben soll, sich bei diesem Anblick dachte, darüber darf man rätseln.

Heute rivalisiert Ephesos mit Pompeji um den Status als die antike römische Ausgrabungsstätte schlechthin.

Als der Hafen schließlich in der Spätantike, etwa im 6. Jahrhundert n. Chr., versandete, verließen die Bewohner ihre Stadt allmählich; moderne Archäologen konnten die breiten Straßen und Tore, die Bibliotheken, die Bäder und Latrinen wieder freilegen. Der schieren Wirkung nach ist Ephesos deshalb kaum zu übertreffen: Die einzelnen Bauten sind vielleicht nicht so symbolträchtig wie die in Athen, aber dafür ist Ephesos pure Antike: Es gibt keine späteren Bauschichten, die die Straßenführung beeinträchtigen oder das Gesamtbild stören. Die kleinen anrührenden Details und die lebensfrohen Fresken von Pompeji mögen ja fehlen, aber diese Lücke füllt die Stadt mit kaiserzeitlicher Grandeur. Die Städte, die der Vesuv am Golf von Neapel unter sich begrub, waren relativ bescheidene Provinznester. Ephesos war eine Großstadt, Heimat von Millionären, Playboys und Verschwendern. Es war wie der Broadway, ständig singend, ständig tanzend, voller majestätischer Ausblicke, voller Esplanaden, die sich kilometerweit dahinzogen, voller Gebäude, deren Fassaden noch heute wie großartige Kulissen aufragen.

Überflüssig zu sagen, dass ich unbedingt dorthin musste.

»Noch nicht einmal Stendhal hätte Ephesos ausgelassen«, versicherte ich Les.

Ein überfüllter *dolmus*, ein Minibus, transportierte uns von der Landstadt Selcuk zu dem verrosteten Drahtzaun, der die Stätte begrenzte. Einmal drinnen, konnten wir uns so frei bewegen wie die antiken Touristen, die direkt von der Landstraße kamen und durch das Herkulestor in die Stadt schlenderten. Ich führte uns die Marmorstraße entlang zur restaurierten Celsus-Bibliothek – einer architektonisch unerreichten Evokation der alten Zeiten mit ihren auf Hochglanz polierten Säulen und den würdigen Statuen der Göttin des Lernens. Der Tempel der Artemis ist leider so gut

Die Hauptstraße nach Ephesos hinein, die zur Celsus-Bibliothek führt.

wie verschwunden, er wurde von den Goten und randalierenden Christen abgebrochen, die sich für die Beleidigungen rächen wollten, die Paulus in Ephesos hatte erdulden müssen; eine einzige Säule markiert heute die Stelle, an der einst der Tempel stand. In die Wände geritzte winzige Gladiatorenreliefs wiesen den Weg zum Theater. Überall um das Mittelmeer herum hatte ich so viele Ruinen von Dampfräumen und Arenen gesehen, dass sie mir inzwischen oft als bedeutungslose Formen erschienen; aber hier, im Zusammenhang, erwachte ihre Fremdheit wieder zum Leben. Man konnte sich nicht nur vorstellen, wie die Römer diese außergewöhnlichen Einrichtungen betraten; man konnte sie geradezu hören und riechen.

Nirgendwo sonst ist die antike römische Welt so lebendig, sind die dazwischenliegenden Jahrhunderte so transparent; nirgendwo in Griechenland oder Italien wird einem so plötzlich und deutlich klar, dass die Vergangenheit *tatsächlich passiert ist.*

Man kann die Feriengenüsse der antiken Menschen wie ein Puzzle zusammensetzen – hier, wo die Römer, wie auch viele Touristen in der modernen Türkei, sich fast so benehmen konnten, als wären sie zu Hause.

Die Freude am Dampf

Bäder, Wein und Sex zerstören vielleicht unseren Körper, aber sie machen das Leben lebenswert.

Römischer Grabstein

Kurz nach Morgengrauen klang der melodiöse Bass eines Kupfergongs durch die Straßen der Stadt, scheuchte die Tauben auf und weckte diejenigen, die am Abend zuvor zu lange gefeiert hatten – ein Klang, so schwelgte Cicero, der süßer war als die Stimmen all der Philosophen in Athen. Er verkündete die Öffnung der *thermae*, der öffentlichen Badehäuser. Die Türkei ist natürlich der perfekte Ort, um über diese wichtige Institution nachzudenken: Islamische

Eine Römerin entspannt sich, ganz offensichtlich erschöpft,
nach einem Dampfbad – eine weitere antike Szene,
wie Sir Lawrence Alma-Tadena sie sich vorstellte.

Hamams oder Dampfbäder haben diese Tradition der Antike mit ihren drei Stufen der öffentlichen Waschung, des Dampfbads und der Massage aufrechterhalten. (Tatsächlich stammt der Name selbst, »Türkisches Bad«, von britischen Besuchern des 16. Jahrhundert, die die römischen *thermae* noch in Funktion sahen und fälschlich annahmen, sie seien eine osmanische Erfindung.) Die Bedeutung des *hamam* ist zwar in jüngster Zeit zurückgegangen – die modernen Türken haben eine Leidenschaft für das private Bad im westlichen Stil entwickelt –, aber in vielen ländlichen Gebieten wird diese Kultur noch gepflegt (und selbst im so weltlich geprägten Istanbul gibt es noch 67 Dampfbäder). Dennoch ist es gar nicht zu vergleichen mit der zentralen Rolle, die das Bad im alltäglichen Leben der Römer spielte.

Antike Reisende in einer fremden Stadt konnten den Besuch des Bades kaum abwarten und machten sich mit einem frischen Handtuch und einem Fläschchen Öl auf, seine vielen Annehmlichkeiten zu genießen – körperliche, geistige und vor allem gesellschaftliche.

Es war fast unmöglich, *niemanden* in den Bädern zu treffen, denn sie waren oft so voll wie heute die öffentlichen Strände. Bälle trafen Badende am Kopf; die Stimmung wurde gereizt; Schläger schikanierten Sklaven und Bedienstete. Delikatessenhändler bellten von ihren Podesten herunter – Eierverkäufer, Weinhändler –, und es gab Snackbars, die Schnitzel, Braten und Oliven anboten. Professionelle Haarauszieher standen zur Verfügung: Sie bedeckten die Gliedmaßen der Badenden mit Pflastern und zogen die störenden Haare mit der Wurzel heraus; die Schmerzensschreie durchdrangen das allgemeine Getöse. Kleine Diebe arbeiteten in den verschiedenen Räumen und durchsuchten die Garderobe, während die Besitzer schwammen, spielten oder sogar schliefen. Die Reicheren heuerten private Wächter an, die ihre Kleider im Auge behalten mussten. Man hat auch Fluchtäfelchen gefunden, die diese Diebe in den Bädern verdammten (»Schenke ihm, der mir Böses getan hat, weder Schlaf noch Gesundheit, sei er Mann oder Frau, Sklave oder Freier…«) Wenn sie hörten, dass man einen Fluch auf ihren Kopf herabbeschworen hatte, bereuten einige und gaben die geklauten Sachen zurück. Martials Schilderung nach durchstöberten verarmte Adlige die Menschenmengen auf der Suche nach einer Mahlzeit, während die Reichen in den Dampfbädern auf Fischzug gingen und an potenzielle Sexualpartner Einladungen zum Bankett verteilten – oder sich gleich *in situ* mit ihnen amüsierten.

Wir neigen dazu, die modernen Beschreibungen des alten Rom als Lasterhöhle der fleischlichen Lust als schauerliche Übertreibung zu verstehen. Was die elegante Oberschicht betrifft, sind sie es nicht. Der Großteil der römischen Bürger mag ein ruhiges, glückliches Eheleben geführt, eine Familie gegründet und die traditionelle puritanische Liste sexueller Tabus beachtet haben – sie schliefen nie bei Tage miteinander, Frauen bedeckten ihre Brüste auch in den leidenschaftlichsten Momenten, und es galt als die widerlichste Schande für einen Mann, seine Zunge zu benutzen, »um einer Frau Vergnügen zu bereiten« –, aber die oberen Zehntausend setzten sich ganz offen über sie hinweg. Diese Freigeister der Antike waren nicht repräsentativ für das römische Leben als Ganzes, aber die lüsternen Visionen der viktorianischen Genremalerei, die Orgien in *Ich, Claudius, Kaiser und Gott* und selbst der öde Softporno *Caligula* liegen durchaus im Bereich der historischen Möglichkeiten.

Obwohl viele Bäder nur Frauen oder nur Männern Einlass gewährten, wurde das gemischte Bad in den eleganten Kreisen vom 1. nachchristlichen Jahrhundert an üblich – und schuf eine erotisch aufgeladene Atmosphäre. Die Römer stiegen immer nackt in die geheizten Becken – wer sich verstecken wollte, wurde ausgelacht. Der Dichter Martial war beleidigt, als eine junge Adlige, die, wie er meinte, ein sexuelles Interesse an ihm bekundet hatte, sich weigerte, mit ihm ins Bad zu gehen; er überlegt, ob sie versucht, irgendeinen furchtbaren körperlichen Makel vor ihm zu verstecken, und beschließt schließlich gnädig, dass sie einfach eine Idiotin sein muss.

Das erotische Vorspiel setzte sich fort, von den Dampfräumen bis zu den angegliederten Bar-Restaurants, wo sich Jungverliebte über einem Krug gekühltem Wein und Feigen tief in die Augen schauen konnten. Private Räume, dekoriert mit sinnlichen Fresken, waren dem Vollzug vorbehalten: Der Dichter Ovid stellt die Bäder in seiner *Liebeskunst* als den geeigneten Treffpunkt für junge Romantiker dar, weil Anstandsdamen draußen bleiben konnten. Die Bäder waren, so sagt Ulpian, der Schauplatz vieler Ehebrüche, hier kamen auch reiche Matronen mit ihren wie Adonis aussehenden asiatischen Sklaven zusammen. Besondere Zaubersprüche sollten die erotische Anziehungskraft noch verstärken. (Manche waren ein bisschen seltsam: »Um einen Liebhaber in den Thermen anzulocken: Reibe zuerst eine Zecke von einem toten Hund auf deine Genitalien …« Ein anderer Spruch musste mit dem Blut eines Esels auf ein Papyrusblatt geschrieben und dann an die Gewölbedecke des Dampfraums geklebt werden – »Du wirst über das Ergebnis staunen«, versprach der Verfasser.) Die respektableren Paare jedoch zogen sich in ihre eigenen Villen zurück, um dort die Nacht zu verbringen, und überließen die Räume den Prostituierten (wie ein Graffito in Herculaneum protzte: »Wir, Appelles die Maus und sein

Bruder Dentheus, haben hingebungsvoll mit zwei Frauen zweimal geschlafen)«. In einem Zeitalter, in dem Homosexualität gesellschaftlich akzeptiert war, zumindest zwischen erwachsenen Männern und Jünglingen, waren Bäder, zu denen nur Männer Zutritt hatten, üblich. Ein Freund Martials, Lattara, bemühte sich immer, die Bäder zu meiden, »die von weiblichen Scharen besucht werden«.

Verschiedene leider nur fragmentarisch überlieferte griechisch-lateinische Sprachführer, so genannte *hermeneumata*, geben uns einen erhellenden Einblick in das Verhalten der Römer in den Bädern. Die Bücher waren zwar für Schulkinder gedacht, konnten aber auch Reisenden unschätzbare Dienste leisten; viele römische Globetrotter müssen ein solches Buch bei sich gehabt haben, um ihr seltener gebrauchtes griechisches Vokabular an ruhigen Abenden ein wenig aufzufrischen. Wie jeder moderne Berlitz-Führer wurden die Vokabellisten durch eine Reihe von *colloquia*, »Dialogszenen«, vervollständigt, die zeigen, wie man sich in bestimmten gesellschaftlichen Situationen zu verhalten hatte. Der Sprecher in einem solchen Dialog – veröffentlicht 1877 in einer französischen Zeitschrift – kommt mit einer nicht ganz kleinen Gruppe von Freunden in den Thermen an. In ziemlich herrischem Ton wählt er einen Diener aus:

Folge uns. Ja, du. Achte sorgfältig auf unsere Kleidung, und suche uns einen Platz.
Lass mich kurz mit dem Parfümeur reden. Hallo Julius. Gebt mir Weihrauch und Myrrhe für zwanzig Personen. Nein, nein, beste Qualität.
Jetzt, Junge, binde mir die Schuhe auf.
Nimm meine Kleider.
Salbe mich.
Gut, jetzt lasst uns hineingehen …

Interessanterweise ist der Dialog beim anschließenden gesellschaftlichen Ereignis – der Bestellung einer Mahlzeit im Restaurant – viel länger als beim eigentlichen Bad.

Dies ist meine Gruppe. Misch Wein für uns (mit Wasser). Legen wir uns nieder.

Als Vorspeise bring uns Rote Bete oder Kürbis; füge etwas Fischsauce hinzu. Bring uns Rettiche – ein Messer –, dazu Salat und Gurke. Wir werden eine Haxe nehmen, Blutwurst und einen Saumagen. Wir nehmen alle weißes Brot. Und wir nehmen Schweineschulter und Schinken und etwas Senf.

Ist der Fisch noch nicht gegrillt?

Bring uns etwas Wasser, um die Hände der Leute zu waschen. Bring uns Joghurt, wenn du welchen hast, mit Honig, und Honigpastete [Halva]. Schneide ihn in Streifen, und wir können ihn verteilen.

Nicht jedes Essen war so elegant. Die Bäder waren ein Synonym für übermäßigen Genuss in allen Bereichen. Juvenal berichtet mit Missbilligung darüber, wie viele elegante Adlige sich auf den Fußboden erbrachen, bevor sie ihre Mahlzeit einnahmen – ein üblicher Brauch unter römischen Feinschmeckern, um den Gaumen vorzubereiten. Die Mahlzeiten endeten oft damit, dass die Tischgenossen, erschöpft und voll, einfach wegdämmerten. Das Vokabelbuch jedoch endet angenehmer: *Kommt, Freunde, lasst uns einen Spaziergang machen.*

Auch heute könnten die Besucher einen Sprachführer oft gut gebrauchen. Jedes Mal, wenn ich mich auf eine Massagebank legte, fragte ich mich, was auf Türkisch wohl *Gleich platzt meine Milz* heißen mochte.

Daumen hoch für den Tod

Der nächste Punkt auf der Liste der therapeutischen Vergnügungen für einen Römer war ein Gladiatorenkampf. Kleinasiatische Griechen fanden diese blutrünstige Unterhaltung einfach gut, während die Griechen der Alten Welt die Nase rümpften und den athletischen Wettkampf vorzogen. Natürlich konnten sich die Spiele nicht mit den Vorführungen im Kolosseum messen, aber für Provinzialen leisteten die Epheser durchaus Beachtliches.

Kurz nach Tagesanbruch machten sich die Touristen in ihren feinsten Gewändern und farbenfrohesten Togen auf zum Amphitheater; während sie sich durch die Massen schlängelten, nahmen sie sich die Zeit, einen Kennerblick auf die Seidengewänder der kleinasiatischen Aristokraten zu werfen. (Ein Tag im Theaterrund war auch ein Modeereignis.) Nach den Tieropfern teilte sich die Menge und applaudierte dem Gönner, der das Gladiatorenspiel finanzierte und dafür die allgemeine Bewunderung genießen durfte. (Auf einem erhaltenen Mosaik jubiliert der Patron: »Das ist Reichtum. Das ist Macht.«) Der bekannte Reichtum der Epheser garantierte extravagante Gesten. Auf den billigeren Plätzen wurde sogar Essen ausgegeben: Morgens überschütteten Sklaven die Menge mit Feigen, Datteln, Nüssen, Käsestücken und Pasteten; nachmittags hofften die Hungrigen auf gegrillten Fasan oder numidische Rebhühner.

Und das war erst der Anfang…

Die vielen Hollywood-Darstellungen von römischen Spielen wirken meist feierlich, nüchtern und grausam, mit dem Schwerpunkt auf Zweikämpfen, die eher modernem Preisboxen ähneln. Die echten Spiele waren aber bei weitem vielfältiger, vulgärer und wirklich etwas Besonderes. Ein Tag im Theater war das totale heidnische Unterhaltungsprogramm, er reichte von tödlichen Gladiatorenspielen bis hin zu religiösen Prozessionen, Sexszenen, Slapstickkomödien und kitschigen Bühnenshows.

Zuerst kamen die Tierparaden, je ausgefallener, desto besser – sagen wir 300 Strauße, die Federn mit Zinnober gefärbt, oder dressierte Affen aus dem dunkelsten Afrika. Die Massen liebten Tiere, die »wider die Natur« dressiert waren: wilde Stiere, die zuließen, dass Jungen auf ihrem Rücken tanzten, Löwen, die so gehorsam waren wie Welpen, Elefanten, die an Tischen sitzen oder langsame Tanzschritte vorführen konnten. Dann kam das Varietéprogramm: Pantomimen, Akrobaten und Clowns (auf Lateinisch *stupidi*). Die berühmten erotischen Tänzerinnen traten in durchscheinenden Kostümen auf, während arabische Wohlgerüche über die ganze Menge geblasen wurden (die berühmteste Stripteasekönigin Asiens, Theodora, heiratete später den Kaiser Justinian). Die Bühnenbilder waren aufwändig und ziemlich bunt. Riesige Kulissen – Berge, Seen, Wälder – wurden aus unterirdischen Räumen hochgefahren; die Arena verwandelte sich in wenigen Minuten in die Wüste Ägyptens oder den Dschungel Afrikas. In so schwüler Umgebung konnten dann alle möglichen Sexspiele live stattfinden.

Während der Szenenwechsel wurden Verurteilte hingerichtet. Viele dieser Mörder, Diebe, Vergewaltiger und Schuldner wurden einfach den wilden Tieren vorgeworfen, zum Beispiel in Käfige voller halb verhungerter Löwen oder Giftschlangen gesteckt; andere wurden kastriert oder gekreuzigt. Ein sehr beliebtes Folterinstrument war die *tunica molesta*: Der Verbrecher wurde in eine aufwändig mit Gold und Purpur bestickte Tunika gesteckt, die plötzlich in Flammen aufging und ihn unter Höllenqualen verbrennen ließ. Aber die Menschen wollten ständig etwas Neues sehen, und viele Patrone ließen ihrer Phantasie freien Lauf. Ein unglückliches Opfer wurde vielleicht als der Held Orpheus verkleidet, der aus der Unterwelt in einen verzauberten Wald zurückkehrte: Schauspieler, die Bäume, Felsen und Tiere spielten, begrüßten ihn herzlich zum beruhigenden Harfenklang – bis plötzlich ein wilder Bär freigelassen wurde und das Opfer in Stücke riss. Zum Tode verurteilte Frauen – meist wegen Mordes – mussten zum Beispiel die Rolle der Europa übernehmen, die von Zeus in Stiergestalt vergewaltigt worden war. Nach dem Tod einer Frau stimmten die Musiker üblicherweise ein süße Melodie an, und es folgte eine besonders fröhliche Pantomime, vielleicht mit lieblichen Nymphen, die sich an einem See rekelten.

Und schließlich gab es natürlich noch die eigentlichen Gladiatorenkämpfe. Sie waren das Hauptereignis, der Höhepunkt des Tages, sie brachten das Aktionstheater zur Vollendung. Die Kämpfe waren mit Musik unterlegt, mit Flöten und Trompeten, Hörnern und Wasserorgeln; weitere Kulissen wurden aufgebaut, um große

Eine Gladiatorenarena in der Darstellung eines Künstlers des 19. Jahrhunderts (»Pollice Verso« von Jean-Leon Gerome, 1872).

Schlachten der Geschichte nachzustellen. Dutzende Paare standen gleichzeitig in der Arena, und jede Gladiatorenart hatte ihre Anhänger in der Menge. Schwerfällige Samniten mit Schilden und kurzen Schwertern wurden auf die nackten, beweglichen *retiarii* mit ihren Netzen und Dreizacken losgelassen. Männer mussten gegen Panther antreten. Zur Abwechslung traten vielleicht wie Amazonen gekleidete Frauen auf; zur komischen Auflockerung liefen als Mars oder als die blutrünstige Göttin des Mutes verkleidete Zwerge zwischen den Kämpfern herum und stachelten sie auf.

Bei diesen blutigen Schauspielen ging die Menge unglaublich begeistert mit – darunter selbst die empfindsamsten und kultiviertesten römischen Autoren. (Auch Augustinus gesteht in seinen *Bekenntnissen* eine jugendliche Leidenschaft für die Spiele.) Bei jeder Fleischwunde brüllte die Menge *»habet!«*, getroffen! Ein Gladiator, der die Nerven verlor, wurde mit Peitschen und heißen Eisen angetrieben, während der Mob ihn verhöhnte: »Schlag ihn, verbrenn ihn, töte ihn! Warum hat er solche Angst vor dem Schwert? Warum will er nicht sterben?« Wenn ein schwer verwundeter Gladiator seinen Helm abnahm und die Menge um Gnade bat, sprangen alle auf die Füße und gaben ihrer Meinung Ausdruck. Die Geste mit dem Daumen nach unten bedeutete, dass man einem Kämpfer das Leben schenkte, ebenso wie das Winken mit dem Taschentuch; ein Daumen zur Brust hin bedeutete, dass dem Mann die Kehle durchgeschnitten werden sollte. Daraufhin sprang ein wie Charon, der Fährmann zur Unterwelt, gekleideter Diener mit einem riesigen Holzhammer vor, um den *coup de grâce* auszuführen; der zerschlagene Leichnam wurde schließlich von einem Merkur weggezogen, durch ein Tor, das wie der Eingang zum Hades gestaltet war. Die Unterlegenen konnten keine Sympathie erwarten: Alle Gladiatoren waren verurteilte Verbrecher, für die die Gladiatorenschulen nur einen Aufschub ihrer Hinrichtung bedeuteten. Der römische Staat demonstrierte hier seine unbesiegbare Macht und bekräftigte die gesellschaftliche Ordnung. Sieger mussten oft wieder und wieder antreten, wahre Champions hatten allerdings auch eine treue Anhängerschaft und verdienten ein kleines Vermögen: Reiche Frauen im Publikum machten sich schon Gedanken darüber, welchen Sieger sie in ihr Bett einladen würden.

Und weiter ging es – eine unerbittliche Abfolge aus geronnenem Blut, Sex, Komödie und Spektakel. Im Hochsommer gingen die Shows bis spät in die Nacht hinein, hunderte von Sklaven trugen Laternen zur Beleuchtung. Als finalen Höhepunkt ließ der Finanzier der Spiele seine Lakaien dann vielleicht noch Elfenbeintäfelchen in die Menge werfen, die wie in einer Lotterie gegen Preise eingetauscht werden konnten – Gold, Silber, Perlen, Gemälde, gezähmte Tiere, Schiffe, vielleicht sogar ein Landgut. Unter den Armen kam es dann zu einem brutalen Handgemenge, das nicht selten tödlich endete. Ein Tourist war gut beraten, einen professionellen »Balger« zu mieten, der sich in das Gewühl stürzte und ein oder zwei Gutscheine zurückbrachte.

Die adligen Römer wollten schließlich nur Blut sehen und nicht das eigene vergießen.

Die Straße ins Vergessen

Wie Pompeji in Italien ist Ephesos in der Türkei die beliebteste Touristenstätte – und in Ermangelung von Schildern oder Erklärungen ist es ebenso voll von modernen Reisenden, die auf ihre jeweils eigene Weise versuchen, den Ruinen einen wie auch immer gearteten Sinn abzugewinnen. Und mit meinem Menschenmengen-sind-gut-Mantra war ich durchaus bereit, die nationalen Ticks jeder Reisegruppe in Ruhe zu beobachten. Französische Matronen versammelten sich auch hier im Theater und sangen *Frère Jacques*, um die Akustik zu testen, genau wie sie es in jedem Theaterrund in Griechenland getan hatten. In sonst ruhige Haine hinein brach das plötzliche Lachen von koreanischen Gruppen, die wie eine Herde von aufgescheuchten Flamingos klangen. Ihr Führer hatte ihnen in einem Bordell in der Nähe gerade erklärt, dass die Prostituierten ihre Namen in Wände einritzten und sie wie Visitenkarten benutzten.

Durch einen Torbogen belauschte ich drei englische Reisende, die sich ihren Weg über die Steine suchten.

»Ist es das hier?«, fragte einer von ihnen aufgeregt.

»Muss wohl.«

Sofort ließen sie ihre Hosen fallen und machten gegenseitig Fotos von ihren Hinterteilen. Ich entdeckte bald, dass dieses seltsame Ritual nicht einfach ein perverses Überbleibsel des britischen Internatslebens war, sondern dass sie in der antiken öffentlichen Latrine, in der wir standen, Erinnerungsfotos knipsten. Dutzende Marmorsitze, die im Winter über wasserführende Rohre geheizt worden waren, sind dort noch immer erhalten.

Ein türkischer Wächter kam zufällig dazu; in einer Plastiktüte aufgerollt trug er zwei Vipern, die er gerade gefangen hatte. Mit einem verwirrten Stirnrunzeln hielt er die Schlangen in die Höhe: »Achtung! Gefahr!«

Paulus und die Jungfrau Maria wären von Ephesos wohl doch entsetzt gewesen.

In Ephesos gab es für mich nur ein Problem: Die Via Arcadiana, der berühmte Boulevard, der einst zum Hafen hinabgeführt hatte, war für die Öffentlichkeit gesperrt, weil dort neue Ausgrabungen im Gange waren.

Das ärgerte mich, und ich wusste, dies war nicht die Zeit, sich an die an archäologischen Stätten geltenden Regeln zu halten. Das Schicksal hatte eindeutig beschlossen, dass ich die Promenade entlanggehen sollte; ich war mir sicher, dass man mich nicht erwischen würde. Während also die schwangere Les Schmiere stand, tauchte ich unter der Absperrkette weg und stapfte begeistert los, den riesigen Pflastersteinen nach, an den aufgerichteten Fragmenten von Säulen und Statuen vorbei.

Ich konnte es kaum glauben. Hier war ich ganz allein, hatte endlich die Chance, frei durch die Geschichte zu wandeln.

Die Vegetation drängte sich von den Seiten her auf den Boulevard und blockierte alles andere. Der Wind war heiß und kam in sengenden Böen durch das trockene Gebüsch; er klang schauerlich wie das Knarren von Masten und Tauwerk im antiken Hafen, der einst am Ende der Straße gelegen hatte. Das Gesicht einer Medusa grinste mich von einer Säule her an, die Augen in den Kopf zurückgedreht, die Mähne aus Giftschlangen flatternd.

Plötzlich war ich fest davon überzeugt, dass ich diese Straße ewig entlanggehen und am anderen Ende schließlich verschwinden könnte. Ganz weit weg beobachtete Les mich neugierig wie einen einsamen Storch. Der Wind krachte wild, schüttelte das trockene Holz und trieb mich vorwärts; Donner grollte drohend.

Ich drehte mich um – und fast rannte ich zurück. Was immer da draußen ist, es bleibt ungestört.

Aber vielleicht war ich schon zu weit gegangen.

In kranken und gesunden Tagen

*A*llah *Akbar, Allah AKB-A-A-A-A-A-A-R.* Um 5.30 Uhr morgens erschallt im heutigen Izmir – in römischer Zeit Smyrna genannt – der Ruf des Muezzins aus der Moschee nebenan, hundertfach verstärkt durch Godzilla-große Lautsprecher. Ich steckte mir Stöpsel in die Ohren und verfluchte die hauchdünnen Fensterscheiben.

Um 6 Uhr morgens wird der Muezzin von der türkischen Nationalhymne abgelöst, die von jedem Dach der Stadt erklingt. Wir haben die zweifelhafte Ehre, am Nationalfeiertag in Izmir zu sein. Die Melodie wird jetzt bis Mitternacht jede Viertelstunde wiederholt. Es ist eine hoch ausgesteuerte Teletubbiesversion der türkischen Hymne, schrill und verzerrt, wie ein entstelltes, von verrückten Elfen gesungenes Weihnachtslied: Ein Machwerk, das einen von Terroranschlägen auf die Energieversorgung der Stadt träumen lässt.

Das Grand Zeybek Hotel streckt seine muffigen Glieder aus wie ein auferstandener Leichnam. Intime Geräusche aus allen Bädern werden über Risse in der Bausubstanz des Hotels durch unser Zimmer geleitet. Die typischen Geräusche hier sind das Kreischen der Wasserleitungen, das Quietschen von Türen, die nicht in ihren Rahmen passen, das plumpsende Geräusch von Menschen, die aus dreibeinigen Betten fallen, und das Rieseln des Putzes. Und dies ist ein *teures* Hotel. Wir machen uns ein schönes Leben – unter drei glänzenden goldenen Sternen.

Die Türken, so hört man oft, sind immer noch Nomaden. Das erklärt vielleicht, warum ihre Gebäude nicht auf Dauer ausgerichtet sind und warum ihre Städte bei Erdbeben wie Kartenhäuser in sich zusammenfallen (wobei nur die von den Saudis bezahlten Moscheen stehen bleiben). Einer anderen Theorie zufolge dienen die großen Hotels Waffenhändlern als Geldwaschanlagen; durch Bestechung wird sichergestellt, dass sie alle gleich furchtbar sind.

Egal. Jedenfalls ist der Versuch, zu schlafen, zum Scheitern verurteilt. Ich gehe ans Fenster und schaue hinaus auf die Hauptstraße, wo sich schachtelähnliche Hochhäuser wie Aktenschränke ausdehnen, immer eines nach dem anderen, ohne Ende. Unter mir haben sich die Händler auf dem Markt schon hinter ihren Waren verschanzt. Überall nur Pantoffeln und Kartoffeln. Die alten Männer sind schon in ihren Cafés auf dem Posten und üben ihren starrenden Blick. Türkinnen schlurfen vorbei in Pluderhosen, wie sie die *Bezaubernde Jeannie* trug. Im Bereich traditioneller Kleidung sind diese Klamotten der absolute Hit. Selbst Großmütter tragen sie in mädchenhaftem Pink und Lila.

Der Himmel ist dunkel, genau wie an jenem Tag in Ephesos – eine dicke, undurchdringliche Wolke aus dem Buch der Offenbarung. Aber es regnet nie. Die Wolken liegen drückend wie feuchte Baumwolle auf der Stadt und verwandeln die Straßen von Izmir, die Gesichter der Menschen, ihre Kleidung, ihren Ausdruck in ein uniformes Anthrazitgrau.

Der Wetterumschwung ist ein Schock für den Körper. Wir sind bis auf die Knochen durchgefroren, seit die Ägäis »umgeschlagen« ist. Antike Seeleute beobachteten den Himmel sorgfältig, um diese Wende vorauszusagen, den Moment, in dem der Sommer in einen dunklen, stürmischen Herbst zurücksank; das ungemütliche Wetter konnte über Nacht kommen und die Schifffahrt über längere Strecken bis zum nächsten Frühling lahm legen. Heute reagieren die Türken ganz anders: Sie treten in einen kollektiven Zustand der Verleugnung ein und tun so, als ob der Sommer nie wirklich enden würde. Wie in vielen von der Sonne verwöhnten Urlaubsländern – Mexiko und Australien fallen mir da sofort ein – haben die Gebäude keine Zentralheizung, noch nicht einmal eine nicht zentrale Heizung. Die Türken frieren sich auch in den Häusern in

Schals und dünnen Mänteln durch den Winter. Ihre Hotels sind für den Sommer eingerichtet. Aus allen Richtungen bläst frische Luft in die Zimmer. Zusätzliche Decken sind ein verachtenswerter Luxus. Und das Heißwassersystem – das funktioniert normalerweise einfach nicht. Im Sommer *brauchen* die Gäste kein heißes Wasser. Eine eiskalte Dusche reicht völlig. Und so – wir hatten das Gefühl, es war irgendwie unvermeidlich – wurde Les krank.

Unterwegs krank zu werden ist vielleicht die unangenehmste Reisekonstante – und in römischer Zeit schien das häufiger in Kleinasien zu passieren, wo die Kaufleute aus dem Osten neben ihren Parfümen und Seidenstoffen auch neue ansteckende Krankheiten mitbrachten. Viele Straßenkneipen hatten »medizinische Betreuung« auf der Liste ihrer Hoteldienste, aber kluge Reisende hielten sich von Dorfquacksalbern fern. Sie hatten ihren Erste-Hilfe-Kasten bei sich – Seesalzpäckchen, die man in Wasser auflösen und bei Infektionen einsetzen konnte; Wollbinden, geschoren von den weichen Nacken gerade geborener Lämmer; altes Olivenöl, das das Fieber senken sollte; Honigtöpfe, am besten mit toten Bienen in der Flüssigkeit, für Gesundheitstränke. Gemischt mit getrocknetem Knoblauch, gemahlenen Disteln oder der Asche eines toten Vogels diente Honig auch als Salbe bei Entzündungen.

Wenn die Krankheit aber ernster war, brauchte man fachmännische Behandlung. Und glücklicherweise war Kleinasien mit den berühmtesten Heilbädern der Mittelmeerwelt gesegnet.

In göttlicher Mission

Den ganzen Sommer über war mein Magen angegriffen, und ich war Tag und Nacht durstig, und ich schwitzte unsagbar; und mein Körper war schwach, sodass ich zwei oder drei Mann brauchte, die mich aus dem Bett hoben, wenn ich aufstehen wollte. Und damals, in Smyrna, sagte mir der Gott, ich solle mich auf eine weitere Reise begeben ...

So beginnt Aelius Aristides 165 n. Chr. die Beschreibung einer der vielen, nüchtern betrachtet nicht gerade sinnvollen Expeditionen, die er an dieser Küste seiner Gesundheit zuliebe unternahm – und die, wie ich nur ein, zwei Wochen später entdeckte, unserem Aufenthalt in der Türkei stärker ähnelte, als mir lieb war.

Aristides war der Typ neurotische Berühmtheit – ein im ganzen Reich bekannter Redner, egoman, unglaublich eitel, zutiefst abergläubisch und ein entsetzlicher Hypochonder. Gegen Ende seines Lebens schrieb er eine einzigartige Abhandlung mit dem Titel *Heilige Erzählungen*, die in anschaulichen Einzelheiten seine vielen körperlichen Gebrechen, tatsächliche wie eingebildete, und seine endlosen Reisen durch all die heilmächtigen Luxusbäder Kleinasiens schildert. Der prestigeträchtigste dieser Kurorte – das prächtigste Sanatorium des Römischen Reichs – war Pergamon. Neben ihm wirkten all die älteren Gesundheitsbäder in Griechenland wie Zwerge. In einer wilden Bergkulisse, umgeben von nach dem neuesten Stand der Wissenschaft eingerichteten Thermalbädern, einer bekannten Bibliothek und einem Theater mit 3500 Sitzplätzen, konnte Pergamon eine heilige Quelle vorweisen, deren sprudelnde Wasser alle Krankheiten heilten. Wie alle medizinischen Heiligtümer war Pergamon dem Asklepios oder Äskulap, »dem Retter« und Gott der Heilkunst, geweiht – der jahrhundertelang der wichtigste heidnische Rivale von Jesus Christus blieb.

Reiche Kranke konnten Jahre an diesem heiligen Ort verbringen, unter schattigen Säulengängen umherschlendern und mit anderen kultivierten Patienten plaudern, während harmlose Schlangen unter ihren Füßen hin und her glitten (ihre abgeworfene Haut galt bei den Alten als ein Symbol der Erneuerung). Pergamons elegante Atmosphäre nahm die schweizerischen Sanatorien des 19. Jahrhunderts vorweg, in denen schwindsüchtige englische Adlige langsam neben gleich gesinnten Ästheten dahinwelkten, getröstet durch die Seiten ihrer frisch geschriebenen Lyrik. (In der Antike war Tuberkulose eine häufige Todesursache bei den Jungen und Wohlhabenden – zusammen mit der eher proletarischen Malaria.) Der Friede des Ortes wurde jedoch oft durch die kenntnisreichsten Gesundheitsexperten der antiken Welt gestört – eine verwirrende Parade von Apothekern, Amulettmachern, Hebammen, Ernährungsberatern, Gymnastiktrainern, Masseuren, Ärzten und Astrologen. Es gab Fachleute für die Verabreichung von Einläufen und virtuose Phlebotomisten (Aderlasser). Und nicht alle Behandlungsmethoden des Heiligtums sind in den Augen der Moderne Quacksalberei. Im 2. Jahrhundert arbeitete in diesem Kurbad der Arzt Galen, dessen Vorstellungen von den vier »Körpersäften« die westliche Medizin bis ins 19. Jahrhundert hinein beeinflussten. Galens Rat, regelmäßig spazieren zu gehen, und seine Ernährungsempfehlungen – viel frisches Obst und Gemüse – wirken ganz modern.

Aber auch Galen wusste, dass der Himmel über die besten Heilmittel verfügte.

Aristides hatte irdische Ärzte gemieden, seit er als junger Mann bei einem Rom-Besuch im Jahr 140 n. Chr. ein Fieber bekommen hatte. Nach zwei Tagen der Entschlackung – er durfte nur Gurkensaft trinken – hatte er Blut im Urin, also schnitten die Doktoren seinen Bauch auf, um die Krankheit herauszulassen. (»Ein Schmerz, betäubend und unmöglich zu ertragen, durchfuhr mich«, erinnerte er sich später, »und alles ringsum war mit Blut beschmiert.«) In den nächsten 25 Jahren war er immer wieder mit Krankheiten geschlagen – Unterleibsschmerzen, Fieber, Diarrhöe, Sodbrennen, Verstopfung, Schlaflosigkeit, Schwindelanfälle, Atemprobleme, »wilde Spasmen« und unerklärliche Schwellungen. Aber statt die Ärzte zu konsultieren, setzte Aristides seine ganze Hoffnung in »Traumvisionen«. Diese Träume, die direkt von Gott Asklepios kamen, waren manchmal leicht zu verstehen – zum Beispiel erschien ihm Platon mit genauen Instruktionen. Andere mussten erst gedeutet werden. Was hieß es, wenn Aristides träumte, dass er auf einem Floß mitten auf der ägyptischen See trieb? Oder von Parthern gefangen genommen wurde, die ihn als Sklaven brandmarken wollten? »Zum Erbrechen reizen, keine Bäder, Ruhe«, verschrieb der Patient sich selbst. (Andere Träume lieferten noch weitergehende Vorzeichen:

Er sieht sich selbst Aristophanes' Komödie *Die Wolken* studieren. Am nächsten Tag – welch göttlicher Segen – regnet es.)

Um die göttliche Diagnose zu klären, konsultierte Aristides sicher das berühmte Traumkompendium des Artemidor, das die gängigen Visionen auflistete – zum Beispiel einen Mann, der seinen eigenen Penis mit Käse fütterte – und sie als Allegorien interpretierte. Es überrascht nicht, dass Freud ganz begeistert von Artemidor war und ihn als einen frühen Kundschafter des Unbewussten rühmte. Allerdings fehlte in seiner prüden deutschen Übersetzung der Bericht über einen Mann, der träumt, er schlafe mit seiner Mutter. Dabei waren die Nuancen eines Inzesttraums während einer Krankheit sehr wichtig. Wenn eine Penetration von vorn dabei ist, so erklärte Artemidor, sagt das nur voraus, dass der Träumende einen Streit mit seinem Vater haben wird. Wenn er von einer analen Penetration träumt, dann verschlimmert sich eine schon vorhandene Krankheit. Wenn aber die Mutter auf dem Sohn *reitet* – also, ein gesunder Mensch wird gesund und munter bleiben, ein Kranker aber ganz sicher sterben.

Die Verordnungen des Gottes waren ganz sicher nichts für Schwächlinge. Er befahl Aristides regelmäßig, sich mitten im Winter aus seinem Krankenbett zu schleppen, fast zwei Kilometer durch den Wald zu laufen und dann in einen am Rand schon vereisten Fluss zu springen. (»Meine Haut war ganz rosig«, beschrieb er locker die Nachwirkungen.)

Manchmal bildeten sich Trauben von Menschen, die über die schon ziemlich extreme göttliche Kur staunten – besonders an einem Tag, als Aristides in einen Fluss sprang, der gerade Hochwasser führte und in dem gefährliche Zweige und Unrat hinabschossen. Einmal schloss sich ihm bei einer dieser frostigen Schwimmstunden ein kranker Freund an, der anschließend »von Krämpfen geschüttelt« wurde und starb. Die Vielfalt anderer von Träumen diktierter Heilmethoden war Schwindel erregend. Es gab Einläufe, Aderlässe, Fasten, besondere Diäten – Gerstenschleim und Linsen schienen die Lieblingsessen des Gottes zu sein – und so viel sportliche Übungen, dass Aristides eine Rede *Zur Verteidigung des Laufens* schrieb, das erste Traktat für das Joggen in der Geschichte. Manchmal musste er sich mit kaltem Schlamm einschmieren; später badete er »fünf aufeinander folgende Jahre lang« überhaupt nicht. Für die modernen Leser hat Asklepios etwas von einem mörderischen Sadisten: Einmal befahl er Aristides sogar, während eines Unwetters quer über die Bucht von Smyrna zu segeln.

Sehr oft aber – und das war kaum weniger hart – verordnete der Gott eine Reise zu Lande. Aristides erwachte dann aus einem solchen Traum mit dem Namen eines berühmten Kurortes auf den Lippen – »Aliani!« –, und los ging es.

Auf der Suche nach dem türkischen Traumbadeort

Die antiken Wahrsager führten eine plötzliche Krankheit oft auf einen Fluch zurück – einen »Bindezauber«, den eine unbekannte Hexe oder ein Zauberer ausgesprochen hatte. Bei Lesleys türkischem Fieber hatten wir eine ziemlich genaue Vorstellung davon, wem wir die Schuld geben konnten.

Ein paar Tage zuvor hatten wir einen merkwürdigen englischen Auswanderer namens Ian getroffen, der eine Reihe von Abenteuerreiseunternehmen an der türkischen Küste leitete. Er hatte uns in seine Villa auf dem Land zu einem Essen eingeladen – wilde Champignons, hausgemachter Wein, alles sehr kultiviert. Unglücklicherweise stellten wir bei der Ankunft fest, dass Ian sich eine schlimme Influenza zugezogen hatte, eine gefährliche asiatische Grippe, die unter den dort wohnenden Ausländern grassierte, und hatten auch beobachtet, wie er in seine Champignon-Sahne-Sauce nieste, sich die Nase mit dem Handrücken abputzte und weiterkochte.

Viel später erfuhr ich von Les, dass dieser Anblick sie in eine furchtbare Zwickmühle gebracht hatte. Einerseits durfte sie das Essen nicht zurückweisen und damit einen diplomatischen Zwischenfall heraufbeschwören. Andererseits hatte sie in den letzten zwei Monaten auf Reisen mit einer Menge Keime zu kämpfen gehabt. Sie konnte nicht mehr.

Wir aßen die klebrige Pasta.

Am nächsten Tag, als wir im Kamil Koc thronten und der Strom der eiskalten Klimaanlage wie ein Wasserfall über unsere Köpfe herabfiel, sah Les schon verdächtig bleich aus.

In einem fremden Land krank zu werden ist einer jener zeitlosen Reiseriten, aber wenn man im fünften Monat schwanger ist, sind die Risiken doch etwas größer. Jetzt lag sie hier in Izmir, konnte sich nicht richtig waschen, konnte kein Bad nehmen und konnte kein türkisches Essen sehen, das in hellem orangefarbenem Öl schwimmt.

Aber die Lösung – davon war Les überzeugt – lag einfach darin, weiterzumachen. Wo immer wir auch enden mochten, es konnte nicht schlimmer sein als das Grand Zeybek Hotel, meinte sie.

Von der Logik her müsste man annehmen, dass eine Reise nicht gerade das Passendste ist, wenn man sich schlecht fühlt. Unglücklicherweise denken Kranke nicht immer klar; was dem fiebernden Verstand unglaublich dringend scheint, mag später völlig absurd wirken – und jeder Blick auf Aristides' »Gesundheitsreisen« belegt das ganz deutlich.

Das auffallendste Beispiel für Aristides' fehlgeleitete Anstrengungen bietet ein Sommertag im Jahr 165 n. Chr., als Aristides in Smyrna (Izmir) lebte und wirklich krank war – er konnte sich kaum ohne Hilfe bewegen. Also erklärte ihm der Gott, er solle sich sofort nach Pergamon begeben. 80 Kilometer weit weg. Mitten in einer Hitzewelle.

Es war Mittag, als Asklepios diese sadistische Anweisung erteilte, und es war viel zu heiß, um zu reisen – ein gnadenloses Sonnenlicht glühte auf die versengte Berglandschaft herunter; Hitzewellen in diesem Teil der Türkei erreichen heute oft eine Temperatur von mehr als 40 Grad. Aristides beschloss also, seine Sklaven mit dem Gepäck vorauszuschicken. Er wollte dann mit seinen persönlichen

Dienern am relativ kühlen Nachmittag folgen. Die Zeit kam heran, und er wurde in einen gedeckten Wagen gehoben. Stundenlang lag er in dem rumpelnden Gefährt, von Kopf bis Fuß mit Schweiß bedeckt. Als die Sonne unterging, war er 22 Kilometer bis zum Fluss Hermos gereist und beschloss, Halt zu machen, doch sehr zu seinem Missfallen war das Wirtshaus dort eine der schlimmsten Kaschemmen an der antiken Straße. Seine dunklen, stickigen Zimmer waren eine Schande; Aristides weigerte sich zu bleiben und drängte fort, in den Abend hinein.

An diesem Punkt wird sein Verhalten im Fieberwahn wirklich konfus.

Lange nach Sonnenuntergang kommt er im nächsten Dorf an, doch hier findet sich kein Anzeichen von seinen Sklaven mit dem Gepäck. Er befiehlt seinen Männern weiterzufahren, und sie rumpeln bei Fackelschein auf der dunklen Landstraße dahin. Um Mitternacht haben sie es bis zu einem Ort namens Kyme geschafft. Die Diener sind erschöpft, doch Aristides, er zieht sich im Wahn eine Decke um die Schultern – die Nacht ist ziemlich kalt geworden –, besteht darauf, bis zum Morgengrauen zu reisen. Als der Hahn kräht, etwa um vier Uhr morgens, läuft die bunte, halb erfrorene Entourage in der verlassenen Stadt Myrina ein, 67 Kilometer von Ephesos entfernt.

Hier finden sie die Sklaven mit dem Gepäck schlafend in ihrem Wagen; sie waren spät angekommen, und so war das Gasthaus am Ort schon belegt gewesen. Seine Diener klopfen an die Tür des Hotels, aber niemand reagiert. Schließlich findet Aristides das Haus eines alten Bekannten, der sie einlässt und ein wärmendes Feuer anzündet. Aber als die Sonne zu steigen beginnt, beschließt Aristides – wieder im Fieberwahn –, die Fahrt nicht länger zu unterbrechen. Er will noch weitere 16 Kilometer bis in das Dorf Gryneion reisen, wo er dem Apollon in einem Tempel opfert, bevor er dem Tode nahe in der Hitze zusammenbricht.

Aristides schaffte es am Tag darauf bis nach Pergamon, kroch aus seinem Wagen, schlürfte aus der heiligen Quelle – und fühlte sich weitaus schlechter als am Tag des Aufbruchs.

Als wir selbst Pergamon, das heutige Bergama, erreichten – verspätet, hungrig, erschöpft, mit unseren Taschen im Schlepptau, auf der betonierten Einkaufsstraße an einem düsteren Café nach dem andern vorbei, ohne jede Vorstellung, wo das Stadtzentrum, geschweige denn ein Hotel sein könnte –, verhielt sich Les ebenso konfus wie Aristides.

Ihr Wunsch hörte sich zunächst einmal durchaus erfüllbar an. *Eine heiße Dusche*, mehr wolle sie gar nicht. Das wiederholte sie immer wieder, für den Fall, dass ich es noch nicht kapiert hatte. Eine heiße Dusche war alles, was sie brauchte, um der drohenden Grippe zu trotzen. Wir lehnten alle Angebote am Busbahnhof ab – in billigen Hotels funktionierte die Wasserversorgung nie, also hatten wir beschlossen, luxuriös abzusteigen. Aber jedes Hotel in Bergama schien einen schwer wiegenden Fehler zu haben. Eines stand direkt neben einer dröhnenden Fabrik. Ein anderes stank nach Petroleum. Das nächste wurde von einem Lüstling geführt. Und wieder das nächste hatte zerbrochene Fensterscheiben. Viele warben ganz stolz mit heißem Wasser – aber die misstrauische Les konnten sie damit nicht täuschen. Sie marschierte direkt in die Badezimmer, drehte die Hähne auf und bewies unwiderlegbar, dass einfach kein heißes Wasser kam.

Es ist eine komische Sache mit der Hotelsuche in fremden Städten: Wenn man im ersten halben Dutzend kein passendes findet, kann eine negative Verstärkung einsetzen. Die Menschen der Antike glaubten an »unglückliche Reisen«, auf denen ein Reisender im Fadengewirr des Schicksals festhing. (Wie Apuleius es ausdrückte: »Niemand kann vorwärts kommen, egal wie klug er sein mag, wenn Fortuna es anders beschließt: Er kann dem ihm von der Vorsehung bestimmten Schicksal nie entgehen oder es verändern.«) Das böse Schicksal konnte immer wieder zuschlagen, es war sogar ansteckend. Und an jenem Abend in Bergama schienen sich seine Schlingen um unsere Hälse zu legen. Die Chancen, die peinigende Krankheit von Les fern zu halten, schwanden mit jeder Minute.

Im Ausschlussverfahren entschieden wir uns schließlich für ein Hotel, das eigentlich ganz passabel aussah – der Teppich war nicht zu muffig, und, ja, es kam heißes Wasser aus dem Hahn, als Les ihn testete. Aber nur kurze Zeit später, ich ging gerade aus dem Zimmer, um dem Wirt unsere Pässe zu geben, drang ein Schrei aus dem Badezimmer, wie ich ihn bisher nur aus *Psycho* kannte. In dem Moment, in dem Lesley unter die Dusche trat, kam plötzlich nur noch kaltes Wasser. Sie stand da unter dem eisigen Sturzbach und verlor plötzlich die Nerven. Das Hotel verfügte über einen elektrischen Boiler an jeder Dusche – teuflische Geräte, wie alle wissen, die in der Dritten Welt gereist sind, denn man bekommt einen kurzen elektrischen Schlag, wann immer man sie berührt –, und bei diesem hier war die Sicherung rausgeflogen.

Ich fand den Sicherungskasten draußen, aber die Sicherung sprang nach zehn Sekunden wieder raus.

»Das ist eine Verschwörung«, jammerte Les. Sie litt gerade unter den heftigsten Attacken von Ians Bakteriengeschenk.

Den Hotelbesitzer beeindruckte Lesleys Zorn zutiefst. Er bot uns an, doch die Dusche eines anderen Zimmers zu benutzen. Es passierte dasselbe. Ebenso in einem dritten Badezimmer. Der arme Kerl verstand die Bedeutung einer heißen Dusche für eine erkältete, schwangere Frau nicht ganz, erbot sich aber, am Sicherungskasten stehen zu bleiben, solange Les duschte, und den Schalter alle zehn Sekunden wieder umzuschalten, um einen ständigen Stromfluss zu gewährleisten.

»Wir verschwinden hier!«, verkündete Les und sah dabei aus wie eine Gestalt aus *Sturmhöhe*. Ihr Haar war tropfnass. Es war dunkel draußen. Gerade kam ein kalter Wind auf. Ich versuchte sanft vorzuschlagen, dass wir doch bis morgen …

Zehn Minuten später zogen wir unser Gepäck wieder durch die Straßen.

Inzwischen wurde Aristides im Jahr 165 n. Chr. – an ebenjenem Abend, nachdem er im Kurort Pergamon angekommen war und sich im lichtdurchfluteten Sanatorium ausruhte – mit einem weiteren Traum gesegnet.

Diesmal erschien ihm Asklepios höchstselbst in all seinem Glanz »*und befahl mir, weiterzureisen und nichts anderes zu tun. ›Denn sie sind hinter mir her.‹*« (Man kann sich vorstellen, wie seine Diener die Augen verdrehten, als er diese rätselhafte Vision am nächsten Tag verkündete.)

Aber göttliche Befehle waren göttliche Befehle. Die Gruppe wälzte sich voran, während Aristides eine raue Kehle bekam und ein heißer Schirokko sie von Kopf bis Fuß in Staub hüllte. Erst nach einem Opfer an einem wichtigen Zeus-Altar erlaubte der Gott seinem Patienten innezuhalten.

»Und danach«, seufzte Aristides, »war mein Leben eindeutig angenehmer…«

Das heißt, bis zum Sommer des darauf folgenden Jahres, als er berichtete: »*Mein Schlaf wurde unruhig, und ich konnte kaum etwas verdauen…*«

Aristides legte sich nieder, nickte ein, wartete auf einen Traum und – *Kyzikos!*

»*Ich stand auf und befahl den Dienern, zusammenzupacken und sofort abzureisen…*«

Für Aristides war das Reisen um der Gesundheit willen eine lebenslange Beschäftigung. Der Mangel an greifbaren Resultaten beunruhigte ihn nicht. Er spürte eine enge persönliche Bindung zum Gott Asklepios – der ihn, wie jeder gute Wahrsager heutzutage auch, bei beruflichen Entscheidungen ebenso beriet wie in Gesundheitsangelegenheiten.

Aristides hat vielleicht den Rest seines Lebens damit verbracht, über seine Hustenanfälle und Fieberschübe zu grübeln, aber nebenbei wurde er zu einem der berühmtesten öffentlichen Redner des Kaiserreiches – und überdies noch über 60 Jahre alt, zwei Jahrzehnte älter, als die durchschnittliche Lebenserwartung einem Adeligen damals zumaß.

Was uns, wie ich fand, Mut machen sollte.

Teil sechs

Die Helden Homers

Troja, die historische
Mogelpackung schlechthin

So wunderbar die Heilbäder und Fleischtöpfe Kleinasiens auch waren, jene antiken Reisenden vergaßen nie, dass ihr heiliger Gral eigentlich weiter im Norden lag, an den Pforten des Hellesponts (den heutigen Dardanellen). Still über jenen dunklen, aufgewühlten Wassern an der Meerenge zwischen Europa und Asien thronend, erlebte ein stiller Weiler namens Novum Ilium, »Neues Troja«, einen lukrativen Aufschwung als das unechteste aller römischen Nationalheiligtümer.

Der strategisch günstig gelegene Ort, von einem Besucher als »Dorf-Stadt« beschrieben, hatte eine beneidenswert einträgliche Touristenfalle auf den rutschigen Schotter des Mythos gegründet. Er besetzte die Stätte des berühmten bronzezeitlichen Troja, dessen zehnjährige Belagerung und schließliche Zerstörung durch die Griechen den Stoff für Homers *Ilias*, das erste und berühmteste Epos überhaupt, lieferten. (Das Datum des Krieges soll nach Meinung der meisten Archäologen um 1260 v. Chr. gelegen haben, allerdings bestreiten einige immer noch, dass er je stattfand.) Diese literarische Verbindung allein hätte dem Dorf schon einen Ehrenplatz auf der antiken Grand Tour gesichert: Der Name Troja beschwor unvergessliche Bilder herauf, die tief in die klassische Seele eingegraben waren – Bilder von der wunderschönen Helena, um derentwillen der Kampf um diese Stadt entbrannte, von Titanenkämpfen zwischen den Helden, vom Eingreifen der olympischen Götter auf dem Schlachtfeld und von dem hölzernen Pferd, einer

323

List des Odysseus, die schließlich Trojas tragischen Untergang besiegelte. Auf die patriotischen Römer jedoch übte die Stätte noch eine zusätzliche Anziehungskraft aus: Der Fall der Zitadelle des Königs Priamos war direkt mit der Gründungssage Roms verknüpft. Angeblich waren einige Flüchtlinge aus der brennenden Stadt entkommen und unter der Führung des trojanischen Kriegers Aeneas nach Westen, nach Italien gesegelt; sein Nachkomme Romulus hatte dann den heiligen Samen Roms gelegt.

Diese erbauliche Legende hatte nicht die geringste historische Basis, aber Rom brauchte eine Gründungssage, und ein trojanischer Königssohn war für eine Ewige Stadt doch sehr viel passender als die nicht besonders rühmliche Wahrheit von den barfüßigen Hirten, die sich irgendwann irgendwie am Tiber zusammengeschlossen hatten. Obwohl man Aeneas schon jahrhundertelang verehrt hatte – die Idee, man müsse Troja rächen, war eine mächtige Propagandawaffe bei der römischen Eroberung des griechischen Ostens gewesen –, erlebte die Legende nach der Geburt des Kaiserreiches eine neue Konjunktur.

Die Stadt Novum Ilium am weit entfernten Hellespont bekam besondere Ehren verliehen: Mit Geldgeschenken sollte es seine Tempel und Gräber restaurieren, die neuen Trojaner wurden von allen Reichstributen und -steuern befreit. Auch die späteren Kaiser folgten dem Beispiel des Augustus. Der künstlerisch veranlagte Nero ging sogar so weit, sein eigenes gequältes Epos auf die Katastrophe der Stadt zu schreiben: *Die Einnahme Trojas* (das er angeblich zur Leier sang, als Rom im Jahre 64 n. Chr. brannte).

Die kaiserliche Leidenschaft für alles Trojanische drang tief in die römische Gesellschaft ein. Villen wurden mit Statuen des tapferen Aeneas dekoriert, der aus seiner brennenden Heimat flieht, seinen Vater auf dem Rücken und seinen kleinen Sohn an der Hand. Gemälde zeigten das entschlossene, edle, sehr *römische* Antlitz des Helden. Der Trojanische Krieg war ein beliebtes Thema der gehobenen Konversation: Man verbrachte ganze Bankette damit, mythologische Fußnoten zur Belagerung auszutauschen oder die Bilderwelt Homers und Vergils zu vergleichen. Es gab dutzende lyrischer Gedichte und Theaterstücke, die Episoden aus diesem Krieg mit Leben füllten, und sogar angeblich von einfachen Soldaten geschriebene »Augenzeugenberichte«. Diese unglaublich beliebten literarischen Betrügereien wurden als unverfälschte, spontane Schilderungen der militärischen Treffen vor Troja verkauft; Zeus, Apollon oder Aphrodite, die in Homers Epos so häufig eingreifen, tauchen in ihnen gar nicht auf. Jedes Buch hatte ein atemberaubend spannendes Vorwort, in dem erklärt wurde, wie es entdeckt worden war: Eines hatten angeblich kretische Hirten gefunden, als ein Soldatengrab durch ein Erdbeben an die Oberfläche kam.

Mit einer solchen lebenslangen kulturellen Sozialisation im Hintergrund war es kaum überraschend, dass die feste Hand des Aeneas die Römer, wenn sie sich denn auf ihre Grand Tour begaben, direkt an die Tore von Neu-Troja im nordwestlichen Kleinasien führte – ins Paradies des gelehrten Touristen.

Die Einwohner von Novum Ilium konnten ihr Glück wahrscheinlich kaum fassen. Die strategisch günstig gelegene Stadt, die im 7. Jahrhundert v. Chr. wieder besiedelt wurde, hatte seit Generationen eine gewisse mäßige Aufmerksamkeit bei Homer-Fans genossen – manchmal sogar einen Augenblick des Ruhms, wenn etwa Eroberer wie Alexander der Große, Xerxes oder Julius Caesar die Stätte besuchten. Danach allerdings waren sie immer wieder in einen provinziellen Dornröschenschlaf versunken. Als die römischen Kaiser die Stadt plötzlich mit Geldspenden überschütteten, war das wie ein Geschenk des Himmels. Die schäbige »Dorf-Stadt« sonnte sich in einem goldenen Strahl des Wohlstands und putzte sich zu einem Vorzeigeschmuckstück des Nahen Ostens heraus. In den ersten zwei Jahrhunderten n. Chr. machten so gut wie alle VIPs Roms einen Abstecher nach Neu-Troja – vom Dichter Ovid bis zu Augustus' Tochter Julia, vom altertumsbegeisterten Prinzen Germanicus und bis zum Kaiser Hadrian.

Hauptsächlich jedoch lebte die Tourismusindustrie von den Strömen nicht offizieller römischer Besucher – jene Homer liebenden Bürger auf den Spuren ihrer Vorfahren. Wie die naiven Amerikaner irischer Abstammung, die die gälischen Moore besuchen, um die Heimat ihrer Vorfahren zu schauen, machten sich römische Reisende auf die erste »Reise zu den Wurzeln«, um das Land zu sehen, das ihrem Eindruck nach ihr Leben geformt hatte.

Natürlich hatten die Neu-Trojaner ganz und gar nichts dagegen. Gruppen von professionellen Fremdenführern begrüßten jedes Schiff, das in den nahe gelegenen Hafen einlief (Philostrat berichtet im 2. Jahrhundert n. Chr. von 150 Schiffen, der Hafen war also genauso überfüllt wie heute der Parkplatz von Pompeji).

Obwohl sie auf einem vorspringenden Hügel thronten, wirkten die Ruinen, zu denen die römischen Touristen geführt wurden, gar nicht wie eine Festung; es gab keine Anzeichen von den Mauern, die Homer als »festgegründet«, »steil« und »vorspringend« beschrieben hatte, und auch keine »Türme ohne Spitze«. Stattdessen herrschte in Neu-Troja die zurückhaltende, fromme Atmosphäre eines altmodischen religiösen Heiligtums, wie sie einem der heiligsten Schreine des heidnischen Mythos angemessen war. Dennoch mangelte es den Einwohnern von Novum Ilium nicht an einfallsreichen Tricks, um die Worte Homers zum Leben zu erwecken. Sie hatten eine die Phantasie anregende Tour über die Schlachtfelder entworfen, vorbei an den Gräbern der Kriegstoten, die als Denkmäler des früheren Ruhms erhalten wurden, und an einigen außerordentlich eindrucksvollen »Kulissen« der Vergangenheit.

Auf dem höchsten Punkt der Stadt, in einem Tempel der Athene, der Schutzpatronin des alten Troja, waren die sagenhaften Kriegsreliquien der homerischen Helden ausgestellt. Eine Mischung aus glaubwürdigen Stücken, etwa bronzenen Rüstungen, die die Krieger angeblich im Kampf getragen hatten – der Schild des Achill, der Helm des Ajax und das Schwert des Hektor –, und entschieden zweifelhaften, wie etwa der Leier, die Paris der Sage nach geschlagen hatte, als er um die schöne Helena warb. Noch erstaunlicher waren die Ambosse, die Zeus seiner Gattin Hera zur Strafe für ihre Einmischung in den Kriegsverlauf an die Füße gebunden hatte. Auf marmornen Podesten lagen die Knochen homerischer Krieger – ein Oberschenkel, ein Schulterblatt, ein Backenzahn –, dreimal so groß wie die eines normalen Menschen. Man hatte zwar leider keine Überreste des berühmten Trojanischen Pferdes gefunden, aber Pferdezeichnungen waren überall in die Tempelwände, ja in jeden Pfeiler und alle Wände in allen Heiligtümern der Stadt eingeritzt. Und schließlich fanden sich Porträts von Roms Gründervater Aeneas auf den Münzen Neu-Trojas, ideale Souvenirs für die Lieben daheim.

Neu-Troja hatte im Roulette der Geschichte gewonnen; es molk die Römer auf Teufel komm raus.

Truva, oder Troja, gilt heute weithin als eine der größten Enttäuschungen der mediterranen Welt; fast alle Reiseführer betonen, dass es sich nicht lohnt, die Stätte zu besuchen. Tatsächlich sind die

Der Kurvenstar Rossana Podesta spielte die treulose Titelheldin in Die schöne Helena, *der aufwändigen Hollywoodnacherzählung der homerischen Geschichte aus dem Jahr 1956.*

antiken Ruinen so jämmerlich nichts sagend, dass verzweifelte Einheimische ein riesiges hölzernes Modell des Trojanischen Pferdes gebaut haben – einfach nur um den verwirrten Touristen etwas zum Fotografieren zu geben. Trotz aller Defizite zog mich der Ort magisch an.

Immerhin ist der geheimnisvolle Nimbus Trojas dank der Kinofassungen der donnernden Verse Homers heute so mächtig wie je. Homers Wälzer wird heute bewundert, aber selten gelesen; für den modernen Geschmack sind seine 15 600 Verse voller mythologischer Exkurse, Genealogien, formelhaft beschriebener Kämpfe und bombastischer Rhetorik ein beinahe undurchdringlicher Sumpf. Es bereitet uns Mühe, uns vorzustellen, wie hoch geschätzt die *Ilias* in der römischen Zeit war, als sie als der ultimative Text galt, so tief schürfend wie die Bibel und so erhellend wie Shakespeare. Ich hatte eine außerordentlich gute neue Übersetzung von Stanley Lombardo bei mir, die etwas zugänglicher war: Seine straffen, knappen Verse ließen die Erzählung wieder vor Spannung knistern und die Reden der Helden fließen. Aber selbst für jene, die nie auch nur einen Vers Homers gelesen haben, bleiben die Geschichten der Belagerung lebendig, tief eingebettet in das westliche Bewusstsein. Im 19. Jahrhundert wurde die Suche nach dem »verlorenen Troja« zu einer der großen historischen Abenteuergeschichten der Moderne. Und die Stätte ist immer noch für eine Schlagzeile gut: Der Krieg der Worte um die Faktenbasis von Homers Bericht wird heute ebenso emotional geführt wie damals, als der Respekt einflößende »Vater der Feldarchäologie«, Heinrich Schliemann, in den Siebzigerjahren des 19. Jahrhunderts hier den ersten Spatenstich tat. Und dann sind da noch die endlosen Wiederholungen von *Die Fahrten des Odysseus* und *Die schöne Helena* aus den Jahren um 1955.

Wie kann man in der Türkei sein und *nicht* nach Troja pilgern?

»Selbst die Ruinen sind untergegangen«

Das schrieb der Dichter Lukan, der die Stätte um 60 n. Chr., in der Regierungszeit Neros, besuchte und seine Eindrücke benutzte, um eine Reise des Julius Caesar zu schildern.

> Er umwanderte das ausgebrannte Troja, das nur mehr ein denkwürdiger Name war, und forschte nach den mächtigen Spuren von Apollons Mauer. Abgestorbene Bäume, vermoderte Eichenstämme überwucherten jetzt Assarakos' Palast und legten sich mit jetzt schon schlaffem Wurzelwerk um Göttertempel, ja ganz Ilion war von Gestrüpp bedeckt.

Der Tourist Caesar packt im Gedicht nicht seine Siebensachen und verlässt enttäuscht die Ruinenstätte oder wünscht sich, er habe sich gar nicht dorthin bemüht. Für die Römer war es ganz logisch, dass die mächtigen Festungsmauern Trojas verschwunden waren – immerhin war die Stadt einem »Wirbelsturm des Verhängnisses« zum Opfer gefallen, wie Aischylos in einem Stück geschrieben hatte, und ihr Ruhm war »zu Staub zermahlen«. Deshalb bedeutete das Fehlen größerer Ruinen eigentlich eine zusätzliche poetische Dimension und erlaubte den Besuchern, intensiv über die Sinnlosigkeit menschlichen Bemühens nachzudenken. Reiche vergehen; Ruhm und Erinnerung bleiben. »Jeder Stein hatte einen Namen«, notiert Lukan, und Caesars Führer warnt ihn hämisch, nicht auf Hektors Geist zu treten.

Dies, so hatte ich das Gefühl, war etwas, das moderne Besucher im Hinterkopf behalten sollten; die normalen touristischen Erwartungen musste man vielleicht ad acta legen.

Canakkale, direkt oberhalb des Kiesstrandes der Dardanellen gelegen, ist der günstigste Ausgangspunkt für eine Expedition nach Troja. Es ist einfach eine weitere seltsam gesichtslose türkische Stadt, die mit dem ständigen Geräusch hochtourig laufender Presslufthämmer lebt; an jeder Straße, jedem Gebäude wird ständig an den Folgen des letzten Erdbebens gearbeitet. Ihre brüchigen Hotelbalkone bieten Logensitze für die Supertankerparade auf ihrem Weg ins Schwarze Meer; tief unten lösen sich Autofähren von der asiatischen Küste, durchpflügen die aufgewühlten Wasser und beschreiben dabei einen weiten Bogen, um der starken Strömung zu trotzen. Auf beiden Seiten dieser drei Kilometer breiten Meerenge, einem der großen strategischen Flaschenhälse der Geschichte, hocken osmanische Festungen wie aufgeblasene Ungeheuer. Jets der türkischen Luftstreitkräfte donnern regelmäßig über uns hinweg, Marinerekruten füllen die Straßen der Stadt, und beunruhigte Nachbarn rasseln immer noch mit dem Säbel, weil die Türkei hier wichtige Routen der Ölschifffahrt kontrolliert.

Bei unserem Besuch war das Wetter entschieden englisch. Tag für Tag schoben sich dicke Mauern aus Regen und Nebel vor und zogen sich dann in raffinierten taktischen Manövern wieder zurück.

Les wurde in diesem feuchten nördlichen Klima nicht gesünder, aber wenigstens schien sie die Aussicht zu genießen und starrte mit gebannter pränataler Seligkeit auf die wirbelnden Strömungen. Ich durchstreifte die durchweichten Straßen der Stadt, traf einheimische Gelehrte in den Museen, beobachtete die Exerzierübungen der türkischen Marine und kam beladen mit Lammkebab und Troja-Pilsener, dem lokalen Bier, natürlich mit der Silhouette des Trojanischen Pferdes auf dem Etikett, ins Hotel zurück.

Wir waren schon früher durch schlechtes Wetter in Industriestädten festgehalten worden und hatten unser Schicksal akzeptiert; das düstere Canakkale war fast schon eine willkommene Unterbrechung des ständigen Unterwegsseins. Aber dann, am vierten Morgen, rissen die Himmel ohne Vorwarnung auf. Mittags war am perlmuttblauen Himmel keine Wolke mehr zu sehen. Die Türken blinzelten in die plötzliche glänzende Helligkeit wie Bergleute, die aus der Grube auffahren.

Ich ließ Les zurück, in eine Decke gehüllt und über die gleichen dunklen Wasser nachgrübelnd, die Lord Byron einst durchschwommen hatte (Reisegesellschaften verhelfen Schwimmern heute dazu, dieser Großtat nachzueifern – für nur 550 Dollar pro Versuch), und machte mich auf in den »Wirbelsturm des Verhängnisses«, zur Geburtsstätte einer der berühmtesten Sagen der westlichen Kultur.

Vom Busbahnhof in Canakkale aus brachte ein überfüllter *dolmus* Baumwollbauern auf die Felder. Schon hier spürte man einen wesentlichen Rückschritt in der Zeit. Die Männer saßen schweigend in spitzen Mützen und wollenen Anzugjacketts da; die Goldzähne der Frauen glitzerten in der Sonne, wenn sie aus vollem Halse lachten.

Ich saß, Knie vor der Brust, und beobachtete den Fahrer, der sich Zigarette um Zigarette anzündete. Er gab mir ein Stück Türkischen Honig (»Türkisch-Viagra – mit Erdnussgeschmack«). Draußen hätten auch französische Weinlandschaften an uns vorüberziehen können; die Weiden waren voller kanariengelber Wildblumen. Aber drinnen im Bus waren wir definitiv in Asien. Hektische Musik dröhnte aus dem Radio. Aufgestapelte Fisch- und Käsedosen schwankten im Gang hin und her. Jetzt wusste ich, warum ein begeisterter englischer Auswanderer, mit dem ich weiter im Süden gesprochen hatte, die ländliche Türkei mit Spanien vor 50 Jahren verglich.

Der Fahrer hielt vor dem Restaurant *Helena*, das vor lauter Gipsstatuen beinahe nicht mehr zu sehen war, und zeigte mir den Weg eine leere Landwirtschaftsstraße entlang. Eine glänzende schwarze Schlange glitt in das Dickicht am Straßenrand. Über mir schossen zwei türkische F-111 vorbei wie Apollons silberne Pfeile; sie rissen den Himmel auf, als sie die Schallmauer durchbrachen. Dann

herrschte wieder jahrtausendealte Stille, gestört nur durch das Ge-
krabbel der Käfer auf den Steinen.

Das war sie also – die berühmte Straße nach Troja. Ich konnte es
einfach nicht glauben. Der Zugang zur berühmtesten Stadt in der
Geschichte – zum Symbol aller Städte, sozusagen –, dorthin, wo der
Meinung der antiken Menschen nach die historische Feindschaft
zwischen Osten und Westen begonnen hatte.

Der Eingang zur Grabungsstätte wurde durch ein Bauernhaus
markiert, in dem die Wachen Tee aus hohen Gläsern tranken. Sie
waren vom Wetter zu angenehm überrascht, um mir Eintrittsgeld
abzuverlangen. Ich glaube, ich war der einzige Besucher an jenem
Nachmittag. Ein schattiger Pfad wand sich direkt auf die Hauptattraktion zu – ein hölzernes Pferd, das über einem gepflegten
Rosengarten stand.

Das moderne Trojanische Pferd ist nicht gerade das »Ross von
ungeheurer Höhe«, das die Dichter besangen; eigentlich ist es sogar
eher ein bisschen zwergenhaft. Es ist mit einer wasserfesten, dunkel

*Nachbau des Trojanischen Pferdes – ein verzweifelter Versuch,
Besucher nach Troja zu locken.*

glänzenden Farbe überzogen; die Mähne sieht aus wie ein Iroke-senschnitt. Man kann in den Pferdebauch klettern und Odysseus spielen. Aber dennoch ist diese Rekonstruktion kein ganz und gar lächerliches Unterfangen. Immerhin haben selbst die Reiseführer-autoren, die es grausam verspotten, ein Bild davon im Buch. Das Pferd stillt offenbar ein Bedürfnis, ebenso wie die phantasieanregenden Ausstellungsstücke in der Antike. Die Reiseführer des alten Ilium brauchten die Leier des Paris ganz einfach.

Natürlich machte ich ein paar Fotos.

Ein steiniger Pfad führte zum Hügel hinauf, der heute den Namen Hisarlik trägt – ein spitz zulaufendes Stück Land über einer apfelgrünen Ebene, die sich acht Kilometer weit bis ins indigo-farbene Meer erstreckt. Erst nachdem ich den Raum und das Licht in mich aufgenommen hatte, bemerkte ich einige archäologische Gräben zu meinen Füßen. Ein paar im Gelände verteilte Berge ab-geschaufelter Erde standen da wie Abfallhaufen. Ich war durch das sagenhafte Skäische Tor Trojas getreten – oder zumindest durch seine Fundamente – und hatte es gar nicht gemerkt.

Der Ort war weit entfernt von den standardisierten Bildern der ruhmreichen Stadt – nicht nur von Homers großartigen Attribu-ten, sondern auch von all den billigen Filmfassungen. In *Die schöne Helena* zum Beispiel wirken die antiken Türme höher als die von Babylon, und riesige Tore schwingen vor und zurück, während 30 000 Statisten und Streitwagen hinein- und herausziehen. In *Die Fahrten des Odysseus* war ein Kirk Douglas nötig gewesen, um diese Befestigungen zu überwinden. Heute aber sehen die Mauern Tro-jas so aus, als ob sie von einem gigantischen Hammer zu Staub zer-schlagen worden wären. Ein Seemann, der durch die Dardanellen fährt, würde diesen Schutthügel normalerweise kaum eines Blickes würdigen – ein industrieller Schlackenhaufen vielleicht, oder eine ausgebeutete türkische Mine.

Enttäuschend ist, dass es nicht nur ein Troja gegeben hat. Die Ar-chäologen haben neun Trojas gefunden, die jeweils auf den Ruinen der Vorgängerstadt gebaut wurden (und um die Sache noch ver-wirrender zu machen, gibt es zusätzlich insgesamt 47 Untergliederungen der neun Schichten). Man kann sich den Hügel vielleicht am besten als riesigen Baumkuchen vorstellen, mit einer Schicht Troja über der anderen. Die älteste Stadt, ziemlich prosaisch »Troja I« genannt, ist 5000 Jahre alt. Das Troja, für das sich alle interessieren – das heroische Troja, das durch die homerischen Helden berühmt wurde und um 1260 v. Chr. zugrunde ging –, soll Troja VI gewesen sein. Die römische Stadt Novum Ilium, Neu-Troja, ist die letzte, offen liegende Schicht, Troja IX. Es gibt also mehr als genug Trojas an dieser Stelle, aber von *keinem* einzigen ist besonders viel erhalten. Die Stadt wurde gegen Ende der Antike ein zweites Mal bis auf die Grundmauern zerstört. Die Goten von der anderen Seite des Schwarzen Meeres plünderten die Stadt, der Hafen versandete, die Stätte wurde im 6. Jahrhundert n. Chr. verlassen. Erdbeben und Überschwemmungen taten ein Übriges und begruben die Überreste für 1500 Jahre. Bei den modernen Ausgrabungen hat man einen Splitter des einen Troja freigelegt, Bruchstücke eines anderen, Steine eines dritten.

Ich durchwanderte das Kaleidoskop der Jahrhunderte und versuchte die verschiedenen Trojas auseinander zu halten. Wie zu erwarten, liefern die Überreste von Troja IX – der glücklichen, reichen Stätte des römischen »Neuen Troja« – das beste Bild. Man sieht die klaren Umrisse der beiden Theater und die deutlichen Grundmauern des Athene-Tempels. Natürlich fühlte ich mich wie die antiken Touristen gedrängt, die Trümmer der von Homer besungenen Stadt zu suchen – Troja VI. Die türkischen Behörden, wie immer um ausländisches Interesse bemüht, haben Zeichen aufgestellt, die auf alle Überreste hinweisen. Und da war sie: eine einzelne hervortretende Ecke der weltberühmtesten Festungsmauer, vorspringend und steil, genau wie es der Dichter versprochen hatte. Ich stand, starrte und erschauderte verblüfft – egal wie traurig dieses Bruchstück auch wirkte.

Jetzt endlich konnte ich die gespannte Erwartung jener antiken Touristen spüren, wenn sie auf diesem blutgetränkten Fleckchen Erde standen. Auf ihrer ganzen Grand Tour waren die Römer mit phantasieanregenden Appetithäppchen zum Trojanischen Krieg gefüttert worden. Auf Rhodos hatten sie Helenas silberne Tasse gesehen, geformt nach den Rundungen einer ihrer vollkommenen Brüste; Sparta bewahrte das Ei, aus dem sie geschlüpft war (sie war eine Tochter der Leda, die Zeus in Gestalt eines Schwans beglückt hatte; das Riesenei war wahrscheinlich das eines afrikanischen Straußes). In einem Tempel in Süditalien waren die Zimmermannswerkzeuge ausgestellt, die die Griechen angeblich benutzt hatten, um das Trojanische Pferd zu bauen; Städte in Kleinasien zeigten die Papyrusbriefe von Kriegsveteranen an ihre Lieben daheim. Aber all das war nichts gegen das Gefühl, auf dem heiligen Boden von Troja zu stehen – oder die großartige Aussicht auf die Meeresküste zu genießen. Als die Römer die Stadt besuchten, hatte der Schlamm von 14 Jahrhunderten die Küstenlinie verändert. Aber wunderbarerweise passte alles andere in der Topographie zu den genauen Beschreibungen Homers: Die Landebucht mit ihrem »aufgesperrten Mund, eingeschlossen von den Kieferknochen zweier vorspringender Landspitzen« (heute Besik-Bucht genannt); der Verlauf der beiden Flüsse, des Simois und des Skamander; die Lage der beiden sprudelnden Frischwasserquellen. An klaren Tagen konnte der antike Tourist den fernen Berggipfel auf einer benachbarten Insel ausmachen, von dem aus der Gott Poseidon, gehüllt in hellen Seenebel, die Schlachten beobachtet hatte.

An ihrem ersten Abend verließen die antiken Touristen nach dem Essen ihre Wirtshäuser und betrachteten die vom Mondlicht beschienene Szenerie. Vielleicht zitierten sie eine der beliebtesten Homer-Passagen, in der die trojanischen Soldaten vor dem Ausfall, mit dem sie, wie sie hofften, die Belagerung durchbrechen würden, vor der Stadt lagerten:

Die aber saßen die Nacht hindurch an den Brücken des Krieges.
Hochgemut, und ihnen brannten der Wachfeuer viele.
Wie wenn um den glänzenden Mond am Himmel die Sterne
Leuchten in strahlendem Glanz, wenn ohne Wind ist der Äther,
Sichtbar werden die Warten und ragenden Spitzen der Berge

Und die Täler, vom Himmel herab bricht unendlicher Äther,
Und man sieht alle Sterne, es freut sich im Herzen der Hirte:
So viel zwischen den Schiffen da und den Fluten des Xanthos
Feuer der brennenden Troer leuchteten ihnen vor Troja.

Und ich blickte auf dieselbe geschichtsträchtige Landschaft hinab und konnte den Rauch jener Feuer beinahe riechen; wieder einmal wurde die Vergangenheit lebendig.

Ein Hauen und Stechen um Helena

Am nächsten Tag rüsteten sich die römischen Touristen bei Morgengrauen für eine Reiseroutine, die ihnen allmählich schon in Fleisch und Blut übergegangen war. Nach einem schnellen Frühstück aus in Wein getauchtem Brot brachen sie auf, um die trojanischen Führer zu treffen, begleitet von Sklaven, die ein einfaches Mittagsmahl – Käse, Oliven, Obst –, einen zusätzlichen Mantel, falls es regnen sollte, und einen Reiseführer in Rollenform bei sich trugen. Viele hatten auch Texte von Homer und Vergil dabei, obwohl gebildete Römer beide auswendig kannten. Manche lasen sicher dazu noch den einen oder anderen sensationsheischenden »Augenzeugenbericht« trojanischer Heldentaten; wie Kriegscomics völlig unpoetisch, aber voller Schwertgerassel und dem Staub der Ebenen.

Und dann machten sie sich auf den Weg, den Hügel hinab zum berühmtesten Schlachtfeld der Welt.

Wir können die Standardtour aus so verschiedenen Texten wie der *Geographie* des Strabon, der Biographie des Apollonius, Tacitus' Beschreibung des Germanicus-Besuchs und den Berichten von Hadrians Reise im Jahr 120 n. Chr. rekonstruieren. Sie begann mit einem Besuch an jenem Strand, an dem die 1000 schwarzrümpfigen Schiffe der Griechen die erste uns bekannte amphibische Landung durchführten. Die Krieger mit ihren Eberzahnhelmen hatten sich ihren Weg auf asiatischen Boden gegen den erbitterten Widerstand der Trojaner erkämpft; die Armada lag bald am »grau aufgewühlten Strand« vor Anker, die Truppenzelte bildeten eine Miniaturstadt auf dem Gras. Wie immer waren »Historisches« und Mythologisches miteinander vermischt: Römische Touristen wollten natürlich auch die Höhle sehen, in der der trojanische Prinz Paris den Schönheitswettbewerb zwischen Hera, Athene und Aphrodite entschieden und damit die Eifersucht der Göttinnen heraufbeschworen hatte, die die Sterblichen während des ganzen Krieges so beharrlich verfolgte.

Die Reisegruppen bewegten sich von der Küste weg und vollzogen anhand der Landmarken die Geschichte nach.

Hier war der Ort, an dem Achilles, der größte griechische Krieger, mit dem Befehlshaber, dem König Agamemnon, gestritten und in seinem majestätischen Groll gedroht hatte, die Gefolgschaft aufzukündigen. *Dort drüben* wurde Achills Geliebter Patroklos von den Trojanern getötet, was wieder neue Rachegelüste in Achill aufsteigen ließ. *Hier* hatte Achill Hektor, den größten trojanischen Krieger, in die Enge getrieben und erschlagen. (Die *Ilias* endet an diesem Punkt; der Rest der trojanischen Geschichte wurde in unzähligen Gedichten und Schauspielen erzählt.) *Hier* wurde das hölzerne Pferd gebaut, *dort* wurde es von den Trojanern gefunden. *Hier* stand der skeptische Laokoon, der den Pferdetrick durchschaute – und zum Dank dafür mitsamt seinen Söhnen von einer riesigen Seeschlange ins Meer gezogen wurde. Dieses göttliche Signal überzeugte die Trojaner davon, dass das Pferd ein echtes Geschenk war, und brachte sie dazu, die ganze Nacht hindurch mit viel Wein zu feiern…

Das Ende der Geschichte ist wohl allgemein bekannt.

Die nächste Station auf der Tour waren die Gräber der Kriegstoten – nicht der gemeinen Soldaten natürlich, sondern der homerischen Helden. Um das Interesse der Römer am Kochen zu halten, hatten die Ilier für praktische Stützen der Phantasie gesorgt: Jeder Grabhügel oder Tumulus war von einer geschmackvollen Statue jenes Heroen gekrönt, dessen Knochen und Asche im Inneren lagen;

ilische Priester hielten das ganze Jahr über ein kleines Feuer zu ihren Füßen in Brand.

Draußen auf dem Sigeion-Rücken lag der eindeutige Favorit: das Grab des Achilles, der homerischen Kampfmaschine – unverwundbar mit Ausnahme der berühmten Ferse. Dies war der beste Platz für die Touristen, ihre Frömmigkeit, die römische *pietas*, zu zeigen. Sie salbten die verwitterten Steine des Hügels mit Öl und Parfüm, schmückten die Statue mit duftenden Blumengirlanden und verbrannten Weihrauch an ihrer Basis. Die eher zu Sport und Spiel Aufgelegten rannten dreimal nackt um den Grabhügel herum und gedachten so der Verfolgung Hektors durch Achill rund um die Mauern Trojas (Alexander der Große hatte die Heldentat selbst wiederholt). Drei Kilometer östlich lag, bei Flut von den Wogen des Ozeans überspült, der Grabhügel des Ajax, des zweiten großen Helden der Griechen. Dort spielte sich um 120 n. Chr. eines der denkwürdigsten Wunder des antiken Tourismus ab: Der Grabhügel brach durch Erosion in sich zusammen, und zum Vorschein kamen die Knochen eines mächtigen Riesen. Ehrfürchtige ilische Priester vermaßen das Skelett des Helden und kamen auf eine Größe von 5,6 Metern. Kein Geringerer als der Kaiser Hadrian reiste nach Neu-Troja, um das Grab zu restaurieren, mit all dem Pomp und den Zeremonien, die die Sache erforderte. Er legte die Knochen feierlich in ein neues Marmorgrab und küsste und umarmte sie dabei.

Wieder und wieder erwies sich die Entdeckung von »Heldenknochen« als ein touristischer Glücksfall für Ilium. Die größte Sensation ereignete sich 170 n. Chr., als beim Einbruch eines Felsens an der Küste dutzende riesiger Schädel und Brustkörbe ans Tageslicht traten; Touristen kamen von allen Küsten der Ägäis, um die mehr als zehn Meter langen Skelette zu sehen, viele nahmen Knochen als Souvenirs mit. (In ihrer Arbeit *The First Fossil-Hunters* geht Adrienne Mayor davon aus, dass es sich dabei wahrscheinlich um Mastodonten aus dem Pleistozän handelte; die Skelette dieser riesigen Säugetiere können für den Laien wie überdimensionale menschliche Knochen aussehen. Antike Gelehrte wie Plinius der

Ältere studierten sie genauer und bedauerten die Tatsache, dass die Menschen im Laufe der Zeit ganz offensichtlich immer weiterschrumpften.)

Nach Achilles und Ajax kamen die trojanischen Gräber – König Priamos war hier bestattet, ebenso Paris zusammen mit seiner Gattin, die er Helenas wegen verlassen hatte. Der beliebteste Trojaner war natürlich Hektor, der edle, dem Untergang geweihte Familienmensch, der sein Leben hingab, um Troja zu verteidigen, obwohl er überzeugt war, dass der Ehebruch zwischen Helena und Paris falsch war. Es war der geeignete Ort für tiefsinnige Gedanken zur Kindestreue: Viele Römer fühlten sich gedrängt, ihre Gedanken niederzuschreiben, wie auch der Prinz Germanicus im Jahr 18 n. Chr., der ein Epigramm *Auf dem Grabhügel des Hektor* verfasste. Leider sind die Verse nicht erhalten.

An einem so gefühlsgeladenen, phantasieanregenden Ort konnte es nicht überraschen, dass manche Römer Visionen hatten. Die Geister der Helden konnte man bei Nacht treffen, angestrahlt vom Leuchten der Blitze; selbst um die Mittagszeit konnte man das Klirren der Waffen hören, wenn das berühmte Kriegerpaar auf ewig seinen Zweikampf wiederholte. Die Statuen auf ihren Grabhügeln besaßen, so sagten die einheimischen Hirten, übernatürliche Kräfte. Das Bild des Achilles, eine etwas dandyhaft wirkende Figur in einem hübschen Mantel und mit Ohrring, sagte die Zukunft voraus. Wenn sie mit Feuchtigkeit überzogen war, drohte eine Überschwemmung, eine Staubschicht prophezeite eine Dürre, Blutspritzer eine Seuche. Hektors Statue sah man angeblich manchmal atmen; bei den jährlichen sportlichen Wettkämpfen in Troja schwitzte sie aus Sympathie mit den Athleten. Ein assyrischer Reisender, der so dumm war, Hektors Statue zu beleidigen, ertrank kurze Zeit später in einem reißenden Fluss; Augenzeugen berichteten, ein Mann in Rüstung habe dem Wasser befohlen, anzusteigen. Und die Hirten hielten ihre Schafe vom Grab des Ajax fern. Der griechische Held war am Ende seines Lebens verrückt geworden und hatte begonnen, Schafe abzuschlachten, deshalb sagte man, das Gras um seinen Grabhügel herum sei giftig.

Die Christen akzeptierten Troja als ein mächtiges Zentrum des heidnischen Glaubens und mieden es auf ihren Reisen. Wenn sie sich gezwungen sahen, in die Nähe der Stadt zu gehen, bekreuzigten sie sich ständig, und wenn sie die Spukgräber Trojas passierten, zischten sie zwischen den Zähnen hindurch, um böse Geister fern zu halten.

Die Geistergeschichten machten zwar ein bisschen Angst, faszinierten die römischen Touristen aber doch sehr. Zumindest ein Besucher machte sich daran, das Übernatürliche genauer zu erforschen: Apollonius, der heidnische Heilige. Nach Darstellung seiner Biographie absolvierte er die Standardtour über das Schlachtfeld vor Troja in der Mitte des 1. Jahrhunderts n. Chr. und erschreckte gegen Abend seine Anhänger mit der Ankündigung, er werde die Nacht allein am Grab des Achilles verbringen.

Oh, Achill!, singt Apollonius nach Einbruch der Dunkelheit, *die meisten Menschen erklären, du seiest tot, aber ich glaube ihnen nicht. Wenn ich Recht habe, dann zeige dich mir…* Daraufhin erschütterte ein kleines Erdbeben das Gebiet rund um das Grab, und ein mehr als zweieinhalb Meter großer Mann trat hervor, in einen thessalischen Mantel gehüllt.

Offenbar ist Achilles sehr viel hübscher, als seine Statue vermuten lässt, mit spielenden Muskeln, langem, wehendem Haar und dem »ersten Flaum der Jugend« auf seinen Wangen – der zeitgenössische griechische Pin-up-Boy. Der Geist wächst dann fast sieben Meter in die Höhe und erlaubt dem Apollonius – gegen das Versprechen, dass dieser den Geburtsort des Achill in Thessalien besuchen wird –, fünf Fragen zu stellen. Für moderne Ohren sind die Fragen, die er wählt, furchtbar obskur und beschäftigen sich mit winzigen Details der *Ilias*. (Warum erwähnt Homer den griechischen Helden Palamedes nie? Wurde Helena wirklich nach Troja gebracht, oder versteckte sie sich in Ägypten, wie manche vermuten? Ist Achill so begraben, wie Homer es beschreibt? Nahmen tatsächlich so viele große Helden am Krieg teil, wie Homer sagt? Ja, antwortet der Geist – denn »damals blühte Vortrefflichkeit überall auf der Welt«.)

Dann verschwindet Achill »mit dem Aufleuchten eines Sommerblitzes«, gerade als der Morgen anbricht.

Ein moderner Reisender in der gleichen Lage wie Apollonius hätte sicher eine erste, viel grundsätzlichere Frage zu stellen: Hat der Trojanische Krieg *wirklich* jemals stattgefunden?

In der Antike zweifelte niemand an der historischen Realität des Trojanischen Krieges. Die Meinung, dass Homers Epos ein Phantasiegebilde sei, tauchte erst in moderner Zeit auf, als die Reisenden sich bis zu den Dardanellen durchschlugen und nirgends auch nur eine Spur des heidnischen Heiligtums fanden – nur Macchiagestrüpp, durch das Hirten und Kamelhändler zogen. Romantische Besucher klammerten sich an die letzten Strohhalme; die meisten Historiker jedoch kamen durch den völligen Mangel an greifbaren Zeugnissen zu der Überzeugung, dass die *Ilias* eine schöne Fiktion sei. Achilles, Helena und Hektor waren Märchengestalten.

Es war, wie wir wissen, der legendäre Abenteurer Heinrich Schliemann, der Anfang der Siebzigerjahre des 19. Jahrhunderts behauptete, dass Troja nicht nur existiere, sondern auch mit der *Ilias* als Führerin gefunden werden könne. Er sammelte Schlüsselpassagen, die sich auf in der Landschaft identifizierbare Schauplätze bezogen, und kam zu dem Ergebnis, dass der unscheinbare Hügel Hisarlik die homerische Stätte sein müsse. Wie ein Ausgräberkollege später witzelte, war es, als ob Schliemanns kleine Nickelbrille ihm Röntgenbilder lieferte. Der unermüdlich tätige Deutsche, begleitet von seiner griechischen, per Heiratsanzeige gefundenen Braut, zog eine Reihe von Gräben, die eine alte Festung zu Tage förderten, und dann einen Schatz – Waffen, Diademe, sechzig Ohrringe und nicht weniger als 8750 kleine Goldornamente (um die Dramatik zu erhöhen, fasste Schliemann alle Gegenstände, die er im Laufe von drei Jahren gefunden hatte, in einem großen »Schatzfund« zusammen – ein eklatanter Fall eines frisierten Fundes, aber die Artefakte an sich waren authentisch).

Schliemann verkündete, er habe den »Schatz des Priamos« gefunden, und machte Fotos von seiner Frau mit dem »Schmuck der Helena«.

Es sah so aus, als hätte Schliemann tatsächlich Homers Troja gefunden – bis sich zeigte, dass die Artefakte etwa 1000 Jahre zu alt waren, um irgendetwas mit einem Überfall der Griechen auf das bronzezeitliche Troja zu tun zu haben. Ein weiterer Deutscher, Wilhelm Dörpfeld, löste das Rätsel im Jahr 1894, indem er bewies, dass es tatsächlich neun verschiedene Trojas gab. In seiner Begeisterung hatte Schliemann bis in die Schicht Troja II – um 2500 v. Chr. – hinabgegraben. Dörpfeld identifizierte die Teile von Troja VI, die wir heute sehen, die imposante vorspringende Bastion, die in den Zeitrahmen des Trojanischen Krieges passte.

Unglücklicherweise war das allein aber noch kein Beleg dafür, dass dieser Krieg je stattgefunden hatte.

Noch heute gibt es heftige Auseinandersetzungen über die historischen Grundlagen der homerischen Erzählung, aber die meisten Archäologen akzeptieren, dass das Epos einen wahren Kern haben muss.

Die vernünftigste Bewertung stammt von Michael Wood in seinem Buch *Der Krieg um Troja*. Zwar werden sich die genaueren Einzelheiten nie ganz sicher belegen lassen, aber es finden sich immerhin Zeugnisse für einen wie auch immer gearteten Konflikt. Zwischen 1275 und 1260 v. Chr. landete wohl *tatsächlich* eine Armee von Griechen mit einer Flotte vor Troja und belagerte seine beeindruckenden Mauern. Ihr Motiv mag durchaus enttäuschend unromantisch gewesen sein – die Kontrolle der Handelsroute von der Ägäis ins Schwarze Meer. Es ist aber sicher nicht *unmöglich*, dass eine Spartanerin namens Helena nach Troja entführt wurde; die Verschleppung von Frauen war eine übliche Praxis in jener Zeit, in der die Seeräuberei einen wichtigen Erwerbszweig darstellte. Der Anführer der griechischen Verbündeten mag durchaus König Agamemnon geheißen haben, und in Anbetracht der chaotischen Beziehungen zwischen den Stadtstaaten jener Zeit brauchte er, wenn es ihn denn gab, sicherlich sehr viel Kraft, um seine aufsässige Horde eigennütziger Kriegsherren aus dem griechischen Umland zu kontrollieren.

Selbst das Trojanische Pferd – der am wenigsten plausible, aber zugegebenermaßen beliebteste Bestandteil der Sage – mag eine phantasievolle Ausschmückung eines wirklichen Ereignisses sein. Eine Hypothese erklärt den Fall von Troja mit einem Erdbeben, das die uneinnehmbare Festung erschütterte (es gibt einige Hinweise darauf). Das Pferd war dem Poseidon, dem Gott des Meeres und der Erdbeben, heilig, und die griechischen Krieger, die über von Götterhand geborstenen Mauern triumphierten, ließen vielleicht die Kultstatue eines hölzernen Pferdes als Dankesgabe zurück, als sie wieder in die Heimat segelten.

Homer selbst – wenn er nur ein einzelner Mann war und seine Werke nicht aus dem Zusammenspiel verschiedener Dichter entstanden – besuchte Troja frühestens um 750 v. Chr., 500 Jahre nach den Ereignissen. Damals hatten griechische Geschichtenerzähler den Krieg schon in ein Nationalepos der Götter und Helden verwandelt.

Aber wie auch immer die Wahrheit ursprünglich aussah – Troja erstand neu durch die griechische Mythomanie.

Die ewigen Schlachtfelder

Während der *dolmus* durch die Gemüsefelder nach Canakkale zu-
rückraste, fragte ich mich: Warum waren die Dardanellen immer so
eng mit patriotischen Mythen verbunden?

Im Mittelalter behaupteten sowohl die britische als auch die französische Königsfamilie, sie stammten von den trojanischen Flüchtlingen ab – genau wie die römischen Kaiser, die ihren Stammbaum
auf Aeneas zurückführten. Dann, Anfang des 20. Jahrhunderts, verkündeten zwei noch entferntere Länder, dass sie aus einer Niederlage an den Dardanellen heraus »geboren« seien. Noch heute kommen ihre Bürger in Scharen, um den Kriegsgräbern Ehre zu
erweisen, an Touren über die Schlachtfelder teilzunehmen, Kränze
niederzulegen und Trankopfer zu spenden – unseren römischen
Freunden auch darin sehr ähnlich. Ihre Regierungen finanzieren
sogar besondere Kommissionen, um die Pflege der Kriegsgräber sicherzustellen.

Jene entfernten Länder sind – unwahrscheinlich genug – *Australien* und *Neuseeland*.

An einem Frühlingsmorgen im Jahr 1915 entlud sich der jahrtausendealte Konflikt zwischen Ost und West noch einmal, diesmal
in einem furchtbar industriellen Maßstab, als eine gewaltige Armee
an der Küste von Gallipoli, der Halbinsel gegenüber von Troja,
landete. Die Alliierten, angeführt von den Briten unter dem Kom-
mando des jungen Winston Churchill, wollten mit einem küh-
nen Streich das Osmanische Reich aus dem Ersten Weltkrieg hi-

nausdrängen; die ANZACs (Australien and New Zealand Army Corps) wurden als die entbehrlichste Stoßtruppe ausgewählt. An den Stränden schon wurden sie abgefangen und zu tausenden hingeschlachtet, bevor sie endlich einen schwachen Brückenkopf an der Küste erobern konnten; die Türken begannen einen brutalen Grabenkrieg mit unvorstellbaren Verlusten auf beiden Seiten. Der Gestank der verwesenden Körper verpestete die Luft im weiten Umkreis. (Wie ein Beobachter es so einprägsam ausdrückte: »Der Geruch des Todes war greifbar… und klamm wie die Haut eines Fledermausflügels.«) Schließlich, nach neun Monaten des Blutvergießens, zogen sich die Alliierten zurück.

Als einer der sinnlosesten Feldzüge im sinnlosesten aller Kriege hätte Gallipoli im schwarzen Loch der Geschichte versinken können. Aber besonders für die Australier war der Verlust so vieler junger Männer im ersten richtigen Krieg des Landes – 8587 wurden getötet, 200 000 verletzt – ein nationales Trauma, eine Todesschneise, die so brutal durch die nicht besonders große Bevölkerung geschlagen worden war. Nationalisten bejubelten Gallipoli als »Feuertaufe«. Des Tages der Landung, des 25. April, wird in Australien immer noch jedes Jahr mit unverminderten Emotionen gedacht. Jede Kleinstadt hat ihre eigene ANZAC-Parade. Unzählige Bücher und Zeitungsartikel beschäftigen sich jedes Jahr mit dem Ereignis. Und es war das Thema eines der ersten australischen Filmerfolge, *Gallipoli*, mit dem jungen Mel Gibson in der Hauptrolle.

Tausende Aussies begeben sich jedes Jahr auf Pilgerfahrt zum Schlachtfeld – meist junge Rucksacktouristen, die Gallipoli irgendwo zwischen der Corrida in Pamplona und dem Münchener Oktoberfest in ihre eigene Grand Tour einplanen.

Die Türken haben das Kriegsbeil schon längst begraben. Ich schüttelte mir den trojanischen Staub von den Stiefeln und schaute im ANZAC House vorbei, dem größten Hotel für Rucksackreisende in Canakkale, in dem mitten im Nahen Osten die Lebensweise der Vorstädte von Sydney zelebriert wird. Im Café der Herberge stapel-

345

ten sich Vegemite-Töpfe für den Frühstückstoast. An den Wänden hingen mit Koalas bestickte Handtücher, Fotos der Oper von Sydney und australischer Footballstars. Der türkische Portier grunzte »G'day, mate« mit einem originalgetreuen Paul-Hogan-Crocodile-Dundee-Näseln, während im Hinterzimmer ein abgenudeltes Video von *Gallipoli* in Dauerschleife lief: Mel im Grabenkrieg. Der australische Achill bereitet sich darauf vor, für den ewigen Ruhm zu sterben.

»*Ow are yuz?*«, fragte ein anderer Türke, der in einem T-Shirt mit Bondi-Beach-Schriftzug steckte. (Es stellte sich heraus, dass er einmal ein Kebab-Restaurant in Sydney geführt hatte.)

Ich fragte nach den Schlachtfeldtouren, die sie jeden Tag veranstalteten.

»Kein Problem, Kumpel. Captain Ali wird dir alles zeigen.«

Der Portier pflichtete ihm bei: »Captain Ali ist klasse. War Kommandant auf einem U-Boot der türkischen Kriegsmarine. Weiß alles, was man an Militärgeschichten wissen kann. Komm einfach um neun Uhr morgens hierher – *pünktlich*, klar?«

Mit sinkendem Mut bezahlte ich im Voraus. Trotz der offensichtlichen Parallele zu den römischen Kriegstouristen, die Troja besuchten, spürte ich einen unerwarteten Widerwillen gegen diesen speziellen Ruf aus der Vergangenheit.

Zufällig hatte auch mein Großonkel an der Gallipoli-Invasion teilgenommen. Er starb dort, mit 22. Lesleys Großvater wurde dort verwundet.

Vielleicht war es nur wieder einmal der Gedanke an meine bevorstehende Vaterschaft, aber das alles erinnerte mich ein bisschen zu sehr an zu Hause.

Hüte dich vor den Griechen, wenn sie mythische Archetypen schaffen

Um genau 9.00 Uhr erschien Captain Ali im Gang des ANZAC House und ließ seinen missbilligenden Blick durch den unordentlichen Speisesaal schweifen. Er war klein und straff, kein Gramm Fett zu viel. Sein silbernes Haar war kurz geschnitten und mit Gel zurückgekämmt. In seinem Marinejackett und Bügelfaltenhosen, mit einem knallroten Seemannskäppi auf den großen Ohren, sah er aus wie Starbuck aus *Moby Dick*.

Methodisch rief er seine Kunden nach einer Liste auf, dann runzelte er die Stirn. Zwei Leute fehlten − offenbar waren sie zur Toilette gegangen.

Captain Ali schüttelte den Kopf, als jemand vorschlug, doch auf sie zu warten. »Wir müssen eine Fähre erreichen«, bellte er. Um 9.03 schritt er entschlossen hinaus auf die Straße, und wir mussten im Laufschritt hinterher.

Um 9.10 schaute er mit einem müden, wissenden Lächeln auf seine Armbanduhr. Die Fähre hatte Verspätung, wie alles in der Türkei. Die beiden Nachzügler, die auf der Toilette gewesen waren, tauchten mit leichter Panik auf dem Gesicht bei uns auf. Sie hatten eine wertvolle Lektion gelernt. Versprengte werden hinter den Linien zurückgelassen.

Zwei Stunden später, an der gegenüberliegenden Küste, sprach Captain Ali über das Gemetzel, über unvorstellbare Dummheit und Verschwendung. Er beschrieb mit dem Arm einen dramatisch großen Bogen, der den ganzen steinigen Strand der Anzac-Bucht mit einschloss, und erklärte, wie die Australier auf Grund eines tragischen Irrtums hier landeten − sie folgten einer Leuchtboje, die in der Nacht dort vorbeitrieb −, nur um auf dem Strand unter einem steilen Felsufer in der Falle zu sitzen. Es war das Omaha Beach des Ersten Weltkriegs, mit Leichenbergen, die die Wellen bremsten.

Captain Ali − niemand nannte ihn je anders, als ob er mit dem Titel geboren worden wäre − war für einen U-Boot-Kommandanten überraschend eloquent: Eigentlich war er der optimale Reiseführer in militärischen Fragen, der neue Neu-Trojaner, der mit einer Mischung aus Neid und Mitleid sprach, wie sie Offizieren eigen ist, die nie den Ernstfall erlebt haben. Er sprach mit einem entrückten Gesichtsausdruck, als durchlebe er selbst die Schlacht gerade aufs Neue. An den ergreifendsten Stellen standen ihm Tränen in den Augen. Dann brach er ab, seine Gefühle waren ihm peinlich: »Historische Tatsache! Erzählt es euren Kindern.«

Die Vorlage für seine Tour hätte Ali auch von den Römern übernommen haben können. In einem kleinen Museum erklärte er sorgfältig die geheiligten Ausstellungsstücke – Schädel mit darin steckenden Kugeln, Fotos von der Schlacht, Bajonette, Uniformen. Genau wie in antiken Tempeln ehrfurchtsvoll die Papyruskorrespondenz von trojanischen Veteranen aufbewahrt wurde, so gab es hier einen Brief eines jungen türkischen Soldaten an seine Mutter, in dem er die Schönheit der Getreidefelder und der Mohnblumen beschrieb. Er fiel – man braucht es kaum noch zu erwähnen – zwei Tage später. Diese Schaustücke, genau wie Alis Anekdoten, hatten ein rituelles Element: Zu unseren Kriegsbildern gehören einfach unabdingbar Geschichten von empfindsamen Jugendlichen, die zu früh sterben müssen. Von einfachen Soldaten, die gegen eine fast unglaubliche Übermacht überleben. Und von unerwarteter Menschlichkeit inmitten des Gemetzels – Hilfe für die Verwundeten und informelle Waffenstillstände (Feinde, die einander bei Festen Essen und Trinken hinüberwarfen oder zwischen den Schützengräben Spiele spielten). Dies sind unsere konventionellen Bilder des Krieges, die wie ein kathartisches Muster überall vorkommen, von *Im Westen nichts Neues* bis zu *Full Metal Jacket*, und sie alle entstammen Homers *Ilias*.

Anzac-Bucht war der unpassendste Platz auf Erden, um über Metzeleien zu reden. Der Tag war noch strahlender als der, an dem ich nach Troja gefahren war, und wir lümmelten uns alle ins daunenweiche grüne Gras wie in einer Picknickszene von Renoir. Die goldene Sonne, die sanft leckenden Wellen, die warme Meeresbrise – all das ließ die Vorstellung, dass Türken Australier töteten, absurder denn je erscheinen.

Captain Ali wandte sich ernst dem ersten Friedhof zu. »Fünf Minuten!«, bellte er.

Nach kurzer Pause führte uns Captain Ali in die Hügel, wo sich die erbittertsten Kämpfe in noch nicht einmal zwei Meter auseinander liegenden Schützengräben abgespielt hatten. Ganze Kompanien wurden niedergemäht, sobald sie ihre Köpfe auch nur sekundenlang aus dem Schmutz hoben. Für zwei Meter, die die eine Seite gewann, gingen tausende von Leben verloren. Die Topographie des Gebietes schien sich zu verändern, als sich die Leichen zu künstlichen Hügellandschaften türmten. Noch heute geben die Millionen Patronenhülsen und Schrapnellsplitter dem Boden einen metallischen Glanz.

Schließlich sprach der Kommandeur der türkischen Armee, Mustafa Kemal – der spätere Atatürk, Vater des türkischen Staates – offen zu seinen Truppen: »Ich befehle euch nicht einfach nur anzugreifen«, feuerte er sie an, »sondern zu sterben. Und in der Zeit, die wir brauchen, um zu sterben, werden andere Truppen anrücken, um eure Plätze einzunehmen.«

»Wir nennen dies den Hügel der Tapferkeit«, sagte Captain Ali. »Wir Türken respektieren den Opfermut.«

Wir Australier sahen einander unbehaglich an. Auf den waren wir nicht so scharf.

Schließlich erreichten wir Lone Pine Cemetery, einen Rasen, umgeben von Kenotaphen mit tausenden von Gefallenennamen. Es ist eine Gedenkstätte für jene, die kein Grab gefunden haben.

»Fünf Minuten, meine Damen und Herren!«

Die Marmortafeln blendeten in der Nachmittagssonne. Da stand der Name: *B. J. Perrottet. 1st May, 1915. Age 22.* Ich zog die goldenen Buchstaben mit dem Finger nach, überrascht, dass sie unseren Namen richtig geschrieben hatten. Er war nur sechs Tage hier in Gallipoli gewesen. Ich dachte an einen Vers aus der *Ilias* über einen verwundeten trojanischen Krieger:

Den Lebensmut verhauchend, lag er wie ein Wurm auf der Erde hinge-
streckt, und heraus floss das schwarze Blut und benetzte die Erde.

Auf den ersten Blick wirkt Lone Pine Welten entfernt von den
Kriegerdenkmälern Neu-Trojas, die die Römer so schätzten. Die
Menschen der Antike bewunderten ihre individuellen Superhelden
und sangen Loblieder auf Achilles und Hektor; die Massengräber
von Gallipoli erinnern an das Abschlachten von einfachen Soldaten, deren Leichen vielfach gar nicht mehr identifiziert wurden. Die
Vorstellung vom ruhmreichen Krieg hatte einen ernsten Schlag
hinnehmen müssen.

Zufällig war dies nirgends deutlicher zu sehen als an der antiken
Stätte von Gallipoli selbst, die die Römer auf einem Tagesausflug
mit dem Segelboot von Ilium aus besuchten. An der Spitze der
Halbinsel, ein paar Kilometer vom heutigen Lone Pine Cemetery
entfernt, fanden sie das zwiespältigste aller antiken Kriegsheiligtü-
mer – das Grab des griechischen Soldaten Protesilaos, des ersten
Gefallenen im Trojanischen Krieg.

Wie Homer berichtet, hatten die Götter bestimmt, dass der erste
griechische Krieger, der die asiatische Küste betrat, sterben sollte.
Protesilaos beschloss, sich für die Sache zu opfern. Er sprang als Erster von Bord – und wurde sofort von einer Lanze durchbohrt.

Die Griechen bestatteten seinen Leichnam mit allen denkbaren
Ehren. Sicher respektierten auch sie den »Opfermut«. In römischer
Zeit wurde die Asche des Protesilaos noch immer in einem kleinen
Tempel auf der Halbinsel Gallipoli aufbewahrt, der von heiligen
Ulmen umstanden war: Sobald ihr Laubwerk eine Höhe erreichte,
von der aus man die kleinasiatische Küste sehen konnte, verdorrte
es auf wunderbare Weise – und lebte so das traurige Schicksal des
Kriegers nach. Die antiken Touristen konnten auch darüber nachdenken, welche Konsequenzen die Entscheidung des Protesilaos
selbst ganz weit vom Schlachtfeld entfernt noch hatte. Zu Hause
in Thessalien zerkratzte sich seine Frau vor Trauer das Gesicht und
beging schließlich Selbstmord; das Haus, das sie gerade zusammen
bauten, brannte nieder; sein Vater wurde wahnsinnig.

Es war ein Ort, der an die gern übersehenen Kosten des Heldentums erinnerte, und trotz all ihrer Begeisterung für den Ruhm waren die Menschen der Antike den Schattenseiten des Krieges gegenüber nicht blind. Bei Homer ist der Tod im Kampf nie ein erfreulicher Anblick. Verwundete Krieger schreien im Todeskampf, bis sie von der »hasserfüllten Dunkelheit« ergriffen werden. Die Verheißung des Hades ist ein kalter Trost. Selbst Achilles, der Größte der Griechen, meditiert am Lagerfeuer über die Bedeutungslosigkeit eines Soldatenlebens. Er taucht in der *Odyssee* als einsamer Geist in der Unterwelt wieder auf und bekennt, dass er lieber als der niederste Sklave auf einem Bauernhof leben würde, als Herr über alle Bewohner des Hades zu sein. Tatsächlich bezieht die *Ilias* einen Großteil ihrer poetischen Kraft gerade aus ihren ständigen Erinnerungen an das häusliche Leben, das die Soldaten zurückgelassen haben – jene fernen Dörfer, in denen sich alles um den Ackerbau, das Dreschen und Pflügen und die Ziegenherden dreht.

Und auch Homers Grundaussage in der *Ilias* ist ziemlich düster. Troja, das Symbol aller großen Städte, war dem Untergang geweiht gerade durch seine zivilisatorischen Errungenschaften, die es den randalierenden Griechen gegenüber verwundbar machten; jede Friedenszeit trägt in sich schon die Saat ihres Untergangs, indem sie ihre Nutznießer zu milde stimmt. Die Römer übernahmen diese Vorstellung bereitwillig (wie auch heute noch viele Menschen inmitten unserer eigenen Phase der Sicherheit und Ruhe); sie geißelten sich gern selbst wegen ihres Hanges zum Luxus und sagten voraus, dass ihnen der Untergang drohe. Troja war der geeignetste Ort, um sich mit der bevorstehenden Katastrophe zu beschäftigen.

Aber wozu war das alles letztlich gut, fragte die *Ilias* schließlich – das Ende eines Lebens oder einer ganzen Kultur?

Wie der Blätter Geschlecht, so auch das der Männer. Die Blätter –
da schüttet diese der Wind zu Boden und andere treibt
Der knospende Wald hervor, und es kommt die Zeit des Frühlings.
So auch der Männer Geschlecht: dies sprosst hervor, das andere
schwindet.

Es dunkelte schon, als Ali zu einer letzten gefühlvollen Rede an-
hob.

»Meine lieben Damen und Herren. Haben Sie viele Kinder. Sie
werden der Augapfel Ihrer eigenen Eltern sein und sie glücklich
machen.«

Die Rucksacktouristen und ich wussten nicht genau, wie wir darauf reagieren sollten, hier an dieser ernsten Stätte; wir widerstan-
den dem Drang, zu salutieren, und applaudierten leise.

Nachdem ich mich bei Sternenlicht auf der Fähre nach Canakkale habe zurücktreiben lassen, kaufe ich mir ein Kafta zum Abendessen. Der Geruch von gewürztem Lamm ist einfach wunderbar;
frische Oliven und Basilikum liegen daneben.

Les liest auf unserem Zimmer. Sie scheint sich ein bisschen besser zu fühlen. Aber der Bengel hat heute ziemlich viel getreten. Ich
versuche ihn mit der Hand zu fühlen.

Ich bin überrascht, wie emotional ausgelaugt ich mich fühle. Das
geht mir alles zu nahe, diese Sache mit dem Leben und dem Tod.
Irgendwie zu ernst für mich.

Unter einem strahlenden Vollmond wirkt die Meerenge ruhig,
als gäbe es keine Strömung.

Die ganze Stadt liegt still unter diesem hellen Nachthimmel.
Selbst Hektor und Achill müssen heute schlafen und von ihren fernen Heimatländern träumen.

Segel setzen in Byzanz

In der Antike hätte sich ein römischer Tourist ein Handelsschiff gesucht, das von einem der sechs geschäftigen Häfen am Hellespont aus nach Alexandria segelte. Und so ging ich eines Abends zurück an die Docks von Istanbul und suchte nach einem Schiff, irgendeinem Schiff, das Richtung Süden fuhr.

Pendelfähren donnerten in der Dunkelheit am Goldenen Horn entlang, ihre Nebelhörner klangen wie Feuerwehrsirenen, die hellen Lichter der Minarette schimmerten in ihrem Kielwasser. Fischerboote waren am Dock festgemacht, ihre Besatzungen grillten Sardinen auf offenen Kohlen. Überall am Wasser waren Speicherhäuser zu Geschäften für reiche Russen umgebaut worden, jedes ein provisorisches *Macy's* voller Pelze, Bodenfliesen und Teppiche.

Wie jeder antike Reisende auf der Suche nach einer Schiffspassage kletterte ich die Gangways der vor Anker liegenden Ozeanriesen hinauf. Manche gingen nach Athen und Zypern, einer nach Odessa. Keiner fuhr nach Ägypten.

Es war meine Grundidee gewesen, auf dieser Reise gleichwertige Transportmittel zu benutzen wie die Römer; aber auf Grund der jüngsten Terrorakte in Ägypten war die Passagierschifffahrt eingeschränkt und dann eingestellt worden. Ich hatte seit meiner Ankunft in Italien nach einer solchen Überfahrt gesucht und mich schließlich auf Gerüchte verlassen, denen zufolge Frachtschiffe in manchen Fällen Passagiere mitnahmen, aber einer Kabine war ich noch immer nicht näher gekommen.

Die Seeleute runzelten die Augenbrauen, wenn ich beharrlich blieb. Warum *wollen* Sie überhaupt nach Alexandria? Und warum auf dem Seeweg? Meine Frage erschien ihnen offenbar einfach zu dämlich.

Allmählich überlegte ich, ob dies nicht vielleicht eine Art Botschaft war, es einfach sein zu lassen. Nach Troja – und all diesem Sterblichkeitszeug – hatte ich doch meine Zweifel, ob es klug war, Les in ihrem prekären Zustand an die mit Krankheitskeimen verseuchten Ufer des Nils zu schleifen.

Ich machte eine Liste der Pros und Contras. Auf der Pro-Seite für Ägypten stand: Eines der berühmtesten Reiseziele der Welt. Warmes, trockenes Klima. Immerhin hatte sich der Adel der Antike auch aus gesundheitlichen Gründen hier aufgehalten; der junge Seneca hatte Jahre in Ägypten verbracht, um sein Asthma zu kurieren.

Auf der Contra-Seite: Überwältigende Menschenmengen. Umweltverschmutzung. Krankheiten. Dreck. Islamische Extremisten.

Am nächsten Tag kaufte ich zwei Flugtickets. Unsere einzige Alternative war Schwimmen.

Teil sieben

Alexandria
Ad Aegyptum

Kleopatras Hauptstadt
»auf dem Weg nach Ägypten«

Was ist die Stadt über den Bergen?
Riss Neubildungen Splitter in der lila Luft
Berstende Türme
Jerusalem Athen Alexandria
Wien London
Unwirklich

T. S. Eliot, *Das wüste Land*

Auf der Liste der brillantesten und vergänglichsten Schöpfungen der Zivilisation hat das antike Alexandria immer einen Spitzenplatz belegt. Die Spannung stieg schon volle 50 Kilometer draußen auf dem Meer, wenn die Matrosen im Ausguck den Pharos erblickten – den dreistöckigen Leuchtturm, so hoch wie die Freiheitsstatue, dessen riesige Flamme in der Nacht wie ein orangener Stern glühte. Bei Sonnenaufgang drängten sich die Passagiere an Deck, um den Kalksteinbau zu bestaunen, der weit über den Masten ihres Schiffes emporragte. Der Pharos war das siebte Weltwunder, das einzige mit einer praktischen Bestimmung, und antike Souvenirs dieses berühmten Bauwerks finden sich bis nach Afghanistan hinein. Neben dem Leuchtturm standen sechs Statuen von ptolemäischen Königen und Königinnen mit den königlichen Attributen der Pharaonen, jeweils zwölf Meter hoch; stattliche Palmen wiegten sich zwischen ihnen wie die Fächer aufmerksamer Sklaven und kühlten ihre Schultern.

Es war ein makellos inszenierter Empfang in der wunderbarsten Besitzung Roms – *Aegyptus,* Ägypten. Seit seiner Gründung im Jahr 331 v. Chr. durch Alexander den Großen stand Alexandria als Königin des Mittelmeers und Herrin des Nils auf der Bühne der Welt; es florierte als die Welthauptstadt der Wissenschaften und der luxuriöse Rückzugsort von Kleopatra und Antonius während ihrer sagenhaften Liebesbeziehung. Für jene interessierten antiken Touristen, die sich über die Reling ihrer Galeeren lehnten, war die Hafenstadt als der östliche Pfeiler des Römischen Reiches der wahre Treffpunkt der Kontinente, ein Umschlagplatz für Gewürze, Glas, Papyrus und nubische Sklaven ebenso wie für geometrische Sätze und astronomische Karten. Und mit über einer halben Million Einwohner war Alexandria die einzige Stadt auf Erden, die sich wirklich an Größe, Ambitionen und Glanz mit Rom messen konnte; es ließ Athen, seine intellektuelle Stammmutter, wie eine schwache Greisin aussehen.

Alexandrias ansteckende Energie spürten die Neuankömmlinge noch bevor sie einen Fuß an die Küste gesetzt hatten. Der Osthafen bestand aus 14 Kilometern überfüllter Docks, und die Fassaden am Wasser boten eine glänzende Flut extravaganter Architektur — »Tempel, prunkvoll mit hochragenden Dächern«, wie Ammianus Marcellinus, ein Soldat und Autor des 4. nachchristlichen Jahrhunderts, berichtete. Alle strotzten vor Obelisken und Sphingen. Riesige Frachter luden das Getreide, das Rom ernährte; afrikanische Kaufleute mit sonnenverbrannter Haut führten Kamelkarawanen durch die Menschenmengen; schneeweiße Ibisse suchten sich ihr Futter zwischen den Frachtgütern; selbst das Meer wurde gesüßt durch die Fluten des Nils, des größten Flusses der Welt, dessen jährliche Gezeitenabfolge von den Göttern gelenkt wurde.

Jenseits der Stadttore lag das uralte Ägypten, träumten die erstaunlichsten Monumente der Erde in einer verzauberten Wüste unter brennender Sonne vor sich hin – die Pyramiden, die Sphinx, der Tempel von Karnak –, alle behütet von kahl geschorenen Priestern, die einbalsamierte Leichname im Sand vergruben und magische Hieroglyphen lasen. Dies war der echte Höhepunkt der römischen Grand Tour – ein völlig fremdes Universum, in dem man die fundamentalen Geheimnisse des Lebens und des Todes erforschen konnte. Und Alexandria war die spektakuläre Zwischenstation auf dem Weg dorthin, ein Trittstein in dieses Touristenparadies.

Die Stadt war eigentlich bekannt als *Alexandria Ad Aegyptum* – »Alexandria auf dem Weg nach Ägypten« –, und im Grunde blieb sie eine Insel der griechisch-römischen Kultur am Rande Afrikas. Die letzte Pharaonendynastie, die Ptolemäer, die Alexandria vor der römischen Eroberung im Jahr 30 v. Chr. zu ihrer Hauptstadt gemacht hatten, waren eigentlich Griechen, die von einem General Alexanders des Großen abstammten; nur Kleopatra, die letzte Königin Ägyptens, hatte sich überhaupt die Mühe gemacht, Ägyptisch zu lernen und zu sprechen. Und unter römischer Herrschaft wurde Alexandrias einzigartige Stellung noch deutlicher: Hier war eine Stadt, die bereitwillig jeden »nilotischen Aberglauben« praktizierte, von der Verehrung der Götter Isis und Osiris bis zu dem makabren Ritus der Mumifizierung, in der die eingeborenen Ägypter aus dem Landesinneren jedoch nur als Arbeiter und Diener zugelassen waren. Die ersten Apartheidsgesetze verbaten Römern, Griechen und Ägyptern, untereinander zu heiraten oder Besitz weiterzugeben. Für die zeitgenössischen Ägypter war die fremde Stadt Alexandria einfach *Ra-qed,* »Die Baustelle«. Ihre Existenz bedeutete nur eine unwesentliche, vorübergehende Störung am Rande des zeitlosen Stromes.

Für antike Touristen dagegen war Alexandria ein Phänomen eigenen Rechts, eine unabhängige Enklave, weder römisch noch griechisch oder ägyptisch – aber zutiefst romantisch.

Besucher ließen sich von ihrem Strudel einsaugen, sobald sie das Schiff verlassen hatten – sie lieferten sich der alexandrinischen Dienstleistungsindustrie auf Gedeih und Verderb aus, die an sich schon ein verblüffendes Phänomen war. Hier erreichte das jetzt bereits vertraute Drumherum aus Kneipen, Führern, Restaurants und Souvenirläden seinen maximalen Wirkungsgrad. Schwindlig und verwirrt schoben sich die Neuankömmlinge die Kanopische Straße entlang – mit ihren fast 20 Metern Breite war sie die Champs

Élysées ihrer Zeit – und wichen Wagen, Bettlern und Händlern aus. Viele waren, wie der Romanautor Achilles Tatius beschreibt, einfach geblendet von dem Glanz und staunten mit offenem Mund wie Bauerntrampel: »Ich versuchte, jede Straße zu besuchen, aber … ich konnte die Schönheit gar nicht so schnell aufnehmen. Manche Teile der Stadt sah ich, andere nicht; manche Teile versuchte ich verzweifelt zu sehen, fand aber andere, an denen ich nicht vorbeigehen konnte … Schließlich schrie ich erschöpft auf: ›Gebt auf, meine Augen – wir sind geschlagen.‹« Sie folgten auf Papyrus geschriebenen Reiseführern wie Kallixeinos' *Über Alexandria* zum Grab Alexanders des Großen auf dem Königsfriedhof der Ptolemäer, wo der Welteroberer in Honig einbalsamiert und in Glas eingeschlossen dalag. Von dort aus eilten sie zum Museion, dem Haus der Musen, der ersten von einer Regierung finanzierten Forschungsstätte der Welt, wo einst Archimedes und Euklid gewirkt hatten. Der berühmteste Flügel beherbergte die große Bibliothek von Alexandria, die gebaut war, um jedes jemals erschienene Buch unter ihrem Dach aufzunehmen – 700 000 Bände. In ihren lichtdurchfluteten Lesesälen murmelten hunderte von Gelehrten vor sich hin und machten dabei einen Lärm wie ein wütender Bienenschwarm (das stille Lesen gehörte nie zu den Gepflogenheiten der Antike).

Auf den Straßen waren die Alexandriner selbst die Touristenattraktion: Sie galten als arrogant, eigensinnig, zänkisch und laut, immer bereit, bei jedem auch noch so kleinen Anlass in die Luft zu gehen. Aber ihre Arbeitsethik war erstaunlich – sie arbeiteten fleißig von Morgengrauen bis zur Abenddämmerung, ganz im Gegensatz zu den faulen, nichtsnutzigen römischen Bürgern, die sich die Bäuche mit Gratisrationen Nilweizen voll schlugen. »Jeder geht hier einem Geschäft nach«, wundert sich ein römischer Besucher im 2. Jahrhundert. »Selbst die Gichtkranken, die Blinden und die Arthritiker.«

Für eine neue Schicht von geschäftstüchtigen Ägyptern bestand der Sinn des Lebens darin, Geld zu verdienen – und es auszugeben.

Bei Letzterem standen die römischen Touristen ihnen ganz und gar nicht nach. Sie kosteten die kulinarischen Spezialitäten der Stadt:

die wegen der schlanken Spieße »Obelisken« genannten Lammke-
babs und den Dattelwein, der, wie es hieß, so stark war, dass »selbst
die Götter sich in ihren weichen Betten einnässen, wenn sie davon
getrunken haben«; zum Nachtisch genossen sie »Pyramidenkuchen«,
steinharte Sesamsüßigkeiten, die den besten Zähnen gefährlich werden konnten. Touristen feilschten um ägyptisches Leinen – das
feinste in der bekannten Welt, manchmal so hauchdünn, dass man
hindurchsehen konnte – und durchstöberten die Märkte nach exotischen Raritäten: Schildkrötenpanzer aus dem Land der Troglodyten, Pfeffer aus Sumatra, Haifischzähne aus dem Roten Meer, chine-
sische Seide. (Wie Aristides im Jahr 140 n. Chr. staunend bemerkte,
war Schnee das Einzige, was man in Alexandria nicht kaufen konnte.) Sie besichtigten gut besuchte Synagogen – ein Viertel der Bevölkerung bestand aus Juden, ein weitaus höherer Prozentsatz als
in Rom. Und sie setzten alles daran, ein Cithara-(Leier-)Konzert zu
hören, denn das kosmopolitische Alexandria war die anerkannte
Hauptstadt der antiken Musik, in der selbst die meist analphabetischen Händler eine falsche Note sofort erkannten.

Und wenn man weniger erbauliche Unterhaltung suchte, so lag
an der Küste östlich von Alexandria der Urlaubsort Kanopus, dessen Ruf in Sachen Verschwendungssucht nur noch von Baiae übertroffen wurde. Hier fanden sich die schändlichsten Kneipen und
Nachtclubs Ägyptens, in denen jede Form dekadenten Vergnügens
zu haben war. Unter den Fenstern kreuzten betrunkene Nachtschwärmer in Gondeln durch mit Blütenblättern bestreute Kanäle
und wetteiferten darum, wer am lautesten sang; ihre Boote glitten
unter den Palmen hin und her; die Gäste feierten und tanzten zu
Flötenklängen, während Tänzerinnen mit Mandelaugen strippten.
Die ebenholzfarbenen Kurtisanen Äthiopiens standen bei den Rö-
mern hoch im Kurs und verlangten gesalzene Preise. (»Wer immer
Nigra liebt, brennt über schwarzen Kohlen«, seufzt ein Graffito in
Italien. »Wenn ich Nigra sehe, esse ich mit Freuden Brombeeren.«)
Manche teuren Hotelzimmer hatten Gucklöcher, um die fleischli-
chen Verrenkungen der anderen Gäste zu beobachten, sei es mit
Zustimmung der Beteiligten oder im Geheimen.

Wie Dio Chrysostomos, der »Goldmund«, schrieb, war das Leben in Alexandria »eine ständige Party ... mit Tänzerinnen, Gaunern und Mördern«.

Es war, als ob sich moderne Reisende im Berlin der Weimarer Zeit wiederfänden.

Ein Treffen im *Cecil*

Man muss zugeben, dass die Ankunft in Alexandria heute nicht mehr ganz die glanzvolle Erfahrung wie in der Antike ist. Wie die meisten Besucher kamen wir durch die Hintertür in die Stadt, in einem klapprigen Bus vom Flughafen her, und stürzten uns dann mit eingefrorenem Lächeln in die steigende Flut des Dritte-Welt-Tourismus – wichen dem immer stärkeren Strom von Trägern aus, die nach unseren Taschen griffen, Taxifahrern, die uns an die Schultern fassten, Hotelschleppern, die uns am Arm zogen (viele von ihnen raffiniert in Anzug und Krawatte gekleidet und mit falschen Fotoausweisen der »Ägyptischen Tourismusbehörde« ausgestattet). Auf einem Platz fuhren hunderte von zerbeulten Taxis in einem riesigen Kreis herum und wirbelten Staubwolken auf wie bei einem sinnlosen Autorennen. Wir winkten auf gut Glück irgendeinem Führer, der – was für eine Überraschung! – Achmed hieß.

Nach fünfzehnminütigem Feilschen gratulierte ich mir zu meinem Verhandlungsgeschick, denn immerhin hatte ich Achmed von seinem astronomisch hohen Anfangspreis auf eine Hand voll Dollar heruntergehandelt – bis sich herausstellte, dass unser Ziel nur etwa 500 Meter entfernt lag.

»Das ist es?«, ich starrte mit offenem Mund auf das Cecil Hotel. »Sie verlangen 20 Dollar für das?«

»Plus 15 Prozent Trinkgeld«, schob Achmed nach und bot dann an, stattdessen auch zollfreie alkoholische Getränke jeder Art zu nehmen.

All dies, grübelte ich, als ich die Taschen ins Hotelfoyer zog, war, wie es sein sollte. Die alten Alexandriner waren berüchtigt für ihren

Die Corniche – die berühmte Strandpromenade von Alexandria.

Geschäftssinn. Immerhin hatte jener Reisende des 2. Jahrhunderts
hier den berühmten Stoßseufzer losgelassen: »Sie beten hier nur
einen Gott an – *das Geld*!«

Ich war ganz wild darauf, den berühmtesten Hafen des Mittelmeers
zu sehen. Nach einigem Bemühen öffneten sich quietschend zwei
salzverkrustete Fensterläden, und ich lehnte mich über Alexandrias
Hafen hinaus und atmete die frische Seeluft ein. Dort lief der Bogen der Corniche, des großen Boulevards, dessen reine Linienfüh-
rung aus der Ferne an Matisse erinnerte. Entlang seiner vollkommenen Parabel schossen Männer in langen Gewändern durch den
Verkehr, wichen geschickt Bussen und Pferdekarren aus. Auf dem
entferntesten Vorsprung, fast draußen auf See, hockte Fort Qait
Bey: Hier stand einst der Pharos, der immer hell strahlende Leuchtturm, der, von Zeus gekrönt, alle Neuankömmlinge grüßte. Die
Panoramasicht war doppelt verlockend, weil der Ruf des modernen Alexandria nicht weniger beeindruckend ist als der des anti-

ken. Besucher wie Flaubert, Gide, Rimbaud, Cavafy und E. M. Forster machten die orientalische Mystik der Stadt unsterblich. Der berühmteste unter ihnen, Lawrence Durrell, der während des Zweiten Weltkriegs hier wohnte, beschrieb in seinem Vierteiler *Das Alexandria-Quartett* einen verlockenden Schauplatz. Sein Alexandria war ein erotischer, leidenschaftlicher, bedrohlicher *entrepôt*, eine arabische Version von Shanghai – eine »Kelter der Liebe«, »verführerisch und göttlich«. »Fünf Rassen, fünf Sprachen;… fünf Verbindungskanäle winden sich ölschillernd zwischen den Hafenbecken hinter der Außenmole.«

Durch einen glücklichen historischen Zufall stehen die Hotels aus der britischen Zeit alle über dem Epizentrum der antiken Stadt, und wir, immer auf der Suche nach nostalgischem Ambiente, buchten das berüchtigste. Als Kriegshauptquartier von General Montgomery und Szenerie der ehebrecherischen Rendezvous von Durrells Liebenden ist das Cecil Hotel wirklich die berühmteste Herberge in ganz Ägypten, das Raffles des Nahen Ostens, und dank der Krise der ägyptischen Tourismusindustrie hatte es ganz, ganz niedrige Preise zu bieten. Schon Tage zuvor hatten wir uns die Hände gerieben in Vorfreude auf den verblichenen kolonialen Luxus; ich sah uns schon rosa Gins in einer mit Walnussholz getäfelten Bar unter langsam kreisenden Ventilatoren nippen. Aber es sollte nicht sein. Einige Zeit nach der ägyptischen Revolution von 1952 hatten die Besitzer beschlossen, dem Hotel ein umfassendes Lifting à la *Budget Inn* angedeihen zu lassen. Die Wände waren jetzt korallenrot, die Bildschienen zitronengelb, die Decke lavendelfarben. Es war die Art psychedelisches Farbschema, die man in einem karibischen Bordell erwarten würde.

Der diskrete Charme der Durrell-Jahre war unter einem Zentimeter Farbe begraben; das Hotel war fast leer.

»Es hätte schlimmer sein können«, meinte Les, kuschelte sich zufrieden auf das King-Size-Bett und schaltete den Fernseher an. Es war der erste seit drei Monaten. Auf Englisch gab es da zum Beispiel einen Kabelsender aus Bombay, der immer nur Zeichentrickfilme zeigte.

Scoobie Dooby Doo. Where are you?

Les war hin und weg.

»Hättest du Lust, zum Pharos zu gehen?«, fragte ich.

»Morgen vielleicht«, sagte sie und griff nach der Speisekarte des Zimmerservice.

Allmählich zweifelte ich an Les' Begeisterung für die Antike.

»Wie ist wohl ein ägyptisches Schinkensandwich?«, grübelte sie.

Ich ging nach unten, durchs Foyer, wo drei Iranerinnen in schwarzer Pudah Befehle in ihre Handys bellten, und trat auf den Rasen vor dem Hotel.

Dies war also einst das Herz des antiken Alexandria, das, dem begeisterten Bericht des Philo, eines Philosophen des 1. Jahrhunderts zufolge, damals ein wunderbarer Skulpturengarten war, mit viel glänzendem Edelmetall und ganzen Reihen von königlichen Sphingen. Unser Hotel lag meinen Berechnungen nach genau über dem Emporium, einem riesigen Lagerhaus, in dem all jene chinesischen Seidenballen, indischen Gewürze und arabischen Parfüme ausgeladen wurden. Auf der anderen Seite des Platzes besetzte das Metropol-Hotel die Stätte des Caesareums, des Tempels, den Kleopatra während ihrer Affäre eigentlich für Marcus Antonius geplant hatte. (Nach Plutarch sah die Königin eigentlich ziemlich schlicht aus, aber sie war unwiderstehlich lebhaft und intelligent; Antonius' gutes Aussehen dagegen wurde von seinen »vom Wein aufgedunsenen Backen« beeinträchtigt.) Und statt eines Poseidontempels – einer ersten Anlaufstelle all jener Touristen, die sich für ihre gute Überfahrt bedanken wollten – stand da ein Büro von British Airways. Der moderne Platz entbehrt sicher nicht eines gewissen verblichenen Charmes, mit seinen Cafés aus den Dreißigerjahren, Überresten von Art déco wie dem New Imperial und Les Delices, wo wachsweiche Kuchen mit fluoreszierendem Überzug serviert werden und Männer – nur Männer – in ihren Rohrstühlen herumlümmeln, starken Pfefferminztee trinken und mit dem undurchdringlichen, starren Blick von Kamelen an ihren Wasserpfeifen saugen. Staubige Palmen wiegen sich über dem Platz; Frauen in hellen Schals eilen vorbei; Schuhputzerjungen kämpfen um die Aufmerksamkeit der Passanten; Geschäftsleute diskutieren die letzten Immobiliencoups.

Es war alles wunderbar. Aber wie jeder Besucher des modernen Alexandria musste ich erst über eine anfängliche Verwirrung hinwegkommen. Auf den ersten Blick schien die Stadt nicht mehr zu sein als ein Ferienort für Mittelschichtägypter. Ihre historischen Überreste sind armselig. Allem Anschein nach gibt es dort weniger griechisch-römische Reste zu sehen als in einigen Museen im Mittleren Westen Amerikas.

Ich musste mir in Erinnerung rufen, dass dies eine optische Täuschung war. Seit einigen Jahren wissen die Archäologen, dass ein Großteil des antiken Alexandria weiter nördlich liegt, in der Mitte jenes ruhigen, leeren Hafens. Irgendwo unter der Wasseroberfläche retten Taucher die glanzvolle Vergangenheit und setzen die antike Stadt wieder auf die Weltkarte.

Das neue Atlantis

Bis vor ein paar Jahren war Alexandria bekannt dafür, seine Bewunderer zu enttäuschen. Die Archäologen des 19. Jahrhunderts waren geradezu entsetzt: Sie konnten keine Spur von den sagenhaften Wahrzeichen der Stadt – dem Pharos, dem Alexandergrab, dem Museion oder der Bibliothek – finden, nur zwei zusammengehörige Obelisken des Caesareums, die sofort nach London und Manhattan verschifft wurden. Offenbar hatte eine in keiner Weise bemerkenswerte Hafenstadt Kleopatras Kapitale verdrängt.

»Vergessen Sie diese Stadt«, schimpfte ein englischer Ausgräber in den Neunzigerjahren des 19. Jahrhunderts, wütend darüber, dass er dort nichts dem Kolosseum oder dem Parthenon Vergleichbares hatte finden können. Selbst der Röntgenblick Heinrich Schliemanns, der gerade aus Troja zurückgekommen war, versagte. Er verzichtete auf Alexandria und machte stattdessen eine Nilkreuzfahrt. Die meisten Gelehrten folgten seinem Beispiel. Abgesehen von ein paar sporadischen Grabungen blieb die Archäologie in den Händen halb verrückter Amateure: Die Suche nach Alexanders Mausoleum wurde in den Siebzigerjahren des 20. Jahrhunderts zu einer Art Sport, der amerikanische Spinner anlockte und ortsansässige Exzentriker mit ihren geheimen Ahnungen an die Öffentlichkeit treten ließ.

Doch trotz gescheiterter Träume und fruchtloser Bemühungen verlor Alexandria seine mysteriöse Anziehungskraft nie ganz. Und dann, 1994, entdeckte plötzlich ein junger ägyptischer Dokumentarfilmer mit Hieroglyphen bedeckte Steine unterhalb der Wasseroberfläche bei Fort Qait Bey. Das Rätsel des »fehlenden Alexandria« stand kurz vor der Lösung: Durch Erdbeben, Gezeitenströmungen und Erosion war die Küstenlinie der Stadt an manchen Stellen um bis zu 100 Meter zurückgegangen, sodass viele berühmte Bauwerke des antiken Hafengebietes jetzt im Meer versunken liegen.

Die daraufhin einsetzenden wilden Vermutungen trugen dazu bei, das im Zweiten Weltkrieg erlassene Sporttauchverbot der ägyptischen Marine aufzuweichen. Innerhalb nur eines Jahres holte ein Team französischer Unterwasserarchäologen Schiffsladungen von Artefakten aus den furchtbar verschmutzten Tiefen. Die schweren Blöcke unterhalb von Fort Qait Bey, so folgerte man, waren tatsächlich Teile des Pharos, der nicht, wie Wissenschaftler bisher angenommen hatten, von den Arabern im Mittelalter abgebrochen worden war, um Baumaterial zu gewinnen; der Leuchtturm war vielmehr bei einem Erdbeben ins Wasser gefallen, zusammen mit den drei Paaren 12 Meter hoher Statuen, die einst den Galeeren den

Französische Unterwasserarchäologen entdecken eine Statue im Osthafen.

Weg nach Alexandria gewiesen hatten. Die riesigen Torsi, aus rosafarbenem Assuan-Granit gehauen, wurden unter internationalem Beifall aus den Fluten geborgen. Aber das berühmteste Bild, das sofort rund um die Welt ging, zeigte einen Taucher, der auf dem sandigen Meeresboden direkt einer unversehrten Sphinx gegenüberkniete. Die Unterwasserarchäologie, und mit ihr Alexandria, kam plötzlich geradezu in Mode.

Seit damals sind so viele Kunstwerke gefunden worden – ein versunkener Palast, in dem Kleopatra gelebt haben muss, ebenso wie untergegangene römische Galeeren –, dass die ägyptische Regierung den Osthafen zum »ersten archäologischen Unterwasserpark der Welt« machen und ihn für Besucher öffnen will.

Die Wirklichkeit allerdings bleibt im verlockenden Dunkel. Es sind da nämlich zwei kleinere Hürden zu nehmen, bevor ein Unterwasserpark entstehen kann. Zunächst einmal müssen Wellenbrecher gebaut werden, um die überraschend raue See zu beruhigen. Und zweitens, und weitaus beunruhigender, ist da der Dreckfaktor. Der Abfall von vier Millionen Alexandrinern hat das Hafenwasser noch geruchsintensiver werden lassen als die Bucht von Neapel – was, wie ich aus eigener Erfahrung wusste, das Tauchen zu einem zweifelhaften Vergnügen machen würde.

Aber für mich gab es keinen anderen Weg, wenn ich einen Blick auf das antike Alexandria werfen wollte. Ich musste wohl oder übel *les archéologues sous-marins* aufsuchen.

Merde, merde überall

Meine diesbezüglichen Bemühungen begannen mit einem unglaublichen Glückstreffer.

Ich war bis in das Büro von Mr. Achmed abd el Fattah vorgedrungen, dem korpulenten und unglaublich bürokratischen Generaldirektor des griechisch-römischen Museums von Alexandria, der von seinem Schreibtisch aus über ein Dutzend Sekretärinnen herrschte wie ein gütiger Pascha, und hatte mir eine Stunde lang einen Vortrag darüber angehört, wie unmöglich es sei, seine in Neopren gekleideten französischen Berühmtheiten kennen zu lernen.

»Aber so ein Tauchgang ist kein *Vergnügen*!«, erklärte Mr. El Fattah zum fünften Mal hintereinander und drehte an den Ringen an seinen wurstigen Fingern herum. Ich versank in einem Sessel, dessen schmutzige Polster den Moder von Jahrtausenden ausdünsteten. Über seinem Schreibtisch hing eine Karte des Hafens mit verlockenden Markierungen der letzten Entdeckungen. Die schimmlige braune Tapete und die uralte Büroeinrichtung hätten jedem von Dashiell Hammett ersonnenen Privatdetektiv alle Ehre gemacht.

»Die Wasserverschmutzung! Wir sind ein armes Land. Unsere Abwässer werden nicht geklärt ...«, Mr. El Fattah seufzte müde. »Und die ägyptische Marine wird ganz dagegen sein ...«

Plötzlich erhob er sich von seinem Stuhl und schnaubte wie ein Walross.

»Aber *quelle coincidence*! Der Meister persönlich! *Monsieur! Cà va?*«

In der Tür stand mit einer Verbeugung Jean-Yves Empereur, der leitende Archäologe in Alexandria und Begründer des Centre d' Etudes Alexandrines (CEA). Empereur hatte die ersten Tauchgänge zum eingestürzten Pharos angeführt und leitet noch heute die Ausgrabungen überall in der Stadt. Er ist eine gut gekleidete, beinahe dandyhafte Gestalt, immer erkennbar am seidenen Halstuch und einem Panamahut im strahlendsten Weiß, der sein rundes Engelsgesicht einrahmt, und immer irgendwo in der Stadt unterwegs. Neben ihm stand ein französisches Paar. Der Mann, ebenso gepflegt und etwa Anfang 60, besaß das größte Sonarunternehmen der Welt – er überreichte mir sofort seine Geschäftskarte – und besuchte Alexandria mit seiner eleganten, vogelhaften Gattin.

Ein freundliches Händeschütteln begann, und dann versanken wir wieder in den muffigen Sesseln, aus denen sich Staubwolken erhoben. Ich konnte mein Glück gar nicht fassen. Ich war umgeben von Landsleuten Cousteaus, Pionieren in diesem neuen Trend der Unterwasserforschung, und so wandte sich das Gespräch natürlich schnell den Anfangstagen des Tauchens zu.

»*Regardez!*«, Mr. El Fattah schob uns eine französische Hochglanzzeitschrift herüber. »B. B.«

»Ah, Brigitte Bardot!«, grinste Monsieur Delauze, der Sonarfachmann, und leckte sich die Lippen. »Ich habe ihr das Tauchen beigebracht, wissen Sie. Als sie 18 war…«

»In Saint Tropez?«, fragte Mr. El Fattah interessiert.

»In Saint Tropez. 1952. Aber sie ist furchtbar alt geworden. Ihre Haut ist eine Tragödie.«

»Ach, das Alter«, Mr. El Fattah schüttelte philosophisch den Kopf. »Sind Sie ihr… *näher gekommen?*«

»Nicht so, wie Sie meinen! Nein – sie verbrauchte die Männer und warf sie dann weg.«

»Oh, aber Sophia«, zwitscherte seine Frau, »*sie* ist immer noch schön!«

»Ah, Sophia Loren! Das Alter hat ihrem Charme nichts anhaben können!«

»Haben Sie sie dieses Jahr in Cannes gesehen…?«

Stars paradierten an uns vorbei: Deneuve, Signoret, Aznavour… also, *das* war Geschichte.

Mit einem gewissen Bedauern lenkte ich das Gespräch von der gesellschaftlichen Seite des Tauchens weg. Ich wollte wissen, warum die Unterwasserarchäologie plötzlich in akademischen Kreisen so chic geworden war. Alexandria war der spannendste Claim, aber auch Tauchunternehmungen vor Griechenland, der Türkei und Israel machten Schlagzeilen.

»Es ist einfach eine Sache der Technik«, grinste Jean-Yves Empereur engelsgleich über sein Glück. Durch die Verbesserungen der Atemgeräte seit den Siebzigerjahren, so erklärte er, sei es heute ein Kinderspiel, ausgebildete Archäologen im Wasser arbeiten zu lassen – bei weitem leichter, als ausgebildete Taucher zu nehmen und sie auf dem Gebiet der archäologischen Grabungstechnik zu schulen.

»Heute ist Tauchen ein Kinderspiel. Alles, was man tun muss, ist, ans Atmen zu denken!«

Aber genug mit diesen *petits riens*. Empereurs Miene verdüsterte sich, seine Kiefer wurden straff.

»Monsieur Achmed, ich habe eine ernste Angelegenheit mit Ihnen zu bereden…«

Mr. El Fattah zuckte zusammen und setzte sich in seinem Sessel zurück; er sah aus wie ein Schuljunge, der eine Strafpredigt erwartet. Als Empereur ruhig seine Beschwerden aufzählte, versank El Fattah noch tiefer in seinem Sessel. Offenbar gab es da ein zweites konkurrierendes französisches Team von Unterwasserarchäologen, und Empereur hatte das Gefühl, dass sie bevorzugt wurden, weil die ägyptische Antikenabteilung ihre Funde sofort reinigte, während die CEA einen Rückstand nicht bearbeiteter Funde von zwei Jahren hatte. In dieser heiklen Welt der alexandrinischen Archäologie war dieser Verstoß gegen den Grundsatz »Wer zuerst kommt, mahlt zuerst« eine ernste Brüskierung.

»Es ist ihr gutes Recht, wütend zu sein!« Mr. El Fattah hob die Arme über den Kopf wie ein Boxer, der sich verteidigen will.

»Wir haben 2000 Münzen, die darauf warten, von Ihren Leuten gereinigt zu werden.«

»Oh, ja, Ihr gutes Recht! *Ihr gutes Recht…*«

Als Empereur mit seiner Tirade am Ende war, ließ Mr. El Fattah den Kopf betroffen hängen, dann hob er ihn mit einem schelmischen Blick. »Sie müssen einen Brief schreiben, in dem Sie Ihre Beschwerden darlegen!«

Jean-Yves Empereur stöhnte leise auf.

Ich erkannte bald, dass nicht nur die Technik die Welt des Sporttauchens seit jenen sorgenfreien Tagen der Bardot an der Riviera verändert hatte. Anscheinend ist auch die Archäologie selbst nicht mehr die vornehme Wissenschaft von einst. In den letzten paar Jahren haben die beiden französischen Gruppen, die in Alexandria arbeiten, einen auffallenden Mangel an *fraternité* gezeigt. (Ein Sprecher sagte in überraschend eloquentem Englisch über seinen Konkurrenten: »Er ist ein verdammter Schmierfink, und ich hoffe, er stirbt einen elenden Tod.«) Sie hatten sich von Anfang an bekämpft, um Arbeitsgenehmigungen, internationale Aufmerksamkeit, Gelder gerangelt – und jetzt, soweit ich verstand, um die wissenschaftliche Hilfe der ägyptischen Altertümerabteilung.

»Sie sind wie Araber und Israelis!«, flüsterte Mr. El Fattah mir zu, nachdem Empereur gegangen war.

Ich hatte den Eindruck, dass er die Vorstellung einer früheren Kolonialmacht, die der Gnade der ägyptischen Altertümerabteilung ausgeliefert war, nicht ganz ohne Reiz fand.

Als ich Empereur später einholte und vorsichtig das Thema einer Taucherlaubnis für mich selbst ansprach, schaute er mich zuerst an, als sei ich total verrückt geworden.

»Die ägyptische Bürokratie ist ziemlich ermüdend«, erklärte er dann geduldig. »Fischer dürfen nicht einmal eine Angelschnur im Hafen auswerfen, ohne sich ein besonderes Papier von der Marine zu holen. Normalerweise würde es drei Monate dauern, eine Taucherlaubnis zu bekommen. Unter *extremen* Mühen.«

»Wo kann ich ansetzen?«

»*Eh, bien* – ich werde Sie jemandem vorstellen.«

Alzheimer in der Hauptstadt der Erinnerung

Ja, ich zweifelte wirklich allmählich an Les' Begeisterung für die Antike. Jeden Morgen schaltete sie um 8 Uhr morgens andächtig das Fernsehen an, um eine japanische Zeichentrickserie aus den Siebzigerjahren namens *Speed Racer* zu sehen. Es war eine Samuraiversion von *Tintin* mit einem einprägsamen Titelsong: *Go speed racer, go speed racer, go speed racer, GO!*

Dann schrieb sie lange Listen aller alten Schwarzweißfilme, die an dem Tag ausgestrahlt wurden. Es gab das Bette-Davis-Festival, das Twilight-Zone-Festival, sogar das Monkeys-Festival. Und als sie schließlich das Mystery Science Theater entdeckte – also, Alexandria konnte da nicht mithalten.

Allmählich dämmerte mir, dass die Nebenwirkung Nr. 245 der Schwangerschaft, etwa ab dem sechsten Monat, darin bestand, geistige Anregungen aus den abseitigsten Quellen schöpfen zu können. Anscheinend spielte sich in ihrem eigenen Körper so vieles ab, dass sie das Hotelzimmer gar nicht verlassen musste, um völlig in Anspruch genommen zu sein. Nach drei Monaten der ständigen Veränderung waren die Straßen Ägyptens zu viel des Guten. Sie quälte sich sogar durch *Justine*, das erste Buch des *Alexandria-Quartetts* – eine Glanzleistung, die ich nicht für möglich gehalten hatte. (Allerdings hatte sie gelegentlich die besonders rätselhaften Ausdrücke unterstrichen. Wie fühlte es sich wohl an, fragte sie sich, wenn man morgens mit einem »Silberhelm der Panik« aufwachte?)

Es störte mich nicht. Es gab mir die Möglichkeit, durch Alexandria zu rennen und Beamte wegen meiner Taucherlaubnis zu piesacken. Und das war eine Sisyphusarbeit. Die ägyptische Bürokratie ist seit der Zeit der Pharaonen undurchdringlich gewesen. Gestählt durch Äonen der Trägheit, passiert heute in Alexandria nicht viel. Die Büros, die ich aufsuchte, waren immer dunkle Winkel am Ende einer wackeligen Treppe. Viele waren gar nicht besetzt. Die Schreibtische waren mit Stapeln eselsohriger Papiere beladen, mit halb leeren Teegläsern und Aschenbechern voller Zigarettenstummel – mysteriöserweise alle noch warm, als ob die Menschen hinter den Schreibtischen in Panik die Flucht ergriffen hätten, als sie mich kommen hörten.

Aber es bestand noch Hoffnung. Ich wanderte von einer Tür zur nächsten und konnte dabei eine Vorstellung von der Geisterstadt des antiken Alexandria entwickeln, deren größter Teil zehn Meter unter meinen Füßen lag. Wenn man dem geometrischen Straßenraster des antiken Stadtplaners Deinokrates von Rhodos folgte, hatte man es tatsächlich leichter, durch das moderne Gewimmel zu kommen. Es gibt keinen vernünftigen Stadtplan von Alexandria, und so haben selbst Taxifahrer selten eine Vorstellung von Straßennamen oder Hausnummern. Aber irgendwo dort unten waren die breiten Straßen des antiken Alexandria, alle mit mathematischer Präzision angelegt und mit alphabetischen griechischen Namen von Alpha bis Epsilon durchgezählt. Am Rande dieser belebten Promenaden konnte man alles unter der Sonne sehen, schwärmt eine Figur aus einer Satire des Dichters Herondas: »Geld, Gymnasien, Macht, Ruhe, Sehenswürdigkeiten, Philosophen, Gold, hübsche Jünglinge, Heiligtümer… das Museum, Wein und *Frauen* –

mehr Frauen, das schwöre ich, als Sterne am Himmel sind. Und ihr Aussehen – wie Göttinnen!«

Eine moderne Straße, die tatsächlich einen Namen hat – Sharia Faroud –, liegt, wie die Archäologen festgestellt haben, direkt über dem antiken Weg nach Kanopus. Ich folgte ihr, an Art-déco-Kinos vorbei bis in einen schäbigen Slum außerhalb der Stadt, wo heute die einzige noch erhaltene Sehenswürdigkeit des römischen Alexandria steht – die hoch aufragende Pompeiussäule, die in Wirklichkeit dem Kaiser Diokletian gewidmet war. In einem Tempel hier bewunderten die Touristen ein eisernes Bild des Gottes Serapis, das schauderte, sich schüttelte, zum Stillstand kam und schließlich in der Luft zu schweben schien. (Dieses »heidnische Wunder« wurde von christlichen Autoren schließlich als das Werk eines starken Magneten entlarvt.) Ich ging in den Untergrund, in stinkende Grabkammern mit Reliefs des schakalköpfigen Gottes Anubis. Entlang der Promenade, wo alexandrinische Händler heute eine stattliche Auswahl raubkopierter Musikkassetten und Chuck-Norris-Videos anbieten, suchten römische Souvenirjäger einst nach Raritäten wie indischen Heilkräutern und afrikanischen Schmucksteinen. »Es gab Perlen so groß wie Walnüsse«, schwärmt ein zufriedener Kunde in einem Roman des Heliodor. »Hübsche grüne Smaragde, so glänzend und glatt wie Oliven; Hyazinthe in der Farbe eines orangenen Meeresstrandes, purpurn gefärbt von den wechselnden Schatten eines überhängenden Felsens ...« Der äthiopische Amethyst wurde von den Menschen der Antike als »Mittel gegen Trunkenheit« hoch geschätzt: Wer ihn bei Gelagen trug, blieb nüchtern, egal, wie viel er in sich hineinschüttete.

Relativ schnell verlor sich der damals so phantasieanregende Weg: Viele Wahrzeichen der Stadt sind so vollständig vom Erdboden verschwunden, dass die Archäologen nur raten können, wo sie einst standen. Das Grab Alexanders des Großen zum Beispiel soll der Tradition zufolge unter der Moschee des Nabi Daniel im Zentrum der Stadt liegen (keiner weiß genau, warum), aber Grabungen dort haben absolut nichts ergeben. Jetzt nehmen die Forscher ein bisschen kleinlauter an, dass es vielleicht einen knappen Kilometer weiter im Osten lag. Ihm gegenüber soll der mündlichen Überlieferung nach das Museion mit seiner Bibliothek gestanden haben, aber auch davon finden sich keine Spuren. Eigentlich hat niemand auch nur die leiseste Ahnung davon, wo das Museion wirklich stand. Es brannte in der Spätantike bis auf die Grundmauern nieder, durch ein Feuer, das vielleicht marodierende Christen gelegt hatten.

Wenigstens in einer Hinsicht gleichen sich das moderne und das antike Alexandria: Alle Wege führen zurück zu jenem Hafen, mit der whiskyfarbenen Farbe, den der helle Pharos-Leuchtturm einst in sein warmes orangenes Licht tauchte. Heute ist der Damm zur Pharos-Insel, das Heptastadion, versandet und zu einem Wohngebiet geworden – Archäologen wollen hier seismische Instrumente einsetzen, um seinem Verlauf nachzuspüren. Ich schlenderte an den gedrungenen mittelalterlichen Türmen von Fort Qait Bey vorbei, wo keusche muslimische Liebespärchen befangen Händchen hielten, und versuchte einen Blick auf ein paar der 3000 riesigen Steinblöcke des Pharos zu werfen, die auf einem Gebiet von zwei Hektar Fläche etwa siebeneinhalb Meter unter der Wasseroberfläche verstreut liegen. Das oberste Geschoss des Leuchtturms war von einem arabischen Kalifen im 7. Jahrhundert zerstört worden, nachdem der Pharos ein Jahrtausend lang ständig in Betrieb gewesen war; die Reste des Turms fielen bei einem Erdbeben im 14. Jahrhundert ins Hafenbecken.

Jetzt schimmerten die Bruchstücke unter der Wasseroberfläche wie ein zerklüftetes Kalksteinriff – und ich beobachtete voller Neid drei Taucher, die sich daran machten, den heiligen Haufen aus erster Hand zu begutachten.

Wenn alles nach Plan lief, würde ich mich ihnen bald anschließen.

Barbesuche im Fegefeuer

Ein Beamter des Marineamtes, das für den Hafen verantwortlich war, hatte mir ein Treffen für den nächsten Morgen zugesagt. Damit hatte ich das Wochenende frei für eine andere wichtige Forschungsarbeit – Alexandrias sagenhaftes Nachtleben, dessen Ruf vom römischen Rotlichtviertel Kanopus bis in die schmutzigen Phantasien eines Lawrence Durrell überlebt hatte. Ich hatte das Gefühl, dass es nicht einfach sein würde, die Reste dieses Puzzles zusammenzusetzen. Es schien sich nicht viel geändert zu haben seit den Sechzigerjahren, als ein amerikanisches Touristenpaar mit dem Roman in der Hand durch die Stadt gezogen war und anschließend von Durrell das Geld für die Reise zurückverlangt hatte. Sie hatten Alexandria als vernachlässigte Provinzmetropole wahrgenommen, deren kosmopolitische Dekadenz durch den Sozialismus und die islamischen Gläubigen schweren Schaden genommen hatte.

Ich verließ das Hotel an einem Samstagabend um zehn Uhr, als Stromausfälle das Licht über den mit Abfällen gesäumten Straßen zum Flackern brachten und die Hotelgeneratoren anliefen – und gab Les damit die Gelegenheit einen Mantel- und Degenfilm mit Errol Flynn anzusehen. Die dunklen Straßen am Wasser waren voller Teenager, die geistesabwesend auf die Wellen hinausschauten. Überall an der Corniche flackerten Cafélichter auf, gingen aus und flackerten wieder.

Ich fühlte mich wie Graham Greene in London während der Luftangriffe, wandte mich den Nebenstraßen zu und suchte mir meinen Weg über zerbrochene Körbe und holprige Bürgersteige. In schmutzigen kleinen Lokalen stocherten Stammgäste lustlos in trocken aussehenden Parfaits herum. Ein sehr beliebtes Restaurant wurde von einer älteren, unkonventionellen Dame geführt, die als Kind den griechischen Dichter Cavafy gekannt hatte; jetzt verteilte sie Internatshaferbrei zum Klang verkratzter Cole-Porter-Platten. In der verschlissenen scharlachroten Höhle der Spitfire Bar – einer Tränke der britischen Piloten im Zweiten Weltkrieg – grölten junge englische Lehrer wie Hooligans direkt nach einer Fußballniederlage. Die Wände waren mit zerfetzten Militärandenken bedeckt. Fotos von Monty hingen neben dem Gemälde einer katzenhaften arabischen Prinzessin. Ein aufblasbares Flugzeug baumelte schlaff von der Decke.

Mein eigentliches Ziel war etwas, was sich Nagy's Havana Bar nannte, eine ägyptische »Flüsterkneipe«, von der mir ein deutscher Auswanderer, ein Strumpfwarenhändler, erzählt hatte. (Er sagte, er sei nach Alexandria gezogen, zum Islam konvertiert und habe eine Ägypterin geheiratet – und das alles nur, um »Steuerproblemen« zu Hause zu entkommen.) Allerdings konnte er mir nur eine grobe Lagebeschreibung der Kneipe liefern, denn natürlich gab es wieder mal keine Straßennamen oder -nummern. Nachdem ich fünfmal um denselben Block herumgestrichen war, entschied ich mich für eine viel versprechend aussehende Tür.

Ich klopfte. Ein Guckloch wurde geräuschvoll geöffnet. Ein wässriges Augenpaar starrte mich ausdruckslos an.

»Ah ... Nagy?«, versuchte ich es. »Havana Bar?«

Die Tür öffnete sich mit einem Quietschen wie eine Gruft.

Drinnen standen vier Tische in einem kahlen, mit Linoleum ausgelegten Raum, einem Gesamtkunstwerk in trübseligem Braun, das durch die geisterhafte Blässe der 25-Watt-Birnen noch düsterer wirkte. Zwei Ägypter musterten mich von oben bis unten und wandten sich dann wieder schuldbewusst ihren Drinks zu.

Ich setzte mich auf einen Hocker am hölzernen Tresen und bestellte ein Bier, während Nagy Gläser polierte. Er war Mitte 40, freundlich, unerschütterlich – der Freund aller westlichen Kneipen-

gänger. Eigentlich unterschied ihn nur die pinkfarbene Rüschen-
schürze von einem dunkelhäutigen englischen Gastwirt.

Unbewusst suchte ich nach einem Schild aus Kriegszeiten:
»Unnützes Geschwätz kostet Leben!« Um den Schleier des Schwei-
gens zu brechen, fragte ich Nagy, wann denn was los sei in seiner
Bar.

Er schien der Meinung zu sein, dass dieser Zustand schon erreicht war.

»Alexandria ist nicht Paris«, lächelte er entschuldigend und drehte
dann ein tragbares Radio an, um ein bisschen angenehme Atmosphäre zu schaffen. Ein arabisches Klagelied wehte traurig durch den
Raum. »So viele unserer jungen Leute ziehen nach Kairo. Und warum auch nicht? Kairo ist *Umm Dunnya*, die Mutter der Welt. Dort
bekommt man alles. Aber Alexandrias Zeit kommt. Sie werden es
sehen. Unsere Zeit kommt bald.«

Die beiden Männer, die sich unterhalten hatten, blickten auf, und
einer fügte auf Französisch hinzu: »Unsere Stadt hat böse Zeiten
durchgemacht. Aber das Pendel schwingt gerade zurück.«

Offenbar hatte ich einen Volltreffer gelandet.

»In der Schule haben wir gelernt, die Zeit vor dem Islam *Ga-
halla*, das Zeitalter der Unwissenheit, zu nennen«, stieß der andere
hervor. Gemeint war die arabische Eroberung Ägyptens im 7. Jahrhundert, als das christliche Alexandria als eine Bastion schädlicher
fremdländischer Einflüsse galt. »Die Armeen des Propheten zerstörten gemäß den Lehren des Korans alle Bilder in unserer Stadt. Sie
rissen die alten Tempel nieder – rissen alle christlichen Kirchen nieder – und warfen all die schönen Sphingen und Statuen ins Meer.
Aber heute sehen wir die Antike nicht mehr so negativ. Mir müssen unseren Kindern beibringen, stolz auf das zu sein, was Alexandria einst war.«

Die beiden rasselten die Einzelheiten all der Unterwasserentde-
ckungen mit sichtbarem Stolz herunter. Der archäologische Triumph hatte den Alexandrinern unendlich viel bedeutet – immerhin war es etwa 1300 Jahre her, seit ihre Stadt das letzte Mal im
Mittelpunkt internationaler Aufmerksamkeit gestanden hatte.

Heute haben sie das Gefühl, dass ein neues goldenes Zeitalter für die Stadt anbricht, eine glänzende Renaissance.

Ahmed und Mohammed – so hießen sie – waren besonders begeistert von dem geplanten archäologischen Unterwasserpark. Sie besaßen zwei Fischerboote, die sie jetzt in Glasbodenschiffe umbauen wollten.

Der Geschäftsplan war bestechend einfach. Bald würden Horden reicher europäischer Touristen in Alexandria einfallen, das ganze Jahr über, und die Hotels und Restaurants füllen, die gewöhnlich nur Sommerurlauber aus der ägyptischen Mittelschicht beherbergen. Einheimische Unternehmer würden diese Horden in ihren Booten zwischen den berühmten Stätten hin und her transportieren, über die versunkenen Ruinen antiker Paläste hinweg, hinaus zum Unterwasser-Pharos, zurück zur neuen alexandrinischen Bibliothek (bezahlt von der Unesco, bedeckt mit Bildern aus dem alten Zeitalter der Unwissenheit). Und dabei *würden sie alle sehr reich werden.*

Gemeinsam stießen wir auf den Jahrtausendtraum der Alexandriner an.

Es war eine saubere Umkehrung der gewöhnlichen Wirkung von wieder entdeckten Ruinen, die die antiken römischen Touristen mit ihrem lebendigen Gefühl für die Vergangenheit sicher geschätzt hätten.

Seit der Romantik haben freigelegte antike Stätten von Pompeji bis zum Parthenon zum Grübeln über die Vergeblichkeit menschlichen Tuns angeregt. In Alexandria dagegen wirkt jede neue Entdeckung wie eine Befreiung – ein Beweis, dass die Erinnerung tatsächlich bestehen kann im Angesicht der gnadenlosen Gezeiten der Geschichte. Die Vision der Alexandriner vom antiken Ruhm hat mehrere schwere Tiefs überlebt: Nach der arabischen Eroberung im 7. Jahrhundert von Kairo in den Schatten gestellt, fiel ihre Heimatstadt bis Anfang des 19. Jahrhunderts auf die Größe eines Fischerdorfes zurück; unter britischer Herrschaft durchlief es einen modernen Konjunkturzyklus als Ägyptens Hauptumschlagplatz für Baumwolle; und schließlich durfte es seit der Revolution von 1952 wieder vor sich hin dämmern, weil den Nationalisten sein dekadentes fremdes Flair verdächtig vorkam. Dennoch hatte Alexandria nie jenen kosmopolitischen, nach außen gewandten Geist verloren, mit dem es geboren worden war.

Heute sind die römischen und griechischen Geister aus ihren Gräbern unter Wasser befreit und helfen der Stadt, in die nächste Phase ihres langen, nicht vorhersehbaren Lebens einzutreten. Offenbar ist es das Schicksal einiger Zentren der Zivilisation, sich, gefangen in einem ewigen Kreislauf, immer wieder selbst neu zu erfinden. Egal, ob Ahmed und Nagy Recht hatten, wenn sie ein neues goldenes Zeitalter für Alexandria prophezeiten und seine Rolle als Touristenleuchtfeuer im östlichen Mittelmeer wieder neu beleben wollten, die Muster menschlichen Sehnens sind sicherlich unverwüstlich.

Es ist Archäologie mit umgekehrten Vorzeichen: Die Vergangenheit rettet mit allen Tricks die Ruinen der Gegenwart.

Nagys Bar war wie eine der römischen Garküchen, in denen die Stammgäste ruhig ihren Wein tranken, gebratene Schnecken knabberten und Linseneintopf löffelten (die Kenner versuchten auch mal ein Gerstenbier, das Lieblingsgetränk der Ägypter). Wenn ich echte alexandrinische Nachtclubs sehen wollte, vertraute mir der jetzt sehr redselige Nagy an, dann sollte ich nach Osten gehen, weit nach Osten – in die Vorstädte an der Küste.

»Fragen Sie einen Fahrer nach dem Aquarius. Das ist echte muslimische Unterhaltung.«

Und so fuhr ich mit dem Taxi an der dunklen Küste hinaus, an Stanley Bay vorbei. Offenbar hatte mich Nagy, ohne es zu wissen, genau dorthin geschickt, wo sich früher das römische Rotlichtviertel Kanopus befand. Die Lichter des Autos glitten über leer stehende Häuser hinter Eisentoren mit Vorhängeschlössern und über Kanäle voll versunkener Ruderboote, die Seiten dick mit Algen bewachsen – dieselben Kanäle, auf denen die antiken Partygänger in ihren Gondeln früher durch das mit Blütenblättern bestreute Wasser gerudert waren. Aber die Häuserzeile am Meer war zu meiner Erleichterung sehr lebendig. Zwischen den Küstenhotels reihte sich Nachtclub an Nachtclub, und alle waren voller makellos gekleideter, völlig abstinenter junger Ägypter auf der Suche nach arabischer Popmusik.

Diese Partynische der Antike war offensichtlich nie wirklich verschwunden; Allah hatte sie nur ein bisschen verkleinert. Die Wellen donnern noch immer an die breiten Strände jenseits der Straße, die im Sommer voller Menschen sind. Die Frauen aber müssen wie in Viktorianischer Zeit in voller Kleidung baden gehen.

Das Aquarius bot genau jenen harmlosen, zahnlosen Eindruck, den man bei einem Nachtclub ohne künstliche Stimulanzien erwarten kann. Ich schob 40 Dollar über die Theke für das Privileg, in einer dunklen Ecke in einem Raum voller ägyptischer Geschäftsleute mittleren Alters zu sitzen, die Unmengen Coca-Cola in sich hineinschütteten, während eine korpulente Bauchtänzerin auf einer Bühne das Becken kreisen ließ. Um die gläubigen Muslime nicht zu beleidigen, trug sie einen Nylonbody – wie alle Bauchtänzerinnen in Ägypten seit dem Erstarken des Fundamentalismus in den letzten Jahren.

Um 2 Uhr war die Bauchtänzerei in vollem Gang. Drei Männer im Colarausch wurden auf die Bühne gebeten, lachten dröhnend und berührten verstohlen das mit Nylon bedeckte Fleisch.

Ich dachte an eine Inschrift, gefunden in einem Wirtshaus in Kanopus, die verkündete, dass dieses Haus alle Freuden des Friedens statt des Krieges biete:

Diese Mauern sind stets von Gelagen belebt, von Scharen junger
  Männer erfüllt;
nicht der Ton der Trompete, nur der der Flöten erschallt hier; Blut von
  Stieren, nicht von Männern, rötet die Erde,
Gewänder schmücken uns, nicht Waffen,
und bekränzte Chöre, den Kelch in der Hand,
feiern in nächtlichen Gesängen den Gott Armachis.

Und die antiken Tänzerinnen ließen ihre Hüften kreisen und die Kastagnetten an ihren Fingern klingen, während die Reisenden mit im Licht der Fackeln glänzenden Gesichtern Wein aus elfenbeinernen Hörnern tranken.

Das Alexandria-Fieber

Trotz ihrer trägen Ruhetage im Cecil Hotel hatte Les einen Rückfall.

Die gefürchtete aisatische Grippe war in ihre Lungen gewandert, was bedeutete, dass sie ihre Nächte mit qualvollen, tuberkuloseartigen Hustenkrämpfen verbrachte. Schwangere dürfen keine Antibiotika schlucken – das hatten wir jedenfalls gehört –, aber jetzt sah die Lage doch ein bisschen düster aus. Wenn es so weiterging, würde sie vor Erschöpfung zusammenbrechen.

In der Antike war es für den Reisenden seltsamerweise besser, in Afrika krank zu werden als in Asien. Pergamon mochte das beste Sanatorium für *göttliche* Behandlungen sein; aber für alle Heilverfahren, die der heute doch weithin bevorzugten empirischen Wissenschaft ähneln, hatte die medizinische Akademie an Alexandrias Museion nicht ihresgleichen. Dort erhielten Studenten der Chirurgie zum ersten Mal menschliche Glieder zum Sezieren – die Leichen von durch Vipernbisse hingerichteten Verbrechern, ein schneller und offenbar schmerzloser Tod. Und die alexandrinische Pharmakologie war überraschend weit. Ein medizinisches Buch aus dem Jahr 65 n. Chr. – die *Materia Medica* des Dioskorides – listete systematisch 600 Heilkräuter auf (wobei die Blätter allerdings, um ihre volle Wirksamkeit zu entfalten, unter bestimmten Konstellationen des Tierkreises gepflückt werden mussten). Auch Opium wurde hier als schmerzstillendes Medikament eingesetzt. Für Bronchitis – Les' akutes Problem – war ein Blatt der Herbstzeitlosen vorgeschrieben.

Unglücklicherweise hatte ich keine Ahnung, wo ich im modernen Alexandria eine Herbstzeitlose herbekommen sollte, also griffen wir stattdessen auf viele warme Getränke und Bettruhe zurück. Die Vorstellung, einen einheimischen Arzt hinzuzuziehen, war ein bisschen beunruhigend.

Um mir Rat zu holen, ging ich in das von Franzosen geleitete Centre d'Etudes Alexandrines – das moderne Haus der Musen. Es lag im obersten Stockwerk eines wackeligen Apartmentblocks, dessen Aufzug vom Ammoniakgeruch streunender Katzen erfüllt war. Aber sobald sich die Türen des CEA oben öffneten, verschwanden die harten Kanten der Dritten Welt hinter dem weichen und willkommen heißenden Licht eines Apartments, das auf den ersten Blick auch die elegante Behausung einer älteren französischen Dame hätte sein können. In der Luft lag jetzt der Geruch von frisch gemahlenem französischem Kaffee – der den Status des CEA als einer Bastion einer fremden Kultur bestätigte. (»Die Bohnen bringen unsere Leute selbst aus Paris mit«, vertraute mir der Pressesprecher Colin stolz an.)

Ich ging durch getäfelte Zimmer, in denen grauhaarige internationale Gelehrte ruhig ihren jeweiligen Forschungen nachgingen – Computergrafikprogramme ordneten Mosaikfragmente neu an, Drucker spuckten 3-D-Rekonstruktionen ausgegrabener Gebäude aus –, bis jemand die Telefonnummer eines Doktors gefunden hatte, auf den alle französischen Archäologen schworen. »Wissen Sie, die ägyptische Medizin ist fortschrittlicher, als Sie vielleicht denken«, sagte Colin. »Die ganze arabische Welt kommt hierher, um sich behandeln zu lassen. Und die Ärzte machen sogar Hausbesuche.«

Ein paar Stunden später erschien Doktor Nawal vor unserer Tür – ein stattlicher älterer Herr in einem tadellos geschneiderten karierten Anzug und einem flachen Filzhut, den er nie abnahm. Sein zierlicher Körperbau und seine schmallippige Autorität hatten etwas klassisch Ägyptisches.

Er untersuchte Les und schrieb ein Antibiotikum auf: *Xanthax*. Es klang wie ein im Labor erzeugtes Killervirus.

»Sind Sie wirklich sicher, dass es für Schwangere ungefährlich ist?«, fragte ich und versuchte dabei nicht allzu ungläubig zu klingen. »Man hat uns gesagt, es sei verboten...«

»Dies ist ein *spezielles* Antibiotikum«, sagte Dr. Nawal in seinem hypnotisch ruhigen Tonfall. »Völlig ungefährlich. Sie muss es nehmen.«

Ich ging mit dem Papierfetzen – man konnte ihn eigentlich kaum ein Rezept nennen – hinunter in eine Bruchbude von Apotheke, wo ein unglaublich magerer alter Mann unmarkierte weiße Pillen in eine unmarkierte Plastiktüte zählte.

An diesem Punkt wurde ich doch ein bisschen nervös.

Aber wir hatten keine andere Wahl.

Auf zum Leuchtturm

Während Xanthax in Les' Adern seine magische Wirkung entfaltete, ging ich noch einmal zu den Baracken der ägyptischen Marine, um meine Taucherlaubnis abzuholen. Es war ein schöner Tag; ich sah mich schon am selben Nachmittag über die mit Hieroglyphen bedeckten Knochen des Pharos hinweggleiten. Selbst die Rekruten an den Stacheldrahttoren schienen zu merken, dass mein Moment gekommen war.

Alles ging glatt. Der Leiter des ägyptischen Marineamtes – na ja, eigentlich sein Sekretär – bot mir einen bequemen Sessel an. Er hörte sich meinen Fall mit großem Interesse an, bat mich, drei Formulare auszufüllen, fotokopierte meinen Pass und legte ihn oben auf einen Wolkenkratzer aus knapp anderthalb Meter Papier, der durch einen schmutzigen Ziegelstein aufrecht gehalten wurde.

»Das wird überhaupt kein Problem sein!«, grinste er und schüttelte mir die Hand, um mir zu meinen Steuerkünsten durch einen schweren Parcours zu gratulieren. »Kommen Sie in 90 Tagen wieder.«

»Ah«, stieß ich mit einem starren Lächeln hervor, »Sie meinen Minuten?«

»Nein«, kicherte er, als sei das das Lustigste, was er je gehört hatte.

385

Ich deutete diplomatisch an, dass die Tauchsaison noch diese Woche zu Ende ginge…

»*Quatre-vingt dix jours*«, lächelte er und zeigte auf seinen Kalender, für den Fall, dass ich nicht verstanden hätte.

Ich nahm diese Neuigkeit unter den gegebenen Umständen ziemlich gut auf und benutzte kein einziges Mal Steve Martins unsterblichen Ausdruck: »Sohn einer mutterlosen Ziege«. Stattdessen trank ich ruhig eine Tasse Tee, aß einen wächsernen Kuchen und machte mich dann auf nach Fort Qait Bey zu einem letzten Blick auf die Spiegelungen jener absurd unerreichbaren Ruine.

Unten in der Brandung erkannte ich einen der Unterwasserarchäologen des CEA – einen Waliser namens Randall –, der sich mit Mühe aus dem Wasser schleppte. Zwei ägyptische Wachen mit Maschinenpistolen hatten offenbar nichts dagegen, dass ich kurz zur Hütte hinunterstieg, um Hallo zu sagen. Ich erzählte dem tropfnassen Randall vom tragischen Ergebnis meiner Jagd nach einer Taucherlaubnis – er war nicht im Geringsten überrascht – und fragte nach den Sichtverhältnissen unter Wasser.

»*Gemischt*«, sagte er knapp, bevor er sich zitternd eine Zigarette ansteckte. Nach einer Minute des Schweigens beschloss er, mir die wahre Situation des Tauchens in Alexandria zu erklären.

»Sehen Sie, beim Tauchen in Alexandria hängt alles von den Abwässern und ihrer Verteilung ab. Wenn der Wind in die richtige Richtung bläst, ist alles wunderbar. Wenn er in die falsche Richtung bläst… also, dann schwimmt man in der Scheiße, wortwörtlich. Die Sicht beträgt noch nicht einmal zehn Zentimeter.«

Ich schnupperte; da hing definitiv ein unangenehmer Geruch in der Luft. Vielleicht hatte ich doch nicht so viel verpasst. Randall wirkte ein bisschen blass. Das Wasser in seiner Maske sah aus wie dünne Linsensuppe.

»Ich verschwinde jetzt unter die Dusche«, ächzte er. »Mit dem verdammten Desinfektionsmittel.«

Auch den römischen Touristen wurden die vielen Vergnügungen von Alexandria irgendwann einmal langweilig. Nach der berauschenden Erfahrung intellektueller Streitgespräche und Partys bis spät in die Nacht waren sie psychisch bereit, diese kulturelle Oase zu verlassen und sich dem eigentlichen Ägypten zu stellen.

Und wir? Nach zwei Tagen Xanthax verschwand Les' Bronchitis, als hätte es sie nie gegeben.

Ihr Rückfall war das bisher schlimmste Erlebnis auf unserer Reise. Es war ein unangenehmer Kontakt mit der Wirklichkeit, und ich war ebenso wenig bereit gewesen, damit umzugehen, wie mit dem bevorstehenden Ergebnis der Schwangerschaft. Aber die Reise hatte nun eine gewisse Eigendynamik entwickelt: Wir beschlossen, die Wüsten des Nils in Angriff zu nehmen.

Als wir zusammenpackten, las ich laut Wendungen aus einem arabischen Sprachführer vor, die uns vielleicht nützlich sein konnten: »*Ana mish arikiyya*«, wiederholte ich wieder und wieder.

»Was heißt das?«

»*Ich bin kein Amerikaner.*«

Teil acht

Im Reich
der Exotik

Magie und Mumifizierung am Nil

Als Nazikriegsverbrecher würde man meiner Vorstellung nach idealerweise an Orten wie der Long Bar des Windsor Hotel in Kairo herumhängen. Der düstere Kokon aus scharlachrotem Filz und Walnusstäfelung hat sich seit den Dreißigerjahren des letzten Jahrhunderts, als sie noch ein Offiziersclub der Briten war, nicht verändert, und so können sich die Besucher noch immer in den Schatten verstecken. Solange sie aufpassen und die rostigen Sprungfedern in den mit Rosshaar gepolsterten Ledersesseln meiden, können sie unter zerrissenen Lampenschirmen stundenlang unbehelligt in 15 Jahre alten Zeitschriften blättern. Ausgestopfte Impalaköpfe verwesen an den Wänden neben Kronleuchtern aus Antilopenhorn. Achtzigjährige Barkeeper in zerschlissener Galabija und rotem Fez beäugen ihre Gäste misstrauisch, manchmal ungläubig. Selbst ich fühlte mich allmählich zu einer kriminellen Karriere bereit, vielleicht zu einem kleinen Handel mit Waffen, geschmuggeltem Penicillin oder gestohlenen Organen.

Mein Blick war auf einen gespenstischen Stammgast gerichtet, der, tadellos gekleidet mit Leinenanzug und Krawatte, wie eine Kreuzung aus Klaus Barbie und Nosferatu aussah. Er saß jeden Abend mit seinem Bodyguard in derselben Ecke, sagte nie etwas und rauchte schwarze Zigaretten – genauer gesagt, er verzehrte sie. Jedes Mal, wenn er inhalierte, zogen sich seine Wangen in den Kiefer zurück und verwandelten sein Gesicht in einen hohlen Totenkopf. Nie sah man seinem Mund ein Rauchwölkchen entweichen.

Sein Leibwächter – ein schwitzender Fleischkloß – las ihm jeden Wunsch von den Augen ab. Er zündete ihm die Zigaretten an und mixte ihm die Drinks. Immer wieder suchte ich den Raum nach Peter Lorre ab, der flüstern würde: »*Kann ich Ihnen irgendetwas bringen, mein Herr? Vielleicht einen kleinen Schluck für mich selbst? Ich hoffe, Sie haben alles, was Sie brauchen?*«

Wir hatten die perfekte Ausgangsbasis für die Erkundung Ägyptens und seiner verzauberten Altertümer gefunden. Ich nahm eine Karte heraus und zog eine saubere Linie das ganze Niltal entlang bis hin zu unserem Ziel – der äußersten Grenze.

Dieser letzte, ägyptische Abschnitt des antiken Touristenweges ist am leichtesten aufzuspüren. Auch heute reist man wie einst die Römer am Nil entlang – von Alexandria aus Richtung Süden, an Kairo und den Pyramiden vorbei zum Tal der Könige und schließlich nach Assuan. Und nirgendwo ist die Aura der Grand Tour noch so stark zu spüren wie in jenen Sanddünen. Bei jedem Stopp immer tiefer nach Afrika hinein besuchen wir mit einem ähnlichen Gefühl der Ehrfurcht vor den Jahrtausenden dieselben von der Sonne durchglühten Monumente in derselben ausgedörrten und stillen Landschaft wie einst die ersten Touristen. Auch für jene *spectatores* des 1. Jahrhunderts n. Chr. gehörten die Altertümer des Nils schon einer vergessenen Zeit an, standen ebenso beziehungslos und rätselhaft da wie für uns heute.

Dass Ägypten so alt war, konnten die Römer kaum fassen. Während griechische Adlige ihren Stammbaum vielleicht bis auf die Helden Herakles oder Jason zurückführen konnten, die lange vor dem Trojanischen Krieg lebten, reichten die Ahnenlisten der Hohen Priester von Theben 360 Generationen zurück – etwa *zehntausend Jahre*. Zugegeben, dies war eine patriotische Übertreibung – die dynastische Herrschaft begann um 3100 v. Chr. –, aber Ägypten war ohne Zweifel das älteste Land der Erde und zog damit jeden wissbegierigen Römer unwiderstehlich an. Man konnte davon ausgehen, dass seine Wüsten chthonische Geheimnisse bargen.

*Nachbau eines Luxusschiffs auf dem Nil
(gebaut für die* Cleopatra*-Filmfassung von 1967).*

Ägyptens makabrer Totenkult enthüllte eine gewisse Vertrautheit
mit den Gottheiten der Unterwelt; die unergründlichen kahl geschorenen Priester, die wohlhabenden römischen Besuchern ihre
Dienste als Führer anboten, waren in das geheimste Wissen aller
Zeiten eingeweiht. Die größten Astrologen, Nekromanten, Exor-
zisten und Wahrsager lebten am Nil und übten dort ihre schwarzen Künste aus, die ihnen über die Jahrhunderte hinweg weiterge-
geben worden waren. Selbst die Hieroglyphen galten als magische
Rätsel, die Zaubersprüche und Flüche transportierten.

Angezogen von dieser dunklen Welt waren unter den Touristen
der Römerzeit, die sich nach Ägypten aufmachten, um ihre Lektüre »persönlich zu überprüfen«, viele Ärzte, Anwälte, Philosophen,
Historiker und Antiquare, die dann oft eigene esoterische Abhandlungen über die Geheimnisse des Nils verfassten. Die meisten
dieser Intellektuellen mieteten ihre komfortablen Flussboote in
Alexandria, das voller Köche, Wissenschaftler und professioneller

Dichter war. Eine komplette Nilkreuzfahrt war teuer, also schlossen sich oft Gruppen von gleich gesinnten Touristen zusammen – eine Gruppe von fünf neuplatonischen Philosophen ist in Luxor bezeugt. Sie brauchten einen Monat oder länger, um die Katarakte bei Assuan zu erreichen. Eine verwegene Minderheit, zu der der heidnische Weise Apollonios von Tyana gehörte, legte die ganze Strecke auf dem Rücken eines Kamels zurück: Er reiste mit einer Gruppe von gelehrten Freunden durch das Niltal und überquerte den Fluss, wenn nötig, mit einem kleinen Segelboot – einer frühen Form der Feluke.

Alle Berichte legen nahe, dass diese ersten Niltouren pedantisch gründlich waren. »Es gab keine Stadt, keinen Tempel und keine heilige Stätte in Ägypten, an der sie ohne Erörterung vorbeigezogen wären«, notiert der Biograph des Apollonios. Aelius Aristides, der leidende Redner, unternahm Anfang der Vierzigerjahre des 2. Jahrhunderts n. Chr. nicht weniger als vier Nilkreuzfahrten, um Informationen zu sammeln, die womöglich so lange diskutierte Geheimnisse wie die Ursprünge des Nils oder den Zweck der Sphinx klären konnten. (»Ich ließ nichts ununtersucht, nicht die Pyramiden, das Labyrinth, keinen Tempel, keinen Kanal, aber ich entnahm, sofern möglich, die Abmessungen mancher Bauwerke aus Büchern, und wenn sie nicht sofort greifbar waren, vermaß ich sie selbst mit der Hilfe der Priester und Propheten jeder Stätte.« Unglücklicherweise verlor er seine umfangreichen Notizen bei seiner Rückkehr nach Kleinasien.) Jeder Tourist wurde in Ägypten zum Forscher. Strabon recherchierte auf einer Kreuzfahrt für sein geographisches Werk, Plinius der Ältere für seine Enzyklopädie, Seneca für eine Abhandlung über Religion (die bei der Veröffentlichung hoch gelobt wurde, heute aber verloren ist). VIPs wie der Prinz Germanicus im Jahr 19 n. Chr. und der Touristenkaiser Hadrian ein Jahrhundert später gingen dabei ebenso sorgfältig zu Werke wie jeder Student.

Und jeder kam auf seine Kosten, wie es scheint.

Allein schon die Intensität der Erfahrung ließ alles Frühere wie eine Generalprobe wirken, wie einen Fingerzeig auf den wahren

Höhepunkt. Es spielte keine Rolle, dass die ägyptischen Stätten verlassen oder verfallen waren. Wie moderne Touristen suchten auch die Römer jedes Bild der pharaonischen Vergangenheit – akzeptierten glücklich jede grell aufgemachte Spur davon – und hatten eine Schwäche für afrikanischen Kitsch: Begeistert besuchten sie alle möglichen Varietévorstellungen und zahlten, um Priestern bei Zauberkunststücken zuzusehen oder heilige Krokodile vorgeführt zu bekommen oder zu beobachten, wie Bauern die Stromschnellen des Nils in einem kleinen Boot meisterten. Manche dieser Vorführungen fanden sie beeindruckend, manche schockierend, manche einfach verwirrend. Wenn sie ihre Anerkennung kundtun wollten, ritzten die Touristen Graffiti ein: »*Miravi*« – »Ich war begeistert!« – war ihr Lieblingswort. (Wie etwa in: *Ianuarius primipilaris vidi et miravi locum:* Ich, Oberst Januarius, sah diesen Ort und war begeistert.) Eine Inschrift aus dem Tal der Könige erinnerte an den noch heute berühmten Spruch des Julius Caesar in Gallien: *Ich sah, ich erforschte, ich kam an, ich bewunderte.* Eine Frau schrieb ganz in der

»Nilszene«. Die Römer dekorierten ihre Villen gern mit Bildern aus Ägypten, dem Reich der Exotik.

Nähe einfach nur: *Ich bin aus Rom.* Nur wenige blieben so lako-
nisch: Die Monumente waren bedeckt mit oft in raffinierte Verse
gefasste Übertreibungen. Selbst die ersten Regeln zur Kontrolle der
Besuchermassen tauchten unter den Graffiti auf. In einem ägyptischen Heiligtum findet sich eine Kritzelei aus dem 1. Jahrhundert
n. Chr.: *An diesem heiligen Platz ist es nicht erlaubt, zu urinieren und den
Darm zu entleeren.*

Und die Römer liebten nicht nur die tote Vergangenheit. Ägypten war ein Land, in dem alles auf dem Kopf stand; hier lebten die
Antipoden der Antike, bei denen selbst der Kreislauf der Natur anders war als im Rest der Welt. Der Nil schwoll im Sommer statt im
Winter an, ohne dass auch nur ein Tropfen Regen fiel, um ihn zu
füllen, und er beherbergte eine einzigartige Fauna – menschenfres-
sende Reptilien, schreiende Affen, Nilpferde mit ohrenbetäubendem Gebrüll. Die menschlichen Einwohner waren ebenso gegen-
sätzlich: Sie beteten Katzen und Hunde an; heilige Männer rasierten
sich die Köpfe, statt ihr Haar wachsen zu lassen; und sie praktizier-
ten die Beschneidung (»– weil sie lieber sauber waren als schick-
lich«, wie Herodot staunte, der griechische Reiseschriftsteller des
5. Jahrhunderts v. Chr., dessen Bericht jeder Römer gelesen hatte).
Das Land war eine kulturelle Zeitkapsel, in der die Bauern die Felder bestellten, wie sie es schon für die Pharaonen des Alten Reichs
getan hatten, und deren Religion so lebendig war wie zur Zeit der
Pyramiden.

Ägypten war, kurz gesagt, der Inbegriff des Exotischen – und der
Höhepunkt der Grand Tour.

Auf den ersten Blick wirkt es wie ein einzigartiges Kompliment,
dass die Römer ein solches Interesse an den fremden Elementen der
ägyptischen Kultur zeigten. Überall sonst im Römischen Reich
hatten sie die Überlegenheit des griechisch-römischen Lebensstils
in vollen Zügen genossen, und bei näherer Betrachtung stellt man
fest, dass sie selbst in Ägypten zutiefst egozentrisch blieben, auch
wenn sie versuchten, die Mysterien des Nils zu ergründen. Sie be-

Feluken auf dem Nil heute.

trachteten das Land durch das verzerrende Prisma ihrer eigenen Kultur – und verstanden deshalb auch fast alles falsch.

Um das offenkundige Alter der ägyptischen Religion zu erklären, griffen die Römer, wie schon die Griechen vor ihnen, ganz raffiniert auf ihr eigenes Pantheon zurück. Westliche Gelehrte wie Diodor kamen zu dem Ergebnis, dass die Götter des Olymp zuerst auf ägyptischer Erde gewandelt waren – und dort sogar als die ersten Pharaonen geherrscht hatten. So war die ägyptische Gottheit Ammon eigentlich der römische Gott Jupiter. Osiris, der Gott, der stirbt und wieder geboren wird, war eigentlich Bacchus unter anderem Namen. Apollon wurde in Ägypten als Krähe verehrt, Diana als Katze, Juno als Kuh, Venus als Fisch und Merkur als Vogel. Der antike griechische Heros Orpheus hatte, wie man sagte, den Nil besucht, um die dort üblichen Bestattungsriten zu beobachten, und die ersten Beschreibungen des Hades mit nach Hause gebracht. Homerische Verbindungen tauchten plötzlich in der vom Zahn der Zeit angenagten ägyptischen Landschaft auf: Historiker verwandten viel Energie darauf, die Höhlen zu identifizieren, in denen Trojaner als Gefangene gehalten worden waren und in denen Helena nach ihrer Rettung aus Troja einige Zeit verbracht hatte.

Natürlich taten die Ägypter alles, um diese Desinformation noch zu steigern. Führer erzählten Touristen, dass eine Pyramide in Wirklichkeit das Grab einer griechischen Kurtisane, einer Geliebten des Aesop, sei. Sie unterstützten die zweifelhafte Überlieferung, dass Platon Astronomie in Ägypten studiert habe, zeigten das Lehmziegelhaus in Heliopolis, in dem er angeblich 13 Jahre lang gelebt hatte, und ein Grab im Tal der Könige als das Studierzimmer des Meisters. Statuen von angeblichen berühmten Besuchern wie dem Dramatiker Sophokles wurden in Tempeln aufgestellt, während Priester über die regelmäßigen Reisen des Jupiter-Ammon nach Äthiopien redeten. Manche behaupteten sogar, Homer stamme aus Ägypten – sein Vater sei ein Hohepriester in Theben gewesen.

Im Grunde waren die Römer und Griechen die ersten »Orientalisten«, um Edward Saids heute so bekannten Ausdruck zu gebrauchen: Ihre *Vorstellung* von Ägypten war mächtiger als die Wirklichkeit. Genau wie die Briten und Franzosen im 19. Jahrhundert (oder, wie Said meint, alle Menschen der westlichen Welt heute) betrachteten die Römer das »exotische Ägypten« durch das umgekehrte Teleskop ihrer eigenen Kultur und konzentrierten, ja beschränkten sich nur auf bestimmte Aspekte. Letztendlich verfälschten sie ihre eigenen Beobachtungen und schufen eine Schattenwelt, in der zum Beispiel jeder Bezug auf den Pharao Amenophis III. – manchmal von den Ägyptern auch bei seinem *praenomen* Memmonia genannt – fälschlich auf Memnon verwies, einen äthiopischen Prinzen, der, wie Homer berichtete, vor Troja gekämpft hatte und dort gefallen war. Jahrhundertelang unternahmen die Römer lange Reisen nach Theben, um das zu sehen, was sie für die Kolossalstatue des Helden hielten.

Es ist deshalb nicht verwunderlich, dass Ägypten für die antiken Intellektuellen wunderbare Knobeleien bereithielt. Die Römer hatten Spaß daran, die unklaren und sich oft widersprechenden Daten gegeneinander abzuwägen; ihr Urlaubsvergnügen bestand darin, ehrliche Antworten aus diesen verschlagenen ägyptischen Priestern herauszuholen und so Licht in alle Geheimnisse zu bringen, von der Geburt der Götter bis hin zur himmlischen Ordnung hinter Leben und Tod.

Und die erste Station auf dieser ungewöhnlichen Suche nach Erkenntnis war die Spitze des Nildeltas, wo die größten Monumente des Alten Reiches, die Pyramiden und die Sphinx, sowie die beiden Hauptstädte dieser Zeit, Memphis und Heliopolis, in einem Umkreis von wenigen Kilometern beieinander lagen.

Die Stadt der Sonne, die Stadt der Nacht

Heute liegt dieser ganze gigantische Skulpturengarten in den alles überwuchernden Vororten von Kairo.

Lesley und ich waren erst nach Anbruch der Dunkelheit in der Mutter aller Städte angekommen. Von einem schmiedeeisernen viktorianischen Bahnhof mit Weltausstellungsproportionen aus suchte sich unser Taxi seinen Weg auf einer städtischen Arterie, gesäumt von unzähligen Moscheen und von Werbeplakaten, deren arabische Schriftzeichen in unseren Augen wie geschwungene Kritzeleien wirkten. Wir starrten mit offenem Mund auf die unglaubliche Größe und den archaischen Glamour der Stadt. Alexandria war ein Ferienlager gewesen im Vergleich zu Kairo – einem Konglomerat von zwölf Millionen Menschen, weniger eine Stadt als ein kontrollierter Atombombeneinschlag. Auf einer Seite zog sich endlos ein mittelalterlicher Friedhof hin, den heute tausende von Landflüchtlingen bewohnen; auf der anderen die Bazare von Alt-Kairo, wo strahlende Seidenstoffe wie Straußenfedern im Licht der Kerosinlampen flatterten. Irgendwo unter jenen verschlungenen Gassen lag der römische Flusshafen namens Babylon, an dem auch eine der drei kaiserlichen Legionen in Ägypten einst stationiert war. Das moderne Kairo hatte alle Hinweise auf diese Vorgeschichte schon vor langer Zeit verschluckt. Am anderen Ende der Stadt unter einem Vorort namens Matariyya liegt Heliopolis, die alte Sonnenstadt der Pharaonen, in der sich der riesige Zaubervogel Phönix alle 1461 Jahre aus seiner Asche erhob. Nur ein einziger Obelisk steht noch da und markiert den Punkt. Heute ist jeder Quadratzentimeter der Metropole entweder Stoßstange an Stoßstange mit Autos bedeckt oder Schulter an Schulter mit Fußgängern, die alle in ihren jeweiligen Ministaus feststecken.

Das pulsierende Herz Kairos, das sich auf beiden Seiten des Nils ausbreitete, steht seit der Depression durch Politik und Armut so gut wie still. Es ist eine kafkaeske Galerie alter Ladengeschäfte komplett mit ihrer ursprünglichen Einrichtung und unveränderten Ausstattung wie etwa unförmigen Bakelittelefonen und elfenbeinernen Spiegelrahmen. Schmiedeeiserne Veranden führen zu Walker-Evans-Sprudelfontänen hinauf; die Sirenen von Polizeiwagen klingen, als kämen sie direkt aus alten Dick-Tracy-Comics; die Straßencafés in den Seitenstraßen sind voller Männer, die an Hookahpfeifen saugen, als gebe es kein Morgen. Vielleicht unausweichlich betrachteten wir dies alles mit den Augen moderner »Orientalisten«. Die Stadt bedient eine sehnsüchtige Phantasievorstellung des Westens vom Nahen Osten. Die Einheimischen betrachten ihre Kleidung nicht als altmodisch oder ihre Möbel als »retro-chic«, und das ist ein Grund dafür, dass die Stadt auf uns so exotisch wirkt. Ohne jede Anstrengung strahlt sie eine dunkle Anziehungskraft aus.

Selbst in jenen ersten Stunden überzeugte mich die Stadt von einer Sache: Ägypten ist heute so überwältigend wie immer schon. Was die Reiseerfahrung angeht, droht dieses Land alles Vorherige auszulöschen – im Vergleich wirken die Reize der Türkei blass und schwach. Istanbul war keine Enttäuschung gewesen, aber Kairo war einfach überwältigend. Tatsächlich hätte ich nicht geglaubt, dass eine solche Stadt existieren könnte, wenn ich sie nicht mit eigenen Augen gesehen hätte. Es war nicht immer angenehm, aber man wusste, man war an einem verblüffenden Ort. Jeder Anblick war ein Schock. Selbst die Luft zitterte vor Energie.

Schließlich verschmolzen Phantasie und Realität untrennbar, als sich in einer dunklen Nebenstraße die Eisentore des Windsor Hotel wie eine Gruft öffneten.

Die Art-nouveau-Lobby rahmte ein vom Zahn der Zeit heftig benagter Empfangstresen ein; unter seiner einen schwachen Glühbirne standen Postkarten von Arabern auf Kamelen; die Luft war angereichert mit Möbelpolitur und gelegentlich einer Spur süßem Rattengift. Ein schmiedeeiserner Lift direkt aus *Der dritte Mann* brachte uns hinauf, an muffigen Fluren vorbei, deren Mahagoniwände das Licht wie Ebenholz absorbierten und undurchdringliche Schatten schufen. Die meisten Hotelangestellten trugen Jacken im westlichen Stil, immer noch mit dem Monogramm der englischen Königin bestickt, aber unser Flur wurde gerade von einem über zwei Meter großen Nubier in einem langen weißen Gewand und mit einem schmutzigen Turban auf dem Kopf geputzt. Seine roten Augen schienen im Dunkeln zu glühen, als er seine gelben Zähne zu einem Furcht erregenden Lächeln entblößte. Wir huschten eilig in die Nazibar.

Ja, dies war genau die Atmosphäre, nach der ich gesucht hatte.

Ich *wollte* kein moderner »Orientalist« sein, der sich nur auf ein verzerrtes westliches Spiegelbild Ägyptens konzentriert. Aber unwillkürlich stellte ich mir eine Unterhaltung mit Boris Karloff vor.

Gespräch mit dem Leichenbestatter

Möchten Sie ihn anfassen?«

In Raum 354, einem Konservierungslabor in einem dunklen Winkel von Kairos wunderbar altersschwachem Ägyptischen Museum, schaute mich Nasry Iskander, Chefkurator der Mumien – der Mann, der jetzt für die Erhaltung aller toten Könige und Königinnen Ägyptens verantwortlich ist, der wahre moderne Nachfolger des königlichen Einbalsamierers – hinter dicken Brillengläsern hervor mit feuchten schmalen Augen an.

Zwischen uns, ausgewickelt auf einem Tisch, lagen die sterblichen Überreste von Pharao Thutmosis III.

Ich suchte nach Gummihandschuhen, aber offenbar waren die nicht nötig.

»Fassen Sie ihn ruhig an... *das ist schon in Ordnung...*«

Raum 354 war eine ziemlich gelungene Nachbildung des Labors eines verrückten Wissenschaftlers – ganz und gar nicht die antiseptische, weiß gekachelte Angelegenheit, die man bei einer so weltberühmten Institution vermuten würde. Teströhrchen lagen überall auf den Tischen verstreut zwischen Gefäßen mit namenlosen Chemikalien, schwärzlich braunen Bunsenbrennern, Röntgenapparaten, Skalpellen, Abstrichen, dicken Büchern, die in die Geheimnisse von DNA-Tests einführten, und sogar Blitzlichtern, die auf unerklärliche Weise dorthin gekommen waren – all jenes wissenschaftliche Beiwerk, das wir vor allem aus Filmen kennen. Und doch schien das alles nur die organische Realität der Mumie zu betonen, die ausgepackt auf dem Operationstisch lag. Der Pharao sah aus wie eine Ebenholzstatue, seine Haut spannte sich wie getrocknetes Leder über seinem flachen Brustkorb, seine Hände waren in einer arthritischen Geste der Selbstverteidigung ineinander verschlungen. Ein paar Haarsträhnen fielen immer noch über seine Glatze, die zeitlose Frisur eitler Patriarchen.

Alles in allem sah er für seine 3500 Jahre gar nicht so schlecht aus.

Thutmosis III. war einst der mächtigste Mensch auf Erden; ein Historiker taufte ihn, »Napoleon des Ostens« wegen seiner großartigen Eroberungsfeldzüge, die dem Neuen Reich Ägyptens zu seiner größten territorialen Ausdehnung verhalfen. König Thutmosis starb um 1450 v. Chr. mit fast 90 Jahren und wurde im Tal der Könige begraben. Allerdings wurde seine Ruhestätte mehrmals verlegt. Nachdem Grabräuber sein verschwenderisch ausgestattetes, mit raffinierten Fallen geschütztes Grab geplündert hatten, bestatteten ihn die ägyptischen Priester heimlich mit 39 anderen königlichen Mumien in einem unauffälligen Versteck in Deir El-Bahari. Dort fanden ihn Archäologen im Jahr 1881 – und seitdem ist Thutmosis immer unterwegs gewesen. Sein Leichnam wurde auf eine Odyssee durch Ägyptens Medizinische Hochschule und Universität geschickt, bevor er hier im Ägyptischen Museum Kairos seine letzte Ruhe fand.

Und hier machte Mr. Iskander mir ein Angebot, das ich nicht ausschlagen konnte.

Jahrhundertelang hat das exotische Mysterium des alten Ägypten nichts so umfassend symbolisiert wie die Mumie. Als unsere römischen Touristen den Nil besuchten, wurde die heilige Kunst des Einbalsamierens noch ausgeübt – ja, sie war sogar beliebter denn je zuvor und verlockte viele Römer und Griechen, die in Ägypten lebten, dazu, sich das Komplettpaket zu sichern. Wer konnte es schon wagen, die letzte Reise zu versäumen – in das Land der Toten, wo der Herr Osiris sie begrüßen und sie auf ewig in einer Welt

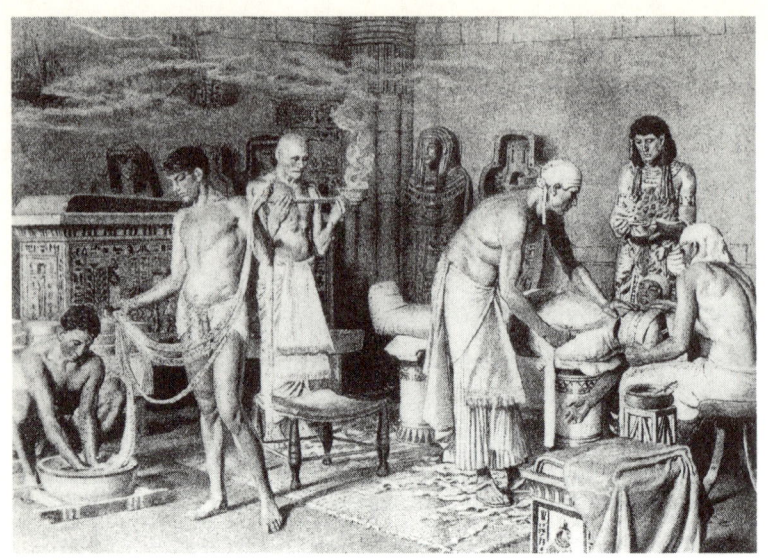

*Der Vorgang der Mumifizierung – ein Stich aus einer Zeitung
des 19. Jahrhunderts mit der Darstellung des antiken ägyptischen Brauchs,
der die Menschen des Westens so lange faszinierte.*

leben würden, die dieser sehr ähnlich war? Die Leichenbestatter am
Nil arbeiteten rund um die Uhr, um ihre Klienten für ihre letzte
Reise vorzubereiten; Schreiber produzierten am Fließband Kopien
des *Totenbuchs*, das im Grunde ein Kurzführer für die Unterwelt war
und praktische Anweisungen sowie Routineantworten lieferte für
die Erkundigungen, die die Wächter dort einzogen.

Ein Besuch im Laden eines ägyptischen Einbalsamierers stand
ganz oben auf der Wunschliste der römischen Touristen. Der größte
und berühmteste befand sich in Memphis, einst die Hauptstadt des
Alten Reichs, im 1. Jahrhundert n. Chr. aber eine Kleinstadt mit
50 000 Einwohnern, deren majestätische, von Sphingen gesäumte
Hauptstraße schon halb im Sand begraben lag. Ihre Leichenhallen
sahen aus wie gut durchorganisierte Fabriken mit einem Ausstoß
von mehreren Dutzend fertigen Mumien pro Tag. Wie überall in
Ägypten boten die Balsamierer auch hier verschiedene Servicestu-
fen an, von der Spitzenklasse bis zur Billigversion. Das Billigste war

wenig mehr als eine Trocknung im Wüstensand, die Luxuspharao-
nenprozedur dagegen dauerte etwa zehn Wochen.

Römische Touristen unternahmen, sicher mit einem parfümierten
Taschentuch vor der Nase, Besichtigungstouren, bei denen sie die
schauderhaften Riten sehen konnten, über die sie schon so viel gelesen hatten. Sie beobachteten, wie das Hirn kunstvoll mit einem
langen Metallhaken durch einen Einschnitt in der Nase herausge-
zogen wurde, wie die Eingeweide herausgeschnitten und in wunderbar skulptierte Alabastergefäße gelegt wurden, sie sahen die
Tröge, in denen die ausgeweideten Körper 40 Tage und Nächte
in Salznatron lagen, das das Fleisch trocknete und konservierte, bis
es gegerbtem Leder ähnelte. Schließlich schauten sie zu, wie der
Leichnam in Harz eingelegt, in Binden gewickelt, parfümiert und
mit Juwelen geschmückt wurde – fertig für die Bestattung. Griechische und römische Familien, die in Ägypten lebten, fügten diesem jahrtausendealten Ritual eine neue Dimension hinzu und
befestigten auf den fertigen Mumien realistische Porträtgesichter.
Viele haben bis heute überlebt – die so genannten Faijum-Porträts.
Diese wohl schönsten Beispiele antiker Malerei blicken uns noch
heute mit einer ziemlich verstörenden Lebendigkeit an.

Die Römer besuchten dann die Nekropole oder »Mumien-
grube« – ein ziemlich beeindruckender Anblick mit den tausenden
Leichen, die dort in Tunnels aufbewahrt wurden. Angegliedert waren Festhallen, in denen die Verwandten sich versammelten, um mit
ihren lieben Dahingeschiedenen zusammen zu essen.

Heute ist die Faszination des Westens, was die Mumien betrifft,
eher noch gewachsen. Fast alle Besucher Ägyptens machen ihren
ersten Halt noch immer an einer schaurigen Ruhestätte der Toten.

Mysterien gehüllt in Rätsel, gehüllt in 3000 Jahre alte Leinenbinden

Das Ägyptische Museum, in dem ich Nasry Iskander besuchte, bietet eine angemessen schaurige Einführung in die morbiden Riten Ägyptens. Finster hinter schwarzen Eisentoren steht das Letzte der alten Schulmuseen, die es früher überall auf der Welt gab; die meisten Artefakte liegen noch immer in denselben hölzernen Ausstellungskästen, die vor einem Jahrhundert für sie gebaut wurden, mit denselben kaum leserlichen Beschriftungen. Ich schlenderte durch hallende Korridore mit Tonnengewölbe, in denen dutzende Mumien in ihren Sarkophagen an den Wänden aufgereiht lagen und selbst unter Glas Staub ansetzten. Nur der Mumiensaal, in dem die Pharaonen selbst mit ihren Königinnen untergebracht sind, ist für das 21. Jahrhundert auf den neuesten Stand gebracht worden. Dies ist das Allerheiligste des modernen Ägypten, eine elegante Umgebung aus dem Zeitalter der Raumfahrt, in der elf Herrscher aus dem Neuen Reich in Kisten mit reinem Stickstoff aufbewahrt werden wie tiefgefrorene Astronauten. Bewaffnete Wächter bringen jede Unterhaltung zum Schweigen; die Lichter sind auf ein Minimum heruntergedreht, was die Wirkung noch steigert. Man fühlt sich wie in einer anderen Welt.

In Raum 354, in dem Mr. Iskander arbeitet, bekommen diese Könige und Königinnen ihr jährliches Gesundheitszeugnis. Immer liegen hier vier Ausstellungsstücke aus dem Gewölbe zur turnusmäßigen Überprüfung und Instandhaltung. Als ich vorbeikam, lag Thutmosis III. auf dem Tisch und sollte einen neu gewachsenen, bösartigen Pilz aus seiner Achselhöhle herausgeschnitten bekommen. Er sah nicht so aus, als sei er damit einverstanden. Sein Mund war in einem Ausdruck wütender Verachtung gekräuselt.

Iskander beugte sich über dem verschrumpelten Körper des Pharaos und winkte wie zum Schutz mit dem Skalpell.

»Bevor ich im Museum anfing, gab es keine wissenschaftliche Betreuung für diese *armen Jungs!*«, erklärte er, seine Augen gefüllt mit Tränen der Rührung. »Die Konservierungsabteilung kümmerte sich nur um Pergamente und Gemälde. Ich war entsetzt, dass niemand auf Ägyptens größte Könige achtete. Die Mumien waren von ihren Entdeckern sehr schlecht behandelt worden.«

Die lange Reise vom Tal der Könige über die Medizinische Hochschule bis ins Museum war nicht das Ende ihrer Odyssee gewesen. Ein paar Pharaonen wurden in den Sechzigerjahren des letzten Jahrhunderts ausgestellt, die meisten aber landeten in einem Lager im feuchten Keller des Museums, wo Iskander sie schließlich fand.

»Sie zerfielen!« Er zitterte vor Entrüstung. »Sie verrotteten!«

Für einen Wissenschaftler, der im Museum arbeitete, war Mr. Iskander ein überraschend extrovertierter Charakter, großväterlich und bebrillt, mit dem jovialen Gebaren aller, die etwas mit Leichen zu tun haben. Die Position als Chefkurator war in gewisser Weise erblich. Sein Onkel war der erste Ägypter als Generaldirektor der ägyptischen Sammlung gewesen; alle in seiner Familie waren Chemiker. Konservierung bot sich da als natürliches Arbeitsfeld an. 40 Jahre lang hatte er sein Leben den Pharaonen gewidmet, den Verfall von ihren zerbrechlichen Leibern fern gehalten, das Königsgewölbe eingerichtet, den Brandschutz, die Sicherheit, die Feuchtigkeit, die Beleuchtung und die Temperaturkontrollen überwacht. Es überrascht nicht, dass Iskander keine Zeit für die strengen Muslime hat, die sich gegen das Ausstellen von Toten aussprechen.

»Es gibt *immer noch* Leute, die die Pharaonen wieder in ihre ursprünglichen Gräber zurücklegen wollen!« Er schüttelte traurig den Kopf. »Sie sagen, es ist *korrekter*, sie zu bestatten. Aber dann würden die Mumien wirklich sehr schnell zerfallen. Wie kann man etwas konservieren, das in der Erde liegt?«

Hier stimmt die Wissenschaft einmal mit der antiken Religion überein: Vermodern ist das schlimmste Sakrileg.

Offenbar genießen die königlichen Mumien jetzt eine sorgfältige, fast fanatische Fürsorge. Und dennoch konnte ich, während Mr. Iskander sein Skalpell schwenkte – und dabei mit statistischen Daten über die Auswirkungen von Stickstoff auf getrocknetes

Fleisch um sich warf –, meine Augen nicht von König Thutmosis III. wenden, *der einfach dalag.*

Nur einen Meter 20 groß, schwarze Haut und trockene Knochen. Ein Baumwolltuch war um seine Taille gewickelt, aber dennoch hatte es irgendwie etwas Pornographisches, den Pharao so nackt zu sehen.

Iskander erwischte mich beim Starren. Er winkte mich, ein bisschen verschwörerisch, näher an die Mumie heran, damit ich seine Begeisterung für die Kunst des antiken Einbalsamierers teilen konnte.

»Sehen Sie: Seine Fingerabdrücke sind völlig intakt.«

Das stimmte – da waren schwarze Wirbel. Ich murmelte ein paar bewundernde Worte.

Und dann schlug Iskander vor, ich könnte den Pharao doch mal anfassen. In meinen Augen war das gegen den Geist der Hightechkonservierung – aber wie konnte ich widerstehen?

Seltsam nervös streckte ich einen Finger aus und fuhr damit über Thutmosis' Unterarm. Die Haut war hart und kalt – sie fühlte sich an wie Stein, nicht wie Leder. Es war einfach unglaublich. Hier lag ein echter Pharao, ein Gott auf Erden, der seinen letzten Atemzug vor dreieinhalb Jahrtausenden getan hatte. Und ich schüttelte ihm sozusagen die Hand. Seine Zähne waren in einem verzerrten Lächeln des Triumphs entblößt – oder war es Zorn?

Ein Hymnus aus dem antiken ägyptischen *Totenbuch* lautet:

Heil dir, Vater Osiris! Ich werde meinen Körper für immer besitzen; ich werde nicht verfaulen; ich werde nicht zerfallen! Noch werde ich zur Beute der Würmer werden! Ich existiere! Ich bin am Leben!

Sofort spürte ich eine unangenehme Welle der Schuld. Was tat ich da? Eine Leiche fleddern?

Mr. Iskander verlor sich in Träumereien. »Bevor ich hier angefangen habe, kümmerte sich keiner um diese armen Jungs«, wiederholte er. »Jetzt werden sie noch einmal 3000 Jahre leben.«

Zurück in den düsteren Mauern des Windsor Hotels spürte ich noch immer die kalte Berührung von Thutmosis III. Ich wusch mir die Hände und dachte vergeblich darüber nach, ob dieser Selbstversuch wirklich eine so gute Idee gewesen war.

Ich existiere! Ich bin am Leben!

Der nubische Zombie huschte in langen fließenden Gewändern an unserer Tür vorbei und ließ im Schatten sein wahnsinniges Grinsen aufblitzen. Überall im Hotel gurgelten und ächzten die Bleirohre. Bodendielen knarrten unter dem Tritt unsichtbarer Besucher. Spiegel zitterten. Decken warfen ein Echo zurück. Draußen dampfte und kochte Kairo und drohte uns in seiner gesichtslosen Masse zu verschlucken.

Die unsterblichen Pyramiden

Ich habe die Pyramiden ohne dich gesehen, liebster Bruder. Ich habe traurig meine Tränen hier vergossen – das war alles, was ich für dich tun konnte – und diese Klage als eine Erinnerung an meinen Schmerz hier eingegraben.

Graffito in Giseh, von Terentia an ihren toten Bruder
C. Terentius Gentianus, um 130 n.Chr.

Nicht anders als heutige Touristen konnten die Römer erst dann sagen, sie hätten Ägypten gesehen, wenn sie einen Blick auf die höchsten von Menschenhand errichteten Gebäude der Welt geworfen hatten, die ersten und erstaunlichsten Weltwunder, die wie ein Trio von Eisbergen aus dem welligen Sandmeer ragten.

Wir müssen immer in Erinnerung behalten, dass die Pyramiden in römischer Zeit noch majestätischer wirkten als heute: Sie waren mit weißen Kalksteinplatten verkleidet, glatt poliert bis zur Spitze, und spiegelten die starken Strahlen der Sonne wider. (Im Mittelalter wurden die Platten von den Arabern abgetragen, die mit dem Material die Moscheen Kairos bauten und die großen Stufen zurückließen, die wir heute sehen.) Die Mehrheit der römischen Besucher machte diesen Tagesausflug auf dem Rücken eines Kamels, das durch die Dünen schwankte – obwohl man im Sommer, wenn der Nil Hochwasser führte, auch mit dem Boot bis direkt an den Fuß des Plateaus von Giseh segeln konnte (der Flusslauf hat sich seitdem etwa drei Kilometer nach Osten verlagert). Egal wie man sich ihm näherte, der Anblick war einfach atemberaubend. Hier erlebte man die größte Sehenswürdigkeit Ägyptens, die sich in das Gedächtnis eines jeden Besuchers einbrannte.

Das hieß nicht, dass ein solcher Besuch besonders ernsthaft oder würdig verlief: Man hatte vielmehr den Eindruck, als wolle sich jeder Ägypter an den Pyramiden ein Stück vom Touristenkuchen sichern. Jungen aus dem nahe gelegenen Dorf Busiris boten sich an, die Cheopspyramide für ein paar Bronzemünzen zu erklettern. Krämer riefen ebenso laut wie eine farbenfrohe Menagerie herumziehender Astrologen, Porträtisten und Wahrsager. Die römischen Touristen bahnten sich mit Ellenbogeneinsatz ihren Weg durch die brüllende Menschenmenge auf einem 100 Meter langen befestigten Damm zum Grabtempel des Pharaos, wo man Priesterführer anheuern konnte, die ihre gelehrten Kommentare abspulten. Schließlich betraten die Römer das innere Heiligtum. Damals umschlossen Mauern die einzelnen Pyramiden und trennten den heiligen Raum des Monuments von der vergänglichen sterblichen Welt jenseits davon. Hier konnten Touristen die reflektierende Kalksteinoberfläche des Baus berühren, deren untere Reihen mit Hieroglyphen und den sorgfältig komponierten Graffiti anderer Reisender bedeckt waren. Tatsächlich war die Cheopspyramide in römischer Zeit zu einem gigantischen offenen Besucherbuch geworden, in das jeder Tourist und jede Touristin ihre Eindrücke eingravieren konnte. Dies war keine absichtliche Verunstaltung, sondern ein Griff nach der Unsterblichkeit – ein Versuch der Touristen, ihr eigenes Schicksal mit der beständigsten Schöpfung von Menschenhand zu verbinden.

Die heiligen Führer auf dem Plateau von Giseh waren die glücklichsten Ägyptens: Sie hatten das Monopol auf eine Stätte, die kein Ausländer ausließ – auf Monumente, die einfach nach ausführlichen Erklärungen schrien – und über die trotzdem fast nichts Sicheres bekannt war. Die Pyramiden waren im 1. Jahrhundert n. Chr. schon 2500 Jahre alt, und allen Berichten nach war ihre spirituelle Bedeutung als Grabhügel für das *ka* des mumifizierten Pharaos, den Geist, der sich von dort aus zum Himmel erheben konnte, in Vergessenheit geraten. Stattdessen galten sie einfach als wahnsinnig extravagante Königsgräber – »eine verschwenderische und närrische Zurschaustellung des Reichtums«, erklärte Plinius der Ältere mit einem herablassenden Naserümpfen. Antike Touristen waren sehr viel mehr an der praktischen Seite der ägyptischen Ingenieurskunst interessiert:

Wie wurden die Pyramiden gebaut? Wie lange dauerte es? Wie viel kostete es? Wo wurden die Steine gebrochen? Wie wurden sie transportiert?

Da ihnen niemand widersprechen konnte, ließen die Führer von Giseh ihrer Phantasie freien Lauf und wiederholten schlagfertig die gleichen Lügenmärchen, mit denen auch der erste Reiseschriftsteller, der Grieche Herodot, schon ein halbes Jahrtausend zuvor gefüttert worden war. Sie erklärten, dass sich alle Pyramiden unter dem Sand noch einmal so tief in den Boden erstreckten, wie sie in die Höhe ragten, und machten sie damit noch viel riesiger, als sie aussahen. Sie erzählten, dass die Chefrenpyramide von der Tochter des Pharaos finanziert worden war, die ein Bordell mit ihr selbst als teuerster Hure einrichtete. (Diese Vorläuferin des antiken Sexgewerbes hatte angeblich auch von jedem ihrer Kunden einen behauenen Stein gefordert, bis sie genug für ihre eigene Minipyramide zusammen hatte.) Ein Führer »entzifferte« sehr hilfreich die Hieroglyphen, die glücklicherweise gerade die häufigsten statistischen Fragen der Römer beantworteten: Eine Inschrift auf der Cheopspyramide besagte, dass 360 000 Männer sie in 20 Jahren erbaut hatten, und gab auch die Kosten an – mit 1600 Silbermünzen ein echtes Schnäppchen. Angeblich waren dort sogar die täglichen Essensrationen für die Arbeiter aufgelistet (vor allem die Beilagen – Rettiche, Zwiebeln und Knoblauch). Von hier an wurden die Geschichten immer unglaubwürdiger. Die kleinste Pyramide, so schworen die Führer, enthielt die Überreste einer berühmten griechischen Kurtisane, die dem Dichter Aesop den Laufpass gab, als der Pharao sich in sie verliebte. Strabon bekam zu hören, dass die Kiesel unter seinen Füßen eigentlich versteinerte Linsen waren, die die Pyramidenbauer zu essen bekommen hatten. Diodor hörte Führer sagen, dass um die Pyramiden herum Salzberge als gigantische Rampen errichtet wurden, um die Blöcke bis zur Spitze zu transportieren. Dann wurden sie mit Nilwasser wieder weggewaschen.

Gleichermaßen fasziniert waren die Touristen von der Sphinx, dem Löwen mit Menschengesicht, der offenbar schon seit Urzeiten neben den Pyramiden kauerte. Die Statue war bis 55 n. Chr. halb unter dem Treibsand verschwunden, als ein römischer Statthalter namens Tiberius Balbillus sie freilegen ließ, damit die wachsende Besucherzahl sie besser betrachten konnte. Man brachte auch eine Plakette an zur Erinnerung an diese Restauration, die als der erste Akt der Feldarchäologie in der Geschichte gelten kann. Wir können Plinius den Älteren, der die Sphinx kurz danach sah, nur beneiden. Er berichtet, dass ein langer Zeremonialbart ihre feinen Züge schmückte und sich eine Kobra auf der Krone erhob; das Gesicht war mit einem leuchtenden roten Ocker bemalt. Plinius ließ die Sphinx ganz aufgeregt von seinen Dienern vermessen, während die ägyptischen Touristenführer mit einer seltenen Zurückhaltung zugaben, dass dies tatsächlich *nicht* die Sphinx der griechischen Mythologie sei, sondern ein Sonnengott, den sie »Harmachis« nannten. (Heute sind Archäologen der Ansicht, sie stelle vielleicht den Pharao Chefren als Re-Harachte dar, den Sonnengott in seiner Inkarnation als Morgenröte.) Was immer man ihnen erzählte, die Römer waren pflichtschuldigst beeindruckt. Wie ein Tourist es impulsiv auf die Tatze der Sphinx schrieb:

Die Sphinx ist ein Wunder – eine himmlische Erscheinung.
Betrachte ihre Form, diese heilige Gestalt.
Ihr Gesicht ist heilig, ein wahrhaft göttliches Bild.
Ihr Körper königlich und löwengleich, welch Meisterwerk!

Siebzehn solche Inschriften haben auf der Sphinx überlebt, während die Graffiti auf den Pyramiden mit ihren Kalksteinverkleidungen verschwanden. Ein unschätzbarer Schatz tief empfundener antiker Gedanken ging mit ihnen verloren. Einer der Letzten, die sie auf ihren Steinplatten sahen, der arabische Reisende Abd El-Latif

Im Süden des Plateaus von Giseh die so genannte Knickpyramide in Dahschur –
die einzige Pyramide mit erhaltener Kalksteinverkleidung.

im 12. Jahrhundert, sagte, die antiken Kritzeleien auf der Cheopspyramide allein wären genug, um 10 000 Seiten zu füllen. Heute
kennen wir nur drei Beispiele – darunter die Klage der Terentia
um ihren Bruder – und diese fast nur durch Zufall, weil sie von mittelalterlichen Reisenden niedergeschrieben wurden. (Eine gibt
pflichtbewusst die griechischen Namen der drei Pyramiden wieder, wie sie die Führer ihm erklärten; die andere schwärmt, dass ihre
Höhe »die Sterne erreicht«.)

Und während die römischen Touristen diese großartigen Monumente bewunderten, kam natürlich auch die eine letzte Frage auf:
Was, wenn überhaupt etwas, liegt eigentlich darin?

Der Gang unter Giseh

Am Telefon ließ ich der Antikenabteilung keine Ruhe mit meiner Bitte um Erlaubnis, in die gesperrte »Unfertige Kammer« der Cheopspyramide hinabzusteigen. Nach einem Hinweis Strabons, der um 10 n. Chr. in Ägypten war, betraten offenbar einige antike Touristen die Cheopspyramide durch eine schwenkbare Platte an ihrer Ostseite und folgten einem steilen Gang zu einem unterirdischen Raum, den sie fälschlicherweise für das Grab des Pharaos hielten. (Die hervorragend gearbeitete Königskammer, die man heute besichtigen kann, wurde erst viele Jahrhunderte später von den Arabern entdeckt – obwohl sie schon im Mittleren Reich von Grabräubern geplündert und dann wieder versiegelt worden war.)

Natürlich wollte ich diese Erfahrung unbedingt nachvollziehen. Ein überraschter Sekretär der Antikenverwaltung sagte, ich sollte mich nach Giseh begeben und die Angelegenheit dort mit dem »Direktor der Pyramiden« selbst besprechen.

Und so erblickte ich, wie die meisten Touristen heute, die berühmtesten Monumente der Welt zum ersten Mal von einer Schnellstraße namens Sharia al-Ahram (Pyramidenstraße) aus, auf der es im Schneckentempo voranging. Kairos wuchernde Vorstädte haben sich bis zum Rande des Plateaus von Giseh vorgearbeitet, und dieser sechsspurige Betonstreifen führt direkt auf die Stätte zu, verschönert auf beiden Seiten von Andenkenläden und Viersternehotels. Manchmal lässt gerade die Unvereinbarkeit all dieser Dinge die Pyramiden noch zeitloser wirken. Nichts, was in den letzten zwei Jahrtausenden passiert ist, kann den Betrachter wirklich von diesem ersten Anblick ablenken. Nicht das Verschwinden der leuchtenden Kalksteinplatten (nur Reste an einer Pyramidenspitze sind erhalten geblieben) oder die hunderte von beduinischen Kameltreibern, die den ganzen Bezirk in eine Staubwolke hüllen, oder die Unmengen internationaler Besucher, die die Dämme verstopfen (und dies zu einer Zeit, die allgemein als die schlimmste aller Krisen des ägyptischen Tourismus galt), oder sogar die hunderte von Führern, die darauf bestehen, dass sie Universitätsprofessoren sind, und Vorträge abspulen, die direkt aus Herodot stammen. Der eine über die Prostituiertentochter des Pharaos ist immer für ein paar Lacher gut.

Tatsächlich zeigten die verworrenen Kommentare der Führer eine aus meiner Sicht ermutigende Kontinuität: Die Pyramiden sind ein unbeschriebenes Blatt für verrückte Theoretiker aus dem Westen geblieben, neben deren Überlegungen die antiken ägyptischen Führer manchmal wie nüchterne Analytiker aussehen. Im 19. Jahrhundert behauptete ein britischer Gelehrter namens Charles Piazzi Smyth, dass die Abmessungen der Cheopspyramide, in »Pyramiden-Inches« gemessen, der Schlüssel zur zukünftigen Geschichte der Welt seien; sie belegten unter anderem, dass die Briten von dem verlorenen Stamm Israels abstammten. Das 20. Jahrhundert schenkte uns Erich von Dänikens Alien-Schwärmereien, Stunden phantasievoller Fernsehdokumentationen mit Titeln wie *Die Geheimnisse der Galaxien – endlich enthüllt*, und den New-Age-Glauben, dass die Pyramiden den kosmischen Schlüssel zum ewigen spirituellen Frieden enthalten. Die ägyptischen Behörden haben beschlossen, Nutzen aus den Gruppen zu ziehen, die sie als »Pyramidioten« bezeichnen – New-Age-Touristengruppen können heute jährliche Rituale im Inneren der Cheopspyramide abhalten, zum günstigen Pauschalpreis von nur 500 Dollar die Stunde. Die »verschwenderischen und närrischen« Pyramiden, die Plinius einst so verächtlich abtat, haben heute viele praktische Zwecke. Unsere eigene Expedition fand an einem Freitag statt – dem muslimischen Tag der Ruhe –, also veranstalteten tausende ägyptischer Familien ihr Picknick und spielten Ball am Fuße der Pyramiden wie im Central Park in New York. Nach Einbruch der Dunkelheit haben die Monumente, einmal abgesehen von den wohl unvermeidlichen Ton- und Lichtshows, unter anderem auch schon den ultimativen Hintergrund abgegeben für ein Konzert von Sting, eine Liveaufführung der Oper *Aida*, ein internationales Squashturnier und eine Massenhochzeit von 500 Paaren.

Der Mann, der für die kosmische Balance zwischen dem Erhabenen und dem Lächerlichen verantwortlich ist, Dr. Zahi Hawass, hat die coolste Visitenkarte auf Erden. Es ist die Schlichtheit selbst, goldgerahmt, geprägt mit jenem gebieterischen Titel – *Direktor der Pyramiden* –, und in der Ecke sieht man noch zwei winzige Pyramiden, komplett mit Oase und Palme.

Ich hatte sein Büro, das am Rande des Plateaus thront, kaum betreten, als Dr. Hawass schon seinem Missfallen an den ganzen kommerziellen Umtrieben in Giseh Ausdruck gab, ganz besonders an der in seinen Augen perversen westlichen Marotte, in die Monumente einzudringen.

»Meine persönliche Meinung? Ich würde die Pyramiden morgen schließen. Aber der Druck von Seiten der Regierung ist zu groß. Sie sind zu wertvoll für den Tourismus.«

Wie es sich für den führenden archäologischen Sprecher Ägyptens gehört, ist Hawass eine stattliche pharaonische Figur mit einem Helm aus drahtigem, grauem Haar, einer Stentorstimme und festen Meinungen.

»Ich frage diese Millionen von Touristen: Warum wollt ihr die Pyramiden besuchen und sie dabei zerstören? Es sind einfach zu viele Menschen. Deshalb bauen wir ein IMAX-Kino, damit wir sie schließen können. Niemand wird mehr hineinkommen.«

»Aber glauben Sie nicht, dass die Menschen sie immer noch selbst werden sehen wollen?«

»Warum?« Hawass erschien wirklich überrascht von dieser Vorstellung. »Sie gehen nach New Jersey und besuchen dort das IMAX-Kino. Die Touristen *lieben* das IMAX.« Er hämmerte begeistert auf den Schreibtisch. »Es ist *besser* als das Original! Es wird den Tourismus *steigern*.«

Ich versprach, dass ich eines Tages New Jersey besuchen würde, aber in der Zwischenzeit hätte ich ein ungewöhnliches Forschungsprojekt, bei dem es auch um die der Öffentlichkeit nicht zugängliche unterirdische Kammer gehe.

Ich schob meine eigene Visitenkarte hinüber – eine ziemlich armselige Angelegenheit verglichen mit der von Dr. Hawass, wie ich zugeben muss, aber meiner Erfahrung nach ein sehr nützliches Instrument für alle Behördengänge in Ägypten.

Zu meiner Verwunderung stimmte Dr. Hawass zu. Und so machte ich mich daran, »all das persönlich zu erforschen« (wie es die römischen Touristengraffiti so oft verkündeten), »über das ich gelesen hatte«.

Aidya El-Fattah, die elegante, in Seide gehüllte Führerin, die mir zugewiesen wurde, nahm mich mit hinauf zum Eingang der Cheopspyramide, sog die stinkende Luft ein und zeigte auf den schmalen Gang, der sich unten irgendwo im Dunkeln verlor. Offenbar war hier vor kurzem restauriert worden; jetzt war die Luft so dick, als ob jemand da unten ein Grillfest veranstaltet hätte.

»Sie können allein weitergehen«, sagte sie, bevor sie auf dem Absatz kehrtmachte. »Ich jedenfalls habe keine Lust dazu.«

Als ich mich seitlich in einer verdrehten, fötalen Haltung die ersten steilen Stufen hinunterschob, kam mir der Gedanke, dass Frau El-Fattah durchaus vernünftige Gründe für ihre Weigerung hatte. Die Treppe wurde ab und an durch normale Glühbirnen beleuchtet, die ein schwaches Sepialicht über den unheilvoll glatten Stein warfen. Meine Oberschenkel taten schon weh, und der Schweiß lief mir den Rücken hinab. Ich sog hörbar die dünne klebrige Luft ein, die immer kälter und abgestandener wurde, je tiefer ich in den anstehenden Fels von Giseh hinabstieg. Nach etwa 100 Metern auf diesem die Sehnen malträtierenden Abstieg endete der Schacht. Doch der geheime Tunnel der Pyramiden setzte sich genau vor mir fort − durch einen Gang, der etwa 80 Zentimeter hoch zu sein schien.

Das war dann doch ein bisschen klaustrophobischer, als es mir lieb war − ich würde auf Händen und Knien kriechen müssen. Eine Zeit lang saß ich in der Totenstille da und versuchte den nötigen Mut zusammenzubringen. Eine Glühbirne hinter mir flackerte kurz auf und erstarb.

Ich hörte ein seltsames Trommeln in der Stille und stellte fest, dass es das Pulsieren meines Blutes in den Ohren war. Ich begann Flecken im unsteten Dämmerlicht zu sehen. Mit einem Anflug von

Panik fragte ich mich, ob ich es wohl den Schacht hoch schaffen oder vorher ohnmächtig werden würde. Hyperventilierte ich oder war es schlicht und einfach Sauerstoffmangel?

Ich versuchte meine Atmung zu regulieren wie ein Bergmann, der die Luft in einem eingebrochenen Minenschacht einteilt. Jeder römische Tourist, der bis nach hier unten gekommen war, musste sich, so wurde mir klar, noch schlechter gefühlt haben – der Rauch von der Fackel seines Führers füllte den Tunnel, und es bestand immer die Gefahr, dass das Licht ganz erlosch.

Während ich mich vorwärts wand wie ein Wurm, versuchte ich nicht an die 2 300 000 Steinblöcke über mir zu denken, von denen jeder mich in eine hauchdünne ägyptische Pita verwandeln konnte. Sandkörner an meinen Handflächen glitzerten wie Zucker und waren so scharf wie winzige Diamanten. Ich versuchte mir auch nicht all die Touristen vorzustellen, die gerade ihren Besuch in der Königskammer genossen, wo vor kurzem ein neues, in der Schweiz entwickeltes Belüftungssystem installiert worden war, um die 20 Gramm Salz aus der Luft zu filtern, die der Atem jedes Besuchers auf den Wänden hinterließ. Hier unten roch es, als sei seit 4500 Jahren nicht gelüftet worden.

Endlich schaffte ich es, in die grob gehauene Kammer – einen rohen Steinklotz, mit seinen etwa sechs mal sechs Metern nicht viel größer als das Innere eines riesigen Sarkophags – vorzudringen. Der Gang setzte sich noch ein paar Meter fort und endete dann in einer Sackgasse. Das sollte die Grabräuber verwirren.

Ansonsten war da gar nichts.

Ich saß dort am Ende des Weges, halb erfroren, die Schweißbäche schlängelten sich wie kleine Kobras über meine Glieder. Was ging hier vor?, musste ich mich selbst fragen. Üblicherweise reagierte ich nicht ganz so nervös auf Erkundungstrips im Untergrund; selbst das Donnern unterirdischer Wasserfälle erschien mir weniger verstörend als dies hier. Irgendetwas in der Atmosphäre Ägyptens machte mich empfänglich für hysterische Anfälle.

In dieser betäubenden Stille erinnerte ich mich daran, wie Dr. Hawass mir ungefragt seine Meinung zum Mumienproblem mitgeteilt hatte. Er möchte all die königlichen Mumien wieder in ihren ursprünglichen Gräbern beigesetzt haben.

»Wie würden Sie das finden, wenn Sie in ein paar tausend Jahren als Nervenkitzel ausgestellt werden? Selbst im Viktorianischen England waren viele der Meinung, dass es nicht richtig sei, unsere ägyptischen Toten auszustellen. Sie nannten es ›morbide und ungesund‹. Man muss Respekt zeigen!«

Ich nickte mitfühlend, dachte aber an mein Treffen mit Thutmosis ein paar Tage zuvor.

Ohne es zu wollen, war ich auf die reichste Ader westlichen Aberglaubens über Ägypten gestoßen, der seinen Ursprung in der Zeit jener ersten Touristen hat.

Neugier ist des Okkultisten Tod

Die Tiefen römischen Aberglaubens haben wir schon auf jeder Station der Grand Tour dokumentiert gefunden. Besessen vom Tod und dem Leben nach dem Tod, mit metaphysischer Verzweiflung ringend, gequält von dem Wissen, ein Spielzeug des launenhaften Schicksals zu sein, waren gebildete Römer immer überaus anfällig für die Einflüsterungen des Okkulten. Aber eine Reise durch Ägypten – wo an jeder Ecke Bilder des Grabes lauerten und wo zeitlose Monumente ein schmerzliches Bewusstsein der eigenen Sterblichkeit weckten – steigerte ihre Neurose bis an den Rand der Hysterie.

Die meisten gebildeten Reisenden waren aktiv auf der Suche nach ägyptischer Magie. Sie beobachteten Priester bei ihren komplizierten, jahrhundertealten Ritualen, die die Mächte des Chaos bannen und dafür sorgen sollten, dass der Nil weiter Wasser führte und die Sonne auf ihrer Bahn blieb. Sie kauften Zauberbücher, die angeblich 10 000 Jahre zuvor von Hermes Trismegistos geschrieben worden waren, der ägyptischen Version des griechischen Gottes Hermes. Die hieroglyphischen Originale waren teure Souvenirs, die gefälschten Übersetzungen wurden für die Touristen in

Massenproduktion hergestellt und in feuchtem Sand künstlich gealtert, um die Authentizität zu steigern. Nachts, in verlassenen Tempeln voller Treibsand, bezahlten die Römer sogar Zauberer, die dann makabre Riten durchführten. Ein Papyrus in einem Pariser Archiv erzählt, wie der Kaiser Hadrian selbst einen berühmten Zauberer namens Pachrates anheuerte, um in Heliopolis ein paar Beweise seiner Kunst zu liefern:

Der Hohepriester beruhigte einen Hysteriker in einer Stunde, machte jemanden krank in zwei Stunden, führte den Tod eines Mannes in sieben Stunden herbei und schickte dann dem Kaiser selbst Träume. So bewies er seinen Ruf als Zauberer. Der Kaiser bewunderte den Hohepriester und befahl, ihm das Doppelte seines üblichen Lohnes zu zahlen.

Pachrates passte zweifellos zum beliebten Bild eines ägyptischen Magiers – ein kahl geschorener Asket in weißen Baumwollgewändern und mit einer runden Glas-*kondy*, dem Vorgänger der Kristallkugel, als Requisit. Hadrian war damals ernsthaft krank, und die tanzenden Schatten auf den bemalten Tempelwänden, der Geruch nach Staub und Wüste, müssen die ganze Show zu einer verblüffenden Erfahrung gemacht haben. (Aber *den Tod eines Mannes herbeiführen?* Unsere am modernen Kino geschulte Phantasie lässt da einen gefesselten Bauern vor unserem geistigen Auge auftauchen, der sein Leben nach einem heimlich zugefügten Vipernbiss aushauchte.) Und weniger raffinierte Zauberkunststücke konnte man in Ägypten an jeder Straßenecke sehen, wie der entsetzte Christ Origenes berichtete: »Die *magi* treiben Menschen Dämonen aus, kurieren Krankheiten mit einem Atemhauch, rufen die Seelen von Helden herbei und beschwören Visionen von reichen Mahlzeiten herauf, von Tischen voller Delikatessen aller Art, die es in Wirklichkeit nicht gibt.«

Die Allgegenwart des Okkulten war nicht ohne Risiken. Reisende liefen selbst in Friseursalons Gefahr, verhext zu werden, denn dort konnten Ägypterinnen Locken ihres Haares stehlen und es bei Liebeszaubern oder -flüchen benutzen. Auch die Einheimischen waren nicht immun. Sie waren genauso misstrauisch Fremden gegenüber, die ihre Ehepartner womöglich mit »erotischer Magie« verzauberten. (Jungvermählte Frauen wurden anscheinend oft in »wahnsinnige Leidenschaft« gehext und dann unter Drogen gesetzt, damit sie ihr Verhalten danach wieder vergaßen.) Unglückliche Touristen wurden auch schon einmal der Hexerei bezichtigt – Magie war im Römischen Reich eigentlich verboten, obwohl sie doch an jeder Ecke ausgeübt wurde – und mussten sich vor Gericht gegen so verdächtige Indizienbeweise wie etwa den Besitz eines Spiegels oder den Ankauf ungewöhnlicher Fischarten verteidigen.

Besonders bedrückend für die Römer war jedoch die Überzeugung, dass Sterbliche dafür bestraft werden konnten, mit den Höllenmächten geliebäugelt zu haben, was wieder und wieder in vielen antiken, in Ägypten spielenden Horrorgeschichten vorkommt. Da war zum Beispiel die Geschichte von Nenefarkaptah, einem Gelehrten, der nach einem Zauberbuch des Gottes Thot suchte und dafür mit dem Leben bezahlte. Sein Geist wurde verflucht. In einem anonymen römischen Bestseller, dem *Brief des Thessalos*, entkommt ein Medizinstudent aus Alexandria auf der Suche nach den Geheimnissen der Unterwelt nur knapp einem furchtbaren Schicksal. Und in der *Äthiopischen Geschichte*, einem Roman des Heliodor, wird eine Hexe, die den Leichnam ihres Sohnes wieder zum Leben erweckt, sofort vom Schicksal bestraft: Sie stolpert und wird von einer Lanze durchbohrt.

Diese Geschichten waren so beliebt, dass Lukian sich in seinem *Lügenfreund* über sie lustig machte: Seine bekannte Geschichte eines Zauberlehrlings, der Besen und Mörserstößel lebendig macht, bis ihm die ganze Sache über den Kopf wächst, übernahm Goethe für seinen *Zauberlehrling* – und Micky Maus spielte die Figur besonders einprägsam zur Musik von Paul Dukas in Walt Disneys *Fantasia*.

Diese Stränge antiken Aberglaubens – Ägypten als der Ort des Okkulten, wo die allzu Neugierigen bestraft werden – haben sich praktisch intakt in der westlichen Kultur erhalten. Im Viktorianischen England wurden sie wichtige Zutaten der »ägyptischen Horrorgeschichten« mit viel sagenden Titeln wie *Der Fuß der Mumie,*

Ein paar Worte mit einer Mumie oder *Gefangen unter Pharaonen.* Später, nach der Entdeckung des Grabes von Tutanchamun im Jahr 1922, erlebten sie eine besonders kräftige Renaissance mit der Legende vom Fluch der Pharaonen, die besagt, dass alle Archäologen, die eigentlich ja nur wenig besser sind als Grabräuber, unter mysteriösen Umständen zu Tode kommen.

Und wie steht es mit den Besuchern Ägyptens heute? Viele Länder, die reich an alten Religionen und kulturell hyperaktiv sind – Indien, Peru, Haiti –, garantieren beeindruckende Reiseerfahrungen. Die überhöhte Wirklichkeit jedes Augenblicks – die Menschenmengen, die Hitze, die Farben, die Rituale, die Monumente, das fremde Essen und die Gerüche – all dies beeinflusst mit der Zeit auch die Gefühle.

Wie diese Länder kann auch Ägypten seltsame Dinge im Hirn eines Touristen bewirken.

Ich lag in jener kalten Grube in der Pyramide und fühlte mich langsam, aber sicher ganz und gar nicht mehr wohl. Wir standen vor dem schwierigsten Abschnitt unserer Reise. In Ägypten war immer noch die Rede von islamistischen Extremisten, die Ausländer aufs Korn nahmen. Die Nachrichten waren furchtbar vage. Ich versuchte, meine Hysterie ironisch zu sehen und über die unterschwellige Schuld, die ich fühlte, zu lächeln: Es war nur natürlich gewesen, die Mumie zu berühren.

Aber als ich auf allen vieren aus der Pyramide stolperte wie ein lichtscheuer Vampir, der sich an der Sonne windet, hatte ich das furchtbare Gefühl, dass unsere Reise allmählich außer Kontrolle geriet.

Botschaften aus der anderen Welt

An jenem Abend, zurück im Windsor Hotel, verspürte ich den unstillbaren Wunsch, mich dem gefährlichsten aller modernen Reiserituale hinzugeben – einem Anruf zu Hause, um die Telefonbotschaften abzuhören.

Ich tat das fast nie. Wenn ich Länder wie Pago Pago oder Bolivien besuchte, half mir allein schon die technische Rückständigkeit, eine gesunde Gleichgültigkeit gegenüber Neuigkeiten aus New York zu entwickeln. In Griechenland dagegen waren überall so leicht Telefone zu finden, dass ich fast gegen meinen Willen die Gewohnheit entwickelte, die Botschaften alle paar Wochen zu überprüfen. Es war ein Gefühl wie beim russischen Roulette. Ein Anruf zu Hause weckte in mir so etwas wie Furcht – ich erwartete fast schon eine Strafe dafür, dass ich mich in einer so frivolen Weise dem wahren Leben entzog.

Doch das Ritual hatte sich so eingespielt, dass ich mich auch jetzt, im nicht so hoch technisierten Ägypten, dabei ertappte, wie ich das einzige uralte Telefon am Empfangstisch des Windsor Hotel umklammerte und nebenbei riesige schwarze Motten unter dem flackernden Neonlicht verjagte. Vielleicht hätte ich nicht überrascht sein sollen, als ich nach einer Reihe unerheblicher Nachrichten die besorgte Stimme unserer Nachbarin einen Stock tiefer in New York hörte: »Hallo Tony? Lesley? Hier ist Rosanna von unten. Ist jemand von euch zu Hause? Da fließt ein Wasserfall aus eurer Wohnung. Es ist wie im Regenwald hier unten ...«

Es dauerte ein paar Sekunden, bis die Bedeutung dieser Botschaft mein Hirn erreicht hatte. In unserem Apartment hatte es eine Überschwemmung gegeben. Wasser tropfte durch den Fußboden. Und die Nachricht war *zehn Tage alt*…

Ich hätte durchaus ohne diese Information auskommen können.

In römischer Zeit hatten die Touristen das gegenteilige Problem mit der Kommunikation. Es dauerte Monate, manchmal Jahre, bis Nachrichten von zu Hause sie erreichten. Es gab kein öffentliches Postsystem. Die Regierung hatte in der Kaiserzeit ein eigenes Kuriernetz für die offizielle Korrespondenz, den *cursus publicus*, dessen Reiter notfalls bis zu 240 Kilometer pro Tag zurücklegten, aber wie bei so vielem anderen mussten die normalen Bürger auch hier auf eigene Arrangements zurückgreifen. Und das war immer auch eine unsichere Sache. Auf kürzeren Strecken oder bei wirklich wichtigen Botschaften schickten die Reichen einen Sklaven mit dem Brief los. Die meiste Korrespondenz über größere Entfernungen wurde aus Gefälligkeit mitgenommen – von Reisenden, Kaufleuten, Kapitänen, Freunden. Man konnte am Hafen herumfragen, einen Diener schicken, der sich an den Docks herumtrieb, auf Banketten und im Bad die Ohren offen halten, um herauszufinden, wer wann wohin reiste. Die Römer mussten sich also auf die Freundlichkeit von Fremden verlassen, um die Kommunikation aufrechtzuerhalten.

Ein Brief von Neapel nach Rom konnte in weniger als einer Woche ankommen, ein Brief von Athen nach Rom brauchte zwischen drei und sieben Wochen, von Kleinasien oder Ägypten zwei bis vier Monate. Aber dies galt nur, wenn die Briefe nicht verloren gingen oder fehlgeleitet wurden. Trotz dieser Improvisationen gibt es Berichte von Geschäftspost im Römischen Reich. Der Arzt Galen in Pergamon erhielt Päckchen mit Arzneien aus Gallien und schickte Rezepte an Patienten in Spanien. In Rom organisierten Buchhändler sogar einen rudimentären Versandhandel für wertvolle Buchrollen.

Die meisten Briefe waren auf Papyrus geschrieben; sie wurden aufgerollt, mit Wachs versiegelt und, da sie ja persönlich zugestellt wurden, einfach mit dem Namen adressiert: *An Gaius von seiner Schwester Livilla. An Paulus von seiner Mutter.* Sie waren empfindlich – und vergänglich. In dem feuchten Klima Europas blieben nur wenige Papyri über die Antike hinaus erhalten, doch 1897 begannen britische Archäologen in den städtischen Müllhalden einer unbedeutenden Wüstenstadt namens Oxyrhynchus in Ägypten zu graben und fanden ganze Stapel von Briefen aus der römischen Zeit, die im Sand konserviert worden waren. Die Müllkippe hat uns seitdem 70 Prozent aller erhaltenen Privatbriefe aus der Alten Welt geschenkt. Die Autoren waren oft Römer und Griechen, die in diesem Winkel Ägyptens lebten, aber die Gefühle, die sie zu Papier brachten, waren zweifellos typisch für alle antiken Reisenden – und sind auch uns heute noch sehr vertraut.

Ihre wichtigste Sorge war eine Nachricht an die Familie, dass es ihnen gut ging. *Nachdem ich sicher auf italienischem Boden angekommen bin, möchte ich dich wissen lassen, dass ich und alle meine Begleiter gesund sind. Wir hatten eine langsame, aber nicht unangenehme Reise.* Ein anderer: *Als ich jemanden fand, der von Kyrene aus in deine Richtung reiste, hatte ich das dringende Bedürfnis, dir mitzuteilen, dass ich gesund und munter bin.*

Einige Seereisende berichten über ein glückliches Entkommen aus einem Sturm: *Ich statte dem Gott Serapis tiefen Dank ab, der mir zu Hilfe kam, als ich auf dem Meer in Gefahr war.* Die Aufmerksameren legten billige Porträtmalereien von sich bei. Getrennte Liebende schrieben sich zeitlose Botschaften. *Du hast gesagt: »Vergiss mich nicht.« Wie kann ich dich vergessen? Ich flehe dich an, mach dir keine Sorgen.* Eine andere klagt: *Bitte, bitte lass mich zu dir kommen; ich werde sterben, wenn ich dich nicht jeden Tag sehe. Ich wünschte, ich hätte Flügel zum Fliegen, damit ich jetzt bei dir sein könnte.* Da gibt es verlorene Söhne, die ihre Eltern um Geld bitten *(Ich schämte mich, nach Hause zu kommen, weil ich in Lumpen umhergehe)*, während andere Nachrichten von zu Hause einfordern. *(Liebe Mutter! Wenn du mir bitte einfach eine kurze Notiz schicken und mir schreiben würdest, dass es dir gut geht oder wie es dir geht, damit ich mir keine Sorgen machen muss!)*

Es gibt anrührende Briefe von Eheleuten und ebenso weniger freundliche Beschuldigungen: *Ich bin empört, dass du nicht nach Hause kommst,* schreibt eine Frau ihrem herumlungernden, schmarotzenden Ehemann. *Hier habe ich mein Kind und mich durch eine so schwierige Zeit gebracht und musste wegen der hohen Preise für Nahrungsmittel auf die letzten Reserven zurückgreifen… all diese Schwierigkeiten, und du hast uns nichts geschickt!*

Ein reisender Ehemann schrieb einen langen, sehr liebevollen Brief an seine schwangere Frau und setzte dann kalt hinzu: *Wenn das Kind ein Mädchen ist, setze es aus.*

Das antike Postsystem war langsam, mühsam, unzuverlässig – aber es hatte, wie mir in Kairo klar wurde, einen Vorteil. Wenn die Römer auf Reisen gingen, konnten sie wirklich *verschwinden.* Eine solche berauschende Freiheit kann man sich heute in unserer hyperkommunikativen Welt der Handys und Mailboxen kaum noch vorstellen. Das durchdringende Piepsen des Anrufbeantworters ist wie das Rauschen des Computers, der sich ins Internet einwählt, heute ein vertrautes Hintergrundgeräusch.

»Hier ist noch einmal Rosanna. Hallo. Hallo. Ich schätze, ihr seid gar nicht da. Ähmmm… Das Wasser fließt immer noch hier runter. Ich habe Angst, dass die Decke bald auf mich runterstürzt…«

Das war die letzte Nachricht. Danach nur noch Schweigen.

Wie jemand, der im Treibsand zu versinken droht, zückte ich meine Telefonkarte – ebenso lebensnotwendig für den modernen Reisenden wie sein Pass – und rief unsere andere Nachbarin an, die auch die Schlüssel zu unserer Wohnung hatte. Dann schrie ich in den schweren Bakelithörer hinein, während andere Gäste sich am düsteren Empfangstresen des Windsor vorbeidrängten und ein ägyptischer Page an seinen ausgefransten Manschetten herumnestelte, während er mich gespannt anstarrte.

»Oh, mein Lieber, ich weiß gar nicht, was ich sagen soll…«

Schwach konnte ich ihre lang gezogenen texanischen Vokale vernehmen.

So ein Spruch von Sheryl ließ das Schlimmste befürchten. Offenbar hatten unsere neuen Nachbarn über uns ihren Wasserhahn nicht zugedreht, als sie für ein Wochenende wegfuhren. Unsere Wohnung stand völlig unter Wasser, und die Decke war tatsächlich eingebrochen, genau über unserer Garderobe und meinem Schreibtisch.

»Da ist jetzt eine Menge Schimmel«, Sheryl erwärmte sich langsam für ihr Thema. »Dein Computer ist hin, glaube ich … alle deine Fotos sind feucht … dein Drucker ist voll mit diesem schmutzig weißen Gips …«

Gnädigerweise brach die Verbindung ab.

Ich ging hinaus, um noch einmal tief durchzuatmen, auf die Straße, wo die Männer an ihren gurgelnden Wasserpfeifen saugten.

Natürlich war es ein Fehler gewesen, überhaupt anzurufen. Wir konnten nichts tun. Ich hatte nicht vor, die Reise abzubrechen. Aber ich beschloss, Les besser nichts davon zu erzählen. In ihrem Zustand konnte man nie sagen, wie sie darauf reagierte. (Das Nest überflutet! Und nur noch ein paar Wochen bis zum großen Tag …) Ich wünschte, ich hätte selbst keine Ahnung davon.

Vor dem Café bot mir ein knochendürrer Kellner einen Stuhl an. Ich erinnere mich an ihn wegen seines freundlichen Lächelns – oder war es das Gesicht des Thutmosis, das sich zu einem Grinsen verzog?

Grüße aus der Rue Morgue

Als ich über die dunklen Stufen zurückschlich, wusste ich, dass es in Kairo kein Entrinnen aus dem Chaos geben würde, das meine Entscheidungsprozesse jeden Tag mehr verwirrte. Und der allerletzte Ort, an dem man Trost erwarten konnte, war jene angeblich sakrosankte Zuflucht des Reisenden – das Hotelzimmer.

Wir waren auf dieser Tour in vielen ungewöhnlichen Herbergen untergekommen, aber keine war mit dem Windsor vergleichbar. Der frühere britische Offiziersclub begann seine furchtbare Karriere im Gastgewerbe, als nach der ägyptischen Revolution von 1952 die Kolonialherrscher nach Hause geschickt wurden, und jedes Zimmer, in dem wir wohnten (und wir wechselten das Zimmer immerhin fünfmal), war ein kleines Museum der Inneneinrichtung jener Zeit – zerfetzte Teppiche, Matratzen wie Marmorplatten, eine Uhr ohne Zeiger, Art-déco-Radios, die nur gequälte Quietscher von sich gaben. Hölzerne Rollläden sperrten die Sonne aus; um sie hinaufzuziehen, riss man an ausgefransten Seilen, die einem die Handflächen zerschnitten. Es war, als ob man jeden Morgen die Takelage aufziehen würde. Zuerst war das alles okay gewesen. Das Windsor hatte mehr Charakter als alle anderen Hotels auf dieser Reise zusammen – auch wenn es Nerven kostete. Jeden Tag ereignete sich ein neues Psychodrama, das aufzuklären Stunden dauerte. Einmal fand Les bei ihrer Rückkehr aufs Zimmer die ganze Toilettenschüssel von unbekannten Kräften zertrümmert. In unserem nächsten Zimmer war das Türschloss verstopft. Um Mitternacht ging die Tür immer langsam auf.

Der Besitzer – ein charmanter ägyptischer Geschäftsmann mit gespaltenem Kinn – floss über vor Mitleid, wenn er sich die Beschwerden seiner Gäste anhörte, aber hinter seinen Augen lauerte eine eisige Härte.

»Der Hotelmechaniker – also, wir mussten ihn gerade entlassen. Ich kann niemand anderen ohne Referenzen einstellen, verstehen Sie. Dies ist immerhin ein sehr sicheres Hotel.«

»Natürlich«, nickte ich, bevor wir erneut das Zimmer wechselten.

In unserer nächsten Herberge franste das Seil, das die uralten hölzernen Rollläden hielt, jeden Morgen ein bisschen mehr aus. Schließlich riss es, und das Fenster war dunkel. Die Aussicht war nicht besonders gewesen – braune Dächer in einer braunen Stadt, in etwa 1000 Jahren vom Regen nicht mehr sauber gewaschen –, aber wir waren dennoch nicht gerade scharf darauf, plötzlich eingesargt zu werden.

Der Besitzer war zutiefst betroffen – aber tun konnte er gar nichts.

»Sie sind sehr alt, wissen Sie, unsere Rollläden. Der einzige Mensch in Kairo, der weiß, wie man sie repariert – also, er ist gestorben.«

»*Gestorben?*«

»Gestorben. Niemand sonst in Kairo kennt sich mit ihnen aus.«

»Also werden die Rollläden auf Dauer unten bleiben? Für immer?«

Er lächelte tröstend. »Aber Sie sind doch sicher die meiste Zeit draußen, oder?«

Endlich wurde uns klar, dass, Charme der Alten Welt hin oder her, der schleimig-freundliche Besitzer das lukrativste Schwindelunternehmen in ganz Kairo führte – und den Spieß uns westlichen »Orientalisten« gegenüber umgedreht hatte, indem er unsere Phantasievorstellungen von Ägypten raffiniert zu Geld machte. Er hatte ein paar Jahre zuvor das goldene Los gezogen, als der frühere Monty-Python-Komiker Michael Palin einmal hier übernachtete und das Hotel in einer seiner Reisesendungen im britischen Fernsehen vorstellte. Danach hatte jeder westliche Reiseführer auf dem Markt das Windsor als *das* Hotel in Kairo gepriesen – wenn man *Atmosphäre* wollte. Der Besitzer hatte die Preise heraufgesetzt und es dann zu seiner Politik erklärt, keinen Finger mehr zu rühren. Die Gäste konnten die alte Einrichtung und das unbezahlbare Ambiente kolonialen Verfalls goutieren – wozu da noch Reparaturen? So etwas brauchte er nicht. Ein stetiger Nachschub an Reisenden, die ein paar schlaflose Nächte hier verbrachten und dann erschöpft und ein bisschen verstört abreisten, war gesichert. Wenn sich Gäste beschwerten, schob er sie freundlich von Zimmer zu Zimmer, bis sie begriffen, was gespielt wurde.

Der Ärger war nur, dass wir uns verdammt noch mal weigerten, zu kapieren und abzureisen. Es war eine Sache der Ehre, diesem schmierigen Hotelbesitzer gegenüber nicht klein beizugeben, sein selbstgefälliges Äußeres zu knacken.

Zugegeben, es war ein masochistischer Ansatz. Jede Sekunde war ein Kampf des Willens mit der faszinierenden, aber doch auch ziemlich nervenden Baufälligkeit Kairos. Wenn nicht das Heißwassersystem zusammenbrach, steckte der Lift fest oder die Lichter gingen aus oder die Wäsche verschwand oder der dämonische nubische Hausdiener spionierte Les aus dem Dunkeln heraus nach und entblößte seine kaputten Zähne zu einem sehr bedrohlich wirkenden Grinsen. Jedes Frühstück war ein Kampf – in dem durch die schimmlige Klimaanlage faulig stinkenden Raum wurden wir von einem ängstlichen Kellner bedient, der sich mit den ständigen Beschwerden der Gäste über das eine Woche alte Brot und die nach Fisch riechende Milch herumschlagen musste.

Ekel erregend, jawohl. Aber wir gaben nicht auf. Rund um Kairo gab es viel zu sehen – unglaublich viele interessante Stätten, die schon die Römer liebten. Wir waren wie die Fliegen im Bannkreis der Stadt gefangen.

VIP sucht Krokodilgott

Noch bevor die Römer Ägypten eroberten, erhielten die hochrangigen Vertreter ihres Staates in Teilen des Niltals eine Fünfsternebehandlung. Aus einem Papyrus an den obersten Beamten von Faijum, 112 v. Chr.:

> *Lucius Memmius segelt von Alexandria aus in deinen Distrikt, die Oase Faijum, um die Sehenswürdigkeiten anzuschauen. Er ist ein römischer Senator, ein wichtiger und ehrenwerter Mann. Empfange ihn im großen Stil und sorge dafür, dass Unterkünfte für ihn vorbereitet sind, ebenso wie Anlandeplätze … Du solltest Möbel für seine Unterkünfte bereitstellen, die feinsten Speisen zum Füttern des Krokodilgottes und Opfergaben für das Opfer am Labyrinth. Tue alles in deiner Macht Stehende, um ihm zu Gefallen zu sein; biete alles auf, was in deinen Kräften steht.*

Und in der Kaiserzeit, als Ägypten zum Reich gehörte, steigerte sich die Aufmerksamkeit, die man römischen VIPs entgegenbrachte, noch. Der Prinz Germanicus war dafür im Jahr 19 n. Chr. ein schlagendes Beispiel, ebenso Kaiser Hadrian 130 n. Chr., Septimius Severus 60 Jahre später. Die Machthaber folgten genau der gleichen Route wie die Durchschnittstouristen, aber in einem sehr viel königlicheren Stil. Sie wurden von lokalen Würdenträgern zu ausschweifenden Festen empfangen und von einem großen Gefolge zu den schönsten Sehenswürdigkeiten begleitet, und ihre Flussboote glänzten mit den ausgesuchtesten Luxusgütern. Im Falle der Kaiser begann man schon Jahre vor ihrer Ankunft mit dem Bau von neuen Bädern, Palästen und anderen Einrichtungen.

Und für jeden ausländischen Touristen, vom niedersten Antiquar bis zum halbgöttlichen Herrscher, war das grüne Faijum gleich südlich des Deltas der nächste Stopp nach den Pyramiden. Kanäle erstreckten sich von den Ufern des Nils bis zu einem zentralen See, Teil eines komplizierten Bewässerungssystems, das die praktisch veranlagten Römer für eine der bewundernswertesten Leistungen der Pharaonen hielten. Faijum war die Oase schlechthin, eine Lotusblume in der Wüste, mit zwei weltberühmten Sehenswürdigkeiten: dem riesigen Labyrinth, das als Prototyp für das Versteck des Minotauros auf Kreta galt, und Krokodilopolis, einem Ort, der, wie der Name schon sagt, der Anbetung der Krokodile geweiht war, darunter einer Inkarnation des Reptiliengottes Sobek selbst.

Crocodyli niloti galten als die bizarrsten unter den vielen göttlichen Geschöpfen Ägyptens. Im Altertum wurde regelmäßig von Exemplaren mit einer Länge von zehn Metern berichtet; heute sind sie entlang des Nils durch starke Bejagung vom Aussterben bedroht und erreichen höchstens etwas mehr als drei Meter Länge. Die antiken Romanschriftsteller beschreiben mit Vorliebe die hässliche und schuppige Haut der Kreaturen, ihren peitschenden Schwanz, ihre Klauen und ihr ungeheuerliches Rückgrat. »Wenn ein Krokodil gähnt«, sagt Achilles Tatius, »ist es nur noch Maul« – mit genau 365 Zähnen, so glaubten die Naturkundler, die auf wunderbare Weise der Zahl der Tage pro Jahr gleichkommen.

In Krokodilopolis war ein Tempel neben einem See errichtet worden, in dem dutzende Krokodile in einem eigenen Zoo gehalten wurden. Alle waren zahm und so gut dressiert, dass die Priester sie beim Namen rufen konnten. Das größte und fetteste Reptil wurde als die Inkarnation des Sobek verehrt. Wie andere glückliche heilige Tiere in Ägypten – der Apis-Stier in Memphis, der heilige Löwe in Leontopolis, die heilige Ziege in Mendes, der heilige Ibis in Hermopolis und die heiligen Katzen überall im Land – wurde der Krokodilgott in einem extravaganten Luxus gehalten, von dem die Mehrheit der Ägypter nur träumen konnte. Sobek lebte in weitläufigen Gemächern, bekam gutes Essen auf goldenen Tellern, schlief auf einer mit Seide bezogenen Matratze, wurde von einem persönlichen Gefolge gewaschen und parfümiert. Und wenn er starb, wurde sein Leichnam einbalsamiert und auf einem prächtigen Bestattungsboot zu einer privaten Nekropole gefahren, wo er mit allen religiösen Ehren beigesetzt wurde.

Aber um seinen Lebensstandard zu sichern, erwartete man von Sobek wie von anderen heiligen Tieren, dass sie in der Öffentlichkeit auftraten. Die Handfütterung des Krokodilgottes war eine der großen Bühnenshows der Antike – und fand so regelmäßig statt wie die Delfinvorführungen in Florida heute. Jeden Morgen brachten Touristen Leckereien für die Gottheit zu dem Tempel am See. Der Geograph Strabon erzählt, dass er Fleisch, Törtchen und mit Honig versetzten Wein brachte – keine angemessene Nahrung für ein Reptil, wohl aber für einen Gott. Auf Befehl der Priester watschelte Sobek am Ufer vor einer Gruppe Bewunderer entlang. Sein Körper glitzerte vor Juwelen, Goldringen und Reifen um seine kurzen, kräftigen Füße herum. Mit Edelsteinen besetzte Bänder schmückten seinen Schwanz. Eine Gruppe stämmiger Hilfspriester riss dann die mächtigen Kiefer des Tieres auseinander, während ein anderer Priester ihm Fleisch ins Maul warf und dann mit dem Wein nachspülte (die scharfen Klauen des Krokodils war als Vorsichtsmaßnahme stumpf gefeilt worden).

Dann polierten sie die scharfen Zähne des Reptiliengottes.

Die Touristen strömten so zahlreich, dass Sobek quasi gestopft wurde mit all den guten Sachen. Strabon berichtet, dass er kurze Zeit später am See entlangschlenderte, »als ein anderer Ausländer ankam und ebenso seine ausgesuchten Gaben trug. Die Priester nahmen das Essen, liefen um den See herum, bekamen das Tier zu fassen und fütterten es auf die gleiche Weise mit den Opfergaben.«

Diese Tiervorführungen waren unglaublich beliebt bei den Besuchern überall im römischen Ägypten. In Memphis mussten die Priester ein Guckloch in den Stall des Apis-Stiers einbauen, damit die Touristen ihn auch außerhalb der festgesetzten regelmäßigen Vorführungen beobachten konnten. Jede seiner Bewegungen wurde begutachtet und von den Priestern als Orakel gedeutet. Manche Römer schluckten gutgläubig alles, was sie über die Kulte hörten: Germanicus fiel in eine tiefe Depression, als sich der Apis-Stier weigerte, seine Opfergaben zu fressen (und damit auf seinen baldigen Tod vorauswies). Viele andere aber schauten sich die Riten zwar gern an, fanden diese Zoolatrie aber ziemlich witzig. *Quis nescit… qualia demens Aegyptos portenta colat?*, spottete Juvenal. Wer weiß nicht, was für Ungeheuer das verrückte Ägypten anbetet?

Doch das ließ den Touristenstrom nicht versiegen. Krokodilopolis war auf jeden Fall ein wahrhaft exotisches Spektakel, und selbst die größten Zweifler unter den Reisenden – besonders die VIPs – behielten ihre Vorbehalte während der heiligen Bühnenshow diplomatisch für sich. Danach folgten sie den ägyptischen Gläubigen und kauften ein mumifiziertes Babykrokodil, um es als Opfergabe im Sand zu vergraben. Die Nachfrage nach diesen und anderen einbalsamierten Tieren erreichte in der frühen Kaiserzeit ihren Höhepunkt. In Sakkara haben Archäologen vier Millionen Ibisse gefunden, die damals in Gefäßen beigesetzt wurden; anderswo verfuhr man mit Katzen, Falken und Affen ähnlich. Ägyptens »Zuchtfarmen für heiliges Vieh« (wie ein Historiker sie taufte) waren ebenso durchrationalisiert wie die Hähnchenfabriken heutzutage. Es hätte den Ruf der ägyptischen Priester, die für ihre Durchtriebenheit bekannt waren, nicht gerade gehoben, wenn die Pilger gemerkt hätten, dass sie oft getäuscht wurden: Viele versiegelte Gefäße, die die Archäologen in Sakkara fanden, waren leer. Im Faijum waren die angeblichen mumifizierten Babykrokodile in Wirklichkeit hölzerne Puppen in Leinenbinden. Andere enthielten nur einen Knochen oder ein Ei.

Der heilige Zoo war nicht weit vom Betrug entfernt.

Die Oase der verlorenen Seelen

Irgendwie konnte ich es gar nicht erwarten, die Faijum-Oase zu sehen. Ihre Überreste interessierten mich mehr als viele andere Stätten auf der Grand Tour. Vielleicht hatte es mit den alten B-Horror-filmen zu tun, die ich als Kind gern gesehen hatte: Der Krokodilkult wirkt wie die antike Version von Hollywood-Schilderungen »primitiver Riten« wie in *Cobra Woman – Die Schlangenpriesterin* oder *King Kong*. Ich dachte, ein Besuch dort wäre denkbar einfach. Die Oase liegt nur knapp 60 Kilometer von Kairo entfernt – aber leider am Rande eines Gebiets, in dem islamistische Extremisten ihr Unwesen trieben. Auf Grund der endlosen vagen Berichte über deren jüngste Aktivitäten hieß es, Touristen bräuchten eine offizielle Genehmigung für diesen Ausflug. Das stimmte zwar nicht, aber jeder Taxifahrer in Kairo schien es zu glauben. »Kein Ausländer sollte eine solche Reise machen«, murmelte mir einer düster zu und richtete seinen Blick gen Himmel. Faijum zog mich stärker an als je zuvor.

Die Bürokraten im ägyptischen Tourismusministerium zeigten sich leicht peinlich berührt. *Sie brauchen keine Genehmigung, um in Ägypten zu reisen*, lächelten sie. *Alles ist vollkommen sicher, die Lage ist völlig unter Kontrolle.* Sie würden mir sogar eine VIP-Eskorte mitgeben.

Das fand ich gut; ich dachte, ein höherer Status würde die Räder des Reisens schmieren. Eine Frau namens Sehed sollte mich am nächsten Tag um 9 Uhr abholen.

Um 12 Uhr am nächsten Tag war noch immer niemand zu sehen. Plötzlich fuhr ein Minibus vor das Hotel. Eine kleine, zierliche Ägypterin in einem strahlend gelben Schal saß da mit einem Fahrer und zwei »auszubildenen Führerinnen«, also jungen Musliminnen mit Schleiern in Technicolorfarben.

»Sind Sie der VIP?«, fragte mich Sehed misstrauisch.

»Bin ich.«

»Haben Sie die Genehmigung?«, fragte sie ernst.

»Ich brauche keine Genehmigung! Und die Sehenswürdigkeiten dort schließen alle um 4 Uhr.«

Die Zeit wurde knapp, aber wir konnten es noch bis zu den Resten von Krokodilopolis schaffen, wenn wir uns beeilten.

Kurz darauf rasten wir die südliche Fernstraße am Nil entlang, durch eine deprimierende Wüstenlandschaft, von Stacheldrahtzäunen durchzogen und so verlassen wie ein Atomtestgelände; der Vordergrund war kunstvoll mit rostenden Jeeps und Ölfässern dekoriert, die von der Sonne langsam zu abstrakten Skulpturen verformt wurden. Muslimische Nekropolen, die wie Barackenstädte aussahen, zogen vorbei und Barackenstädte, die wie Müllkippen aussahen. Über dem glühenden Dünenhorizont tauchte gelegentlich die Spitze einer Pyramide auf. (Man kennt zwar gemeinhin nur die von Giseh, aber es gibt insgesamt nicht weniger als 107 Pyramiden am Westufer des Nils, die die pflichtbewusstesten antiken Touristen in Karawanen besichtigten. Die meisten sind heute zu Lehmhügeln erodiert, die seltsam an die Mesas im Monument Valley erinnern, aber eine, die so genannte »Knickpyramide«, besitzt noch immer ihre ursprüngliche Kalksteinverkleidung. Der steile Winkel, den die ägyptischen Ingenieure auf halber Strecke korrigieren mussten, gibt ihr das Aussehen einer gebrochenen Nase, aber die Schwierigkeit, sie zu besteigen, überzeugte die arabischen Plünderer, sich doch nach leichterer Beute für ihre Brennöfen umzusehen. Sie ist die einzige Pyramide, die noch immer in der Wüstensonne glänzt und schimmert wie schon damals bei den Römern – als wir an ihr vorbeifuhren, sah sie aus, als leuchte sie von innen heraus.)

Und dann, von einem Moment auf den anderen, wechselte das Farbspektrum von deprimierendem Braun zu englischem Grün. Die Faijum-Oase war noch immer eine paradiesähnliche Zuflucht, wenn man aus der Wüste kam: Ihre Straßen wurden von robusten Palmen gesäumt, die Felder glühten grasgrün. In den Bewässerungskanälen drehten sich die Wasserräder. Die Seen und Sümpfe beherbergten vielleicht keine Krokodile mehr, aber ihre Geister waren noch da.

Um halb zwei, durchaus noch im Zeitplan, donnerten wir selbstsicher in die Stadt Faijum hinein – und zu meinem Entsetzen direkt auf ein Regierungsgebäude zu.

»Wir müssen den Gouverneur begrüßen, bevor wir irgendetwas machen können«, flüsterte Sehed.

»Wegen einer Genehmigung?«

»Nein, nein«, lachte sie nervös. »Man braucht keine Genehmigung, um in Ägypten zu reisen. Er würde Sie einfach gern begrüßen. Sie sind ein VIP. Es ist nur eine Formalität.«

In einem verschachtelten Bürogebäude, das wie ein verlassenes Schulhaus wirkte, hielt der Gouverneur Hof, flankiert von zwei bewaffneten Leibwächtern. Ich hatte schon gelernt, dass Ägypten ein Land der alten Männer war, die hinter gewaltigen Schreibtischen präsidierten, aber Mr. Ahmed war wahrhaftig ein König unter den Bürokraten. Er erinnerte mich an den Kröterich in *Der Wind in den Weiden* – kahlköpfig und rund, mit kalten Amphibienaugen, grünlicher Haut und breiten Lippen, die sich zu einem verächtlichen Grinsen verzogen. Überall in seinem Gesicht hingen seltsame Klumpen von weißer Creme, und während er die rituellen VIP-Freundlichkeiten von sich gab – *Woher kommen Sie? Wie gefällt Ihnen Ägypten?* –, hielt sich Mr. Ahmed die linke Hand über ein Auge. Sein Ellenbogen zeigte direkt auf mich. Es war ein bisschen beunruhigend. Er sprach mit allen so, drehte seinen Ellenbogen von einer Person zur nächsten wie ein Periskop.

»Sie müssen zum Tee bleiben«, verkündete er.

Ich stand auf und setzte zu weitschweifigen Entschuldigungen an.

»Sie müssen!«, wiederholte er. »Es ist eine Tradition in Ägypten.«

Sehed wand sich nervös. In der nächsten Stunde demonstrierte Mr. Ahmed seine Bedeutung, indem er träge auf seine Lakaien einredete und mich total ignorierte, während ich die Zuckerbrühe schlürfte. Das ganze Bild bestätigte nur die eine Tatsache: Niemand kommt noch ins Faijum, egal aus welchem Grund. Mr. Ahmed hatte nichts Besseres zu tun. Einen VIP in den Klauen zu haben, war sein Traum.

Als ich das nächste Mal aufstand, um zu gehen, drückte mir der

Gouverneur den Arm mit seiner freien Hand, die andere war noch immer auf sein Auge gedrückt. Es war Zeit für mich, sein hausgemachtes »Museum von Faijum« zu inspizieren, dessen Ausstellungsstücke von einheimischen Schulkindern zusammengestellt worden waren. Unter ihnen waren mit Farbstift gemalte Graphen des örtlichen Flusspegels, ein Aquarium mit zwei Nilhechten, die schon in Verwesung übergingen, und eine riesige Zeichnung eines Moskitos. »Wir sind der einzige Ort in Ägypten, in dem es Malaria gibt!«, strahlte er, fast stolz auf diesen einen Anspruch von Faijum auf Berühmtheit.

»Zum Labyrinth!«, rief ich enthusiastisch aus und hoffte auf begeisterte Gleichgesinnte.

Ich schaffte es bis vor die Tür, aber es war offensichtlich, dass die VIP-Vorzugsbehandlung noch lange nicht vorbei war. Eine kleine Menschenmenge hatte sich um den Minibus versammelt. Der Gouverneur hatte noch mehr ausgewählte Begleiter für meinen Besuch organisiert. Da war einmal ein »einheimischer Fachmann« als Ergänzung zu Sehed – ein gewisser Mr. Ibrahim. Und nicht weniger als drei bewaffnete Polizisten, einer im Auto bei mir, die beiden anderen hinter uns in einem Jeep. Und alle schwenkten stolz ihre Maschinengewehre. Es war eine Kavalkade wie für einen Präsidenten.

Nach einer Ewigkeit des Händeschüttelns und Schulterklopfens fuhren wir langsam los. Mr. Ibrahim, der den trägen Charme eines Nachtclubbesitzers in Las Vegas verströmte, zündete sich in unserem winzigen Bus eine Zigarette an und begann dann seine Führung durch das Faijum, indem er uns die Sehenswürdigkeiten vom Auto aus zeigte.

»Hühnerfarm… Dorf… Hühnerfarm… Schule… Palmen…«

»Danke«, murmelte ich und versank in meinem Sitz. »Es ist schon in Ordnung. Wirklich.«

Aber Mr. Ibrahim ließ sich nicht zum Schweigen bringen. Seine Stimme klang wie eine Säge, die sich durch Metall frisst, und kreischte gnadenlos in mein Hirn.

»Dorf… Dorf… *Stadt*. Im Unterschied zum Dorf. Sie hat mehr Häuser.«

Ich warf Mr. Ibrahim einen versteckten Blick zu. Meinte er das ernst? Oder war dies eine neue, hinterhältige Foltermethode?

»Schule… Hühnerfarm… *Gras.* Vielleicht wissen Sie, was Gras ist?«

Ich schloss die Augen, versuchte, Mr. Ibrahims schrillen Monolog auszuschalten, und fragte mich, ob Thutmosis an diesem Tag vielleicht seine Finger mit im Spiel hatte.

Im Labyrinth von Hawara standen sechs Soldaten mit Karabinern an einem Tor, das aussah, als ob es eine leere Weide einschließe. Es dauerte eine gewisse Zeit, bis wir sie davon überzeugt hatten, dass sie die Stätte auch bis nach 4 Uhr nachmittags offen halten sollten, obwohl ich der erste Besucher seit Monaten war.

»20 Pfund?«, ich starrte auf meine Eintrittskarte. »Ich dachte, ich sei ein VIP?«

Sehed zuckte gleichgültig die Schultern. Ich bezahlte, sagte aber, ich würde das Labyrinth ohne Gefolge anschauen. Mr. Ibrahim wirkte verletzt und schaute mich mit traurigen Rehaugen an, doch ich machte mich herzlos davon – in diskreter Entfernung gefolgt von den zwei Polizisten.

Antike Touristen liebten das Labyrinth, das ihrer Überzeugung nach ein Vorbild für die kretische Version gewesen war, in der der Minotauros umging. (Heute wissen wir, dass es sich in Wirklichkeit um den Grabtempel des Pharaos Amenemhet III. handelte, in dem er nach seinem Tode verehrt wurde.) Es war jedenfalls eine verblüffende Schöpfung mit etwa 3000 Zimmern, die alle zu einem verwirrenden, wie von Escher erdachten Irrgarten verbunden waren. Die Führer in Hawara machten ein Bombengeschäft, denn die Touristen konnten die Stätte nicht allein erkunden, ohne verloren zu gehen. Plinius der Ältere schlug sich auf die Seite Herodots, der geschrieben hatte, das Labyrinth sei eigentlich eindrucksvoller als die Pyramiden. Im 1. Jahrhundert n. Chr. sah es nicht anders aus als in dem begeisterten Bericht des ersten Reiseschriftstellers: »Wir sahen die oberen Zimmer, und sie übertrafen alle anderen menschlichen

Werke«, schwärmte er. »Die endlosen Gänge in Räume hinein und wieder hinaus, und die Abstecher hierhin und dorthin durch die Höfe bringen Wunder über Wunder hervor. Man bewegt sich von einem Hof zu einem Zimmer, vom Zimmer zum Korridor, dann von den Korridoren in verschiedene Zimmer und von den Zimmern aus in verschiedene Höfe...«

Ich hatte mich schon bei der Beschreibung verirrt.

Als ich mich an diesem Tag umsah, war von dem Labyrinth nichts übrig als einige schmutzige Dünenwellen und ein Hügel aus dunklem Schutt, der wie ein gigantischer Kuhfladen auf den Feldern thronte. Die Archäologen haben Fundamente des Tempels gefunden, aber der Rest ist als Baumaterial abgeräumt worden.

»Die nächste Sehenswürdigkeit«, sagte ich zu Sehed.

Mr. Ibrahims Miene hellte sich wieder auf, als wir abfuhren. »Ochse... Palme... Kanal«, bemerkte er vergnügt und zeigte dabei aus dem Fenster.

Was einst das Zentrum von Krokodilopolis war, trägt heute den Namen Kiman Faris (»Reithügel«) – ein Gebiet von der Größe eines Fußballfeldes, abgezäunt mit rostigem Eisendraht am Nordrand der Stadt Faijum. Mr. Ibrahim öffnete das rostige Vorhängeschloss, und wir gingen hinein. Der Boden war ein sandiges Konglomerat aus antiken Scherben und Fuchsbauten; man konnte nicht eine Hand voll aufnehmen, ohne auf scharfkantige Stücke aus der römischen Zeit zu stoßen. In der Mitte dann befand sich eine runde Quellfassung aus Stein, die offenbar mit irgendwelchen eingravierten Reptilien geschmückt war. Hier könnte – *könnte* – der Krokodilgott Sobek von den vorführenden Priestern gefüttert worden sein und seinen mit Edelsteinen besetzten Schwanz in fleischlichem Vergnügen hin und her geschlagen haben. Immerhin – wenn nicht hier, wo dann?

Mr. Ibrahim und Sehed standen entschuldigend neben diesen bescheidenen Resten; die Auszubildenden und die Polizisten beobachteten uns vom Minibus aus in düsterem Schweigen.

»Die Archäologen waren vor langer Zeit da«, quakte Mr. Ibrahim und blickte zum Himmel auf. »Es gibt Gespräche darüber, dass sie zurückkommen sollen.«

Allmählich bekam ich ein bisschen Mitleid mit ihnen. Es war nicht ihre Schuld, dass nur noch so wenig da war. Dann schlug sich Mr. Ibrahim mit der Hand an die Stirn – die Geste, die im Comic immer einen Gedankenblitz anzeigt.

»Der Krokodilkult! Dann werde ich Sie nach Qasr Qaroun bringen!«

Eigentlich war es unmöglich. Wie konnte es sein, dass Mr. Ibrahim überhaupt irgendetwas über irgendetwas wusste? Aber er schwor, es sei die schönste archäologische Stätte im Faijum – alle Einheimischen würden sie kennen. Seltsam nur, dass mein Führer sie nicht erwähnte – aber wenn es dort bedeutende Ruinen gab, musste ich sie sehen. Vielleicht konnten sie mich sogar für das Fiasko dieses Tages entschädigen.

»Auf nach Qasr Qaroun!«, sagte ich hoffnungsfroh und sammelte meine Entourage.

Und eine Stunde später stolperten wir über Sanddünen im reinsten Weiß auf etwas zu, was wie eine ganze verfallene Stadt aussah. Die untergehende Sonne warf lange Schatten über eine von Säulen gesäumte Straße, die auf einen klotzigen Tempel zu führte. In römischer Zeit hatte direkt vor seinen Toren ein See gelegen, der aber in den letzten 1000 Jahren immer kleiner geworden und schließlich verschwunden war. Jetzt wurde das Bauwerk von zwei älteren Beduinen bewacht, die in einem Zelt dort lebten. Sie winkten uns zu einem Glas Schwarztee herüber – mit fünf Löffeln Zucker in jedem Glas – und führten ihre Gewehre vor. Das Problem war nur, so erklärten sie, dass ihnen niemand Munition gegeben habe. Ich versprach, ihre Beschwerde an den Gouverneur weiterzuleiten.

Schließlich gingen wir zum Tempel hinüber, der im Sonnenuntergang orange zu glühen begann. Windstöße trugen traurige Seufzer aus der Wüste heran.

Hinter dem Eingang konnte ich einen großen Raum sehen. Mr.

Ibrahim winkte mich hinein. Ein Paar schwarzer Schwingen flatterte plötzlich an der Decke. Ein weiterer Gang, halb mit Geröll verschüttet, führte in noch tieferes Dunkel. Eine grüne Eidechse starrte mich an und verschwand in einem Riss.

Mr. Ibrahim reichte mir eine Taschenlampe und gab mir mit einem Kopfnicken zu verstehen, dass ich weitergehen sollte. Eine Sekunde lang fragte ich mich, ob sie beschlossen hätten, ihren störenden VIP hier endgültig loszuwerden.

»Kommen Sie mit?«, fragte ich Mr. Ibrahim in einer ganz neuen Anwandlung von Zusammengehörigkeitsgefühl.

Er runzelte die Augenbrauen. »Gehen Sie nur«, murmelte er. »Ich war schon mal da.«

Ich drückte mich durch den Gang und richtete mein Licht auf jedes Gleiten und Rascheln, das ich hörte. Dutzende Fledermäuse hingen zitternd dort oben wie reife lederne Früchte, die jederzeit hinunterfallen konnten. Dieser Raum führte in einen anderen, dann in einen weiteren. Die Wände waren mit Hieroglyphen überzogen – ich entdeckte sogar eine Zeichnung von Sobek, dem Krokodilgott. Er hatte den Körper eines Mannes und den Kopf eines Reptils. Mit großen Schritten und angewinkelten Armen lief er durch die Wüste.

Ich leuchtete voraus und sah noch mehr Räume, noch mehr Korridore, noch mehr Treppen, noch mehr Eidechsen, noch mehr Fledermäuse. Eine schreckliche Sekunde lang glaubte ich mich verirrt zu haben. Später erfuhr ich, dass die europäischen Reisenden des 19. Jahrhunderts diesen Komplex irrtümlich für das berühmte Labyrinth gehalten hatten und neun Stunden durch die Wüste geritten waren, um ihn zu besuchen. Als ich meine Taschenlampe in Panik über drei völlig gleich aussehende Eingänge schweifen ließ, erinnerte ich mich an die Worte des Strabon über das Labyrinth von Hawara: »Kein Fremder kann seinen Weg in einen bestimmten Hof oder hinaus ohne ägyptischen Führer finden.«

Dann hörte ich die Stimme von Mr. Ibrahim durch die Tür zu meiner Linken schallen – »Mr. Tony ... Mr. Tony ... gehen Sie nicht zu weit.«

Ich konnte mir nichts Schöneres als diese krächzende Stimme vorstellen; sie war in diesem Moment beruhigender als Pavarotti.

»*Hundertprozentig* wurden die heiligen Krokodile hier gefüttert«, versicherte Mr. Ibrahim mir, als wir durch die dunkel werdende Wüste auf die elektrischen Lichter von Faijum zu rasten.

»Sie haben ganz bestimmt Recht«, antwortete ich meinem neuen besten Freund.

Mr. Ibrahim lächelte zufrieden, schaute dann auf die Straße hinaus und setzte seine professionellen Kommentare fort. »Kanal… Friedhof… Tankstelle… Dorf…«

Flucht aus dem Delta

Sicher zurück in den Verkehrsstaus Kairos musste ich Ägypten eine gnadenlose Intensität zugestehen. Jeder Moment wirkte so lebendig, nahm mich so völlig ein, dass ich mich kaum an das erinnern konnte, was am Tag zuvor passiert war, von den Erlebnissen der letzten Woche ganz zu schweigen. Natürlich spielte das Windsor Hotel noch immer eine Schlüsselrolle bei diesem Phänomen. Sobald man die Schwelle überschritt, erforderte irgendeine Katastrophe die volle Aufmerksamkeit und radierte alles aus, was vorher geschehen war.

An jenem Abend übertraf das ach so angenehme Windsor sich selbst. Ich fand Les in der Nazibar, wo sie versuchte, den starren Blicken der üblichen Verdächtigen auszuweichen. Sie sagte, es sei etwas Schlimmes in unserem Zimmer passiert, und sie habe es vorgezogen, sich nicht dort aufzuhalten. Als ich ins Zimmer kam, lag mein Koffer offen auf meinem Bett und war halb mit Wasser gefüllt. Daneben lag ein Stück Seife *mit winzigen Eisenspänen.*

Das Ganze sah aus wie eine Tatortszene aus einem Hercule-Poirot-Krimi.

Der beflissene Besitzer nickte mitfühlender denn je. »Der Mann, der auf ihrem Flur sauber macht – der Nubier? Er ist geistig ziemlich zurückgeblieben, wissen Sie. Wir sind Kopten, und diese armen Menschen schickt die Kirche zu uns.«

»Sie werden ja gewiss schon gemerkt haben, dass bei vielen unserer Reinigungskräfte – *etwas nicht ganz stimmt*«, fuhr der Hotelbesitzer fort. »Abdul ist seit 30 Jahren bei uns. *Sehr* zurückgeblieben.«

Deshalb also entblößte er so manisch seine gelben Zähne, wann immer wir ihn trafen. Er versuchte nur, freundlich zu sein.

»Wir haben übrigens eine Gruppenbuchung für das Hotel ab morgen. Drei belgische Fußballmannschaften ...«

Der Besitzer lächelte gelassen, mit einem Blick, der besagte: *Jetzt werden Sie ja wohl ausziehen, oder?*

Ich nickte gelassen und dachte: *Gegen die Belgier habe ich nichts. Aber wir ziehen morgen aus.*

Das liebliche Mittelägypten

Aus Sicherheitsgründen möchten die Behörden, dass Touristen nur besonders gekennzeichnete klimatisierte Luxuszüge zwischen Kairo und Oberägypten benutzen, deshalb sind die Bahnbeamten angewiesen worden, keine Fahrkarten für andere Züge zu verkaufen...
Aber auch Schlafwagen werden ziemlich oft beschossen, sind also wohl am besten zu meiden.

The Rough Guide to Egypt

Die alten Römer konnten die ganze Strecke zwischen Alexandria und Assuan auf einem Nilboot zurücklegen. Diese bezaubernde Tradition, die die britischen Kolonialherrscher wieder aufleben ließen, blieb bis Mitte der Neunzigerjahre des 20. Jahrhunderts erhalten, als Mittelägypten zu einer Hochburg des islamistischen Fundamentalismus wurde. Die Ermordung von Touristen war ein sehr wirkungsvoller Weg, die ägyptische Wirtschaft zu schwächen, und nachdem Flussboote unter Maschinengewehrbeschuss geraten und Ausländer an abgelegeneren Ruinenstätten angegriffen worden waren, stellten die Schiffsgesellschaften ihren Liniendienst ein, mit dem man zuvor den Nil in seiner ganzen Länge hatte befahren können. Jetzt konnten wir nur die letzte Etappe auf dem Fluss zurücklegen.

Die Zugverbindungen von Kairo nach Luxor (dem römischen Theben) sind trotz aller Widrigkeiten völlig intakt geblieben – ungeachtet der Tatsache, dass auch diese Waggons fast schon regelmäßig beschossen werden. Die ägyptische Armee hat Maßnahmen getroffen, um die Eisenbahnen zu schützen. Regelmäßig brennen Soldaten die Felder neben den Schienen nieder, sodass Heckenschützen keine Verstecke finden. Touristen werden in speziellen Waggons mit eigenen bewaffneten Wachen untergebracht – obwohl sie gerade dadurch zu einem leichten Ziel werden.

»Oh, nein«, hatte Sehed nachsichtig gelacht, als ich mich höflich erkundigte, ob wir vielleicht auf der Zugfahrt massakriert werden würden. »Die Verbindung nach Luxor ist jetzt sehr sicher. Und überaus interessant.«

Ich wusste nicht, ob ich ihr glauben sollte oder den Reiseführern mit ihren schwarzen Warnungen. Es wäre nicht gut, wenn Les die Kugeln um den Kopf schwirren würden. Wenn aber die Zugfahrt *wirklich* sicher war, dann war es der beste Weg, nach Luxor zu kommen – und die bestmögliche Annäherung an den antiken römischen Touristenweg.

»Einhundertprozentig sicher!«, wiederholte Sehed und schüttelte den Kopf über diese dumme Frage. Dann fügte sie hinzu: »Aber Sie nehmen natürlich den Zug am *Tag*, nicht wahr?«

Seltsamerweise akzeptierte Les die historische Logik, dem Nil auf dem Landweg zu folgen – sie hasste das Fliegen –, und war wie ich der Meinung, dass eine solche lange Reise sehr viel unterhaltsamer wäre als eine Stunde mit Egypt Air. Der Zug war wahrscheinlich nicht gerade der Orientexpress, aber vielleicht hatte er ja den heruntergekommenen Charme der britischen Kolonialeisenbahnen. Auf dieser Position beharrte sie, bis wir einstiegen. Der Erste-Klasse-Waggon war eine splittrige hölzerne Hülle mit harten Sitzen und zerbrochenen, schmutzigen Scheiben. Die Klimaanlage produzierte einen eisigen Zug an unseren Köpfen. Die einzige Toilette war durch eine ziemlich hohe Pyramide von Exkrementen blockiert. Und wir hatten den Bahnhof noch nicht einmal verlassen.

Ein verwahrloster Typ, der in einem grauen, bauchfreien Schlafanzug in einer Ecke hing, entpuppte sich als der Waggonsteward. Es sei nicht seine Aufgabe, die Toiletten zu reinigen, erklärte er ihr.

»Ich will gar nicht wissen, wie die zweite Klasse aussieht«, flötete Les.

Der Steward guckte nur verwirrt. »Warum sind Sie nicht nach Luxor *geflogen?*«

Wir schauten uns um und entdeckten nur drei andere Passagiere, die dieselbe irrationale Entscheidung getroffen hatten. Da war ein französisches Pärchen mit Rucksäcken, die wie wir gedacht hatten, sie könnten vielleicht *la romance du Nil* genießen – ebensolche »orientalische« Narren wie wir. Und am anderen Ende des Waggons saß ein niederer, ägyptischer Beamter neben einem bewaffneten Wachmann in Zivil. Dieser nervöse Beschützer trug eine Pistole in einem Schulterholster und eine weitere in der hinteren Hosentasche, so als ob er geradezu hoffte, dass jemand nach ihr greifen würde.

Als der Zug unter Ächzen den Bahnhof von Kairo verließ, kam der Steward mit einem heißen Tee. Die junge Französin fand das *charmant*, bis er ihr ein kochend heißes Glas in den Schoß fallen ließ. Ein leichtes Lächeln umspielte seine Lippen. Als Les fast dasselbe passierte, wurde mir klar, dass unser verrückter Steward daraus eine krankhafte Befriedigung zog. Westliche Frauen, die in muslimischen Ländern reisen, erleben eine verblüffende Bandbreite von Verhaltensweisen beim Zusammentreffen mit einheimischen Männern, von Akten kindlicher Perversion bis zu aggressiven Grapsch- und Spuckattacken. Dies hier war eine neue Masche. Jedes Mal, wenn er vorbeistolperte und den Kessel in der einen, die Tassen in der anderen Hand balancierte, drohten den Frauen Verbrennungen dritten Grades. Ganz im Gegensatz dazu hätte die Aussicht gar nicht traumhafter sein können. Wir ratterten durch die antike Postkartenphantasie des Nils. Fellachen zogen mit Stieren durch die grünen Felder. Frauen in bunten Schleiern zogen Wasser aus schmalen Kanälen. Man sah fast keine technische Errungenschaft der letzten beiden Jahrhunderte, durch die man die Szenerie hätte datieren können.

Ich lehnte mich zurück, um das Schauspiel zu genießen – 800 Kilometer Einsamkeit, zehn Stunden bis Luxor.

Sechzehn Stunden später rollten wir durch die pechschwarze Nacht, trugen vier Schichten Kleidung sowie Handschuhe und Hüte, um eine arktische Kombination aus Klimaanlage und eisiger Wüstenluft aus den Ritzen im Fußboden abzuwehren.

Draußen rasten Dörfer wie undeutliche, eisige Blitze vorbei. Ich war ein bisschen beunruhigt, seit ich gehört hatte, dass wir es auf Grund der Verspätungen nicht bei Tageslicht durch die »Qena-Biegung« schaffen würden. An dieser Nilschleife kurz vor Luxor waren in der Vergangenheit die meisten extremistischen Angriffe auf die Züge verübt worden – normalerweise nach Einbruch der Dunkelheit. Unser Wagon war hell erleuchtet wie eine Geburtstagstorte. Ich stellte mir immer wieder die klaren Umrisse unserer Köpfe vor, gesehen aus dem günstigen Blickwinkel eines Scharfschützen dort draußen in der Dunkelheit, der wie ein Komparse aus *Lawrence von Arabien* gekleidet und bereit war, ein Blutbad anzurichten. Ich hatte auch gerade erst entdeckt, dass wir, ein absurder unglücklicher Zufall, den 16. November hatten – den Jahrestag des Hatschepsut-Massakers nahe Luxor 1997. Das französische Pärchen war überraschend vertraut mit den gruseligen Details: wie die Attentäter sich oberhalb der Tempelruinen versteckt hatten, um zunächst einmal einen Kugelschauer herabregnen zu lassen. Wie sie ein nettes Stündchen damit verbracht hatten, Touristen zu jagen, die sich in dem riesigen Gebäudekomplex versteckten, und wie sie sie schließlich kaltblütig ermordet hatten.

Achtundfünfzig Menschen waren damals gestorben. Ich hoffte nur, die Extremisten hatten keine weitergehenden Pläne für den Jahrestag.

Als wir die Außenbezirke von Luxor erreichten, war nichts geschehen, und ich lächelte zufrieden über meine eigene Kühnheit. Es waren nur noch knapp 20 Kilometer. Selbst der Wachmann begann neben dem schnarchenden Bürokraten zu dösen, die Lider geschlossen, die Arme gekreuzt.

Und dann: *KLIRR!* Das Fenster hinter uns zersprang. Die Französin stieß einen Schrei aus und tauchte auf den Gang hinunter. Ich packte Les bei den Schultern und zog sie zu Boden.

KLIRR! Ein zweites Fenster explodierte.

Der Wachmann zog seine Pistole heraus und schwenkte sie in der Luft. Der Beamte war hellwach, die Augen starr vor Furcht. Der Zug rollte weiter. Wir hielten den Atem an. Alles blieb still.

Nach einer Ewigkeit, wie es uns schien, ging der Schaffner mit dem Schmerbauch zögernd ans Fenster. Er drückte gegen das Sicherheitsglas, um die riesigen Löcher zu untersuchen.

»Dorfbengel«, schnaubte er. »Keine Kugeln. Steine.«

Der Wachmann steckte lachend seine Pistole zurück ins Holster. »Jungen!« Er sah uns auf dem Boden liegen und schüttelte den Kopf, als hätte er nie den geringsten Zweifel gehabt.

»Sie können ganz schön hart werfen«, murmelte die Französin. Der Wachmann brüllte vor Lachen. »Sie dachten, es wären Kugeln!«

Er ging zu dem Beamten zurück, um ihm von unserem Irrtum zu berichten. Sie bogen sich vor Lachen, aber sie grölten doch ein bisschen zu laut.

Wir alle setzten uns wieder hin und warteten in Gedanken versunken die letzten Minuten der Fahrt ab.

»Weißt du, Tone«, vertraute Les mir an. »Ich bin mir nicht sicher, ob ich das alles hier brauche. Ich möchte von jetzt an vor allem Erholung. Eine ruhige Reise.«

Die Französin schaute sie mitleidig an. »Ich glaube, da sind Sie im falschen Land.«

Als wir in den Bahnhof einrollten, erblickte ich eine ganze Rotte erwartungsvoller Gesichter — es müssen hunderte von Hotel- und Taxischleppern gewesen sein, die vor unserem Waggon standen und auf uns vier Ausländer warteten.

Die Geschäfte gingen offensichtlich nicht gerade glänzend. Ein Schild in Arabisch und Englisch leuchtete über der gleichmütigen Menge:

Lächle, du bist in Luxor.

Das Jenseits des Nils

Wenn die römischen Touristen nach der Abfahrt von den Pyramiden zehn Tage lang gesegelt waren, wurden sie vom Geschrei der Bootsleute geweckt: Endlich! Sie waren in Theben angelangt. Ein ergreifender Augenblick. Theben war gleichbedeutend mit dem einstigen glanzvollen Ägypten. Hier hatten um 1500 v. Chr. die Pharaonen des Neuen Reichs regiert, ein Herrschaftsgebiet, das sich von Nordafrika bis über den Nahen Osten erstreckte. 500 Jahre lang behaupteten sie ihre Vorherrschaft mit Eroberern wie Ramses II., der heute als der Pharao des Exodus gilt. Der bloße Anblick der gigantischen prachtvollen Paläste veranlasste Gesandte verfeindeter Länder, ihren Herrschern die Unterwerfung nahe zu legen. Dann setzte ein langsamer Niedergang ein. Als um das 1. Jahrhundert n. Chr. die ersten Touristen eintrafen, war von Ägyptens Stolz nur noch ein Ruinenfeld übrig. Gerade 5000 Einwohner bebauten hier noch den schmalen Streifen des Schwemmlands am Nil. Aber selbst diese Ruinen stellten sämtliche Bauten der Römer und Griechen in den Schatten. Der Name Deospolis, »Stadt der Götter«, wie die Feldherren Alexanders des Großen die Metropole genannt hatten, hatte sich nicht durchgesetzt: Diese Ansiedlung blieb das »Hunderttorige Theben«, das einst Homer als prachtvollste Stadt auf Erden gepriesen hatte. (Der heutige Name Luxor geht auf das arabische *El-Uqsur* für Palast oder Schloss zurück.)

Die antiken Besucher ließen sich bei der Ankunft von der Armseligkeit der Umgebung nicht beirren und folgten ihren Führern begierig von den staubigen Anlegestellen durch die elenden Dörfer, die inmitten der einstigen Hauptstadt der Pharaonen lagen. (Das Grundmodell der ländlichen Häuser mit Wänden aus Lehmziegeln und kegelförmigen Dächern für Haustauben sowie einem Ofen im Hof zum Ausbrüten der Eier in Kamelmist hat sich bis heute gehalten.) Die bescheidene Umgebung war rasch vergessen, hatten die Besucher erst einmal die Prozessionsstraße mit den widderköpfigen Sphingen erreicht. Fast zweieinhalb Kilometer führte dieser Weg durch bewässerte Gärten mit zierlichen Teichen, auf denen Lotosblüten schwammen. Aber all dies wurde kaum wahrgenommen: Der Horizont vor den Besuchern war gleichsam verstellt von dem gewaltigen Tempel von Karnak, dem Haus aller Götter und »höchst verehrten Ort« – das prunkvollste je von Menschen entworfene Bauprojekt.

Der innere Tempelbezirk von Karnak allein bedeckte eine Fläche von über vier Hektar. Eine Vorstellung von der gigantischen Größe dieser Anlage gibt ein Vergleich: Allein der Amun-Tempel war zwanzigmal größer als der Athener Parthenon. Im Inneren erstreckte sich in alle Richtungen eine Flucht aus Säulen und Hallen. Die größte Vorhalle, der große Säulensaal, schien für Titanen erbaut. Der gesamte Komplex war so gewaltig, dass er von den ägyptischen Tempeldienern nicht mehr angemessen unterhalten werden konnte, weshalb weite Teile sich selbst überlassen blieben. An die Säulen einst wichtiger Tempel schoben sich Sanddünen heran, und in den Decken hatten sich Tauben eingenistet. Unter sengender Sonne schritten die Touristen an riesigen Höfen, Obelisken, Kolossalstatuen, heiligen Seen und gewaltigen Steinskarabäen vorbei, bis ihnen der Kopf schwirrte. Die altägyptische Tradition aufgreifend, hatten die römischen Statthalter in Anlehnung an die Statuen der Gottkönige in Karnak Standbilder der Kaiser aufstellen lassen, aber in dieser Arena der Giganten wirkten sie wie Zwerge: Die größte reichte nur bis zu den Knien der Statue des Ramses.

Auf allen Wänden verherrlichten Reliefs die Kriege der stolzen Pharaonen. Im Gegensatz zum heutigen Erscheinungsbild waren alle diese Darstellungen mit leuchtenden Farben bemalt. Gegen

Bezahlung übersetzten ältere Priester den Römern die Hieroglyphen. So erfuhr 19 n. Chr. Germanicus, dass Ramses II. eine Armee von 700 000 Mann befehligt hatte, die fünffache Anzahl aller im damaligen Römischen Reich verfügbaren Soldaten. Auch der geleistete Tribut an Getreide, Elfenbein und Gewürzen überstieg den an Rom geleisteten bei weitem. Ein Römer musste schon sehr phantasielos sein, wenn sein Stolz auf die Ewige Stadt angesichts von Karnak nicht ins Wanken geriet.

Am Ende der Visite deuteten die Priester feierlich zum Westufer des Nils hinüber. In den kargen Thebaner Bergen, hinter denen die Sonne versank, lag das Reich der Toten.

Die Römer waren bis dahin bereit, einfach alles zu glauben. In Ägypten war bisher alles schauerlich makaber gewesen, aber jetzt lag vor ihnen eine Wüstenlandschaft, die ihre überreizte Phantasie ins Unermessliche beflügelte. Diese flimmernden Berge erschienen ihnen tatsächlich als das Tor zum Jenseits, das Reich des schakalköpfigen Gottes Seth. Seine Lakaien, die Hyänen, hörte man des Nachts lachen, während bei Tag in den Lüften die aasfressenden Geier kreisten. Entlegene Täler bargen rätselhafte Gräber, die mit einem Bann belegt waren. Und in den Wanderdünen lagen ganze Armeen von Mumien begraben. In den Straßen verkauften Bettler uralte Amulette, die mit den Flüchen von Toten beladen waren, die nicht mehr ins Leben eintreten konnten.

Die römischen Touristen konnten es kaum erwarten, dies alles mit eigenen Augen zu sehen.

Urlaub im Hades

Wir waren lebendig in Luxor, dem alten Theben, angekommen. Während Les ihren Schrecken ausschlief, fand ich keine Ruhe. Die ganze Nacht über segelten Hieroglyphen durch meine Träume. Um 4 Uhr morgens schreckte ich schließlich aus dem Schlaf auf und trat auf den Hotelbalkon.

Über Luxor lag eine überirdische Stille. Selbst der Nil schien zu schlafen. Von Zeit zu Zeit kräuselte sich aus unerklärlichen Gründen seine spiegelglatte silbrig glänzende Oberfläche, als bewege sich ein Krokodil durchs Wasser. Und drüben am Westufer, dem *min Gharb*, »der anderen Seite«, wie es die heutigen Ägypter nennen, ragten Palmen unter einem feinen Dunst auf. Die erodierenden Thebaner Berge, die antike Besucher einst so sehr in ihren Bann geschlagen hatten, leuchteten unter dem funkelnden Sternenhimmel gespenstisch violett und scharlachrot.

Obwohl Luxor seit eh und je ein besonders wichtiger Anziehungspunkt gewesen war – schon unter Königin Victoria waren Briten hierher geströmt –, begann seine moderne Berühmtheit an einem Morgen im November 1922. Howard Carter leuchtete mit einer Kerze in eine Grabkammer und stammelte: »Ich sehe Dinge, wundervolle Dinge.« Die Entdeckung des Grabes von Tutanchamun, des einzigen noch nicht geplünderten Pharaonengrabes, gilt noch heute als der spektakulärste Einzelfund in der Geschichte der Archäologie. Carter wurde auf einen Schlag so berühmt wie der damalige Filmstar Rudolfo Valentino, und Luxor errang über Nacht jene Bedeutung zurück, die es für die Reisenden des Römerreichs gehabt hatte. (Der Tag ist in Ägypten noch heute ein Feiertag mit Paraden und Straßenfesten.) Auch die Folgen dieser Entdeckung wurden zu einer Legende. Als Carters Mäzen, Lord Carnarvon, das frisch geöffnete Grab besichtigte, wurde er von einem Moskito in die Wange gestochen und starb wenig später in Kario an einer rätselhaften Krankheit. In diesem Augenblick erloschen im Krankenhaus die Lichter, und im fernen Schottland brach sein Hund nach einem Jaulen tot zusammen. Die Welt war wie gelähmt: Gerüchte vom Fluch des Pharao machten die Runde. Sie ließen in der Bevölkerung ein tiefes Unbehagen darüber entstehen, dass Archäologen alte Gräber schändeten. Obwohl die meisten Mitglieder des Grabungsteams von 1922 einschließlich Carter ein hohes Alter erreichten, hielt sich hartnäckig dieser Mythos vom frühen Tod der Frevler.

Als Ausgangspunkt für Besuche im Tal der Könige gehört Luxor heute ganz dem Tourismus – mit sämtlichen negativen Folgen für ein Drittweltland. Jeden Morgen bricht an der Uferfront ein Orkan hektischer Aktivitäten los. Reisebusse brummen, Schlepper bieten Fahrten in Feluken an, Kutscher suchen nach Fahrgästen, und übernächtigte Kinder drängen vorübergehenden Touristen Alabasterkatzen zu zehn, fünf und schließlich zu einem Dollar auf. Besser vermarktet wird der alte Totenkult mit einem frisch eröffneten Museum für Mumifizierung, daran angeschlossen ein Café Anubis, das gewagterweise nach einem aasfressenden Gott benannt ist, aber eine ausgezeichnete Pizza Napoletana bietet.

Bislang war unser Besuch in Luxor kein umwerfender Erfolg gewesen. Nach dem Schock der Zugreise hatte Lesley sich im Hotelrestaurant eine Lebensmittelvergiftung geholt. Am folgenden Morgen blieben wir für eine halbe Stunde im Fahrstuhl stecken, eine Situation, die bei Schwangeren besondere Beklemmungen auslöst. Les nahm die geniale Inkompetenz, die Ägyptens Markenzeichen ist, allmählich persönlich. Und von dem Desaster in unserer New Yorker Wohnung hatte ich ihr noch gar nichts gesagt. Wenigstens hatte ich für unsere anstehende Überquerung des Nils einen Plan, der verhindern sollte, dass sich unsere Pechsträhne fortsetzen würde.

Der Fluch des Pharao hatte uns lange genug verfolgt.

Die Fähre ging vor Morgengrauen. Frauen in schwarzen Schleiern wiegten ihre Säuglinge mit einer Heftigkeit, die Les erblassen ließ. Als wir uns dem Westufer näherten, entdeckte ich eine Reihe schwarzer Taxis. Nur ein Fahrer war schon wach, ein Einäugiger namens Gagarg.

Er stellte sich vor und erzählte beiläufig, dass er von einer Familie von Grabräubern abstamme. Dies sei ein weitaus ehrbareres Geschäft als Taxi zu fahren, und natürlich auch einträglicher. In Altägypten war dieser Beruf freilich gefährlich gewesen: Wer sich erwischen ließ, wurde (durch den Anus) gepfählt. In der Römerzeit entwickelte sich die Grabräuberei zu einer blühenden Heimindustrie, die Thebens Touristenmärkte mit immer neuen Antiquitä-

455

ten versorgte – der Beginn einer langen Tradition. Als im 19. Jahrhundert abendländische Museen für Kunstgegenstände stolze Preise zahlten, gaben zahlreiche Bauern in der Region ihre Landwirtschaft auf, zogen in die von ihnen geplünderten Gräber und hausten zwischen den Fetzen und Schädeln der geschändeten Mumien. Deren gedörrtes Fleisch, so berichteten Reisende, war ein hervorragendes Brennmaterial zum Kochen. Die Grabräuberfamilie Rasul führte 1881 die Behörden widerwillig zu der »Cachette Royale«, dem Versteck jener königlichen Mumien, die heute im Kairoer Museum verwahrt werden. Hier kam auch Thutmosis III. zum Vorschein, der mich mit seinem Fluch verfolgte.

»Wie geht's, meine Freunde?«, fragte Gagarg, als wir über die Straße schnarrten. »Gefällt euch Luxor?«

»Es ist etwas anstrengend«, sagte ich in einer Anwandlung von Ehrlichkeit. Am Vortag hatten uns Souvenirverkäufer acht Stunden lang behelligt. »Alle sind ziemlich penetrant.«

Gagarg fixierte mich mit seinem stechenden einen Auge sardonisch im Rückspiegel.

»Ja, das ist ein Problem. Aber ihr könnt bald wieder gehen und das alles in Luxor vergessen.«

Genau das hatte uns gefehlt. Ein Fahrer mit einem Gespür für postkoloniale Verhältnisse.

Plötzlich tauchten vor uns in den Feldern zwei thronende Statuen von Pharaonen auf, jede so groß wie ein Gebäude mit sechs Stockwerken.

»Halt an, Gagarg, stopp!«

»Wollt ihr nicht ins Tal der Könige?« Er deutete zu den versengten Bergen, die einige Kilometer weiter westlich im Morgendunst auftauchten.

»Nur eine Minute…«

Wir stiegen aus, gingen auf die Statuen zu und inspizierten deren fast drei Meter langen Füße. Sie waren mit jahrhundertealten Graffiti bedeckt, unter anderem mit lateinischen Epigrammen und griechischen Gedichten, die mit der gleichen Absicht entstanden

Die Memnonkolosse, die einst für die römischen Touristen »sangen«.

waren wie das Gekritzel der modernen Touristen. Zwischen Mitteilungen wie »Daryl Jones, Christmas 1811« oder »Ich bin ein Berliner« hatten auch Römer Spuren hinterlassen, so ein Lucius Charisius und ein Falernus, »Professor und Dichter«. Während die Kolossalstatuen heute etwas vertieft sitzen, waren sie einst in einem Umkreis von vielen Kilometern zu sehen gewesen. Trotzdem sind sie noch immer von einer majestätischen und magischen Aura umgeben.

Für die Römer waren sie die bedeutendsten Statuen von ganz Ägypten und vielleicht sogar der ganzen Welt. Angeblich stellten sie Memnon dar, dem Mythos nach ein äthiopischer Halbgott, der im Trojanischen Krieg gefallen war. Sie waren weitaus mehr als reglose Wächter am Ufer des Nils, denn sie verkörperten den sichtbaren Beweis für das Göttliche auf Erden.

Einer dieser »Memnonkolosse« sprach allmorgendlich einen Gruß an seine Mutter, die Morgenröte.

Der singende Stein

Dieses heidnische Wunder war glaubwürdiger als das jeder heutigen weinenden Madonna und staunenswerter als die stillen Pyramiden. Nur um dies miterleben zu können, nahmen die Touristen die weite Reise über das Mittelmeer auf sich.

Nach zahlreichen Berichten von Reisenden im Römerreich kann man sich die Szenerie gut vorstellen: Unmittelbar vor Morgengrauen versammelte sich ein buntes Häuflein von Zuschauern – reiche Römer, fahrende Gelehrte, Dichterinnen und Offiziere der Legion in Theben – und wickelte sich in der kühlen Wüstenluft in ihre Umhänge. Die Züge der gigantischen Zwillingsstatuen des Memnon waren damals noch deutlicher erkennbar als heute, aber die rechte war zerbrochen: Die obere Hälfte lag im Wüstensand. Im Fackelschein konnte die kleine Zuhörerschaft Memnons ausdrucksloses, anmutiges Gesicht mit den gläsernen Augen betrachten. Eine erwartungsvolle Stille legte sich über die Szene, wenn am Horizont die Sonne aufging und ihr Licht über die schroffen Thebaner Berge vergoss. Wenn die Statuen von ihren goldenen Strahlen getroffen wurden, brachten ihnen die ägyptischen Priester auf einem Altar zu ihren Füßen Opfergaben dar. Nach einer Stunde – bis dahin glänzten sie im vollen Licht – stieß der zerbrochene rechte Koloss einen hohen »Schrei« aus, ähnlich dem melodiösen Klang einer Harfensaite, so jedenfalls heißt es im Reiseführer des Pausanias.

Auch wenn wir heute eine Scharlatanerie der Priester argwöhnen, gibt es für den Gesang der Monumentalskulptur eine natürliche Erklärung. Der Memnonkoloss begann 27 v. Chr. zu singen, nachdem er bei einem Erdbeben in die zwei Teile zerborsten war. Historiker mutmaßten deshalb, das Bruchstück habe einen Lufteinschluss erhalten, der bei der Erwärmung in der aufgehenden Sonne durch einen Riss austrat und dabei das hohe klagende Geräusch verursachte. Einige berichteten von einem Klang wie bei einem Schlag auf einen Kupferkessel, andere von einem menschlichen

Seufzer. Strabon, der den Memnonkoloss 25 v. Chr. besuchte, zeigte sich skeptisch. (»Es war wie ein liebliches Schwingen«, berichtete er, »aber ich konnte nicht sagen, ob es von der Statue selbst kam oder von einem der Umstehenden am Sockel verursacht wurde.«) Aber diese Zweifel fanden keine Beachtung, da sich die Alten gegenseitig in Lobpreisungen des verzauberten Kolosses überboten. Der Kunstkritiker Kallistratos schrieb, die äthiopischen Künstler hätten den Schmerz des Helden auf magische Weise in den reglosen Stein gehauen.

Angesichts dieses Wunders verspürten selbst intellektuelle Römer das Bedürfnis, ihr Entzücken in Graffiti auszudrücken, und dies geschah gewöhnlich in Versen, oft in dem komplizierten Versmaß des Homer (die antiken Touristen ließen sich deshalb oft von Berufsdichtern begleiten). Die Ägypter boten zum Einmeißeln sogar Steinmetze an. Falernus, der Professor, schwärmte:

Antike Touristengraffiti
auf dem Bein eines Kolosses.

459

*Beim Anblick seiner Mutter, der safrangewandeten Morgenröte, stößt er
einen Laut aus, süßer als jedes Sterblichen Gesang.*

Moderne Kritiker taten die über 100 dichterischen Äußerungen als
holprige Verse ab, die in der Tat auch eher steif und konventionell
anmuten:

> *O Memnon! Deine Stimme tönt noch immer,*
> *Zerbrachen doch Feinde deinen Leib,*
> *Der Vizekönig Mettius Rufus wurde Zeuge des Ereignisses.*
> *Diesen Vers schrieb der Dichter Paeon.*

Ein römischer Statthalter begann in einem schwerfälligen Latein
und schwenkte dann in ein holpriges Griechisch über:

> *Ich, Titus Petronius Secundus, Statthalter Ägyptens, einen Tag vor den*
> *Iden des März, unter dem 16. Konsulat des Kaisers Domitian (also 14.*
> *März 92 n. Chr.) hörte Memnon in der ersten Stunde nach dem Son-*
> *nenaufgang und ehrte ihn mit folgendem griechischem Vers:*
> *Erhabener Memnon! Dessen majestätischer Geist bleibt an diesem Ort –*
> *Du sangst laut und deutlich, als getroffen du wurdest durch Apolls bren-*
> *nende Strahlen!*

Aus den Kritzeleien geht ebenfalls hervor, dass Ägyptens Old Faith-
ful die Anhänger manchmal auch enttäuschte, so Kaiser Hadrian,
der 130 n. Chr. der Vorstellung beiwohnte. Von der Stille verunsi-
chert – *hatten sich die Götter von ihm abgewandt?* –, zog er sich pikiert
zurück. Seine Gemahlin Sabina wohnte der Vorführung am folgenden Morgen bei und hörte Memnon wie gewohnt singen. Sie
überredete Hadrian zu einem weiteren Besuch, worauf die Statue
zur allgemeinen Erleichterung die Erwartungen diesmal erfüllte.
Hadrian selbst grüßte Memnon laut, hielt die Dichterin Balbilla fest,
offensichtlich um das angeschlagene Ego des Kaisers zu besänftigen,
und es wurde deutlich, dass die Götter ihn lieben. Am Ende fiel die sin-
gende Statue dem eigenen Erfolg zum Opfer. 199 n. Chr. wohnte

Kaiser Septimius Severus während einer Reise einer dieser göttlichen Aufführung bei und war so tief beeindruckt, dass er die Kolossalstatue als Ehrbezeigung wieder aufrichten ließ. Das letzte römische Graffiti auf der Skulptur stammt aus dem Jahr 205 n. Chr., jenem Jahr, als Ingenieure der römischen Armee den gewaltigen Torso mit Hilfe von Winden an den einstigen Platz zurücksetzten.

Der Mechanismus, der durch den Riss beim Sturz des Kolosses während des Erdbebens entstanden war, wurde bei den Bauarbeiten zerstört. Der Memnonkoloss verstummte für immer.

Während wir die ins Sonnenlicht getauchte verwitterte Brust Memnons betrachteten, beäugte uns Gagarg von oben wie gefährliche Fundamentalisten. Ich hatte ein wenig Mitleid mit Amenhotep III., Ägyptens Herrscher aus dem 14. Jahrhundert v. Chr., den die beiden Statuen ursprünglich dargestellt hatten. Noch heute spricht man allgemein nur von den »Memnonkolossen«, sodass sie heute eher an die seltsamen mythischen Rituale der Römer als an den verstorbenen Pharao erinnern.

»Mister!«, schrie Gagarg schließlich ungeduldig zu uns herunter. »Was machen Sie da? Da ist doch nichts.«

»Nur noch fünf Minuten.«

»Und ihre arme Frau? Sie müssen zum Tal der Könige. Tutanchamuns Grab ist wunderschön. Das ist echte Geschichte.«

Um unseren Fahrer nicht länger zu quälen, stiegen wir schließlich wieder in den Fond seiner alten Kiste und holperten ins Herz der Thebaner Berge.

Erforscher der geheimen Gräber

Nach dem Besuch bei dem Memnonkoloss heuerten unternehmenslustige Römer am nahen »Tempel des Memnon« – dem heutigen Ramesseum – Führer und Treiber mit Maultieren an und machten sich mit Fackeln und Seilen auf den Weg durch die steinigen Berge. Nach einem mehrstündigen strapaziösen Ritt unter sengender Sonne durch eine ausgedörrte Landschaft stiegen sie schließlich in ein sandiges Tal hinab. Hier verbargen zahlreiche Felsspalten die Eingänge zu Grabschächten.

Hier, im Tal der Könige, lagen 62 Pharaonengräber aus dem Neuen Reich, die damals griechisch *Syringen*, »Röhren«, hießen. In der Römerzeit standen nur zehn davon Besuchern offen, während die anderen von Grabräubern nach der Ausplünderung wieder zugeschüttet worden waren. Nur ein Grab galt als touristisches Muss, das des Pharaos Ramses VI., das wegen seiner ungewöhnlich prachtvollen Ausschmückung – welche Überraschung – als das Grab Memnons galt.

Im Eingangsbereich von KV9, so die heutige Bezeichnung der Grabstatt durch die Archäologen, türmten sich Berge von Schutt. Die Besucher mussten sich in eine düstere kühle Kammer zwängen, in die hinein ihnen dann die Führer Harzfackeln reichten. In deren flackerndem Licht tauchten phantastische Szenen auf: In dem Grab war jeder Zentimeter Wand mit Hieroglyphen und schaurigen, ja surrealen Malereien bedeckt: Feuer speiende Schlangen, Pharaonen in Wagen, widderköpfige Skarabäen, die in Wagen über ein Gewässer gezogen wurden, auf den Fluten treibende Mumien oder geflügelte Reptilien – dies alles bezogen die ägyptischen Führer dann mit viel Phantasie auf Episoden aus dem kurzen und tragischen Leben Memnons. (Heute wissen wir, dass es sich um Texte handelte, die dem Pharao den Eintritt ins Jenseits erleichtern sollten – das *Pfortenbuch, das Höhlenbuch und die Bücher vom Tag und von der Nacht.*) Viele Reisende wagten sich nur so weit hinein, als sie den Eingang noch sehen konnten, aber Römer mit stählernen Nerven durchschritten sämtliche neun Kammern bis zu dem gewaltigen schwarzen Sarkophag des Helden, der inzwischen leer im kühlen Herzen des Berges ruhte.

Tief berührt erfüllten sie unweigerlich ihre Pflicht: Sie zogen einen Griffel und Tinte hervor und legten auf dem Gips der Wand ein paar Gedanken nieder.

Zum Glück für Lesleys Lendenwirbel muss der heutige Besucher den Weg ins Tal der Könige nicht mehr auf dem Rücken eines Maulesels zurücklegen. Kleine rote Kinderzüge bringen ihn vom Parkplatz bis vor die Tore. Aber ist er erst einmal im Tal, befällt ihn die gleiche Ehrfurcht wie die Vorgänger in der Antike. Hoch aufragende Felsen liegen im Sonnenglast. Der knochentrockene Wind treibt feinen Staub vor sich her. Betonplatten über den Grabeingängen erinnern an Raketensilos in der Wüste von Nevada. Um 10 Uhr früh war die Temperatur – mit rasch steigender Tendenz – bereits auf 37 Grad Celsius geklettert.

»Und jetzt haben wir Winter!« Gagarg klopfte mir aufmunternd auf die Schulter. Die gleiche witzige Bemerkung gebrauchten die Menschen vor Ort wohl schon seit 2000 Jahren.

KV9 war ziemlich einfach zu finden. Drinnen tauchten wir in eine angenehme Kühle ein. Glasplatten schützten die leuchtenden Farben der Wandmalereien: Das Grab hatte bereits viel mitgemacht, unter anderem einen Einsturz der Decke. Zahlreiche Kritzeleien in Griechisch und Latein gelten heute als historisch so bedeutend wie die Malereien, die sie entstellten. Sie machen diese Wände zum ältesten Gästebuch der Welt.

Postkarten an die Nachwelt

In den Gips geritzt oder mit einem Griffel (die Touristen hatten offenbar schwarze, braune, grüne und rote Tinte dabei) auf die Wand gekritzelt, sollten sich diese einfachen Graffiti als überraschend haltbar erweisen. Im Tal der Könige wurden 2105 dieser Kritzeleien gezählt, fast die Hälfte davon auf den Wänden des so genannten »Memnon-Grabes«. Sie sind erfasst in verstaubten französischen Bänden aus den Vierzigerjahren des 19. Jahrhunderts und wurden in späteren Doktorarbeiten immer wieder analysiert, ausgedeutet, statistisch ausgewertet und auf die literarische Qualität hin untersucht. Sie geben einen einzigartigen Einblick in die Kultur des antiken Tourismus und sind sehr viel lebendiger als die formelhaften Lobeshymnen auf den Memnonkolossen.

»Ich war begeistert«, so der (obligatorische) beliebteste Kommentar, den Januarius, ein Zenturio auf Urlaub, gleich in vier Grabkammern an die Wand kritzelte und dabei auch für seine Frau und seine Töchter unterzeichnete.

»Ich war mehr als begeistert«, schrieb ein Besucher, der den anderen um eine Nasenlänge voraus sein wollte.

Eher verdrossen zeigte sich ein gewisser Dioscurmmon, dem wohl die Hitze arg zugesetzt hatte: »Einzig begeisternd ist hier die Größe des Grabes.«

Abgesehen von einigen konventionellen Bekundungen des Staunens – »Diejenigen, die dieses Grab nicht gesehen haben, haben nichts gesehen; glücklich die, die es sahen.« – hinterließen die Reisenden der Römerzeit gerne auch ein paar Hinweise auf sich selbst. Wie heutige Globetrotter auch prahlten viele mit früheren Reisen. »Ich, Antonius, Sohn des Theodorus… der ich lange in Rom gelebt und auf die dortigen Wunder geschaut habe, habe auch die hiesigen gesehen.« Ein gewisser Isodorus flocht den Hinweis auf sein Studium in Athen ein. Zahlreiche Besucher gaben zudem ihren Beruf an. Wie zu erwarten, waren gelehrte Berufe gut vertreten, so Ärzte, Redner, Richter, aber auch ein »Amsuphis, Magier«, der auf den Wänden gleich neun Unterschriften hinterließ. Ein Anwalt namens Burichios hatte offenbar vergeblich versucht, das Geheimnis der Hieroglyphen zu lüften: »Mein Besuch in Ägypten ist zu Ende, und ich verfluche mich, denn es gelang mir nicht, diese Botschaften zu entziffern.« (Ein anderer Besucher schrieb daneben: »Du bist zu streng mit dir selbst, Burichios!«) Die ägyptische Vorliebe für Okkultes teilend, verewigten sich viele Touristen mit einem Anagramm ihres Namens.

Einige versuchten sich in homerischen Versen, die sie vornehmlich auf den bedeutenderen Sehenswürdigkeiten niederlegten. Allerdings tauchten auch auf den Wänden der Gräber wiederholt griechische Sprüche auf. »Horus, Sohn des Zeus, hilf mir, gesund und wohlbehalten zurückzukehren«, lautete einer. Ein anderer: »Diese in den Fels getriebenen Höhlen sind Werke von verblüffender Abscheulichkeit.« Einprägsame kleine Verse wie diese gingen vielleicht auf einen Vorschlag des Führers zurück. Plutarch empfand diese Graffiti als geistlos. »Selten enthalten ihre Kritzeleien Erbauliches oder Anmutiges«, klagte er, »nur Unfug wie: Soundso bittet um gesegnete Erinnerung für Soundso« – ein wohl etwas ungerechtes Urteil, steckte hinter diesen spontanen Botschaften im Tal der Könige ein metaphysisches Anliegen wie jenes hinter den eleganten Versen, die so mühselig in die Pyramiden oder die Kolosse eingemeißelt worden waren.

Denn wie die Pharaonen wollten sich die römischen Reisenden verewigt sehen: »Wer diesen Schriftzug auslöscht, dessen Name soll für immer und ewig ausgetilgt werden«, schrieb einer von ihnen. Oder ein anderer in einem ägyptischen Heiligtum des Pan: »Ein Toter ersteht zu neuem Leben, wenn man seinen Namen ausspricht.«

Obwohl die antike Berühmtheit des »Memnon-Grabes« wie eine merkwürdige Fußnote der Weltgeschichte erscheinen mag, hatte sie nachhaltige Folgen: Unter dem Schutt des Eingangs von KV9, über den jahrhundertelang Touristen traten, lag der Eingang zu dem Grab eines jugendlichen Pharaos verborgen, das so der Nachwelt erhalten blieb.

Heute hat Tutanchamun Memnon als die Hauptattraktion Thebens abgelöst. Sein Grab zieht endlose Besucherscharen an, obwohl es im Tal der Könige in künstlerischer Hinsicht am wenigsten beeindruckt. Tutanchamun wurde als einziger Pharao wieder in seiner ursprünglichen Ruhestätte beigesetzt. Vermutlich als eine Geste der Achtung hatte Howard Carter ihn in seinem weniger wertvollen äußeren Sarg in sein Grab rücküberführen lassen. In einer Vorkammer ruht er hier noch heute. Allerdings handelt es sich wohl um eine Augenwischerei, denn wie sich bei neueren Untersuchungen der Mumie in den Siebzigerjahren herausstellte, hatte sein Team den mit Harz getränkten Leichnam beim Herauslösen aus dem kostbaren inneren Sarg, der heute im Kairoer Ägyptischen Museum verwahrt wird, zerbrochen. Schockiert entdeckten die Forscher zudem, dass Tutanchamuns bestes Stück fehlte: Offenbar hatte es jemand aus dem Grabungsteam als Souvenir mitgehen lassen. Vor diesem Hintergrund nahm sich mein Fauxpas bei Thutmosis III. geradezu harmlos aus.

Unterhaltung mit dem Pharao

Aber obwohl harmlos, war die Sache unangenehm. Sakrileg blieb Sakrileg, wie ich zugeben musste. Eine Störung der Totenruhe ist keine Frage des Grades. Ich hatte mich zu etwas hinreißen lassen, das ich im Nachhinein bereute und für das auch Les bezahlen musste.

Genau am Tag nach der Tat hatte ich von der Katastrophe in unserer New Yorker Wohnung erfahren. Dann folgten der chaotische Ausflug ins Faijum, die schreckliche Zugfahrt, Lesleys Lebensmittelvergiftung und der stecken gebliebene Fahrstuhl. Würde noch etwas Ernstes passieren? Ich kam mir vor wie diese abergläubischen Römer: Die finsteren Mächte Ägyptens hatten sie ebenso sehr fasziniert wie erschreckt.

»Ich muss mich setzen«, sagte Les. Ich brachte sie zu einer Hütte für westliche Touristen, die dem Zusammenbruch nahe war. Dort standen Bänke und Mineralwasser bereit.

»Ich muss noch ein Grab besuchen«, erklärte ich. Les stöhnte leise und legte sich hin.

In einem entlegenen Winkel des Tals der Könige lag, in einem Wadi versteckt, KV34, das heute kaum noch besuchte Grab Thutmosis III.

Ich erklomm erst eine Metallleiter und stieg dann steile Treppen hinab. Der skrupellose alte Feldherr hatte sich eine der am besten gesicherten Ruhestätten des Tals zugelegt. Zu den Sicherungen gehörte eine Falltür, die Grabräuber in spitze Pfähle stürzen ließ. Schuldbewusst überquerte ich mit vorsichtigen Schritten diese finstere Grube und ging an den mit Hieroglyphen bedeckten Wänden vorbei durch die schummerigen Gänge, die sich wie ein gichtiger Finger schräg in den Berghang bohrten. Schließlich gelangte ich vor die eigentliche Grabkammer, an deren Ende fest wie ein Altar der Steinsarkophag stand. Ich war mit einem Aufseher mit Turban und blassem Gewand allein. Er blickte mich aufmerksam an, wartete auf den geeigneten Augenblick, um mir mit der üblichen Masche ein Bakschisch zu entlocken. Ich vermied den Blickkontakt und trat direkt in die finstere Kammer, wo einst die sterblichen Überreste des Pharaos gelegen hatten. Ich fühlte mich seltsam, als ich die Hände auf den breiten Rand des Sarkophags legte.

Was zum Teufel tat ich? Der Aufseher hob warnend den Finger. Ich reichte ihm einige ägyptische Pfund. Er zog sich nickend zurück, als wisse er aus Erfahrung, was ich als Nächstes tun würde. Ich hob erst ein und dann das andere Bein über den Rand und ließ mich langsam in den Sarkophag gleiten. An meinem verschwitzten Rücken spürte ich den Stein. Er war so kalt wie der gedörrte Arm der Mumie in Kairo.

»Es kann nicht schaden«, sagte ich mir und schloss die Augen. Dann leistete ich bei Thutmosis Abbitte.

Und um diesen Napoleon des Morgenlandes wirklich zu besänftigen, bot ich eine substanzielle Entschädigung an. »Ein Toter ersteht zu neuem Leben, wenn man seinen Namen ausspricht.« Ich gelobte, die Geschichte mit der Berührung seines Leichnams eines Tages zu erzählen und ihn so durch Nennung seines Namens wieder zu beleben.

Am peinlichsten war, *das es mir hinterher besser ging.*

Ich stellte mir die umgekehrte Situation vor: Wäre ich eine zerfallene Mumie gewesen und wäre der Feldherr an *mich* geraten, er hätte wegen so einer Berührung sicher keinerlei Schuldgefühl gehabt.

Eher hätte er mir das Glied abgebrochen und es als Schlüsselanhänger benutzt.

Göttliche Flusskreuzfahrt

Die Nilfahrt von Luxor nach Assuan ist ohne Zweifel die majestätischste in Ägypten. Von Kilometer zu Kilometer schieben sich die ockerfarbenen Felsen immer näher an das Ufer heran, bis sie hoch über den Palmen aufragen wie gewaltige Deiche gegen den andriftenden goldenen Wüstensand. Durch ein angenehmes Zusammentreffen ist diese Strecke die einzige schon von den Römern benutzte Route, die man noch heute zu Wasser befahren kann. Eine Nilkreuzfahrt gilt noch heute als das wichtigste rituelle Ereignis einer Ägyptenreise, weshalb in Luxor an jeder Anlegestelle in dicht gedrängten Dreier- oder Viererreihen Schiffe jeder Klasse vor Anker liegen. Solche Fahrten sind zwar nur noch ein Abglanz des einstigen malerischen Erlebnisses – bis nach Assuan sind es nur noch drei Tage –, aber man kann sich ihrer magischen Anziehungskraft einfach nicht entziehen. Endlich würden auch wir den Fluss des Lebens mit dem liebsten Transportmittel der Römer befahren, wenn auch nicht ganz mit ihrem Komfort.

Seit 48 v. Chr., als Kleopatra mit Julius Caesar auf der königlichen Prachtbarke der Ptolemäer über den Fluss glitt, waren schwimmende Vergnügungspaläste zu einer ägyptischen Besonderheit geworden. Nach der minutiösen Beschreibung des Athenaios bestand dieser fast 100 Meter lange, mit Edelsteinen und Elfenbein verzierte Katamaran aus ausgehöhlten Stämmen von Zedern. Das Oberdeck schmückte eine lange Fußgängerarkade mit vergoldeten Säulen, Statuen und Schreinen der Aphrodite, eine »geheime

Höhle« bot sich für heitere Momente der Zweisamkeit an. Vier Speisesäle, einer auf Deck für Abendessen in lauen Nächten, und ein Schlafsaal mit 20 Betten standen damals den Fahrgästen zur Verfügung.

Die Schiffe der gewöhnlichen römischen Touristen entsprachen natürlich nicht der königlichen Pracht, boten aber dennoch offenbar ausreichend Komfort, denn in der Literatur tauchen nirgendwo Beschwerden auf. Unter lila Baldachinen vor der Sonne geschützt, studierten die Fahrgäste auf Kissen und mit einem Becher Wein in der Hand die vorüberziehende Landschaft. (Inzwischen kannten sie diese exotische Region so gut wie Jahrhunderte später die französischen Gelehrten oder die Mitglieder der British Geographical Society.) Die Mosaikdarstellungen der Nillandschaft, die in römischen Villen so beliebt waren, wurden jetzt vor ihren Augen lebendig. Zwischen den Schilfgräsern tummelten sich noch nie gesehene Tiere: Flusspferde, Affen, Ibisse und Berberlöwen. In Kanus glitten Jäger vorüber, und Bauern beackerten den Boden. In regelmäßigen Abständen tauchten über den Palmen Tempel aus Sandstein auf, die alle über eine kleine Armee von Priestern, eigene Schulen, Bibliotheken und Unterkünfte verfügten. In dieser phantastischen Landschaft schufen nicht wenige Reisende eine literarische Hommage an den göttlichen Nil. Sein Wasser war der Göttin Isis geweiht, und kein Tourist verließ Ägypten ohne ein Fläschchen davon als Erinnerung. In Krügen blieb es angeblich jahrelang trinkbar. Wie der Erzähler Achilles Tatius schwärmte, war dieser göttliche Nektar süßer als Wein und klarer als Glas.

Zudem beschäftigten sich die Reisenden mit dem größten aller geographischen Rätsel der Antike, mit der Quelle des Nils.

Ist etwas nicht wunderbar an diesem Fluss?, fragte der Orator Aristides. *Seine gesamte Länge ist eine Galerie von Wundern. Kein Nebenfluss speist ihn, die Felsen um ihn herum zerspringen durch die Trockenheit der Wüste, und die Berge gehen fast in Flammen auf. Und doch könnten seine Wassermassen jeden See und jeden Golf füllen... Er ist wie eine einzige Quelle für das ganze Land Ägypten.*

Ägyptische Priester an Bord hielten zu diesem Thema Vorträge. Wurde dieser durch Afrika strömende Fluss vom Okeanos gespeist, der ringförmig die Erde umschloss? Oder sprudelte er direkt aus den Tiefen der Erde empor? Und wie kam es, dass er mit der Pünktlichkeit einer Uhr jedes Jahr Hochwasser führte, ohne dass ein Tropfen Regen fiel? Fachleute befassten sich mit den üblichen – ägyptischen, persischen und griechischen – Theorien, die nicht auf Naturbeobachtung beruhten, sondern aus literarischen Quellen stammten. Obwohl reisende Elfenbeinhändler wussten, dass die Zuflüsse des Nils im Frühjahr vom Regen in den Bergen im Süden (dem heutigen Uganda) gespeist wurden, wiesen alle bedeutenden Denker der Antike ihre Berichte von der Hand: Es war doch für jeden Toren erkennbar, dass die Sommerhitze in Richtung Süden immer stärker wurde und dort die Haut der Menschen zu Asche verbrannte, also könne es diese grünen Berge nicht geben. Für sie entzog sich die Quelle des Nils dem Wissen Sterblicher. Und die jährliche Nilschwemme war der Beweis für die göttliche Ordnung des Kosmos.

Gegen den Strom

Les machte für uns ein Hausboot der Hotelkette Oberoi mit dem viel sagenden Namen Oberoi III ausfindig. Wie alle heutigen Kreuzfahrtschiffe auf dem Nil glich es einem schwimmenden Ziegelstein. Ohne Bug und Heck konnte dieser solide Quader mit den Kabinen im Inneren an der Anlegestelle gut festgemacht werden.

Die Oberoi III war auf ihrer Jungfernfahrt. Die Kabinen rochen nach frischer Farbe und Sägemehl, eine deutliche Verbesserung gegenüber dem penetranten Biergeruch, den die Teppiche in den älteren Schiffen verströmten. Der Innenarchitekt hatte ganz auf Limonengrün und viel Chrom gesetzt, während das rosa Linoleum an den beliebten Rosenquarz der Antike erinnerte.

»Wir haben für jeden Passagier vier Bedienstete«, prahlte der Steward Kemahl. »Und als einziges Schiff auf dem Nil verfügen wir über zwei Toiletten pro Kabine.«

Und wie jedes Kreuzfahrtschifff hatte das Oberoi III auf Deck einen Swimmingpool. Ägyptische Reeder geben sich keinen Illusionen hin: Ein Sonnenbad im Winter hat unter Ausländern auf dem Nil höchste Priorität. Wir gesellten uns zu einer Schar Kanadier aus Toronto, die sich wie Seelöwen laut, ausgelassen und ständig betrunken auf dem Kunstrasen rekelten. Die schlanken Kellner im Smoking wichen uns nicht von der Seite. Anfangs fühlten wir uns wie neokoloniale Schweinchen, gewöhnten uns aber dank der angenehmen Wärme Afrikas und den sanft vorübergleitenden Felsen rasch an dieses Gefühl.

Flussfahrten sind zwangsläufig mit Untätigkeit verbunden und deshalb oft quälend langweilig. Aber hier im hoffnungslosen Ägypten war das Oberoi III ein Geschenk der Götter.

Wir waren beide erschöpft und übersättigt. Nicht einmal ich konnte weitere Ruinen aufnehmen. Bei den gigantischen ägyptischen Tempeln und Statuen mit den leeren Augen hatten sich schließlich alle Unterschiede verwischt. Das erste Dutzend war atemberaubend gewesen, aber diese anfängliche Begeisterung konnte unmöglich anhalten. Die Stile wiederholten sich bis zur Betäubung. Zudem konnte ich absolut keinen ägyptischen Mythos mehr hören. Diese Göttersagen – ein fleißiger moderner Gelehrter hat 641 mythische Gestalten mit Käferköpfen, Schabenflügeln oder Krokodilschwänzen gezählt – erinnerten an phantastische Träume.

Wir ließen folglich ein paar Landgänge aus. Wir wollten uns nur noch im Pool rekeln und das Flussufer vorüberziehen sehen. Für diese philisterhafte Einstellung schämte ich mich etwas, las dann aber, dass auch Julius Caesar und Kleopatra eine solche Art von Reise genossen hatten. Caesar war von den vielen Schlachten der letzten Jahre erschöpft, und Kleopatra mit ihrem Sohn hochschwanger gewesen. Natürlich hatte Caesar die gesamte bekannte Welt erobert, aber von diesem kleinen Unterschied abgesehen, war die Parallele unübersehbar.

Caesars und Kleopatras prachtvolle Nilkreuzfahrt ging als denkwürdiges Ereignis in die Geschichte ein. Aber größere Bedeutung in der Chronique scandaleuse der Antike kommt der Reise Kaisers Hadrians 130 n. Chr. zu. Die kaiserliche Barke war eine schwimmende Lasterhöhle, auf der allerhand Intrigen gesponnen wurden. Hadrian reiste mit seiner Frau Sabina, aber seine Gefühle konzentrierten sich ganz auf einen männlichen Mitreisenden, einen jugendlichen Favoriten namens Antinous. Wegen seiner auffallenden Schönheit wurde dieser Grieche aus Kleinasien als »melancholischer Apoll« bezeichnet. Dagegen wurde die Kaiserin von einer Reisegefährtin begleitet, einer Dichterin namens Julia Balbilla, die im Stil der 700-jährigen Tradition der Sappho von Lesbos schrieb.

Das Drama begann mit dem rätselhaften Verschwinden des jungen Antinous auf dem Weg nach Theben. Bald darauf wurde er ertrunken nahe dem Ufer im Schilfgras entdeckt.

In Rom kursierten bald darauf Verschwörungstheorien. War es wirklich ein Unglück gewesen, wie Hadrian in seiner Autobiographie mit auffallendem Nachdruck behauptete? Oder hatte Kaiserin Sabina aus Eifersucht einen Mord befohlen? Nach der pikantesten Hypothese hatte Hadrian selbst den Mord in Auftrag gegeben. Der abergläubische Kaiser hatte ein Motiv. Der Besuch der magischen Vorführungen des Pachrates in Heliopolis hatte seine geheimnisvolle Krankheit keineswegs sichtbar gebessert. Die ägyptischen Magier standen aber bekanntlich mit den Mächten der Hölle in Kontakt und hatten die Fähigkeit, das Leben eines Menschen zu verlängern: *Dafür musste dann allerdings ein anderer sterben.*

Moderne Historiker nehmen Selbstmord an. Antinous könnte in Ägypten das Bedürfnis verspürt haben, sich das Leben zu nehmen. Die »griechische Liebe« galt in der Antike als respektable und erhabene Erfahrung, allerdings nur im Verhältnis eines älteren Mentors zu einem erzieherisch betreuten Jugendlichen. Hadrian wollte die sexuelle Beziehung zu Antinous offenbar bis in dessen Erwachsenenalter hinein aufrechterhalten, was konservative Griechen als schändlich und erniedrigend ansahen.

Möglicherweise wählte Antinous in einer Zwangslage die ehrenvollste Lösung: Er nahm sich im Nil das Leben, erlangte damit Unsterblichkeit und verhalf zudem seinem kränkelnden Geliebten nach den Prophezeiungen zu einem neuen Leben.

Das Ende der damals
bekannten Welt

Ein steinerner Pylon mit verwitterten Hieroglyphen kündigte die letzte Station des Schiffsverkehrs auf dem Nil an. Assuan, damals bekannt als Syene, war eine Grenzstadt, ein antiker Vorposten inmitten einer der reizvollsten Landschaften Ägyptens. Mit den sanft gerundeten Flanken eines schlafenden Dickhäuters lag hier eine schöne Felsformation im Fluss: die Insel Elephantine. Die Wüste schien überirdisch, den Göttern näher und mit einem himmlischen Licht übergossen. Syenes sandige Straßen warteten mit geballter ägyptischer Exotik auf: Schlangenbeschwörer stellten Kobras zur Schau, Kamelkarawanen mit arabischen Düften zogen vorüber, und dunkelhäutige Kurtisanen warteten in den Schenken auf urlaubende Zenturionen. Zudem ereignete sich hier, am Wendekreis des Krebses, zu jeder Sommersonnenwende ein Naturschauspiel, wenn die Sonne vollkommen senkrecht vom Himmel stach und die Obelisken keinen Schatten mehr warfen. (Anhand dieses Phänomens hatte im 3. Jahrhundert v. Chr. der griechische Gelehrte Eratosthenes bewiesen, dass die Erde rund ist: Er verglich die Schattenlängen während der Sommersonnenwende mit denen in Alexandria und bestimmte durch trigonometrische Berechnungen bis auf 80 Kilometer genau den Erdumfang.)

Assuan war zugleich auch der Ausgangspunkt für den letzten Ritus der Grand Tour: für einen Tagesausflug zur Insel Philae. Auf dieser kleinen Landerhebung mitten im Nil wartete Ägyptens antikes Tourismusgewerbe mit einem Spektakel auf, das für die große

Philae: die heilige Insel der Isis, die letzte Station auf der Grand Tour der Antike.

Reise über das Mittelmeer einen würdigen Abschluss bildete. Das Heiligtum der Isis, der populärsten Göttin Ägyptens (ihre mütterlichen Eigenschaften sollten später von den Christen auf die Jungfrau Maria übertragen werden), der diese Insel geweiht war, zog jährlich 50 000 Pilger an. Auf einer irdischen Ebene bildete Philae zudem das Symbol für das äußerste Ende des Römischen Reiches. Obwohl noch Legionen in einer sich anschließenden 120 Kilometer breiten Pufferzone patrouillierten, galt es als Außengrenze der bekannten Welt. (So weit heute bekannt, drang nur eine römische Expedition tiefer ins afrikanische Kernland vor: um 60 n. Chr. auf Befehl Neros. Die Legionäre folgten zu Fuß dem Verlauf des Nils, stießen auf das Gebiet des heutigen Sudan vor und kamen während der strapaziösen Märsche fast alle um. Der Philosoph Seneca lernte in Rom zwei Zenturionen kennen, die überlebt hatten, und erfuhr von ihrem entbehrungsreichen Abenteuer. Ihre Leistung wurde erst im 19. Jahrhundert von europäischen Entdeckern übertroffen.)

Aber weitaus aufregender als diese Lage war Ägyptens extravaganteste Darbietung für Touristen.

Philae lag oberhalb des ersten Nilkataraktes, jener Stromschnellen, die jede Schifffahrt flussaufwärts verhinderten. Diese Wände schäumenden Wassers, die mächtig durch die Wüste donnerten, verkörperten das göttliche Mysterium Afrikas. Damit die römischen Zuschauer, die sich am Ufer der Insel versammelten und das Panorama genossen, den Augenblick voll auskosten konnten, jagten Gruppen örtlicher Bootsleute in Kanus aus Papyrusbündeln die Stromschnellen hinunter. Selbst der hypochondrische Aristides machte 160 n. Chr. diese Darbietung mit kindlichem Vergnügen zum Höhepunkt seiner Ägyptenreise:

Obgleich ich wegen meiner angeschlagenen Gesundheit in schlechter Verfassung war, bat ich den Kommandanten von Syene, mir ein leichtes Boot zur Verfügung zu stellen, damit ich die Katarakte besichtigen… und dem seltsamen Schauspiel der örtlichen Bootsleute zuschauen konnte. Der Kommandant war über mein Ansinnen erstaunt und setzte alles daran, mich davon abzubringen: Er sagte, dies sei sehr schwierig, und er selbst sei nicht mutig genug, es zu versuchen. Aber als er sah, dass es mir nicht ausreden konnte, erklärte er sich zur Unterstützung bereit. Ich segelte stromaufwärts. Zunächst… sah ich den örtlichen Bootsleuten zu, wie sie die Stromschnellen hinunterschossen. Und dann wollte ich selbst ein Kanu besteigen und versuchen, umherzusegeln – nicht nur, um die Stromschnellen hinabzufahren, sondern auch, um das gesamte Areal zu erkunden.

Die meisten Römer teilten die Vorsicht des Kommandeurs der Garnison: Es hieß, wer das Getöse der Fälle nicht gewohnt sei, würde taub, wenn er sich zu nahe heranwagte.

Das Gefühl der Abgeschiedenheit, das Reisende hier empfanden, spiegelt sich in einem Graffito in Philae wider, in dem das Heimweh und die Sehnsucht nach der Familie zum Ausdruck kommen:

Ich, Demetrius, habe die Länge des mit Früchten gesegneten Nils
  durchreist,
Und jetzt verbeuge ich mich vor Isis, der Allmächtigen, um ihren
  heiligen Schutz für meine Lieben zu erflehen,
Für alle meine Kinder, meine Brüder, Schwestern und Freunde.

Natürlich brachten die Römer der Isis als der ägyptischen Schutzpatronin der Seeleute besondere Opfergaben dar: Der Weg nach
Hause war weit, und jede Meile verlief über das Meer.

Das war's«, sagte Les und machte es sich im Schatten einer Säule
bequem. »Wir haben's geschafft.«

Auf dieser heiligen Insel, die einer Träne glich, hatten wir
schließlich zu uns selbst gefunden. Heute bildet Philae nach wie vor
die Endstation für die meisten Ägyptenreisen. Weiter in den Süden
hinauf kommt man auf Anordnung der Regierung nur noch in bewaffneten Konvois. Überall halten ägyptische Soldaten mit schwarzen Baretts und Maschinenpistolen Ausschau nach islamischen
Fundamentalisten aus dem Sudan.

Ich versuchte, diese Parallele mit den römischen Reisenden, das
triumphale Gefühl, angekommen zu sein, nachzuempfinden. Aber
es wollte sich einfach nicht einstellen.

Zum Teil lag das wohl daran, dass wir gar nicht auf der echten
Philae standen, weil die heutige Insel nur eine gelungene Nachah-
mung ist. Als in den Siebzigerjahren deutlich geworden war, dass
der ursprüngliche Außenposten in den Fluten des Sees hinter dem
Assuanstaudamm versinken würde, organisierte die UNESCO eine
Rettungsaktion, bei der die Tempel Philaes in gigantische Quader
zerlegt und auf der Insel Aglika wieder aufgebaut wurden. Hier
leisteten Landschaftsgärtner hervorragende Arbeit. Die Torbögen
und Palmen erinnerten an einen liebevoll arrangierten japanischen
Landschaftsgarten, der von klarem, blauem Wasser umspielt wurde.

Aber etwas fehlte, etwas Undefinierbares. Ich kniete nieder, hob
eine Hand voll Erde auf und zerrieb sie in der Handfläche.

»Das war's«, wiederholte Les im Schatten. »Stimmt's?«

Ich ließ die Hand voll Erde fallen und sah einen Skorpion da-
vonhuschen.

Die Reise mochte planmäßig vorüber sein, aber irgendwie fehlte
der Schlusspunkt.

Der letzte (Reise-)Ritus

[In meinem Traum] schoss ein Blitzstrahl vom Himmel herab und zuckte so dicht an meinem Kopf vorbei, dass ich verwundert war, dass meine Haare nicht in Brand gerieten. Aber die Tatsache, dass ich auf der rechten und nicht auf der linken Seite des Kopfes getroffen worden war, wurde mir als gutes Omen gedeutet. Dieser Traum und viele andere wurden als Prophezeiung ausgelegt, wonach ich ... nicht länger reisen dürfe.

Aristides, *Heilige Erzählungen*

Lesley nahm die Nachricht von der Überflutung unserer Wohnung gelassen auf. Es wurde einfach Zeit, dass wir nach Hause gingen und unser Heim in Ordnung brachten. Genug war genug: Sie wollte wieder in unserem Bett schlafen, den Winter spüren und ihr Essen kochen. Ich stimmte ihr zu. Das war der Lauf der Dinge. Les war fast im siebten Monat schwanger, und ich wusste nicht, wie ihr Bauch noch dicker werden sollte, ohne zu platzen. Bald würde sie keine Fluggesellschaft mehr mitnehmen. Aber irgendwie fand ich immer einen Vorwand, die Abreise hinauszuzögern. Warum sollten wir nicht noch die überirdische Schönheit Assuans genießen? Wir wohnten in einem phantastischen Zimmer im fünfzigsten Stockwerk des *New Cataract Hotel*. Die Balkone dieses Turmes, der in den Sechzigerjahren für russische Ingenieure erbaut worden war, überblickten eine atemberaubende Landschaft: blutrote Klippen, den wie ein schwarzer Opal schimmernden Nil und die Segel der Feluken, die wie weiß-goldene Flocken den Horizont pünktelten. Hier oben meinte man geradezu die Krümmung der Erde wahrzunehmen. Aber Lesley verbrachte ihre Zeit lieber mit Planungen, wie sie Hotelgeschirr mitgehen lassen konnte. Sie ist normalerweise nicht der Typ, der Handtücher oder Morgenmäntel stiehlt, aber mit ihren altägyptischen Motiven stellten diese Stücke kostbaren klassischen Kitsch dar. Zudem hatten ihr die Kellner gesagt, dass sie ausrangiert und durch gewöhnliches modernes Porzellan ersetzt würden. So ließ sie jeden Tag ein weiteres Teil aus Steingut in der

Handtasche verschwinden, um es vor dem Mülleimer der Geschichte zu retten. So schuf sie die besten Voraussetzungen, sich am ägyptischen Zoll häuslich einrichten zu müssen.

Und dann packte sie das Heimweh. Ich merkte es an ihrem Vorschlag, zu Thanksgiving an einem Abendessen im *Old Cataract Hotel* teilzunehmen, dem snobistischen alten Kolonialhotel von Assuan.

Thanksgiving? Warum nicht! Ich war zu allem bereit, wenn sich die unvermeidliche Abreise nur noch etwas hinauszögern ließ.

Dieses Abendessen geriet dann allerdings eher zu einem Albtraum. Wir legten unsere besten Kleider an – die Einzigen, die nach den Monaten des Reisens noch einigermaßen gut aussahen –, schritten durch die langen mit Plüschteppichen belegten Gänge, in denen die Kellner in Smokings Spalier standen, kamen an vergilbten Porträts viktorianischer Gouverneure vorbei und traten schließlich in einen höhlenähnlichen Speisesaal mit verstaubtem, arabischem Dekor. Für diesen westöstlichen Divan hatte die Hotelleitung zehn Tische zu einem Halbkreis zusammenstellen lassen, sodass sich die Gäste beim Essen anblickten wie die Mitglieder einer Freimaurerloge. Meine Reaktion war die eines Seemannes beim Betreten eines Pestschiffes, aber kaum wollte ich wieder aufstehen, drängten die Kellner heran. Sie hatten ohnehin zu wenig Gäste. Sie ließen keinen entkommen.

»Entspann dich«, flüsterte Les mit graziöser Gebärde. »Es wird eine Erfahrung.«

Das Abendessen wurde in der Tat unvergesslich. Es begann mit einem winzigen Schlückchen Wein vom Nil, dessen besonderes Bouquet ihm bei Reisenden den liebevollen Spitznamen »Achselschweiß der Mumie« eingetragen hatte. Die ägyptische Küche ist eine der feinsten und vielfältigsten der Welt, aber die Auslegung von Thanksgiving ließ es offenbar nur zu, englisches Lamm zu servieren. Das perlmuttfarbene Fleisch lag unter einem harten Panzer aus erstarrtem Bratensaft verborgen. Und auch die folgenden Gänge erinnerten an die Plastikmodelle in den Schaufenstern billiger chinesischer Restaurants.

»Vielleicht sollte ich das lieber nicht essen«, flüsterte Les, als ihre Gabel im Minzgelee stecken blieb.

Zum Abschluss geleiteten uns die Kellner wie Gefängniswärter zum Ausgang.

Für Les war dieses Essen der Tropfen gewesen, der das Fass zum Überlaufen brachte und diesen Abend oder vielleicht die ganze Reise überschattete. Sie zog sich in unser Zimmer im fünfzigsten Stock zurück, während ich mit einem Anflug von Verzweiflung zur Hotelbar schlich.

Dort erkannte ich einen der livrierten Kellner wieder. Ich hatte Mahmoud vor einigen Tagen kennen gelernt. Er war ein typischer ägyptischer Hansdampf, der in den schwimmenden Cafés auf dem Nil herumlungerte und in Assuan Geschäfte machte, von der Vermittlung von Taxifahrten bis hin zum Handel mit größeren Mengen bewusstseinserweiternder Drogen. Er hatte mich aus heiterem Himmel zur Hochzeit eines »engen Freundes« in einem Wüstendorf eingeladen, wobei nicht ganz klar war, wo dieses Dorf eigentlich lag.

Irgendwo in Nubien.

Das war sogar mir verdächtig erschienen. Selbst wenn es wirklich eine Hochzeit und kein unausgegorener Plan für eine sudanesische Entführung war, hatte ich keine Lust, in ein privates Ereignis einzudringen oder, noch schlimmer, in einem abgeschotteten Kreis von Touristen Folklore vorgeführt zu bekommen. Aber Mahmoud beteuerte, die nubischen Hochzeiten seien anders. Es seien offene Feste, und jedermann sei willkommen.

Es würde ein wunderbares Ereignis, ein einzigartiges Schauspiel, ein extravaganter Höhepunkt. Einen Augenblick schlug ich in Gedanken die Brücke zu den zahllosen rauschenden religiösen Festen der Altägypter mit Musik, Tanz, Gerstenbier und wallender Seide.

»Du wärst ein *geschätzter* Gast«, wiederholte Mahmoud. »Vier oder fünf Ausländer werden da sein, empfangen mit der Gastfreundschaft, die Allah gebietet. Mein Freund würde sich geehrt fühlen.«

Das Fest sollte Samstagnacht um 22 Uhr, also zu Thanksgiving, beginnen. Ich sagte Mahmoud, wir würden es uns überlegen.

»Du müsstest verrückt sein«, sagte Les im Hotel nüchtern. »Der Typ sieht wie eine Hyäne aus. Die pressen Geld aus uns heraus und werfen unsere Leichen in den Nil.«

»Genau«, sagte ich unbestimmt. »Ich gehe wahrscheinlich nicht hin.«

Ich hatte nicht mehr von der Hochzeit gesprochen. Und jetzt stand Mahmoud in der *Old Cataract Bar* wieder vor mir, aufgetaucht wie eine Erscheinung, in seiner Kellnermontur und entzückt, die dubiose Einladung zu wiederholen. Es war bereits 23 Uhr, und er wollte jetzt selbst zu der Hochzeit fahren. Er sah es als unübersehbaren Fingerzeig des Schicksals, dass ich ihm wieder über den Weg gelaufen war.

Ich musste zustimmen. Ohne zu zögern ging ich ins Hotelzimmer und weihte Les in meinen brillanten neuen Plan ein. Es war irgendwie verrückt, aber die Vernunft nahm einen immer größeren Raum ein. Es war wohl für einige Zeit die letzte Chance, eine Dummheit zu begehen.

»Oh, geh nur zu deiner nubischen Hochzeit«, seufzte Les leicht resigniert. Und als ich zu Mahmoud zurückgehen wollte, blickte sie mich an, als sei es ein Abschied für immer.

»Was hat Nubien für eine Telefonnummer? Nur für den Fall, dass vorzeitig Wehen einsetzen.«

Tony und Tinas nubische Hochzeit

Theon, Sohn des Origenes, lädt dich zur Hochzeit seiner Schwester, für morgen, den 9. Tubi, um die 8. Stunde.
                    Einladung auf Papyrus, Oxyrhynchus, 2. Jahrhundert n. Chr.

Rituelle Versammlungen übten seit den Anfängen des Tourismus besondere Anziehungskraft aus. In den entlegenen Teilen des römischen Ägypten fand fast jeden zweiten Kalendertag irgendein Fest statt. In jedem Dorf am Nil wurden zahlreiche Götter verehrt, deren Festtage beachtet werden mussten. Ihre Bildnisse wurden in Barken über den Fluss gezogen, während die Menge am Ufer Hymnen sangen. Lobpreisende Priester warfen Opfergaben in die Fluten, die dann zwischen einem Schwarm aus Blütenblättern des Lotos und Palmzweigen flussabwärts trieben. Auch die Zyklen des Nils wurden mit religiösen Festen begangen, so der Beginn der Flut im Juni, der Zeitpunkt, wenn der Fluss über die Ufer trat, und der Hochstand im Spätsommer, wenn mit einer Zeremonie die Nilometer abgelesen wurden. Es gab ein Fest für die Thronbesteigung eines neuen Imperators, für seinen Geburtstag und seinen Tod (sowie für jedes andere Ereignis, das er feiern lassen wollte). Und zwischen all diesen religiösen Festtagen wurden zahllose Familienfeiern begangen. Am aufwändigsten waren die Hochzeitsfeiern. Vieh wurde geschlachtet, mit Honig versetzter Wein floss in Strömen, und nachts entzündete man an den Häusern Lichtergirlanden, die im Dunkeln wie Schwärme von Glühwürmchen flackerten. Musik, Tanz, festliches Essen und ausschweifende Lust beherrschten die großen Runden.

Während ich durch das plötzlich aufregend erscheinende Dekor im *Old Cataract* eilte, stellte sich mir die Frage: Wie sollte ich mir eine nubische Hochzeit entgehen lassen?

Mahmoud war schon betrunken, als ich in seinen klapprigen Buick stieg. Wir bogen in die Dunkelheit einer staubigen Wüstenstraße ein. Im schwachen Strahl seines einen funktionierenden Scheinwerfers tauchten Kamele und Holzkarren auf. Magere Hirten brüllten uns Flüche entgegen. In Staubwolken erschienen Ziegelhäuser, und Hühner rannten wild gackernd durcheinander. Mahmoud hielt mit seiner stark beringten Rechten das Steuerrad fest, mit der linken eine Flasche, aus der er bei jeder Biegung einen kräftigen Schluck nahm.

»Ich dachte, Muslime trinken nicht«, sagte ich mit einer Grimasse und klammerte mich am Armaturenbrett fest. Mahmouds Augen traten hervor. Mit dem Schal um den Kopf sah er wie ein Pirat aus.

»Wir sind erst Nubier, dann Muslime! Und heute ist eine fröhliche Nacht. Eine Nacht von sehr großem Glück. Allah macht *Zugeständnisse*.«

Der Motor des Buick tuckerte in einer armseligen Seitenstraße eines Dorfes schließlich aus. Irgendwo in der Ferne pulsierte chaotische und fremde Musik.

»Gehen wir«, brummte Mahmoud.

Wir stapften durch ein Labyrinth aus sandigen Gassen dem aufgeregten Lärm nach. Ich suchte nach Orientierungspunkten, fand aber keine. Nur niedrige Lehmhäuser im Mondlicht, gelegentlich eine Kerosinlampe, umschwärmt von riesigen Motten. Aus zerfallenen Hauseingängen starrten uns zerlumpte Kinder an.

Ich dachte an Les in unserem Hotel mit den vier Sternen.

Schließlich gelangten wir in einen großen Hof: Hier fand tatsächlich eine Hochzeit statt.

An einem Ende standen wie in einem Amphitheater auf einem Erdhaufen endlose Reihen von Bänken, besetzt mit hunderten von geduldig wartenden Nubiern in bunten Gewändern. Manche tranken. Die meisten reichten an dicke Havannas erinnernde gewaltige Joints herum. Am anderen Ende stand eine Bühne mit sechs Musikern. Sie spielten auf E-Gitarren und einem Keyboard arabische Popmusik. Die röhrenden Lautsprecher waren so groß wie die Steinquader der Pyramiden. Aus allen Ecken strahlten Scheinwerfer die Bühne an, und in der Dunkelheit brummten wie Löwen Stromgeneratoren. Die Kakophonie wühlte dieses schlummernde Meer von Männern nicht im Geringsten auf. Die Rhythmen rissen hier keinen mit.

»Wo sind die Frauen?«, schrie ich Mahmoud zu.

»Wir sind sehr früh«, sagte er achselzuckend.

Wie ich zugeben musste, war dies wirklich keine für Touristen inszenierte Folklore. Ich war der einzige Ausländer und fühlte mich unbehaglich.

»Bist du sicher, dass niemand etwas dagegen hat, dass ich hier bin?«

»Im Gegenteil! Du bist ein geschätzter Gast.«

Und wie um seine unwahrscheinliche Behauptung zu stützen, erschien der Bräutigam an meiner Seite. Er erinnerte mich an eine nubische Ausgabe von John Belushi mit seiner leicht pummeligen Figur, der Glatze und der leuchtend rosa Schärpe um die Hüfte. Den großen glasigen Augen nach zu urteilen, feierte er schon seit einiger Zeit. Wir schüttelten uns die Hände und tauschten über Mahmoud als Übersetzer förmliche Höflichkeiten aus. Die Frauen des Dorfs, sagte er mit beiläufigem Kopfschütteln, seien bei der Braut und färbten ihr das Haar mit Henna. (Sie war 15, er 50.) Sie kämen später – um den Spaß zu verderben, wie ich vermutete.

»Bis dahin trinken wir Tee«, verkündete Mahmoud und wankte davon.

Auf einem Balkon, der die gesamte Szenerie überblickte, wurden schlanke Gläser mit dem heißen Getränk gereicht, darin ein Schuss übel schmeckender Whiskey. Männer drängten herein, setzten sich auf den Schoß von anderen und klopften sich gegenseitig herzlich auf die Schenkel. Der Bräutigam zog noch einen Joint heraus, dick wie eine deutsche Bratwurst. Der Whiskey brannte in meiner Kehle, ätzte wie Schwefelsäure an meinen Geschmacksknospen. Unten, in der Dunkelheit des Hofs, gaben an die Wand gestützte Männer das schreckliche Gebräu still wieder von sich. Mahmoud deutete auf einen armen Teufel auf den Knien.

»Ägyptischer Branntwein!«, gluckste er.

Und dabei hatte meine Leber noch immer mit dem giftigen Achselschweiß der Mumie vom Abendessen zu kämpfen. Kein Wunder, dass der Prophet Alkohol im Koran streng verboten hat.

Zwei Stunden später stand ich unten im Hof und fragte mich noch immer, wann die Zeremonie beginnen würde. Die Band spielte so wild wie zuvor. Inzwischen mussten sich die Gitarristen an den Saiten die Finger wund gescheuert haben. Aber von einer Braut fehlte noch immer jede Spur.

Langsam dämmerte mir, dass diese nubische Hochzeit noch die ganze Nacht dauern würde. Mahmoud bestätigte meine scharfsinnige Einschätzung und gab schließlich zu, dass dies nur die Vorrunde zu einem volle drei Tage dauernden Fest war, für mich etwas unangenehm, denn ich hatte keine Gelegenheit zur Rückfahrt nach Assuan.

Der Bräutigam bemerkte meine Unruhe, trat auf uns zu und strich mir tröstend über die Hand. Ich grinste ihn wie ein Idiot an und fragte mich, was vor sich ging.

Mahmoud deutete auf die Bühne. »Der Bräutigam will mit dir tanzen.«

Ich grinste noch gezwungener, dann wiederholte Mahmoud die Einladung.

»Sehr freundlich«, gurgelte ich. »Ein andermal.«

Mahmouds Lächeln erlosch. Noch nachdrücklicher deutete er auf die Bühne. Der Bräutigam drückte meine Hand inniger. Ich zog sie sanft zurück.

»Bitte erklär ihm, dass ich mir das Knie aufgeschlagen habe und nicht tanzen kann. Ich muss ihn leider enttäuschen.«

Mahmoud blickte mich ernst an: »Du musst! Du bist ein geschätzter Gast!«

Er meinte es offenbar ernst.

»Der Bräutigam wäre sehr gekränkt«, zischte Mahmoud und schob mich sanft an.

Durch den Nebel in seinen Augen bemerkte der Bräutigam allmählich, dass ich zögerte. Ein Schatten legte sich bedrohlich auf das glücklichste Ereignis in seinem Leben. Ich suchte verzweifelt nach einer anderen Ausrede, während er meine beiden Hände ergriff und sie flehentlich drückte.

Wie ein Astronaut in den Tiefen des Weltalls folgte ich dem pummeligen Mann eilig die Stufen hinauf auf die grell erleuchtete Bühne. Oben waren wir die Einzigen auf der Tanzfläche. Sie erschien mir riesig. Die Musik schmetterte noch eine Stufe hektischer, und die verzerrten Noten drangen wie eine Krone aus Glasscherben in meinen Kopf ein.

Der Bräutigam begann seine Knie zusammenzuschlagen, während seine Augen ekstatisch nach hinten rollten. Ich blieb starr stehen wie ein Hase, den plötzlich Scheinwerferlicht anstrahlt. Der nubische Tanz bestand offenbar aus einem heftigen Zucken der Knie, wobei die Arme starr ausgestreckt gehalten wurden – von der Hüfte aufwärts wie Alexis Sorbas und unterhalb wie ein aufgeschrecktes Huhn. In der Musik konnte ich keinen regelmäßigen Takt ausmachen und auch nichts, was einer Melodie ähnlich gewesen wäre. Ich dachte, ich würde mich noch lächerlicher machen, wenn ich seine Tanzschritte nachzuahmen versuchte. Ich begann deshalb einen Tanz im Westernstil und stellte mir einfach vor, dass die Band völlig verzerrt Countrymusic spielte.

Während ich meine bleiernen Glieder im Kreis bewegte, warf ich einen flüchtigen Blick zu den Balkonen hinauf: Ich erwartete eine vor Vergnügen und Spott tobende Arena. Stattdessen blickten die Männer, die in den bunten Gewändern noch immer aufeinander saßen, völlig ausdruckslos auf mich herunter. Gegen das Licht der Scheinwerfer gesehen, wirkten diese Figuren wie reglose Pappkameraden, eine Szenerie, als sei die Zeit stehen geblieben. Nur der Bräutigam und ich schienen uns zu bewegen.

Ich blickte auf die starren Silhouetten und dachte: *Wir sollten wirklich nach New York zurückkehren.*

Epilog:
Domus, *sweet* domus

Homer hatte völlig Recht, als er sagte, dass Odysseus weise und klug war, weil er so weit gereist war und so viele verschiedene Völker kennen gelernt hatte. Was mich selbst betrifft, haben meine Abenteuer als Esel meinen Erfahrungsschatz enorm bereichert, auch wenn sie mich nicht Weisheit gelehrt haben.

Apuleius, *Der Goldene Esel*

Jedes Mal, wenn ich jetzt in der Grand Central Station aus der U-Bahn ans Licht komme, bewundere ich die gewaltige Statue des schwingenfüßigen Hermes kurz vor dem Abheben, bevor ich meinen Weg zu den riesigen korinthischen Säulen vor der Public Library fortsetze. Wie das gleichnamige Institut in Alexandria damals besitzt auch diese Bibliothek in ihren muffigen Magazinen jedes Buch, das je geschrieben wurde – jene gelehrten französischen Zeitschriften aus dem Jahr 1877 ebenso wie Sammlungen von Pyramidengraffiti aus dem Jahr 1844 und Werke deutscher Wissenschaftler aus dem Jahr 1911.

Aus dem riesigen Lesesaal, über dessen Decke hoch über meinem Kopf die Götterbilder dahinhuschen, kann ich den Schnee beobachten, der aus bleiernen Wolken herabfällt, und an die heiße Kuppel aus Blau über dem Parthenon, über Theben oder Troja denken.

Sie wirkt wie ein Traum, unsere Grand Tour, wie das Reisen eben so an sich haben, sobald man wieder zu Hause ist. Allerdings wirken viele Dinge plötzlich einfach wie lange vergangene Träume, wenn man nur zwei Stunden pro Nacht schläft. Natürlich sind wir heil nach New York zurückgekommen. Nach all den antiken Ruinen konnten wir endlich auch die spektakulären Trümmer unseres eigenen Apartments in Augenschein nehmen. Es hätte sicher noch schlimmer kommen können, aber es fiel mir schwer, mir das vorzustellen. Die Göttin Juno hatte ihren Teil des Handels erfüllt, den ich in Rom mit ihr geschlossen hatte: Sie hatte uns die ganze Reise bis nach Ägypten sicher überstehen lassen. Und jetzt musste ich wie der Redner Aristides, der dem Apollon eine Rede weihte, ein *opus* für sie vollenden.

Sie waren wahnsinnig, jene folgenden Wochen. Les war von einer pränatalen Hyperaktivität befallen: Die ganzen aufgestauten Nestbauinstinkte kamen in einem einzigen weiß glühenden Energieschub zum Ausbruch, währenddessen sie das Apartment für einen zusätzlichen Mieter umgestaltete. Ich kam nach Hause und fand sie dabei, wie sie gerade Holz zusägte. Es war ein schrecklicher Anblick.

Der letzte Farbtropfen wurde an einem frostigen Winternachmittag verstrichen. Wie aufs Stichwort rüttelte Les mich um 4 Uhr am nächsten Morgen wach.

Während der ganzen Odyssee rund um das Mittelmeer hatte ich nie wirklich geglaubt, dass die bevorstehende Geburt tatsächlich einmal passieren würde. Allerdings denke ich, dass nur wenige Männer sich das wirklich vorstellen können, wenn sie ehrlich sind. Wir stehen immer draußen und gucken rein. Da ist es leicht, auf Distanz zu bleiben. Wir müssen eine ganze Menge nachholen, und das alles in einem explosiven Ereignis.

An jenem eiskalten Morgen traten Les und ich die heldenhafte Reise die First Avenue hinauf an – vier ewig lange Blöcke, eine Reise, die viel länger wirkte als die von Rom bis zum Nil.

Und dann war es ein zutiefst menschliches Ereignis – die normalste Sache der Welt, die für alle Beteiligten doch so ganz einzigartig ist. Ich glaube, da habe ich es endlich kapiert. Egal wie viele Menschen etwas tun, die Wahrnehmung ist niemals ganz dieselbe.

Unsere Reise war zu Ende. Eine andere hatte gerade, mit einem lauten Schrei, begonnen.

Und, ach ja, die Geburt war ein Kaiserschnitt.

Antonius VSLM
New York, 2001 n. Chr.

Anhang

I. Zeittafel

Vorgeschichtliche Zeit

um 2500 v. Chr.: In Ägypten wird die Cheopspyramide fertig gestellt (Zenit des Alten Reiches).

1504–1450 v. Chr.: Unter Pharao Thutmosis III. erreicht das ägyptische Reich seine größte Ausdehnung (Zenit des Neuen Reiches).

1500–1100 v. Chr.: Aufstieg der Bronzezeitkulturen auf dem griechischen Festland.

1184 v. Chr.: Das überlieferte Datum für den Fall von Troja; der Sage nach kann der trojanische Prinz Aeneas entkommen und segelt nach Italien, wo er von einem »zweiten Troja« träumt.

1100 v. Chr.: Jason und die Argonauten segeln auf einer Erkundungsreise in das Schwarze Meer.

753 v. Chr.: Überliefertes Datum für die Gründung Roms durch Romulus. Die Römer sind schwer arbeitende, aufstrebende Bauern, die von Königen regiert werden.

800–550 v. Chr.: Zeitalter der griechischen Kolonisation im Mittelmeergebiet; Siedlungen in Italien rund um den Golf von Neapel und auf Sizilien.

510 v. Chr.: Der letzte König Roms wird durch einen aristokratischen Staatsstreich vertrieben und durch eine Senatsherrschaft mit zwei jährlich gewählten Konsuln an der Spitze ersetzt. Beginn der römischen Republik.

490–479 v. Chr.: Kriege zwischen Persern und Griechen; die Perser werden in der Entscheidungsschlacht bei Salamis geschlagen.

480–430 v. Chr.: »Goldenes Zeitalter« der attischen Demokratie; kulturelle Blüte unter der Führerschaft des Perikles, Bau des Parthenons. (Rom ist zu dieser Zeit noch ein schäbiges Dorf am Tiber.)

431–404 v. Chr.: Peloponnesischer Krieg: Sparta bricht die attische Vorherrschaft über die Ägäis.

399 v. Chr.: Selbstmord des Sokrates in Athen; sein Schüler Platon gründet die Akademie.

336–323 v. Chr.: Alexander der Große erobert ein riesiges Reich im Osten, von Griechenland über Ägypten bis an die Grenzen Indiens.

Der Aufstieg Roms

275 v. Chr.: Römische Eroberung Italiens beendet; Rom wird Weltmacht.

264–202 v. Chr.: Punische Kriege; Rom besiegt Karthago und dehnt sein Reich weiter aus.

146 v. Chr.: Zerstörung Korinths besiegelt die römische Eroberung Griechenlands.

80–30 v. Chr.: Das Zeitalter der Bürgerkriege zerrüttet Rom. Wichtige Gestalten wie Julius Caesar, Pompeius, Cicero betreten die Bühne der Welt.

44 v. Chr.: Caesar wird nach fünf Jahren als »Imperator und Diktator auf Lebenszeit« in Rom ermordet. Die Kriege beginnen erneut.

31 v. Chr.: Caesars Erbe Oktavian schlägt Marcus Antonius und Kleopatra in der Schlacht bei Aktium und wird zum unangefochtenen Herrscher Roms. Die beiden Liebenden begehen ein Jahr später in Alexandria Selbstmord.

30 v. Chr.–200 n. Chr.: Die Blütezeit des Römischen Reiches; das goldene Zeitalter des antiken Tourismus

27 v. Chr.: Oktavian ändert seinen Namen in Augustus, »Der Erhabene«, und wird *princeps* oder »Erster Bürger« – der erste römische Kaiser.

27 v. Chr.–14 n. Chr.: Herrschaftszeit des Augustus. Ordnung und Wohlstand kehren in das Mittelmeergebiet zurück. Die Stadt Rom wird verschönert; goldenes Zeitalter der römischen Literatur.

Etwa zwischen 7 und 2 v. Chr.: Die Enthüllung der Weltkarte des Agrippa.

14–37 n. Chr.: Tiberius herrscht als Kaiser.

37–41 n. Chr.: Caligula.

41–54 n. Chr.: Claudius.

54–68 n. Chr.: Nero.

66–67 n. Chr.: Neros Griechenlandreise.

69–79 n. Chr.: Vespasian.

98–117 n. Chr.: Trajan erreicht die größte Ausdehnung des Römischen Reiches. Das silberne Zeitalter der Literatur beginnt (silberne Latinität). In den nächsten neun Jahrzehnten erlebt das Römische Reich eine nie mehr erreichte Stabilität.

117–138 n. Chr.: Hadrian.

161–180 n. Chr.: Mark Aurel.

192 n. Chr.: Der Kaiser Commodus – Gladiator und Tyrann – wird ermordet.

Niedergang und Fall des westlichen Reiches

193–211 n. Chr.: Septimius Severus kommt nach Bürgerkriegen an die Macht. Die Pax Romana bekommt erste Risse.

248 n. Chr.: Rom feiert das 1000-jährige Bestehen; wachsende Anarchie und Barbareneinfälle führen zur »Krise des 3. Jahrhunderts«.

253–269 n. Chr.: Goten im Ägäisraum.

330 n. Chr.: Kaiser Konstantin, ein Christ, verlegt die Hauptstadt des Reiches nach Konstantinopel (das heutige Istanbul).

410 n. Chr.: Rom wird von den Wandalen geplündert; Zerfall des Westreiches. Unter dem Namen Byzanz beherrscht Konstantinopel das östliche Mittelmeer noch ein weiteres Jahrtausend.

II. Dramatis Personae

Who's who in der Welt der Antike

Achilles – Der größte griechische Held im Trojanischen Krieg; eine beinahe unbesiegbare Kampfmaschine, deren Zorn nach einer Beleidigung das Thema der *Ilias* bildet.

Agamemnon – König von Mykene, Anführer der Griechen im Trojanischen Krieg; bei seiner Rückkehr wurde er von seiner Frau und deren Liebhaber ermordet.

Agrippa, Marcus (64 – 12 v. Chr.) – Jugendfreund und rechte Hand des Augustus (die beiden hatten sich als Studenten in Athen kennen gelernt); Initiator der großen Weltkarte in der Porticus Vipsania. Agrippa war ein brillanter Taktiker bei Seeschlachten – Augustus verdankt ihm seinen Sieg über Antonius und Kleopatra bei Aktium – und einer der großen Universalgelehrten der antiken Welt. Er übernahm eine führende Rolle bei der städtebaulichen Neubelebung Roms, stiftete Kunstwerke und schuf prächtige öffentliche Gebäude. Seine berühmte Wandkarte und den dazu gehörigen Kommentar hat er nicht mehr gesehen; die Arbeit wurde nach seinem Tod von Augustus vollendet.

Ajax – Griechischer Held im Trojanischen Krieg, unermesslich stark, aber ziemlich dumm und emotional labil; als man die Rüstung des toten Achilles dem Odysseus zusprach, wurde er vor Wut wahnsinnig, griff eine Schafherde an und beging dann Selbstmord.

Ammianus Marcellinus (um 330 – um 395 n. Chr.) – Der letzte große lateinische Historiker. Er bereiste das Mittelmeergebiet und verrichtete seinen Dienst im persönlichen Stab eines Armeegenerals gegen die vordringenden Barbaren an vielen Fronten. Seine Werke enthalten anschauliche Beschreibungen von Städten des Reiches vor der endgültigen Zerstörung im 5. Jahrhundert.

Apollonios von Tyana (um 20 – 100? n. Chr.) – Ein berühmter heiliger Mann, sozusagen die heidnische Ausgabe des Paulus; Prophet und Philosoph, der die gesamte bekannte Welt bereiste (und offenbar sogar einige Zeit in Indien verbrachte). Wir wissen von ihm vor allem durch eine spätere Biographie des Philostrat – die zwar romanhaft ausgeschmückt ist, aber doch viele glaubhafte Einzelheiten, Meinungen und Vorurteile der Zeit enthüllt.

Apuleius (125 – um 180 n. Chr.) – Ein Autor aus einer adligen nordafrikanischen Familie, der als junger Mann sehr viel reiste, bevor er sich in Rom und Athen niederließ (er wurde angeklagt, eine reiche ältere Witwe in Oea durch Zauberei zur Heirat bewogen zu haben). Seine unglaublich witzige Geschichte *Der Goldene Esel* (auch unter dem Titel *Metamorphosen* bekannt), in der der Erzähler durch Zauberei in einen Esel verwandelt wird, ist der einzige vollständig erhaltene lateinische Roman.

Aristides, Aelius (117 – um 185) – Brillanter Redner und Essayist aus Kleinasien, dessen vielfältige Krankheiten ihn nicht daran hinderten, die Welt zu Lande und zu Wasser zu durchstreifen (er kam bei verschiedenen Gelegenheiten nach Rom, reiste in Griechenland herum und sagte von sich, er sei viermal den Nil auf und ab gesegelt). Sein »Traumtagebuch« in den *Heiligen Geschichten* ist ein einzigartiges antikes Dokument, dessen Intimität schon auf Augustinus' *Bekenntnisse* vorausweist (nach Aussagen des *Oxford Classical Dictionary* »die umfassendste Darstellung persönlicher und religiöser Erfahrung, die uns von einem heidnischen Autor überliefert worden ist«.) Das Werk enthält außerdem ein wunderbar exzentrisches Reisetagebuch.

Hl. Augustinus (354 – 430 n. Chr.) – Christlicher Bischof, der seine Bekehrung von einem wollüstigen heidnischen Jugendlichen zur Rechtgläubigkeit in seinem autobiographischen Meisterwerk, den *Bekenntnissen*, schilderte; er erlebte die Einnahme Roms durch die Germanen, die er in seinem Hauptwerk *Über den Gottesstaat* verarbeitete.

Augustus (63 v. Chr. – 14 n. Chr.) – Der erste Kaiser Roms, der einen drei Jahrhunderte überdauernden Rahmen für das Reich schuf. Als Neffe, Adoptivsohn und Erbe des Julius Caesar triumphierte er in den Kriegen gegen Marcus Antonius und Kleopatra (Kommentatoren stellten dem Hedonismus des Antonius oft die kalte Enthaltsamkeit des Augustus gegenüber). Nachdem er seine Macht in Rom gesichert hatte, herrschte er beinahe 50 Jahre lang und nutzte so die einzigartige Gelegenheit, seinen politischen Entwurf umzusetzen und die *Pax Romana* zu sichern.

Caesar, Julius (100 – 44 v. Chr.) – Eine der charismatischsten und beeindruckendsten Gestalten der gesamten klassischen Geschichte, der einzige Römer, der sich wirklich mit Alexander dem Großen vergleichen konnte. Nach einer ausschweifenden Jugend trat er in die Politik und die militärische Laufbahn ein und erwies sich in beidem als unbesiegbarer Taktiker. 49 v. Chr. ging er als Sieger aus den Bürgerkriegen hervor. Seine Urteilskraft versagte, als er den Titel »Diktator auf Lebenszeit« in Rom annahm und seine eigene Vergöttlichung zu planen begann; sein autokratisches Gebaren führte zu seiner Ermordung durch Brutus und andere. Sein Neffe und Erbe Augustus lernte aus Caesars Fehlern und verhielt sich diplomatischer.

Caligula (12 – 41 n. Chr.) – Der dritte römische Kaiser, der nach einem viel versprechenden Beginn Anzeichen von Wahnsinn zeigte, sich selbst für einen göttlichen Herrscher in der Art der ägyptischen Pharaonen hielt und auch vor Inzest und Mord nicht zurückschreckte. Seine Reisen als Kind mit seinem Vater Germanicus haben ihn vielleicht zu seinem späteren Vorhaben angeregt, der Zeus-Statue in Olympia und der Sphinx in Ägypten den eigenen Kopf aufzusetzen. Seine Ermordung durch die eigenen Palastwachen wurde kaum beweint.

Cicero (106 – 43 v. Chr.) – Der beste lateinische Redner, dessen Aufsehen erregende Reden von Generationen römischer Schulkinder studiert wurden (ebenso wie seine privaten Briefe, die sein zuverlässiger Sekretär zum Zweck der postumen Veröffentlichung kopierte).

Claudius (10 v. Chr. – 54 n. Chr.) – Der vierte römische Kaiser, den Robert von Ranke Graves durch seinen historischen Roman *Ich, Claudius, Kaiser und Gott* zur Unsterblichkeit verhalf. Lahm, stotternd und öffentlichkeitsscheu wurde er unerwartet nach der Ermordung Caligulas zum Kaiser ausgerufen; zur Überraschung vieler regierte er weise und eroberte Britannien für das Reich.

Demosthenes (384 – 322 v. Chr.) – Der bedeutendste Redner des klassischen Athen.

Dionysios »Periegetes« (Um 90 – 150? n. Chr.) – Dionysios »der Reiseführer«, Verfasser eines pseudoepischen Gedichts, der *Geographischen Beschreibung der Bewohnten Welt* schildert die drei damals bekannten Kontinente in 1185 Hexametern.

Galen (129 – um 200 n. Chr.) – Der größte Arzt der frühen Kaiserzeit. Er entwickelte die Vorstellung von den vier Körpersäften, die die westliche Medizin bis ins 19. Jahrhundert beeinflusste. Viele hielten ihn für exzentrisch, weil er Sport und eine auf Gemüse basierende Ernährung empfahl. Er schrieb drei Millionen Wörter zu den verschiedensten Behandlungen (darunter auch einen Index mit dem Titel *Über die Reihenfolge der von ihm selbst verfassten Bücher*). Er begann seine Laufbahn mit der Pflege von verwundeten Gladiatoren in Kleinasien und stieg bis zum Leibarzt des Kaisers Mark Aurel auf.

Germanicus (16 v. Chr. – 19 n. Chr.) – Dieser unglaublich beliebte junge Prinz sollte Augustus auf dem Thron folgen. Nach militärischen Erfolgen am Rhein bereiste er als Konsul den Ostteil des Reiches und ließ keine touristische Sehenswürdigkeit von Olympia bis zu den Pyramiden aus. In Syrien zog er sich eine mysteriöse Krankheit zu. Sein Tod erschütterte die Römer, und man vermutete weithin, dass er einer Palastintrige zum Opfer gefallen war.

Hadrian (76 – 138 n. Chr.) – Römischer Kaiser 117 bis 138 n. Chr. Hadrian, der als einer der größten unter den »guten« Kaisern in Erinnerung geblieben ist, war sehr gebildet – ein beeindruckender Philosoph, ein ausgebildeter Mathematiker und Musiker, ein leidenschaftlicher Philhellene und ein eingefleischter Reisender. Als Herrscher verbrachte er wenig Zeit in Rom, sondern begab sich lieber auf lange Reisen durch den Ostteil des Reiches, wobei er meist auf den Spuren des Germanicus wandelte.

Hektor – Der größte trojanische Krieger, ein Familienmensch, der sich gegen den Krieg mit den Griechen aussprach, aber als Sohn des Priamos aus Treue zu seinem Vater in die Schlacht zog. Nach Darstellung der *Ilias* wird er von Achilles getötet.

Heliodor (3. Jh. n. Chr.) – Griechischer Romanschriftsteller; Autor der *Äthiopika*, eines exotischen Liebesromans, der mit seinen Unmengen von Piraten, Wüsten, Hexenzaubern und Blut als ein Klassiker des Genres gilt. Ein Handlungselement, ein Zaubertrank, der todesähnliche Symptome bewirkt, benutzte Shakespeare später in *Romeo und Julia*.

Herodot (5. Jh. v. Chr.) – Der »Vater der Geschichtsschreibung«, ein Grieche aus Halikarnassos (heute Bodrum in der Türkei), schrieb das erste erzählende Geschichtswerk. Die lebendigen Berichte aus erster Hand von seinen Reisen nach Ägypten, Kleinasien und Griechenland machen ihn außerdem zum »ersten Reiseschriftsteller« – obgleich viele seiner Anekdoten übertrieben sind, sind sie doch wunderbar zu lesen, und sein Bericht bleibt eine einzigartige Quelle, besonders für das Alltagsleben in Ägypten.

Homer (8. Jh. v. Chr.) – Schöpfer der Epen *Ilias* und *Odyssee* – zumindest, wenn man der antiken Tradition Glauben schenkt. Über sein Leben ist nichts Sicheres bekannt. Nach Meinung einiger Wissenschaftler wurden die Gedichte von verschiedenen Sängern geformt und später aufgeschrieben, oder »Homer« war nicht eine Person, sondern eine Phantasiegestalt mit den Charakteristika verschiedener Menschen. Aber die Unterschiede in den Gedichten können durchaus auch auf die Entwicklung innerhalb eines Lebens zurückgeführt werden, und so sind heute die meisten Fachleute der Meinung, dass die Epen das Werk eines Einzelnen sind.

Horaz (65 – 8 v. Chr.) – Einer der großen Dichter der augusteischen Zeit. Horaz ist bekannt durch seine geistreichen *Satiren* und war (nach Auskunft Suetons) klein, dick und »unmäßig lüstern« – sein Schlafzimmer hatte er mit Spiegeln ausgekleidet und empfing dort unzählige Prostituierte. Als Angehöriger der Gruppe von Autoren, die Maecenas, Augustus' kultureller Talentscout, um sich gesammelt hatte, bekam er Geld und einen Hof in den Sabiner Bergen, wo er schreiben und nachdenken konnte.

Jason (12 Jh. v. Chr.) – Anführer der Argonauten auf ihrer Suche nach dem Goldenen Vlies. Die mythologische Figur geht wahrscheinlich auf eine historische Gestalt zurück, die eine Fahrt ins Schwarze Meer anführte – die erste Erkundungsreise, von der wir wissen.

Julia (39 v. Chr. – 14 n. Chr.) – Die einzige Tochter des Kaisers Augustus und eine der großen Lebedamen der römischen Geschichte. Sie war geistreich, gebildet, charmant – und hatte unglaublich viele Männer. Als eine Freundin sich verwundert darüber zeigte, dass alle ihre Kinder ihrem Ehemann Marcus Agrippa ähnlich sahen, obwohl sie doch so viele Liebhaber hatte, vertraute ihr Julia ihr Geheimnis an: »Ich nehme nie Passagiere auf, bevor der Laderaum des Schiffes nicht voll ist.« Ihr Vater verbannte sie wegen Ehebruchs.

Juvenal (um 60 – 130? n. Chr.) – Ein scharfer Satiriker, dessen entrüstete dichterische Angriffe auf die Verderbtheit des römischen Lebens zu den ersten großen ironischen Werken der westlichen Literatur zählen; so unterschiedliche moderne Autoren wie Samuel Johnson, Celine und George Orwell haben ihn als Vorbild benannt. Von seinem Leben ist wenig bekannt. Wenn man den Hinweisen in seinen eigenen Werken glauben darf, dann war er ein verarmter Aristokrat, der auch Ägypten bereiste.

Kleopatra VII. (69 – 30 v. Chr.) – Die Letzte der Ptolemäer, der Griechisch sprechenden Pharaonendynastie Ägyptens. Kleopatra wurde von römischen Historikern oft als »ungeheuerliche« *femme fatale* verunglimpft, die sowohl Julius Caesar als auch Marcus Antonius verführte. Sie war eine brillante Diplomatin, die Ägypten vor einer direkten Herrschaft Roms bewahren wollte. Ihr riskantestes Unternehmen, die Allianz mit ihrem Geliebten Marcus Antonius gegen Oktavian, schlug fehl – und führte zu ihrem Selbstmord. (Der Schlangenbiss ist vielleicht eine apokryphe Überlieferung, klingt aber wahr: Die Kobra war die königliche Schlange, deren Gift angeblich die Unsterblichkeit sicherte.)

Livius (59 v. Chr. – 17 n. Chr.) – Maßgeblicher römischer Historiker der augusteischen Zeit.

Lukan (39 – 65 n. Chr.) – Römischer Dichter, Busenfreund Neros, bekannt vor allem durch sein Epos über den Bürgerkrieg, die *Pharsalia*. Er war in eine Palastverschwörung gegen den Kaiser verwickelt und wurde gezwungen, sich die Pulsadern aufzuschneiden und so Selbstmord zu begehen.

Lukian (120 – 195? n. Chr.) – Eine der großen literarischen Gestalten des 2. Jahrhunderts n. Chr. Lukian kam in einer unbekannten syrischen Stadt zur Welt und wurde ein Meister der griechischen Sprache. Er machte sich einen Namen als umherreisender Redner und Lehrer im ganzen Mittelmeergebiet, bevor er sich um 165 n. Chr. in Athen niederließ und sich ganz der Abfassung skeptischer Gesellschaftssatiren und schlüpfriger Phantasiegeschichten widmete, die später Swift, Voltaire und Verne beeinflussten. (Die Abenteuer des Barons von Münchhausen sind im Grund aus Lukians Sciencefictionwerken abgekupfert.) Er starb wahrscheinlich in Ägypten.

Lykurg (8. Jh. v. Chr.?) − Der Überlieferung zufolge war er der Gründer der militaristischen Gesellschaftsordnung in Sparta.

Mark Aurel (121 − 180 n. Chr.) − Römischer Kaiser 161 − 180 n. Chr. Als dem Philosophenkaiser *par excellence* wurde ihm vielleicht die höchste Wertschätzung unter allen römischen Herrschern zuteil. Zwar führte er auch Truppen gegen die ersten großen Barbareneinfälle an der Donau, aber er bevorzugte das Geistesleben: Seine stoischen Reflexionen über das menschliche Leben, die *Selbstbetrachtungen*, werden auch heute noch gelesen.

Martial (um 40 − um 103 n. Chr.) − Ungeheuer produktiver römischer Dichter der silbernen Latinität. Er wurde in Spanien geboren, kam als Mittzwanziger nach Rom, um den Durchbruch als Autor zu schaffen, und schloss sich jenen Schriftstellern und Patronen an, die gerade die Szene beherrschten; seine komische Sicht auf das Leben in der kaiserlichen Metropole (besonders die kleinen Demütigungen, die sich aus der Abhängigkeit von reichen Wohltätern ergaben) wurde später zu einem wichtigen Teil der Mythologie der Stadt.

Nero (37 − 68 n. Chr.) − Der fünfte römische Kaiser. Er war zwar geistesgestört − er ermordete seine Mutter und trat eine seiner Ehefrauen, die schwanger war, so in den Bauch, dass sie daran starb −, stieß aber auch viele Projekte an, die für die Zeit als visionär gelten müssen. Von römischen Adligen wurde er wegen seiner Liebe zur Dichtkunst und zur Leier sowie seiner Verehrung für die griechische Kultur verspottet. Gerüchten zufolge soll er sein Epos über den Fall Trojas während des großen Brandes der Stadt Rom 64 n. Chr. gesungen haben. Beim Volk blieb Nero jedoch bis zuletzt beliebt. Bei einer Palastrevolte fand man ihn im Haus eines Sklaven versteckt: Seine letzten Worte sollen gewesen sein: »Welch ein Künstler stirbt mit mir!«

Ovid (43 v. Chr. − 17 n. Chr.) − Ein römischer Dichter, der vor allem für seinen erotischen Rundumschlag *Die Liebeskunst* und das Epos der *Metamorphosen* bekannt ist. Trotz seiner Popularität wurde er 8 n. Chr. von Augustus eines mysteriösen »Fehlers« wegen verbannt − wahrscheinlich ging es um einen Skandal, an dem ein Mitglied der kaiserlichen Familie beteiligt war. Die Bestrafung war ausgesprochen grausam: Roms kultiviertester Dichter beendete seine Tage in einem öden, gottverlassenen Dorf am Schwarzen Meer an der äußersten Grenze des Reiches.

Paris – Ein trojanischer Prinz, der mit der lieblichen spartanischen Königin Helena durchbrannte und damit den großen Krieg gegen die Griechen auslöste.

Pausanias (um 110 – nach 180 n. Chr.) – Autor des einzigen antiken Reiseführers, der als Ganzes überliefert ist, der *Beschreibung Griechenlands*. Pausanias war in vieler Hinsicht der antike Tourist *par excellence* – ein Adliger, geboren in Kleinasien, kultiviert, gebildet und ziemlich pedantisch. In seiner Jugend hatte er offensichtlich die gesamte mediterrane Grand Tour absolviert und all die berühmten Sehenswürdigkeiten von Rom bis nach Ägypten besichtigt, aber sein besonderes Interesse galt Griechenland. Offenbar verbrachte er 30 Jahre mit Recherchen für seinen Reiseführer. Wie andere antike Reiseschriftsteller auch schrieb Pausanias nicht, um Geld zu verdienen, sondern als gelehrte Übung, um sein Geheimwissen mit kultivierten Gleichgesinnten zu teilen.

Perikles (um 495 – 429 v. Chr.) – Attischer Politiker, der die Stadt in ihrer demokratischen goldenen Zeit leitete; initiierte viele der berühmtesten Bauprojekte, darunter den Parthenon.

Petronius (um 20 – 66 n. Chr.) – Autor eines schlüpfrigen lateinischen Romans, des *Satyrikons* (das nur in fragmentarischer Form auf uns gekommen und von Federico Fellini in einen surrealen Episodenfilm umgesetzt worden ist). Petronius war Senator und wurde zu einem engen Vertrauten Neros und zum obersten Schiedsrichter in Geschmacks- und Stilfragen. Später verdächtigte ihn Nero – wohl fälschlich – des Verrats, und er war gezwungen, Selbstmord zu begehen. Trotz seines ausschweifenden und zügellosen Lebenswandels wurde er gelobt für die Würde, mit der er in den Tod ging.

Phidias (um 485 – 425 v. Chr.) – Der größte attische Bildhauer, Schöpfer von zwei gigantischen Statuen der Athene auf der Akropolis und des Zeus in Olympia. Letzterer gehörte zu den sieben Weltwundern.

Philostrat (um 180 – 245 n. Chr.) – Verfasser der *Vita* des Apollonius von Tyana und von Werken zu den trojanischen Helden und ihren Kulten.

Platon (um 428 – 347 n. Chr.) – Einer der größten attischen Philosophen, Schüler des Sokrates, Begründer der Akademie, Verfasser von grundlegenden Werken der westlichen Kultur – und Erfinder von Atlantis.

Plinius der Ältere (23 – 79 n. Chr.) – Ein leidenschaftlicher Beobachter der Welt um ihn herum. Seine 37-bändige Enzyklopädie, die *Naturgeschichte*, ist eine große, unzusammenhängende und manchmal wirre Masse kaum verarbeiteter Daten zu allen möglichen Themen, von Kunstwerken bis zu Mineralien, in der Einzelheiten oft die aufregendsten Erkenntnisse verschütten. Als Admiral im Golf von Neapel war Plinius beim Ausbruch des Vesuv im Jahr 79 n. Chr. zu neugierig; er landete bei Stabiae, atmete giftige Gase ein und starb kurz darauf.

Plinius der Jüngere (61 – um 113 n. Chr.) – Neffe von Plinius dem Älteren und eine prominente literarische Gestalt der silbernen Latinität. Bekannt sind vor allem die Buchausgaben seiner sorgfältig komponierten Briefe, die die gesellschaftlichen Bedingungen seiner Zeit beschreiben.

Plutarch (Um 45 – 125 n. Chr.) – Der menschlichste der antiken Autoren, Verfasser der *Parallelleben*, in denen er griechische und römische Berühmtheiten wie Caesar und Alexander einander gegenüberstellt. Er hatte in Athen Philosophie studiert und lehrte in Rom und Ägypten, war Priester in Delphi und ließ sich dann in der bescheidenen griechischen Provinzstadt Chaironeia nieder, um zu schreiben. Die Popularität seiner Biographien hat über das Mittelalter hinweg bis heute Bestand.

Praxiteles (4. Jh. v. Chr.) – Attischer Bildhauer, der (neben anderen Meisterwerken) auch die Aphrodite von Knidos schuf, die er seiner Geliebten, der Kurtisane Phryne, nachempfand.

Properz (um 50 – vor 2 v. Chr.) – Römischer Liebesdichter, der vor allem durch die Anbetung seiner Geliebten Cynthia bekannt ist. Von ihr zurückgewiesen, begab er sich auf eine Griechenlandreise.

Seneca (um 1 – 65 n. Chr.) – Römischer stoischer Philosoph, der zuerst Tutor des jungen Nero und schließlich sein Opfer wurde; er war einer von vielen früheren Freunden des Kaisers, die des Verrats bezichtigt wurden und Selbstmord begehen mussten. Seinen Tod gestaltete er nach dem edlen Vorbild des Sokrates.

Seneca war ein sehr produktiver Autor von ethischen Abhandlungen, Gedichten, literarischen Briefen und Tragödien.

Septimius Severus (145 – 211 n. Chr.) – Kaiser von 193 – 211 n. Chr. und fast ebenso reiselustig wie Hadrian. Als übereifriger Tourist in Ägypten befahl er den zerbrochenen Memnonkoloss zu reparieren – und machte seinem »übernatürlichen« Gesang für immer ein Ende.

Sophokles (5. Jh. v. Chr.) – Griechischer Tragödiendichter.

Statius (um 40 – 96 n. Chr.) – Dichter, in Neapel geboren und in Rom zu Ruhm gekommen, kehrte dann nach Neapel zurück. Ein begeisterter Philhellene und Fan von griechischen Dichterwettbewerben.

Strabon (um 64 v. Chr. – 24 n. Chr.) – Verfasser der 17-bändigen *Geographie*, einer unschätzbaren Quelle dafür, wie die Menschen der Antike ihre Welt wahrnahmen. Strabon wurde in Kleinasien als römischer Bürger geboren, reiste ausgiebig im gesamten Mittelmeergebiet, studierte in Rom, erkundete Griechenland und befuhr den Nil. Vielleicht setzte er sich später in Neapel zur Ruhe.

Sueton (um 70 – 130 n. Chr.) – Lateinischer Biograph, dessen *Kaiserviten* quasi alle denkbaren Gerüchte zu einer großartigen Skandalgeschichte zusammenführen.

Tacitus (um 56 – 120 n. Chr.) – Der größte römische Historiker der frühen Kaiserzeit und einer der besten Prosastilisten des Lateinischen. Mit Plinius dem Jüngeren, Martial und anderen befreundet.

Thukydides (um 460 – 400 v. Chr.) – Hoch geschätzter griechischer Autor der *Geschichte des Peloponnesischen Krieges*.

Tiberius (42 v. Chr. – 37 n. Chr.) – Zweiter römischer Kaiser (14 – 37 n. Chr.), auf Grund seines mürrischen und zurückhaltenden Wesens nicht besonders beliebt. 27 n. Chr. zog er sich auf die Insel Capri zurück und lenkte die Geschicke des Reiches aus der Ferne; schnell verbreiteten sich Gerüchte über sein lasterhaftes Exil.

Trajan (53 – 117 n. Chr.) – Römischer Kaiser 98 – 117 n. Chr. Trajan war einer der besten Herrscher, ein ausgezeichneter Offizier, in dessen Regierungszeit die größte Ausdehnung des römischen Herrschaftsbereichs fällt (im Osten erreichte er den

Persischen Golf, aber die Landgewinne gingen bald wieder verloren).

Varro (116 – 27 v. Chr.) – Der gebildetste der römischen Antiquare, der zwei riesige Werke zu den Kunstwerken der Hauptstadt, den von Menschen und den von Göttern geschaffenen, schrieb (heute nicht mehr erhalten).

Vergil (70 – 19 v. Chr.) – Der berühmteste lateinische Dichter der Augusteischen Zeit, Autor der *Aeneis*, eines epischen Gedichts, das sich an Homers *Ilias* maß. Vergil kam in der Nähe von Mantua zur Welt, lebte bei Rom, studierte in Griechenland und arbeitete in Neapel. Er wollte eine dreijährige Arbeitsreise nach Kleinasien und Griechenland zur Ausfeilung der *Aeneis* verwenden, zog sich aber bald ein Fieber zu und starb bei der Rückkehr in Brindisi.

III. Quellen

Obwohl dieses Buch keine wissenschaftliche Darstellung sein soll, habe ich alle Anstrengungen unternommen, um sicherzustellen, dass meine Rekonstruktion der antiken Welt historisch korrekt ist.

Meine Forschungen bauen auf den beiden fundamentalen Werken zum römischen Tourismus auf. Da ist einmal der wunderbar lebendige Klassiker des deutschen Historikers Ludwig Friedländer, *Darstellungen aus der Sittengeschichte Roms*, aus dem Jahr 1862 ff., der auch in einer Textausgabe ohne Anmerkungen unter dem Titel *Sittengeschichte Roms* später noch unzählige Male erschienen ist. Die zweite unschätzbar wertvolle Grundlage ist Lionel Cassons *Reisen in der Alten Welt*, München 1976; die Kapitel zur Pax Romana bleiben die beste – und klügste – Darstellung der touristischen Landschaft in der römischen Zeit. Ohne die bahnbrechenden Arbeiten von Casson, die sich mit den antiken Seereisen, dem Handel, den Kommunikationswegen und Erkundungsreisen beschäftigen, hätte dieses Buch nicht geschrieben werden können.

Bei meiner Rekonstruktion der Weltkarte des Agrippa habe ich mich auf die einzigartigen Werke dreier Historiker gestützt: O. A. W. Dilke, *Greek and Roman Maps*, London 1985, und seine Kapitel in *The History of Cartography*, Bd. 1, herausgegeben von J. B. Hartley und David Woodward, Chicago 1987; Claude Nicolet, *Space, Geography, and Politics in the Early Roman Empire*, Ann Arbor 1991; und R. Moynihan, »Geographical Mythology and Roman Imperial Ideology« in: *The Age of Augustus*, herausgegeben von Rolf Winkes, Providence 1985. Moynihans Einschätzung der Größe der Karte erscheint mir am zutreffendsten. In Anbetracht der Tatsache, dass es zwei Jahrzehnte dauerte, sie fertig zu stellen, kann man sich vorstellen, dass für das Wandgemälde all die verschwenderische Kunstfertigkeit, die dem Kaiser zur Verfügung stand, eingesetzt wurde (bedauerlicherweise starb Agrippa, bevor sein Meisterwerk fertig war).

Aus der römischen Zeit sind leider keine Karten erhalten geblieben, aber man hat versucht, aus den vielen geographischen Beschreibungen der Ära das antike Weltbild zu rekonstruieren. Vorne in diesem Buch habe ich die ästhetisch ansprechende Rekonstruktion der Welt, wie Dionysios Periegetes sie sich vorstellte, wiedergegeben (nach E. H. Bunbury, *A History of Ancient Geography*, London 1879). Ich habe ihr den Vorzug vor den eher rechteckigen und unförmigen Versionen der Weltkarte des Agrippa gegeben, weil antike Quellen wiederholt die Welt als oval und glatt »wie eine Schleuderkugel« beschreiben.

Im Kartenraum der New York Public Library habe ich eine von italienischen Wissenschaftlern herausgegebene schöne Reproduktion der so genannten Tabula Peutingeriana, einer erhaltenen römischen Straßenkarte, benutzt (La Tabula Peutingeriana, Bologna 1978).

Bei den lateinischen und griechischen Texten habe ich mich meist auf die englische Übersetzung der zweisprachigen Ausgaben der Loeb Classical Library gestützt; oft habe ich Penguin-Übersetzungen herangezogen, und bei einigen der schwerer aufzufindenden Texte das musikalische Ohr von Lionel Casson. Für die deutsche Übersetzung wurden die englischen Texte mit deutschen Übersetzungen abgeglichen. Die *Ilias*-Zitate stammen aus den Übersetzungen von Wolfgang Schadewaldt und Roland Hampe. Die ansprechendste Übersetzung der *Reisen in Griechenland* des Pausanias ist jene von Ernst Meyer, erschienen bei Artemis & Winkler, 2001.

Zur Geschichte des Tourismus ist in den letzten Jahren eine Flut von Werken erschienen; das Anregendste ist: *Voyages and Visions: Towards a Cultural History of Travel* (hg. v. Jas Elsner und Joan-Pau Rubiés, London 1999). Für deutsche Leser empfiehlt sich die Übersichtsdarstellung von Marion Giebel, *Reisen in der Antike*, Düsseldorf 1999.

Wissenschaftliche Arbeiten zum kaiserzeitlichen Rom sind heute oft extrem spezifisch; um zu einer Zusammenschau der antiken Welt zu gelangen, habe ich unzählige Bücher konsultiert.

Hier eine Auswahlbibliographie:

Alcock, S., *Graecia Capta: The Landscapes of Roman Greece*, Cambridge 1993.

Arafat, K. W., *Pausanias' Greece*, Cambridge 1996.

Birley, A. R., *Hadrian, The Restless Emperor*, New York 1997.

ders., *Septimius Severus: The African Emperor*, London 1971.

Bowersock, G. W., *Augustus and the Greek World*, Oxford 1965.

Carcopino, J., *Das Alltagsleben im alten Rom zur Blütezeit des Kaisertums*, Wiesbaden 1950.

Casson, Lionel, *Ships and Seafaring in Ancient Times*, London 1994.

ders., *Die Seefahrer der Antike*, München 1979.

ders., *Everyday Life in Ancient Rome*, Baltimore 1999.

Chauveau, M., *Egypt in the Age of Cleopatra*, Ithaca 2000.

D'Arms, John, *Romans on the Bay of Naples*, Cambridge, Mass. 1970.

Dalby, Andrew, und Grainger, Sally, *The Classical Cookbook*, Los Angeles 1996.

Dalby, Andrew, *Essen und Trinken im alten Griechenland*, Stuttgart 1998.

Daly, L. W., »Roman Study Abroad«, in: *American Journal of Philology*, Bd. 71, 1950, S. 40 – 58.

Davidson, James, *Kurtisanen und Meeresfrüchte. Die verzehrenden Leidenschaften im klassischen Athen*, Berlin 1999.

Edelstein, Emma J. und Ludwig, *Asclepius: Collection and Interpretation of the Testimonies*, Baltimore 1998.

Edwards, Catharine, *Writing Rome. Textual Approaches to the City*, Cambridge 1996.

Empereur, Jean-Yves, *Alexandria Rediscovered*, New York 1998.

Fagan, G., *Bathing in Public in the Roman World*, Ann Arbor 1999.

Favro, Diane, *The Urban Image of Augustan Rome*, Cambridge 1996.

Fear, A. T., »The Dancing Girls of Cadiz«, in: *Greece and Rome*, Bd. 39, 1991.

Finley, M. I., und Pleket, H. W., *Die Olympischen Spiele der Antike*, Tübingen 1976.

Fortemeyer, Victoria, »Tourism in Graeco-Roman Egypt«, Dissertation, Princeton 1989.

Graf, Fritz, *Magic in the Ancient World*, Cambridge, Mass., 1997.

Greaves, Denise, »Dionysius Periegetes and the Hellenistic Poetic and Geographical Traditions«, Dissertation, Stanford 1994.

Hamblin, Dora, und Grunsfeld, Mary Jane, *The Appian Way: Alexandria Journey*, New York 1974.

Hornblower, Simon, und Spawforth, Antony, (Hg.), *The Oxford Classical Dictionary*, New York 1996.

Hurwit, Jeffrey M., *The Athenian Acropolis: History, Mythology and Archeology from the Neolithic Era to the Present*, Cambridge 1999.

Kaimio, J., *The Romans and the Greek Language*, Helsinki 1979.

Kyle, Donald, *Spectacles of Death in Ancient Rome*, New York 2000.

Liversidge, Michael, und Edwards, Catherine, *Imagining Rome: British Artists and Rome in the Nineteenth Century*, London 1996.

MacCannell, Dean, *The Tourist: A New Theory of the Leisure Class*, Berkeley 1999.

Martels, Z. V. (Hg.), *Travel Fact and Travel Fiction*, Leiden 1994.

Paget, R. F., *In the Footsteps of Orpheus*, London 1967.

Parke, H. W., *Sibyls and Sibylline Prophecy*, New York 1988.

Potter, D., *Prophecy and History in the Crisis of the Roman Empire*, New York 1990.

Romm, James S., *The Edges of the Earth in Ancient Thought*, Princeton 1992.

Said, Edward W., *Orientalismus*, Frankfurt a. M. 1981.

Schöbel, Heinz, *Olympia und seine Spiele*, Berlin 2000.

Swain, Simon, *Hellenism and Empire*, Oxford 1998.

Toner, J. P., *Leisure and Ancient Rome*, Cambridge 1995.

Walker, Susan (Hg.), *Ancient Faces: Mummy Portraits from Roman Egypt*, New York 2000.

Warmington, B. H., *Nero. Reality and Legend*, London 1969.

Wishart, David, *Germanicus*, London 1997.
Wood, Michael, *Der Krieg um Troja*, Frankfurt a. M. 1985.

Deutsche Literaturliste zu verschiedenen Bereichen des Reisens, die auch bei Perrottet besprochen werden. Ausgewählt aus M. Giebel, *Reisen in der Antike*, Düsseldorf/Zürich 1999.

André, J.-M., *Griechische Feste – Römische Spiele. Die Freizeitkultur der Antike*, Stuttgart 1994.

Barthel, M., *Die Enkel des Archimedes. Eine etwas andere Geschichte der Hebezeuge*, Witten 1995 [zum Pyramidenbau].

Bender, H., *Römische Straßen und Straßenstationen*, Schriften Limesmuseum Aalen 13, Stuttgart 1975.

ders., *Römischer Reiseverkehr. Cursus publicus und Privatreisen*, Schriften Limesmuseum Aalen 20, Stuttgart 1978.

Borg, Barbara, »*Der zierlichste Anblick der Welt ...*«. *Ägyptische Porträtmumien*, Mainz 1998.

Bradford, E., *Die Reisen des Paulus*, München [3]1981.

Brodersen, K., *Die sieben Weltwunder. Legendäre Kunst- und Bauwerke der Antike*, München [2]1997.

Giebel, M., *Das Geheimnis der Mysterien. Antike Kulte in Griechenland, Rom und Ägypten*, München 1993.

dies., *Treffpunkt Tusculum. Literarischer Reiseführer durch das römische Italien*, Stuttgart 1995.

Großer Historischer Weltatlas, bearb. v. H. Bengson u. a., Erster Teil: Vorgeschichte und Altertum, München [6]1978 [mit Erläuterungsband].

Habicht, C., *Pausanias und seine »Beschreibung Griechenlands«*, München 1985.

Halfmann, H., *Itineria principum. Geschichte und Typologie der Kaiserreisen im Römischen Reich*, Wiesbaden/Stuttgart 1986.

Höckmann, O., *Antike Seefahrt*, München 1985.

Holzberg, N., *Der antike Roman. Eine Einführung*, München/Zürich 1986.

Kemper, P., (Hg.), *Am Anfang war das Rad. Eine Geschichte der menschlichen Fortbewegung*, Frankfurt a. M. 1997.

Krug, A., *Heilkunst und Heilkult. Medizin in der Antike*, München ²1993.

Landels, J. G., *Die Technik in der antiken Welt*, München ⁴1989.

Maaß, M., *Das antike Delphi. Orakel, Schätze und Monumente*, Darmstadt 1993.

McKay, A., *Römische Häuser, Villen und Paläste*, Luzern/Herrsching 1984.

Olshausen, E., *Einführung in die Historische Geographie der alten Welt*, Darmstadt 1991 [mit ausführlichen Literaturangaben und Quellenkunde].

Parlasca, Klaus (Hg.), *Augenblicke: Mumienporträts und ägyptische Grabkunst aus römischer Zeit*, Frankfurt a. M. 1999.

Riepl, W., *Das Nachrichtenwesen des Altertums mit besonderer Rücksicht auf die Römer*, Leipzig 1913, ND Hildesheim 1972.

Schneider, H., *Einführung in die antike Technikgeschichte*, Darmstadt 1992.

Severin, T., *Auf den Spuren der Argonauten*, Düsseldorf/Wien/New York 1987.

Sinn, U., *Olympia. Kult, Sport und Fest in der Antike*, München 1996.

Stärk, E., *Kampanien als geistige Landschaft. Interpretationen zum antiken Bild des Golfs von Neapel*, München 1995.

IV. Bildnachweis

Collection of Phoenix Art Museum: 304

Discovery Channel: 368

Hood Museum of Art, Dartmouth College, Hanover, New Hampshire: 286

Metropolitan Museum of Art: 30, 168

Montreal Museum of Fine Arts: 33

Philadelphia Museum of Art: George W. Ekins Collection: 211

Photofest: 46, 71, 97, 264, 327, 293

Lesley Thelander: 279

Tony Perrottet: 22, 64, 77, 88, 121, 150, 160, 164, 182, 198, 229, 237, 295, 332, 363, 395, 397, 414, 457, 459, 475